本书出版得到
国家重点文物保护专项补助经费资助

龙泉金村窑址群

2013～2014年调查试掘报告

浙江省文物考古研究所
龙泉青瓷博物馆 编著

文物出版社

北京·2019

图书在版编目（CIP）数据

龙泉金村窑址群：2013－2014年调查试掘报告／浙

江省文物考古研究所，龙泉青瓷博物馆编著 . －－北京：

文物出版社，2019.12

　　ISBN 978－7－5010－6315－4

　　Ⅰ．①龙…　Ⅱ．①浙…②龙…　Ⅲ．①龙泉窑—瓷窑

遗址—发掘报告—2013－2014　Ⅳ．①K878.55

　　中国版本图书馆 CIP 数据核字(2019)第 224237 号

龙泉金村窑址群

——2013~2014 年调查试掘报告

编　　著：浙江省文物考古研究所　龙泉青瓷博物馆

责任编辑：谷艳雪　王　媛
封面设计：程星涛
责任印制：苏　林
责任校对：孙　雷

出版发行：文物出版社
社　　址：北京市东直门内北小街 2 号楼
邮　　编：100007
网　　址：http：//www.wenwu.com
邮　　箱：web@ wenwu.com
经　　销：新华书店
印　　刷：河北鹏润印刷有限公司
开　　本：889mm×1194mm　1/16
印　　张：30
版　　次：2019 年 12 月第 1 版
印　　次：2019 年 12 月第 1 次印刷
书　　号：ISBN 978－7－5010－6315－4
定　　价：500.00 元

目　录

插图目录

彩版目录

第一章　概　述

一　地理环境与历史沿革

　　龙泉是隶属于丽水市的一个县级市，它位于浙江省西南部的浙、闽交界处，介于北纬27°42′～28°20′、东经118°42′～119°25′之间，东接云和、景宁县，南毗庆元县，北邻遂昌、松阳县，西与福建省浦城县交界，是温州、丽水进入闽赣两省的通道之一，自古为闽、浙、赣毗邻地区商业重镇，素有"瓯婺八闽通衢"、"驿马要道、商旅咽喉"之称。

　　龙泉历史悠久，新石器时代就有人类在这块土地上劳动生息。东晋太宁元年（323年），属永嘉郡松阳县，建置龙渊乡。唐武德三年（620年），因避高祖李渊讳，改龙渊乡为龙泉乡。唐乾元二年（759年），建立龙泉县，县治地黄鹤镇（今龙渊镇）。宋徽宗宣和三年（1121年），诏天下县镇凡有龙字者皆避，改名剑川县。宋绍兴元年（1131年）复名龙泉县。宋庆元三年（1197年），析龙泉之松源乡及延庆乡部分地置庆元县。明洪武三年（1370年），庆元县并入，洪武十三年（1380年）十一月复置庆元县。1949年5月13日龙泉解放。1958年11月庆元县并入。1973年7月复建庆元县，1975年8月，龙、庆二县始分署办公。1990年12月26日，经国务院批准，龙泉撤县设市（县级）。

　　龙泉不仅山川秀丽，而且人才辈出。历史上有北宋宰相何执中、大文豪叶涛（王安石弟王安国的女婿）、政治家管师仁，南宋孝宗与宁宗的教授、授金紫光禄大夫何澹以及大诗人叶绍翁、制瓷名匠章生一和章生二，元末明初学者叶子奇，明朝开国元勋章溢等。

　　龙泉窑遗址所处地形主要为丘陵和山地，海拔280～650米。窑址主要分布在平缓山坡和山间谷地上，茂密山林、溪水长流、优质瓷土为窑业的发展提供了丰富的燃料和原料，许多窑址周边可见明显的瓷土开采痕迹。遗址区内主要河流为梅溪、南溪（属龙泉溪），为瓯江上游，属瓯江水系。其他溪流，如大梅坑、石塘坑、大坑底等支流都注入梅溪，梅溪、瓯江是古代龙泉青瓷外运的主要水运通道。梅溪边尚可辨少量码头遗迹，如金村码头。

　　龙泉窑窑址分布广泛，以浙江省龙泉市境内最为密集。龙泉市境内的窑址可分成龙泉东区与龙泉南区两大部分，以龙泉南区为核心。

　　龙泉东区主要位于龙泉东部紧水滩水库周边，窑址数量庞大，约有200多处，20世纪七八十年代因配合紧水滩水库建设而进行过大规模的发掘，面貌相对比较清晰。这一窑址群时代相对较晚，以元代晚期与明代为主，产品质量较差，基本为外销瓷器，不能代表龙泉窑的技术水平与基本面貌。

　　龙泉南区以大窑为核心，大窑龙泉窑遗址位于龙泉市南40千米的琉华山下大窑村一带，明代以前称"琉田"，是龙泉窑的起源地和中心产区，故而统称为"龙泉窑"。大窑龙泉窑遗址跨龙泉、庆元两县，包括今龙泉市小梅镇、查田镇和庆元县竹口镇境内的大窑、金村、石隆、溪口四大片区，有窑址约 160 处。金村窑址群位于龙泉南区的最南端。

金村属于龙泉市小梅镇，位于龙泉市以南约 50 千米处，西北距小梅镇约 9 千米（绕行的山路距离，直线距离仅 3 千米左右）；北边山岙中有古道与大窑相连，相距约 3 千米；东边为屏南镇；南边与庆元的竹口镇上垟村接壤。其地形为山间河谷。小梅溪呈"几"字形穿村而过，两边的山峰较为高峻、陡峭，河谷并不宽，但与大窑逼仄的地形相比显得较为开阔，山前河岸较为平缓，尤其是河的北岸与西岸。金村基本沿河的北岸与西岸多块狭长布局，而窑址基本位于各聚落的屋后山坡上。金村地区分布于小梅溪东岸的仅有几处窑址，窑址前的开阔地带有残垣断壁，原先应该也有聚落。

金村窑址群以大窑犇南端为界，再往南的约 10 处窑址已进入了庆元县界，属于竹口镇上垟村。小梅溪从东北而来，在此处急折向西北呈 V 字形奔小梅而去。上垟村基本分布于此 V 字形河谷内，地势虽然更为开阔，但聚落分布较金村更为分散。窑址在上游主要分布于河的西岸，在下游则分布于河的东岸与南岸，即 V 字的顶端。

从北边的金村下坑屋后窑址开始，河北岸往西有谷岩沿岗、屋后山窑址，东南岸有溪东窑址群，河西岸往南有下会、后岙、大窑犇等窑址，过大窑犇进入庆元上垟，共有 30 多处窑址。

二　龙泉地区历年考古和研究工作

<u>1959 ~ 1960 年</u>　浙江省文物管理委员会组成龙泉窑调查发掘组，对龙泉南区古代瓷窑进行了调查，并对大窑和金村的数处窑址进行了局部发掘和试掘（发掘地点现编号为大窑 A3 - 34、A3 - 51、A3 - 53、A3 - 54、A3 - 55，金村 A3 - 25、A3 - 26，窑址发掘点数量较多，但规模均较小，总计发掘面积仅 600 余平方米）。通过地层叠压关系初步了解了龙泉窑主要的发展脉络。简报于 1988 年发表于《龙泉青瓷研究》[1]。

<u>20 世纪 70 年代至 80 年代初</u>　由于紧水滩水电站建设的需要，于 1974 年对水库淹没区内的瓷窑址进行了普查，发现龙泉东区窑址近 200 处，1979 ~ 1981 年，国家文物局组织中国社科院考古研究所、中国历史博物馆、故宫博物院、上海博物馆、南京博物院和浙江省博物馆共同组成紧水滩工程考古队，分组、分地区地对水库淹没区内的古窑址进行调查、发掘，主要有山头窑、大白岸、安仁口、安福、上严儿村和源口林场等地窑址。均已发表发掘简报，并于 2005 年出版《龙泉东区窑址发掘报告》[2]，对紧水滩水库主要发掘所得进行了系统阐述。龙泉东区的考古发掘表明，东区的产品质量略次于南区，且主要的生产时间为元末到明代中期，不能全面反映龙泉窑的发展序列和工艺成就。

2006 年起，经国家文物局批准，龙泉窑研究作为重点课题，在制订五年考古工作规划的基础上，由浙江省文物考古研究所等单位对龙泉地区的古代窑址进行系统的全面调查，并对重点窑址进行有计划的发掘，主要工作有以下几项：

〔1〕　浙江省轻工业厅：《龙泉青瓷研究》，文物出版社，1989 年。
〔2〕　浙江省文物考古研究所：《龙泉东区窑址发掘报告》，文物出版社，2005 年。

2006 年 9 月~2007 年 1 月　以探讨文献提到的"凡烧造供用器皿等物……行移饶、处等府烧造"这明代处州官窑问题为目的，浙江省文物考古研究所和北京大学考古文博学院、龙泉青瓷博物馆联合对大窑枫洞岩窑址（窑址编号 A3－108）进行了发掘。本次发掘揭露出大规模的窑炉和生产作坊遗迹，出土了数十吨瓷片，取得了重要成果。此窑址的烧成年代主要为明代，出土物中包括大量与故宫旧藏造型和纹饰相同或相似的具有"官器"特征的器物。通过近两年的细致整理，确认了龙泉窑在明代早期向宫廷贡瓷的历史事实，并且因为出土了丰富的明代早期遗物和有明确纪年的堆积层，对龙泉窑明代早、中期的分期有了崭新的认识，纠正了明代龙泉窑衰落的错误观点，并基本解决了元、明龙泉窑青瓷的分期和技术发展等问题，比较完美地达到了发掘的学术目标。2009 年出版了《龙泉大窑枫洞岩窑址出土瓷器》图录和论文集，发表了出土的部分瓷器和初步的研究成果。2016 年出版了《龙泉大窑枫洞岩窑址》[1] 报告。发掘现场已经妥善保护，建立了遗址博物馆并向公众开放展示。

2010 年底至 2011 年夏　浙江省文物考古研究所、北京大学考古文博学院、龙泉市博物馆对瓦窑垟窑址进行了正式发掘，清理窑炉遗迹两处，其中一处有 4 条窑炉的叠压打破关系，最早的窑炉内出土两件黑胎青瓷；另一处仅发现南宋时期青瓷，出土少量黑胎青瓷残片和极少量支钉窑具。该遗址地层完全被扰乱，但从器物形制和胎釉特征能清晰地区分宋元产品。黑胎青瓷残片出土相对较少，胎壁较薄，有玻璃质釉和乳浊厚釉，釉色主要有灰青和粉青。

在瓦窑垟窑址发掘期间，经上报批准，对龙泉溪口片的 12 处窑址也进行了详细的专题调查，结果表明，烧造黑胎青瓷的窑场仅在南宋时期存在，并且溪口一带仅三处窑址有遗物存在。这表明龙泉黑胎青瓷的烧造并不是大规模的存在，而是小范围、小规模的发生。也说明黑胎青瓷的烧造技术在南宋时期是高端的制瓷技术，是其他窑场场主向往但不可能掌握的生产技术，没有普及生产的可能性，其性质与宫廷有关。在随后进行的龙泉大窑各个遗址的调查中，有越来越多的证据指向这一点。几乎所有出土黑胎青瓷的窑址都是南宋时期的。

2011 年 9 月~2012 年 1 月　对龙泉县小梅镇瓦窑路进行正式发掘，窑址位于小梅镇政府所在地，大窑遗址保护区大窑片区和金村片区的中间空白地段。发掘揭露窑炉一座，器物填埋坑若干，出土黑胎青瓷，瓷胎很薄，有碎片纹玻璃质釉和粉青乳浊厚釉（不开片）。碎片纹玻璃质釉青瓷的釉质玻化，较透明，釉层开片密集，可谓"百圾碎"，釉色较深，主要有灰青色、灰黄色等。器形主要有八角盏、八角盘、菱口盘、悬胆瓶、纸槌瓶、鬲式炉、鼓钉炉、碗、盏、把杯、洗、碟、觚、盒、唾盂、盖罐、鸟食罐、圆纽器盖等，器形小巧，制作工整。粉青乳浊厚釉青瓷主要出于窑炉底部，釉质不透明，色粉青，器形有瓣纹碗、莲瓣纹盘、八角盏、菱口盏、八角盘、洗、樽式炉、圆纽器盖等。

2011 年 9 月~2012 年 1 月　对大窑地区窑址进行了初步的调查记录。

2012 年 2 月~2013 年 8 月　对大窑地区窑址进行了全面系统的调查与重新记录工作，初步确立大窑地区各窑址的基本面貌、生产核心、产品序列等窑业基本问题。首先在大窑岙底一带发现了绍兴十三年（1143 年）的地层，其产品除沿袭北宋的透明薄釉外，还有少量的乳浊釉，首次从

---

〔1〕　浙江省文物考古研究所、北京大学考古文博学院、龙泉青瓷博物馆：《龙泉大窑枫洞岩窑址》，文物出版社，2015 年。

窑址上证明龙泉的乳浊釉至少起源于南宋早期，并在南宋中期前段成为主流，该地层中部分产品的器形及胎釉特征与南宋时期的越窑较为接近，证明南宋早期龙泉窑可能与越窑一样，也通过"制样须索"的方式承担宫廷用瓷的生产，并且可能是主要产地。其次发现了一定数量生产黑胎青瓷的窑址，分布区域几乎覆盖龙泉的全境，生产规模较大，有将近30处窑址，而生产的中心当在大窑地区。大窑黑胎青瓷的产品面貌相当复杂，除厚釉类精细器物外，亦有薄胎薄釉、厚胎薄釉、厚胎厚釉等类型，胎色从灰到灰黑，釉色亦复杂多样；大窑黑胎青瓷生产时代上不限于传统上认识的南宋晚期，往上可推至南宋早期，往后可延至元代，黑胎青瓷在龙泉地区完全可能有自身的发生、发展、成熟与衰落的轨迹。以大窑为代表的龙泉黑胎青瓷，基本特征为黑胎，紫口铁足，胎骨厚薄不一；青色釉，深浅不一，以粉青为上；开片纹，片纹亦大小不一，即所谓的"冰裂纹"、"梅花片"、"鳝血"、"蟹爪纹"等，与文献记载的哥窑特征相吻合，可能就是文献记载的宋代哥窑产品。

同年对溪口地区其余窑址进行了补充调查。

<u>2013年9月~2014年4月</u>　对包括庆元上垟地区在内的金村窑址群进行了全面系统的调查与记录，共确定窑址30多处。在全面调查记录的基础之上，选取大窑犇和后呑两处窑址点进行了小规模试掘，取得了重要收获。通过此次调查工作，不仅对该地区的古代窑业有了全新的认识，而且对整个龙泉窑地区的窑业生产有了新的认识。

<u>2014年4~8月</u>　对石隆窑址群进行全面系统调查。石隆窑址群与大窑、金村窑址群在同一山呑中，大窑为中心，石隆与金村为一北一南两翼。该窑址群外界所知甚少，这是首次对其进行全面系统的调查与记录。窑址群有近20处窑址，始于北宋晚期。主体时代为南宋中晚期至元代早期，窑址数量多、规模大，产品种类丰富、质量高，几乎每个窑址点都有这一时期的产品，许多窑址从山坡至很高的山腰均有废品分布。器形主要有各种类型的碗、盘、洗、罐、炉、瓶、钵等，质量极高。胎普遍白中略带灰，部分器物呈浅灰或深灰色，颜色深者甚至接近于黑胎。釉色以粉青、灰青、青黄等为主，釉层普遍较厚，玉质感强。装饰方面以素面为主，纹饰以凸起的莲瓣纹为主，常见于敞口碗、直口盖碗、敛口钵等器物上，部分器物也见有装饰凸起的弦纹、扉棱等。基本为匣钵单件装烧，以M形匣钵为主，一匣一器，也有平底的匣钵。垫具均为瓷质，有圆饼形、圆饼中心略下凹形、T形等，T形垫饼底下通常再垫小的泥饼以固定于匣钵底部。元代晚期至明代早期窑址数量极少，产品以碗与盘类器物为主。胎体厚重，但胎色普遍较早期更白。釉色以梅子青为主，也有豆青、青黄等。流行刻划装饰，题材多为花饰。产品除白胎青瓷外还有黑胎青瓷，胎色深浅不一，釉色变化极大，结合了大窑、小梅、溪口诸窑址的各种主要釉色。部分土黄胎的器物釉色与传世哥窑接近，此地很可能是传世哥窑的重要产地。

<u>2013年2月~2014年3月</u>　对龙泉东区窑址重新进行调查登记。这是自紧水滩水库蓄水后首次全面系统的调查工作，以确定窑址的保存情况及现存窑址的数量等。

三　金村地区历年考古工作及收获

明代陆容在《菽园杂记》有如下记载："青瓷初出于刘田，去县六十里。次则有金村窑，与刘田相去五里余。外则白雁、梧桐、安仁、安福、绿绕等处皆有之。然泥油精细，模范端巧，俱不若刘田。泥则取于窑之近地，其他处皆不及。油则取诸山中，蓄木叶烧炼成灰，并白石末澄取细者，合而为油。大率取泥贵细，合油贵精。匠作先以钧运成器，或模范成形。候泥干，则蘸油涂饰，用泥筒盛之。置诸窑内，端正排定，以柴筱日夜烧变。候火色红焰无烟，即以泥封闭火门，火气绝而后启。凡绿豆色莹净无瑕者为上，生菜色者次之。然上等价高，皆转货他处，县官未尝见也。"[1] 这是一则描述龙泉窑窑业生产较全面的古代文献资料，在其记述的七处窑场中，以大窑为首，金村列第二，可见其地位。

1934 年陈万里先生第二次龙泉之行，从大窑到金村再到竹口，在金村土窑附近"发现旧窑山一处，于小溪里又捡得有'河滨遗范'的碎片，复在村里见有破损的酒壶一，上有'天下太平'四字。此处旧窑疑与大窑同时，拾有碎片多种"。[2]

1957 年，浙江省文物管理委员会对包括大窑、金村在内的窑址进行初步调查，其中以大窑工作为主体。

1960 年 4 ~ 5 月，龙泉县林业局决定在金村一带建造森林轻便铁路，部分线路将穿过窑址，浙江省文物管理委员会正在大窑发掘，得知信息后选择第 16 号窑址进行了发掘。发掘后又在金村地区进行了为期两天的调查，调查并记录了 16 处窑址。此次发掘共揭露窑炉两条，上下有叠压关系，均为龙窑，保存不是十分理想。地层上发现了三个上下叠压的层位，其中第三层以内腹为篦点纹、外腹为折扇纹的碗、盘类薄透明釉器物为主要特征；第二层以外腹为折扇纹、内腹为篦点纹，或仅内腹为莲荷纹的碗、盘类薄透明釉器物为基本特征；第一层则以素面的厚釉类器物为基本特征。[3] 年代基本从北宋晚期延续至南宋晚期或元代早期。这是金村地区目前唯一一次正式的考古发掘，也是金村器物发展演变在考古学上最完整而科学的一次揭示。参加这一时期发掘的主要有牟永抗先生、朱伯谦先生、柯志平先生等。

1980 年任世龙先生对金村窑址进行调查，在屋后的断面上发现了上下叠压的"五叠层"，从而建立了金村地区窑业发展的完整序列。依据龙泉金村窑址调查中所发现的五叠层堆积关系，龙泉大窑和金村窑址发掘所得的地层编序，龙泉东区在大白岸、山头窑窑址的地层编年资料，在明确划分龙泉青瓷两大系列、三个不同品种的类型学研究基础上，任先生提出了六大考古期别，首次建立起"白胎、淡青色薄釉、纤细划花"→"灰白胎、青绿色薄釉、内外双面刻花"→"厚胎薄釉、器里单面刻花"→"厚胎薄釉与薄胎厚釉共存，盛行外壁单面刻划莲瓣纹共饰"→"厚胎厚釉，釉色葱绿高档青瓷"→"胎质粗劣、坯体厚重、釉色灰绿"的序列框架。[4]

"在龙泉金村和与之地域相连的庆元上垟窑址群落中，明确存在着与北宋前期越窑瓷器风格面貌雷同的一类遗存，这可以视为未被吸收的外来因素，或者说成是越窑的'龙泉地域类型'。在金村的一处堆积断面上，其清晰的五叠层位关系表明，它和另一种以'双面刻划花'为特征的碎片堆积分处在五、四两个层位，两类遗存的包含物具有全面性的特征变异，显然难以视为同一系统

〔1〕 （明）陆容：《菽园杂记》卷十四，中华书局，1985 年。
〔2〕 陈万里：《龙泉访古记》，载《陈万里陶瓷考古文集》，紫禁城出版社，1997 年。
〔3〕 张翔：《龙泉金村古瓷窑址调查发掘报告》，载《龙泉青瓷研究》，文物出版社，1989 年。
〔4〕 任世龙：《龙泉青瓷的类型与分期试论》，载《中国考古学会第三次年会论文集（1981）》，文物出版社，1984 年；任世龙：《龙泉窑的双线生产——再论龙泉青瓷的两大序列》，载《浙江文博七十年文萃》，浙江大学出版社，1999 年。

的两个不同阶段，当属文化性质的不同。但是，在两种类型的制品中，却可以见到以'五管瓶'和与其配伍成双的'带盖长颈瓶'两种器形为典型代表的地方性独具因素。如果按照地层编年和拙作《龙泉青瓷的类型与分期试论》，把上述的两种遗存分别视为龙泉一、二两个期别，则随后的三、四两个分期可以明确无误地视作对第二期的继承和发展，从而构建起龙泉青瓷'厚胎薄釉刻划花'的形态序列。即便在第四期的龙泉南区遗存中，发现与它的形态特征恰好形成强烈对照的另一种序列遗存，即通常被描述成'薄胎厚釉素面'特征的青瓷，而构成两个序列平行共生时期，这个被称之为传统特色的厚胎薄釉青瓷生产，也仍然是在当时占有绝对优势的主导地位，因而是龙泉窑的本体和主干系统，而薄胎厚釉者，仅仅是极有限的某几处窑场烧制的极其精美制品。但是这种历史真实却被人们的认识所扭曲，以至完全地被颠倒过来，'梅子青'之所以成为龙泉窑的代名词，其根本的原因即在于此。"[1]

2013 年 9 月~2014 年 4 月，浙江省文物考古研究所与龙泉青瓷博物馆联合对包括上垟在内的窑址进行了全面系统的调查与试掘，基本确定了金村窑址群窑址的产品面貌、保存状况等。在分期上，将原先的五期细化成北宋四期、南宋三期、元明两期共约九期的发展序列，建立起金村地区古代窑业更清晰的发展脉络，同时揭示了金村地区有别于大窑地区的独特窑业面貌。以此为启示，将龙泉地区的古代窑业划分成至少三个不同的类型，不同的类型有自身完全不同的发展过程，同一时期不同类型之间面貌差别较大。这是自 20 世纪 50 年代以来对龙泉窑认识的再次突破，龙泉窑的面貌除划分成不同期别的时代差异外，还存在着地域上的巨大差别。

四　金村地区窑业的分期

金村地区的窑业，按照地层学及类型学的排比，大致可以划分成九个期别。

（一）北宋早中期的淡青釉时期

可分成两个时期。

<u>第一期</u>　主要器形有碗、盘、盒、盂、执壶、罐、盏、盏托、钵、五管灯、斗笠碗、熏、盘口壶、五管瓶等。整体造型上胎体较厚重，尤其是底部与圈足，圈足多较粗矮，足壁较直，足端较为方平，缺少越窑常见的足端较圆而外撇的纤细圈足。

碗主要有侈口深弧腹、敞口深弧腹和斗笠碗三种，腹均较深。

盘流行圈足与卧足两种，圈足盘的足较粗而直。

执壶有圆鼓腹带盖执壶与深腹出筋执壶，以后者为主：大喇叭形敞口，细长颈，圆肩，深弧腹，平底，矮圈足；肩部的流细长而弧曲，与流相对的宽泥条形柄拱曲，两侧或设有耳，耳面通常模印有纹饰。

夹层碗上层浅坦腹，内空较大，底有较大的圆形孔。

五管灯不限于五管，灯管常作仿生的莲花与花苞形，底部一侧有孔与盆形灯盘相通。

盏托的承托部分多作浅覆圈足形，托面下凹较浅，托柱的外圈多饰以莲瓣形纹；盘部则多作

---

[1]　任世龙：《龙泉窑考古的历程——〈瓷器与浙江〉重读有感》，《东方博物·第三辑》，杭州大学出版社，1999 年。

宽沿的折腹盘形，圈足高矮不一。

盏流行直口深腹，有花口形，细圈足外撇较甚。

熏多为多层结构，上层为喇叭口或直口的倒钟形，中层为栏杆形的护栏，下层则为多层台阶状的高圈足，也有简化成上下两部分的。

五管瓶在圆肩上堆塑多个圆管，以五个为主。

整体上看，圈足类器物的足多较厚重而直。

装饰较为复杂，在技法上有细划花、粗刻花、堆塑、镂孔等，以刻花技法最为流行，除轮廓线外，还使用各种地纹以衬托主体纹饰。一般见于碗、盘类大口器物的内底或内外腹，执壶、盘口壶、五管瓶类小口器物的外腹，盏托类宽沿器物的沿面上。整体上内容繁密、布局严谨。划花的纹饰主要是花卉、云气等，海涛纹亦有一定的数量，线条较为流畅。花卉纹饰布局上除沿用团花与缠枝两种格局外，出现大量简化的纹饰。刻花一般作单侧斜坡状的阴线刻划外轮廓线，内填以极细的茎络纹，整体纹饰清晰，线条明快。花卉有牡丹、莲瓣、蕉叶以及缠枝花卉等。牡丹作盛开的造型，构图多类似于团花状，花瓣左右对称，近圆形多个布局。莲瓣、蕉叶纹阴线刻划，中心略凸起，造型较瘦长。

胎质细腻，胎色较浅而几近白色。釉呈淡青色，积釉厚处则泛湖绿色，釉面光洁莹润，部分略泛黄的器物有象牙的质感。

装烧上包括满釉垫圈单件匣钵垫烧、满釉多件直接叠烧、半釉多件直接叠烧（半釉指外腹施釉不及底）、满釉与半釉多件混合直接叠烧、半釉直接叠烧与满釉垫圈直接叠烧的混合叠烧等多种形式。窑具包括匣钵、垫圈与支烧具。匣钵以 M 形为主，少量为筒形，前期一般较浅，后期则多较深。除单件匣钵装烧外，目前尚不能确定是否在匣钵内亦有多件叠烧的情况。垫圈多作矮圈形，亦有作"山"字形的。支烧具多为矮喇叭形，从黏结情况来看，主要用于直接叠烧器物的装烧。

主要包括 Y22TG2⑩~⑦b 层。

第二期　这一时期有不断衰落的趋势，器类减少、器形单一、纹饰简化而粗率。

器形以碗、盘为主，另有少量盏、五管灯、斗笠碗、熏、盘口壶、五管瓶等。碗类中敞口碗、斗笠碗占相当大的比重。

装饰更为简化，以素面为主，带装饰的器物比例远远低于第一期。装饰的纹样亦更加粗率，内容简单，布局单一，不见以细线刻划地纹的多层结构，仅寥寥数笔刻划大致的轮廓，一般仅见于器物的单面，双面均见的情况几乎没有。例如同是装饰蕉叶纹的斗笠碗，第一期常见内外满饰的现象，且粗线刻划外轮廓的蕉叶相当繁密，内刻划细的叶络，整体构图相当饱满；而第二期的蕉叶纹则一般仅见于器物的内腹，外轮廓变细，叶络杂乱，线条滞涩。在技法上仍有细划花、粗刻花两种，线条一般较软弱无力。题材一般是简化的花草、蕉叶、云气等，常见于碗、盘类器物的内底，执壶、五管瓶类器物的外腹。碗、盏类器物的花口造型仍旧较为常见，执壶仍多作出筋的屏风式布局。纹饰上新出现一种直条纹，两侧斜坡状减地，上宽下窄，这种纹饰在北宋晚期大量流行并习称为"折扇纹"，但这一时期的折扇纹头部呈尖形，与后期的平头状不同。

胎色灰白，与第一期接近，但胎质变粗而略疏松。釉色白中泛黄，釉层极薄，釉面干枯，质感不强，第一期常见的莹润湖绿色在这一时期几乎不见。绝大多数器物外腹施釉不及底，施釉线较为随意。

窑具及装烧方式变化极大，泥质小圆形垫饼代替瓷质垫圈成为主要的垫烧工具，匣钵仍有，但数量极少，单件器物匣钵装烧的比例极低，多数器物直接叠置明火裸烧，器物之间以泥点间隔，泥点较大，多为长条形，碗、碟类器物常见五个泥点痕。匣钵基本为M形，亦有少量的筒形。支烧具变化不大，仍旧是低矮的喇叭形。这一时期发现少量的满釉类器物，基本以垫圈垫烧为主，不排除是早期地层扰动进来的，但也发现有满釉器物用小泥饼垫烧的现象，可当作第一、二期装烧方式的一种过渡。

主要地层有Y22TG2⑦a层。

（二）北宋晚期的翠青釉时期

可分成两期。

第一期 器物包括碗、盘、碟、执壶、五管灯、盒等，以碗、盘、碟类为主，造型与北宋早中期相比发生了较大的变化：器形大型化而更加厚重，尤其是器物的底部明显加厚，部分碗类器物的圈足变高，但足壁仍旧较直；无论是碗还是盘，侈口的比例有所增加，甚至斗笠碗亦见有相当比例的侈口造型；碗、盘类的花口造型较为少见；执壶发生了明显的变化，从瘦高演变成较为矮胖，但出筋的屏风式布局风格仍旧保留。

装饰极为发达，广泛见于碗、盘类大口器物的内底与内腹或内底与内外腹，碟类器物的内底，执壶、罐类小口器物的外腹，宽沿类器物的沿面，这种双面装饰的做法习称为"双面工"。以刻花技法占据绝对的主流，题材主要是缠枝花卉、莲瓣纹、折扇纹，少量的篦点纹、蕉叶纹等。一般满饰于装饰器物的内外腹，除主体纹饰外，还见有大量的篦划纹、篦点纹等作为地纹，纹饰层次分明，主次清晰。花卉中新出现缠枝菊瓣纹并被广泛使用，多朵组合布局于碗、盘的内腹，盖面，执壶、瓶、罐等器物的外腹等，纹饰深而清晰，布局严谨；莲瓣纹多不再鼓凸于器物表面，以粗线刻划轮廓，内填以极细的茎络纹，一般见于器物的外腹；缠枝花卉与折扇纹一般组合出现，前者见于碗、盘类器物的内腹，后者见于外腹；篦点纹多作为粗刻划花的地纹；蕉叶纹较前期略为简洁，大片状布局于碗类器物的外腹。

胎釉发生了极大的变化。灰白色胎，质细腻坚致，气孔较少。釉色以较深的青中泛翠的青绿色为主，施釉均匀，釉层较厚，釉面匀净莹润而饱满，胎釉结合好，极少生烧与剥釉现象。部分釉色泛黄而呈青黄色。

装烧工艺由北宋早中期后段的叠置明火裸烧为主变成以一匣一器的匣钵单件装烧为主，几乎所有器物外底不施釉，以泥质小圆饼垫烧。匣钵以M形占绝大多数，少量为平底匣钵。支烧具基本不再使用，以匣钵代替。

主要地层有Y22TG2⑥、⑤层。

第二期 器物种类、器形、胎釉特征、装烧方式、窑具等方面与第一期基本一致，最大的变化在于装饰方面。

大量流行以篦点纹为地的刻花纹饰，第一期常见的团花在这一时期更加简化，部分仅剩寥寥数笔，且较为杂乱无章，有这两类装饰的器物外腹仍为细密折扇纹。出现少量的内腹满布纹饰的装饰手法，其做法是以粗线条刻划出轮廓，轮廓内外均填以极细密的篦划纹，外腹的折扇纹较为粗疏，这是第二期大量流行的器物。第二期还出现了一定数量的高质量器物，如松阳博物馆所藏梅瓶等。

主要地层包括 Y22TG2④、③层（其中④层器物较为杂乱，以篦点纹器物为主，第一期团花与第二期轮廓内外均有篦划纹的器物均有少量）以及 Y22TG3⑧、⑦、⑥层（其中⑥层器物较乱，除篦点纹器物外，也有刻划粗率团花的早期器物）。

（三）南宋时期

至少可以划分成早、中、晚三个大的期别。

<u>南宋早期</u>　器物主要有碗、盘、碟、罐、夹层碗、三足炉等，仍旧以碗、盘类器物为主。碗除敞口碗、侈口碗、斗笠碗外，新出现盖碗。斗笠碗多为敞口，侈口明显少见。盖碗为直口深直腹，盖作宽沿形，盖面圆拱，小纽作瓜蒂形。胎体普遍较为厚重。

釉色没有北宋晚期青绿，除部分为较浅的翠青釉色外，亦有相当比例的青中略泛灰色釉与青黄色釉。外底不施釉。

盛行双面工的装饰技法，碗、盘类器物的内腹为粗刻划与篦划纹的组合纹饰，外腹多为折扇纹。折扇纹明显较北宋晚期更为粗疏，且略呈弧形。

装烧方式基本为一匣一器、泥质小圆饼垫烧，匣钵以 M 形为主。

以金村 Y17TG1⑤、④、③层为代表，三层之间有变化，总体上沿袭北宋晚期以来由繁向简的趋势。

第⑤层，仍旧流行双面工的做法，内腹以粗线条刻划纹饰轮廓，不仅轮廓内填以篦划纹，轮廓外也以篦划纹为地，篦划纹极细密。碗、盘类器物内腹满布纹饰，分组不清晰，构图亦较为模糊。部分器物可以看出荷花图案，这是南宋中期大量流行的题材。外腹的折扇纹较为粗疏。

第④层，内腹满布的纹饰开始变得疏朗，不再密布整个碗、盘类器物的内腹。构图仍以粗线条刻划纹饰轮廓，轮廓内填以篦划纹，但轮廓外部分不再填以篦划纹。整体布局变得简洁清晰。外腹基本不见有折扇纹。釉色进一步变淡，呈浅青绿色。这一层有少量与大窑绍兴十三年地层出土器物相似的青绿色近乳浊釉器物。该层器物包括器形与装饰纹样等在内的一些因素，开始出现南宋中期的特征，时代较第⑤层为晚。

第③层，内腹纹饰进一步疏朗，仍以粗线条刻划纹饰轮廓，内填以篦划纹，轮廓外基本不再填以篦划纹。整体布局简洁清晰。外腹不见有折扇纹。釉色进一步变淡，呈浅青绿色。该层南宋中期的文化因素，如南宋中期大量流行的内腹装饰仅刻划莲荷轮廓的碗、盘类器物出现。因此其时代当为南宋早期晚段，已经接近于南宋中期，甚至可划归入南宋中期早段。

Y22TG4 主要是⑩、⑨两层，标本比较乱，有北宋早中期淡青釉的产品，也有北宋晚期带篦点纹双面工的器物和刻划团花的器物，最晚的为南宋早期的器物。这两个地层在南宋早期被严重扰乱，剔除早期标本，可定为南宋早期的地层。釉色翠青或青绿色，釉层较薄而玻璃质感强。

<u>南宋中期</u>　器物以碗、盘类占绝大多数。胎体厚重，底极厚，圈足矮宽。

装饰上双面工技法基本不见，主要是内腹刻划莲荷纹。莲荷纹图案简洁，技法流畅，仅刻划

轮廓线，不再填以篦划纹，也不再以篦划纹为地。一般荷花与荷叶共同构成主题纹饰，有学者甚至将这一期称为"莲荷的世界"。简单的云气纹、花口出筋以及河滨遗范等印章铭纹也有较多出现。云气纹以S形线条将碗内腹几等分，每格内填以简单的云气纹。器物作花口形，花口所在的内腹以白色的泥浆画直线一条，施釉后有一种凸起的出筋感。

釉色以青黄或青灰为主，釉层较薄而玻璃质感强。外底不施釉。有极少量的近粉青色乳浊釉，器形仍旧主要是碗、盘类，釉层较薄，但外底仍旧不施釉，整体仍旧较为粗厚。

装烧方式与南宋早期相同，仍基本为一匣一器、泥质小圆饼垫烧，匣钵以M形为主。

主要包括金村Y17TG1②a、②b层，Y22TG2②b层，Y22TG3⑤、④、③层，Y22TG4⑧、⑦、⑥层等。

　南宋晚期　器物以碗、盘、小洗占绝大多数，亦有瓶、炉、钵、夹层碗等。

器物从风格上可分成两类，一类较为粗放，一类较为精细。粗放类产品从南宋中期碗延续下来，胎体厚重，底厚而足宽，外底不施釉而以泥饼垫烧；内腹刻划花装饰基本消失，代之以外腹的粗凸莲瓣纹；釉色粉青或青黄，粉青色釉一般釉层较厚，呈失透的乳浊状，而青黄色釉则多为早期常见的透明状玻璃釉。精细类产品主要有宽沿小盘、折腹小洗、莲瓣纹碗、莲瓣纹盘等，宽沿小洗宽沿面内弧，浅弧腹，平底，矮圈足；折腹小洗为凸唇，斜直腹近底处折成平底状，矮圈足；莲瓣纹碗为敞口，近圜底，矮圈足，外腹为凸莲瓣纹；莲瓣纹盘则敞口，浅弧腹，矮圈足，外腹为凸莲瓣纹。此类器物整体上看胎质更细，胎体薄，器形多较小而精巧，圈足细薄。素面为主，少量器物外腹有凸莲瓣纹，莲瓣比粗放类的莲瓣碗修长，满釉，仅圈足的足端刮釉以垫烧。釉多呈粉青色，釉层厚，乳浊感强，质量极高，是龙泉窑的精品，但其精致程度仍不及大窑同一时期的产品。

装烧方式上，粗放类器物外底部不施釉，仍以泥质垫饼垫烧，主要以M形匣钵一匣一器装烧；精细类产品则施满釉，仅足端刮釉，使用较大的瓷质垫饼垫烧。其中垫饼又可以分为两类，一种呈圆饼形，中心略内凹；另一种除中心内凹外，底部呈短圆柱状外凸。

主要包括Y22TG4④、③层等。

（四）元明时期

可以划分成二期。

　元代早期　这一时期的地层未能确定，仅在部分窑址采集到少量的标本，因此对这一时期的特征并不能准确把握，南宋晚期的两类产品也不能确定是否延续到这一时期。

从采集的标本来看，这一时期有一部分产品特征与大窑元代早期的接近，因此判定属于元代早期。整体上质量较佳，但较南宋晚期略有衰落的趋势。器形主要有双鱼洗、莲瓣纹碗等。双鱼洗宽沿，沿面略内弧，腹略弧斜收，大平底，矮圈足，外腹一般为粗凸的莲瓣纹，内底有堆贴的双鱼。乳浊厚釉较佳，色以粉青为主，釉面肥厚，莹润饱满。圈足端刮釉以垫烧。采集到的窑具主要是M形匣钵与底部外凸的瓷质垫饼。

　元代晚期至明代　这一时期同样没有确定相应的地层，仅采集到少量的标本。器形主要有碗、盘、钵、双鱼洗等。总体上看，这一时期的器物质量明显下降，尤其是明代的器物。器形较为单一，装饰较少而简单粗率，其中双鱼洗的堆贴较薄，亦有戳印阴线纹。胎釉颜色普遍较深：胎多呈深灰与灰黑色，胎质较粗而疏松；釉则多呈青灰色或豆青色，釉层较薄，质感较差。以外底不施釉的泥饼垫烧为主。从器物的内外底特征来看，仍旧以一匣一器的单件装烧为主。匣钵基本为M形。

第二章　金村窑址调查记录

　　2013 年 9 月 ~2014 年 4 月，浙江省文物考古研究所与龙泉青瓷博物馆对包括庆元上垟地区在内的金村窑址群进行了全面系统的调查与记录，共确定窑址 30 多处，时代从北宋一直延续到明代。下面按窑址群的聚集与分布情况分成下坑屋后、谷岩沿岗、金村屋后山、溪东、后岙、大窑犇与上垟七个窑址群分别进行介绍。（图 2-1、2-2）

一　下坑屋后窑址群

　　下坑屋后窑址群位于金村窑址群的最北边，"几"字形河谷的上端右侧，这是一处由东北向西南凸出的小山脉，东北背靠最为雄峻的山峰，向西南逐渐降低，与西边的谷岩沿岗形成通往大窑的山岙。山脉的南边为梅溪，西边为连通大窑的小溪，小溪在此处汇入梅溪，两溪汇合处即为金村码头。遗址今仍在，河岸砌筑整齐，河中尚存石构建筑。（图 2-3）

图 2-1　金村

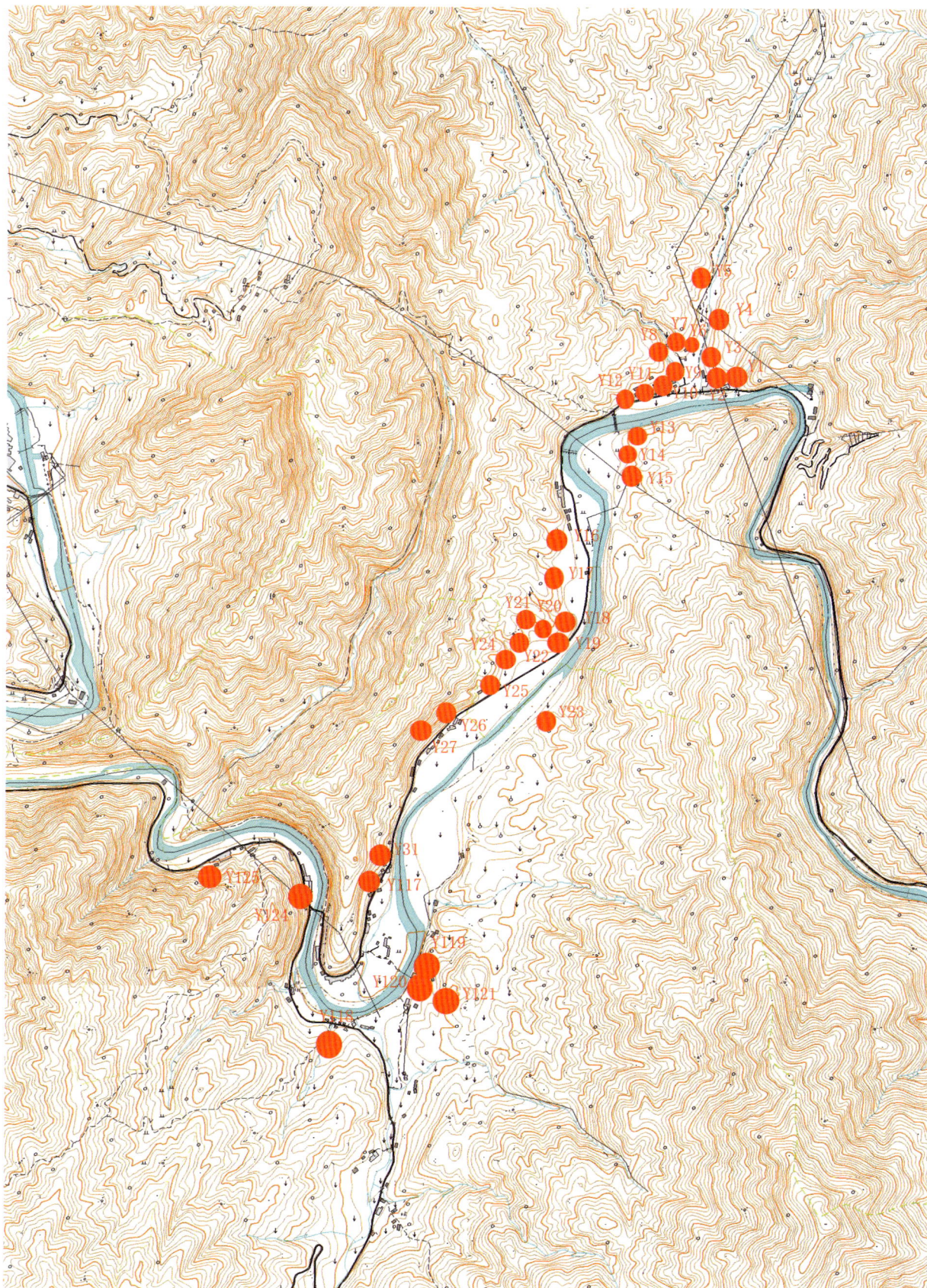

图 2-2　金村窑址群分布图

（为方便计，YA3-××在图上标注为 Y××）

窑址分布于山脉的顶端与西侧，其中顶端三处（YA3-1~YA3-3），西侧一处（YA3-4）。顶端三处基本相连，与西侧一处相距略远。

窑址与河堤之间是民房建筑，之前应当对窑址造成了较大破坏。

（一）金村下坑屋后YA3-1（Y1）

位置：龙泉市小梅镇金村北边

GPS：27°48′51″N，119°00′41″E，399m

时代：南宋中期、南宋晚期、元代中晚期

数量：1处

记录者：郑建明

工作：调查

概况：

该窑址位于下坑屋后山脉的东南侧，窑址坐西北朝东南，所在山坡较为平缓。山坡前为民房建筑，在修建时平整较多，

图2-3　金村下坑屋后

图2-4　金村下坑屋后YA3-1

对窑址造成巨大破坏，至今仍可见到由此形成的巨大剖面。瓷片、窑具在山坡下俯拾皆是。山坡上堆积保存较好，盗挖并不严重，但据向导所说，此地堆积前几年已翻动过。窑址分布面积较大，西边与Y2相连。（图2-4）

采集到的标本年代跨度较大，主要分为三个时期：南宋中期、南宋晚期和元代中晚期。（图2-5）

<u>南宋中期</u>主要为外腹素面、内腹双线S纹碗和外腹素面、内腹饰荷花荷叶纹碗。胎色为灰白色，胎质一般较粗。釉色为青色，个别泛黄。外底部不施釉，泥质垫饼垫烧。

<u>南宋晚期</u>主要为莲瓣纹碗。外腹饰凸莲瓣纹，内腹一般为素面，内底则多见有模印花卉装饰。以较淡的近粉青色釉为主，也有青黄色釉，釉层较薄，但已乳浊化。外底部不施釉，泥质垫饼垫烧。

<u>元代中晚期</u>主要为莲瓣纹大碗、折沿洗等。莲瓣纹碗外腹凸莲瓣纹较细长，呈现为菊瓣状。

图 2-5 金村下坑屋后 YA3-1 采集遗物

有粉青厚釉，也有青黄色釉，乳浊化。此类器物底足刮釉，瓷质垫饼垫烧。

　　窑具有 M 形匣钵、泥质垫饼和瓷质垫饼等。

（二） 金村下坑屋后 YA3-2（Y2）

　　位置：龙泉市小梅镇金村北边

　　GPS：27°48′51″N，119°00′41″E，402m

　　时代：北宋晚期至南宋晚期

　　数量：1 处

　　记录者：郑建明

　　工作：调查

　　概况：

　　该窑址位于下坑屋后山脉

图 2-6 金村下坑屋后 YA3-2

的顶端尽头处，窑址坐东北朝西南，所在山坡较为平缓。山坡前为民房建筑，对窑址造成一定破坏。由大窑来的小溪与梅溪在此处汇合。瓷片、窑具在山坡上俯拾皆是。山坡上堆积保存较好，盗挖并不严重。窑址分布面积较大，东边与 YA3-1、北边与 YA3-3 相连。（图 2-6）

　　采集到的标本年代跨度较大，从北宋晚期一直延续到南宋晚期。（图 2-7、2-8）

图 2-7　金村下坑屋后 YA3-2 采集遗物

图 2-8　金村下坑屋后 YA3-2 采集遗物

北宋晚期至南宋早期主要为敞口碗。该类碗外腹饰莲瓣纹并填以直条状篦纹，内腹及内心饰花卉纹。灰胎。青釉。外底部不施釉，泥质垫饼垫烧。

南宋中期主要为内腹白痕出筋、内心有"河滨……"字款的碗和外腹素面、内腹双线 S 纹碗。灰胎。青釉。外底部不施釉，泥质垫饼垫烧。

南宋晚期主要为莲瓣纹碗。外腹饰凸莲瓣纹，内腹一般为素面，内底则多见有模印花卉装饰。以较淡的近粉青色釉为主，也有青黄色釉，釉层较薄，但已乳浊化。部分器物釉色极淡，近浅青色，釉色接近大窑荒田上的器物。外底部不施釉，泥质垫饼垫烧。

窑具有 M 形匣钵、泥质垫饼。

（三） 金村下坑屋后 YA3-3（Y3）

位置： 龙泉市小梅镇金村北边

GPS： 27°48′52″N，119°00′40″E，403m

时代： 北宋晚期至元明时期

数量： 1 处

记录者： 郑建明

工作： 调查

概况：

该窑址位于下坑屋后山脉的西侧，窑址坐东朝西，所在山坡较为平缓。山坡前为民房建筑，对窑址造成一定的破坏。山坡上堆积保存较好，盗挖并不严重。窑址分布面积较大，南边与 YA3-2 相连，北边略远处为 YA3-4。窑址前面为由大窑来的小溪。（图 2-9）

采集到的标本年代跨度较大，主要分为五个时期：北宋晚期至南宋早期、南宋早期、南宋中期、南宋晚期和元代早期。（图 2-10~2-13）

北宋晚期至南宋早期主要为双面装饰的碗。按照装饰纹样的差别可以分为两类：一类外腹为折扇纹，内腹刻划花卉纹并填以篦纹；一类外腹饰莲瓣纹并填以直条状篦纹，内腹及内心饰花卉纹。灰胎。以青黄色釉为主。外底部不施釉，泥质垫饼垫烧。

南宋早期主要为内外均素面的碗。白胎。青釉。外底部不施釉，泥质垫饼垫烧。

南宋中期主要为内心有"金玉满堂"字款的碗。青釉。外底部不施釉，泥质垫饼垫烧。

南宋晚期主要为莲瓣纹

图 2-9 金村下坑屋后 YA3-3

图 2-10　金村下坑屋后 YA3-3 采集遗物

图 2-11　金村下坑屋后 YA3-3
采集青瓷碗

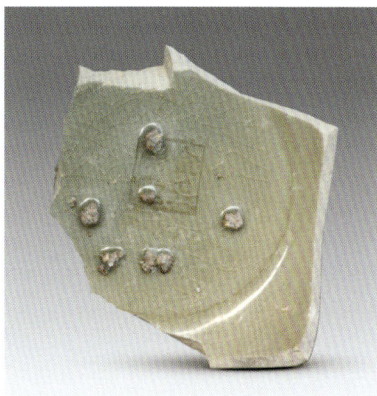

图 2-12　金村下坑屋后 YA3-3
采集青瓷碗

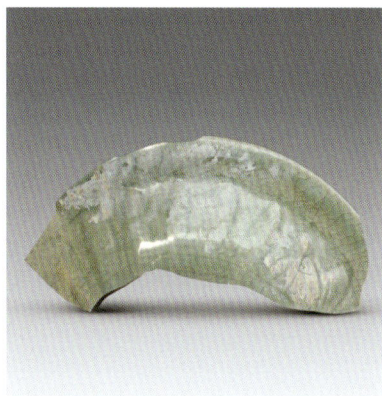

图 2-13　金村下坑屋后 YA3-3
采集青瓷盘

碗。外腹饰凸莲瓣纹，内腹一般为素面，内底则多见有模印花卉装饰。以较淡的近粉青色釉为主，也有青黄色釉，釉层较薄，但已乳浊化。还有一类莲瓣纹盘，器物装饰及装烧方法与莲瓣纹碗相同。另有少量双鱼洗。外底部不施釉，泥质垫饼垫烧。

元代主要为大盘、大碗等。器物粗厚，盘足近隐圈足。有粉青厚釉，也有青黄色釉，乳浊化。此类器物底足刮釉，用瓷质垫饼装烧。

明代有碗、盘、高足杯、弦纹炉等。碗为侈口深曲腹，厚底矮圈足；盘为宽沿，浅坦腹，内腹刻划粗率的花卉；高柄杯柄呈竹节状，较高。釉色与质量一般。碗类器物一般为涩圈支烧。

窑具有 M 形匣钵、泥质垫饼以及少量的瓷质垫饼。

（四）金村下坑屋后 YA3-4（Y4）

位置：龙泉市小梅镇金村北边

GPS：27°48′58″N，119°00′40″E，386m

时代：南宋晚期

数量：1 处

记录者：郑建明

工作：调查

概况：

该窑址位于 YA3-3 的北边，两者相距较远，窑址对面为金村马氏夫人庙。窑址坐东朝西。由大窑来的小溪及山路均从窑址前经过。地面所见标本分布范围不大，在路边的剖面上有少量的堆积。（图 2-14）

图 2-14　金村下坑屋后 YA3-4

图 2-15　金村下坑屋后 YA3-4 采集青瓷莲瓣纹碗

图 2-16　金村谷岩沿岗

图 2-17　金村谷岩沿岗 YA3-5

采集到的标本极少，时代为南宋晚期。

南宋晚期的标本基本均为莲瓣纹碗。外腹饰凸莲瓣纹。粉青釉为主，略乳浊化。（图 2-15）

窑具有 M 形匣钵与泥质垫饼。

二　谷岩沿岗窑址群

谷岩沿岗是一处南北向的山脉，它与下坑屋后山形成通往大窑的山岙。山脉山势较高，其中东边山坡较平缓、山岙较开阔，西边山坡较陡、山岙较狭小。西边的山岙可通往大梅。（图 2-16）

窑址主要分布于山脉的南端尽头处，规模较大。原本东西两坡各列为一个窑址点，但两者堆积极难分开，故此次合并为一个点。在东坡的南边不远处亦有一处窑址，分布面积较小。

窑址群南端有一处民国时期的青花瓷窑址。

（一）　金村谷岩沿岗 YA3-5（Y5）

位置： 龙泉市小梅镇金村北边

GPS： 27°49′03″N，119°00′39″E，396m

时代： 南宋晚期、元代中晚期

数量：1 处

记录者：郑建明

工作：调查

概况：

该窑址位于谷岩沿岗的东坡，南边距 YA3-7 约 200 米，两者并不相连。窑址的南边是马氏夫人庙。调查时正逢中秋节，有小型的庙会。（图 2-17）

窑址坐西朝东，山坡较陡。上坡为杂树林，下坡为水稻田。坡前为由大窑流来的小溪。山坡上植被极好，因此很难采集到标本，窑址分布面积亦不太清楚，据向导说地层较薄，分布面积不大。

窑址产品包括两个时期：南宋晚期与元代中晚期。（图 2-18）

南宋晚期主要是莲瓣纹碗。底较厚。外腹饰凸莲瓣纹。釉较厚，乳浊化。外底部不施釉，泥质垫饼垫烧。

元代中晚期主要是莲瓣纹盘、侈口碗等。莲瓣纹碗为浅坦腹，粗凸莲瓣纹，足端刮釉以承烧；侈口碗为深曲腹，平底矮圈足，外底不施釉以承烧。从器形及装烧方式上看，后者可能已到明代早期。

窑具有 M 形匣钵、泥质垫饼、瓷质垫饼等。（图 2-19）

图 2-18 金村谷岩沿岗 YA3-5 采集遗物

图 2-19 金村谷岩沿岗 YA3-5 采集遗物

（二） 金村谷岩沿岗 YA3-7（Y7）

位置： 龙泉市小梅镇金村北边

GPS： 27°48′56″N，119°00′35″E，401m

时代： 北宋晚期至明代早期、民国时期

数量： 1 处

记录者： 郑建明

工作： 调查

概况：

该窑址位于谷岩沿岗的南端，东、南、西三坡均有分布，面积较大，地层较深，原调查编为 YA3-6 与 YA3-7 两个号。由于堆积无法分开，很难贸然将其分成两个或多个窑址，因此以地形为单位合并成一个窑址。（图 2-20）

窑址东西两侧分别是通向大窑与大梅的狭长山岙，南端是较开阔的平地，与梅溪相距超过 200 米。谷地的两侧分别是下坑屋后与金村屋后山窑址群。

窑址延续时间很长，从采集的标本来看，最早为北宋晚期，历南宋早中期、南宋晚期至元代早期、元代晚期、明代早期各个时期，还有民国时期的青花瓷。（图 2-21~2-31）

北宋晚期主要是双面装饰的碗。外腹为折扇纹，内腹刻划花卉纹。以青黄色釉为主。外底部不施釉，泥质垫饼垫烧。此外还有孔明碗、奁式炉等。

南宋早期主要是内外腹皆素面的碗、盘以及内外腹皆素面、内心刻划花卉纹的碟。青釉。外底部不施釉，泥质垫饼垫烧。

南宋中期主要有四类器物：第一类为内腹白痕出筋的花口碗；第二类为外腹素面、内腹双线 S 纹的花口碗；第三类为内心有"河滨遗范"、"金玉□堂"字款的敞口碗；第四类为外腹素面、内腹及内心刻划莲荷纹的敞口碗。灰胎。青釉。外底部不施釉，泥质垫饼垫烧。

南宋晚期主要是莲瓣纹碗、盘、钵。其中莲瓣纹碗敞口，斜直腹略曲，小平底较厚，粗矮圈足，外腹饰凸莲瓣纹。部分器物内心模印花卉。以较淡的近粉青色釉为主，也有青黄色釉，釉层较薄，但已乳浊化。外底部不施釉，泥质垫饼垫烧。

元代器物主要是折沿洗、敞口碗、敞口盘等。其中洗类产品多内心塑贴双鱼，碗、盘类产品多外腹饰莲瓣纹。部分产品质量较高，为乳浊厚釉。

图 2-20　金村谷岩沿岗 YA3-7

图 2-21 金村谷岩沿岗 YA3-7 采集遗物

图 2-22　金村谷岩沿岗 YA3-7
采集青瓷碗

图 2-23　金村谷岩沿岗 YA3-7
采集青瓷碗

图 2-24　金村谷岩沿岗 YA3-7
采集青瓷碗

图 2-25　金村谷岩沿岗 YA3-7
采集青瓷碗

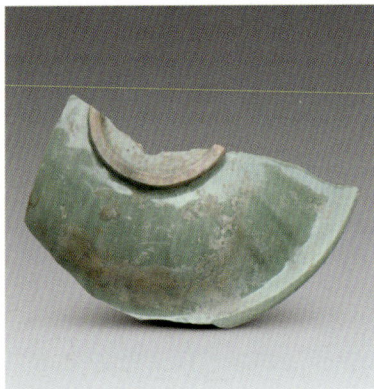

图 2-26　金村谷岩沿岗 YA3-7
采集青瓷双鱼洗

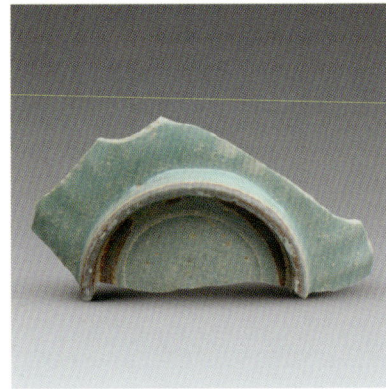

图 2-27　金村谷岩沿岗 YA3-7
采集青瓷双鱼洗

图 2-28　金村谷岩沿岗 YA3-7 采集垫饼

图 2-29　金村谷岩沿岗 YA3-7 采集青花瓷碗

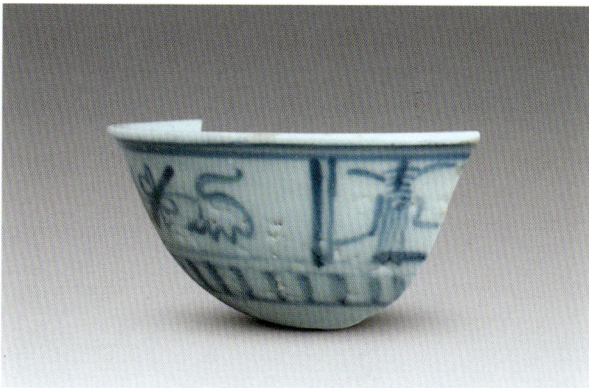

图 2-30　金村谷岩沿岗 YA3-7 采集青花瓷碗　　　图 2-31　金村谷岩沿岗 YA3-7 采集青花瓷碗

此类器物底足刮釉，瓷质垫饼装烧。

民国时期该处窑址曾烧造青花瓷器。东坡有大量大型的方形窑炉砖坯，据说是民国时期的窑炉砖。采集到的标本主要为碗，部分器物青花色较佳，多数器物青花色呈墨绿色。

三　金村屋后山窑址群

金村屋后山是金村屋后由西北向东南倾斜的山脉，与下坑屋后山、谷岩沿岗一起在此断头并形成一个略大的山谷，山脉的南边为梅溪，东边是通往大梅的狭长山岙。窑址主要集中在山脉顶端及东、南两坡，南坡更多、分布面积更大。（图 2-32、2-33）

图 2-32 金村屋后山

图 2-33 金村屋后山

图 2-34 金村屋后山 YA3-8

（一） 金村屋后山 YA3-8 （Y8）

位置：龙泉市小梅镇金村北边

GPS：27°48′55″N，119°00′33″E，385m

时代：北宋晚期、南宋晚期、元代中晚期

数量：1 处

记录者：郑建明

工作：调查

概况：

该窑址位于金村屋后山的北边，谷岩沿岗的西边，与 YA3-7 相对。窑址位于山的东坡，东边与谷岩沿岗形成通往大梅的狭长山岙。（图 2-34）

从采集的标本来看，可以分为三个时期：北宋晚期、南宋晚期和元代中晚期。（图 2-35~2-37）

北宋晚期主要是双面装饰的碗。外腹为折扇纹，内腹为刻划的以篦划纹为地的花卉。以青黄色釉为主。外底部不施釉，泥质垫饼垫烧。

南宋晚期主要是莲瓣纹碗。外腹饰凸莲瓣纹。以较淡的近粉青色釉为主，也有青黄色釉，釉层较薄，但已乳浊化。外底部不施釉，泥质垫饼垫烧。

元代中晚期主要是敞口碗、双鱼洗等。部分产品质量较高，为乳浊厚釉。此类器物底足刮釉，瓷质垫饼装烧。

图 2-35　金村屋后山 YA3-8 采集遗物

图 2-36　金村屋后山 YA3-8 采集遗物

图 2-37　金村屋后山 YA3-8 采集青瓷双鱼洗

图 2-38 金村屋后山 YA3-9

图 2-39 金村屋后山 YA3-9 采集遗物

（二）金村屋后山 YA3-9（Y9）

位置： 龙泉市小梅镇金村北边

GPS： 27°48′52″N，119°00′32″E，409m

时代： 南宋早期至南宋晚期、元代中晚期

数量： 1 处

记录者： 郑建明

工作： 调查

概况：

该窑址位于金村屋后山顶端的东坡，北边为 YA3-8，东边与 YA3-3 隔山岙相望，窑址坐西朝东。（图 2-38）

窑址延续时间较长，从采集的标本来看，最早为南宋早期，历南宋中期至南宋晚期，元代中晚期仍有烧造。（图 2-39~2-42）

南宋早期主要为内外腹皆素面的敞口碗。青釉。外底部不施釉，以泥质垫饼垫烧。

南宋中期主要为外腹素面、内腹及内心刻划莲荷纹的敞口碗。灰胎。青釉。外底部不施釉，泥质垫饼垫烧。

南宋晚期主要为莲瓣纹碗。外腹饰凸莲瓣纹。以较淡的近粉青色釉为主，也有青黄色釉，釉层较薄，但已乳浊化。外底部不施釉，泥质垫饼垫烧。

元代中晚期主要为敞口碗、凤尾瓶等。其中敞口碗外

图 2-40 金村屋后山 YA3-9 采集青瓷炉

图 2-41 金村屋后山 YA3-9 采集青瓷凤尾瓶

图 2-42 金村屋后山 YA3-9 采集遗物

腹饰莲瓣纹，较细长，呈现菊瓣状。乳浊厚釉，青黄或豆青色。此类器物底足刮釉，瓷质垫饼装烧。

（三） 金村屋后山 YA3-10（Y10）

位置：龙泉市小梅镇金村北边

GPS：27°48′51″N，119°00′32″E，401m

时代：南宋中期、南宋晚期、元代中晚期

数量：1 处

记录者：郑建明

工作：调查

概况：

该窑址位于金村屋后山顶端的南坡，东北边与 YA3-9 相连，西边与 YA3-11 相接。窑址坐北朝南，山坡下为梅溪与村民房屋。（图 2-43、2-44）

从采集的标本来看，主要是三个时期：南宋中期、南

图 2-43 金村屋后山 YA3-10

图 2-44 金村屋后山 YA3-10

图 2-45 金村屋后山 YA3-10 采集遗物

图 2-46 金村屋后山 YA3-11

宋晚期和元代中晚期。（图2-45）

南宋中期主要为外腹素面、内腹S形纹的敞口碗。灰白胎。青釉。外底部不施釉，泥质垫饼垫烧。

南宋晚期主要为莲瓣纹碗。外腹饰凸莲瓣纹。以较淡的近粉青色釉为主，也有青黄色釉，釉层较薄，但已乳浊化。外底部不施釉，泥质垫饼垫烧。

元代中晚期主要为折沿洗。该类洗内心多塑贴双鱼。产品质量较高，乳浊厚釉，青黄或豆青色。底足刮釉，瓷质垫饼装烧。此外还发现外底部有涩圈支烧痕迹的碗底残片。

（四）金村屋后山 YA3-11（Y11）

位置：龙泉市小梅镇金村北边

GPS：27°48′50″N，119°00′30″E，405m

时代：北宋晚期、南宋晚期

数量：1 处

记录者：郑建明

工作：调查

概况：

该窑址位于金村屋后山南坡，东边与YA3-10相连，西边与YA3-12相接。窑址坐北朝南，山坡下为梅溪与村民房屋。（图2-46）

窑址保存情况不好，仅采

集到个别标本，极为碎小。从采集标本来看，大致属于两个时期：北宋晚期和南宋晚期。（图2-47）

北宋晚期主要为双面装饰的碗。外腹刻划折扇纹；内腹刻划花卉纹，填以篦纹。灰胎。青釉。外底部不施釉，泥质垫饼垫烧。

南宋晚期主要为莲瓣纹碗。外底部不施釉，泥质垫饼垫烧。

图2-47　金村屋后山YA3-11采集遗物

（五）金村屋后山YA3-12（Y12）

位置： 龙泉市小梅镇金村北边

GPS： 27°48′49″N，119°00′29″E，388m

时代： 南宋早期至南宋晚期

数量： 1处

记录者： 郑建明

工作： 调查

概况：

该窑址位于金村屋后山南坡，东边与YA3-11相连。窑址坐北朝南，山坡下为梅溪与村民房屋。（图2-48）

窑址延续时间较长，采集的标本时代最早为南宋早期，延续到南宋晚期。（图2-49、2-50）

南宋早期主要为内外腹皆素面的敞口碗。灰胎。青黄釉。外底部不施釉，泥质垫饼垫烧。

南宋中期主要为外腹素面、内腹及内心刻划莲荷纹的碗。灰胎。青黄釉。外底部不施釉，泥质垫饼垫烧。

南宋晚期主要为莲瓣纹碗。外腹饰凸莲瓣纹，内心亦

图2-48　金村屋后山YA3-12

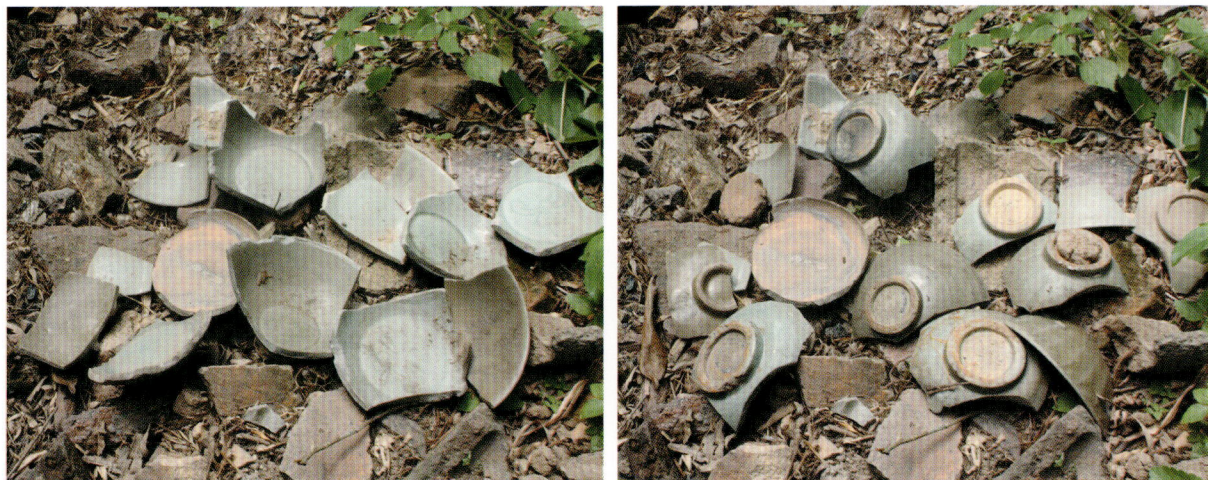

图 2-49　金村屋后山 YA3-12 采集遗物

图 2-50　金村屋后山 YA3-12 采集遗物

常见有印花。以较淡的近粉青色釉为主，也有青黄色釉，釉层较薄，但已乳浊化。外底部不施釉，泥质垫饼垫烧。

窑具有 M 形匣钵和泥质垫饼。此外采集到一种瓷质窑具，近倒圈足形，时代可能到南宋晚期或元代。

四　溪东窑址群

窑址群在梅溪的南岸，位于"几"字形梅溪左侧转弯的内侧。这是一处由东南向西北倾斜的小山峰，山峰的顶端即为梅溪的转折处，西坡较为平缓而开阔，北坡较陡。西坡窑址前平地上为断垣残壁，原先当有聚落。山坡上有两棵巨大的酸枣树，树龄在 300 年以上。窑址位于山峰顶端的北坡与西坡，共有三处，时代跨度比较大。（图 2-51）

（一）金村溪东 YA3-13（Y13）
位置：龙泉市小梅镇金村东边

GPS：27°48′43″N，119°00′26″E，380m

时代：北宋晚期、南宋中期、元代中晚期

数量：1处

记录者：郑建明

工作：调查

概况：

该窑址位于金村溪东的北坡与西坡，南边与YA3-14相连。窑址坐东南朝西北，山坡下为梅溪。（图2-52）

窑址延续时间较长，山坡下采集的标本时代主要是北宋晚期、南宋中期。山坡上采集的标本主要是元代中晚期。（图2-53~2-59）

北宋晚期主要是双面装饰的碗、盘。按照装饰纹样的差别可以分为两类：一类外腹为折扇纹，内腹刻划花卉纹，填以篦纹；一类外腹饰莲瓣纹并填以直条状篦纹，内腹及内心饰花卉纹。灰胎。以青黄色釉为主。外底部不施釉，泥质垫饼垫烧。

南宋中期主要是外腹素面、内腹S形纹的花口碗及花口盘，以及内腹饰莲荷纹

图2-51 金村溪东

图2-52 金村溪东YA3-13

图2-53 金村溪东YA3-13采集青瓷碗

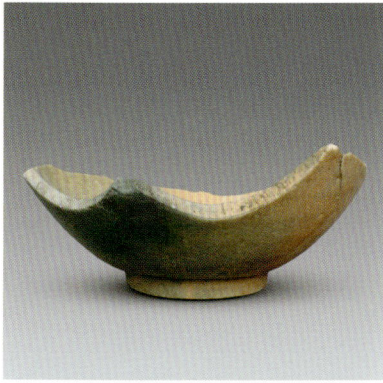

图 2-54　金村溪东 YA3-13
采集青瓷碗

图 2-55　金村溪东 YA3-13
采集青瓷碗

图 2-56　金村溪东 YA3-13
采集青瓷碗

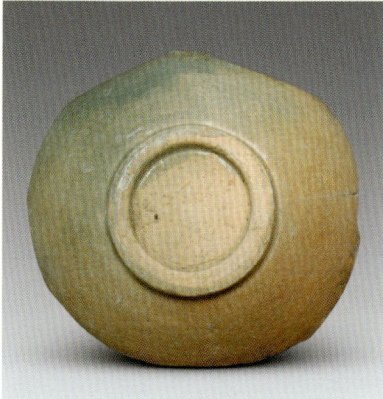

图 2-57　金村溪东 YA3-13 采集青瓷碗　　　　图 2-58　金村溪东 YA3-13 采集青瓷盘

图 2-59 金村溪东 YA3-13 采集遗物

的碗、平底碟，内腹白痕出筋的花口碗等。釉色主要为青黄色，釉层较薄，但已乳浊化。外底部不施釉，泥质垫饼垫烧。

元代中晚期器物主要是莲瓣纹碗、盘等。足端刮釉，瓷质垫饼装烧。

窑具在下坡主要是 M 形匣钵与泥质垫饼，在上坡则主要是 M 形匣钵与瓷质垫饼。

（二） 金村溪东 YA3-14（Y14）

位置：龙泉市小梅镇金村东边

GPS：27°48′41″N，119°00′27″E，383m

时代：北宋早中期至南宋早期

数量：1 处

记录者：郑建明

工作：调查

概况：

该窑址位于金村溪东的西坡，北边与 YA3-13 相连，南边与 YA3-15 相接。窑址坐东朝西，山坡下为梅溪与村民房屋。

窑址延续时间较长，从采集的标本来看，始于北宋中晚期，历北宋晚期、南宋早期。（图2-60~2-70）

北宋早中期主要是淡青釉产品，器形主要是碗、执壶、盘等。碗有斗笠碗、敞口碗等。装饰有越窑常见的刻花花卉，但此处划花更显粗率。薄釉极浅，是典型的金村淡青釉。

北宋晚期主要是双面装饰的碗、盘等。按照装饰纹样的差别可以分为两类：一类外腹为折扇纹，内腹刻划花卉纹并填以篦纹；一类外腹饰莲瓣纹并填以直条状篦纹，内腹及内心饰花卉纹。灰胎。以青黄色釉为主。外底部不施釉，泥质垫饼垫烧。

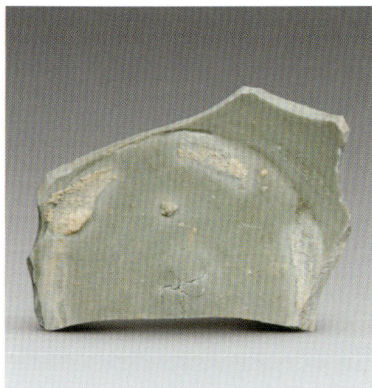

图 2-60　金村溪东 YA3-14 采集青瓷碗

图 2-61　金村溪东 YA3-14 采集青瓷碗

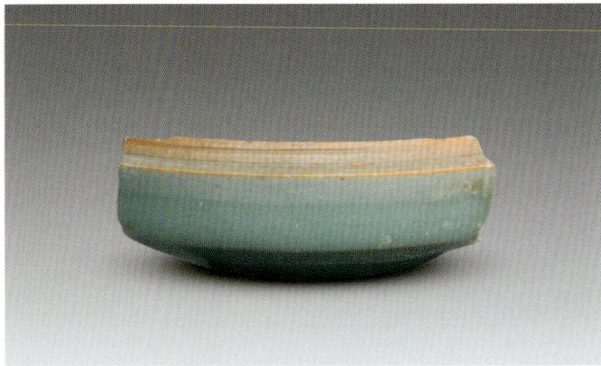

图 2-62　金村溪东 YA3-14 采集青瓷盒子

图 2-65　金村溪东 YA3-14
采集青瓷碗

图 2-63　金村溪东 YA3-14
采集青瓷碗

图 2-64　金村溪东 YA3-14
采集青瓷碗

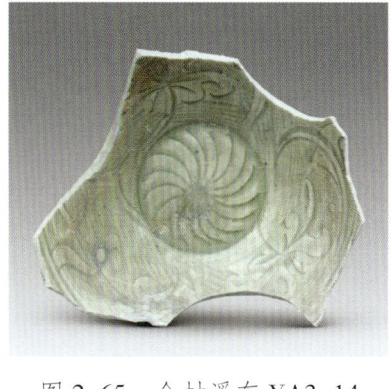

图 2-66　金村溪东 YA3-14
采集青瓷碗

图 2-67　金村溪东 YA3-14
采集青瓷碗

图 2-68　金村溪东 YA3-14
采集青瓷碗

图 2-69　金村溪东 YA3-14
采集青瓷碗

图 2-70 金村溪东 YA3-14 采集遗物

南宋早期主要是内外腹皆素面的碗，内心刻划花卉纹的盘、平底碟等。青釉。外底部不施釉，泥质垫饼垫烧。

窑具主要是 M 形匣钵与泥质垫饼。

（三）金村溪东 YA3-15（Y15）

位置： 龙泉市小梅镇金村东边

GPS： 27°48′38″N，119°00′26″E，374m

时代： 北宋晚期至南宋晚期、元代中晚期、元末明初

数量： 1 处

记录者： 郑建明

工作： 调查

概况：

该窑址位于金村溪东的西坡，北边与 YA3-14 相连。窑址坐东朝西，山坡下为梅溪与村民房屋。窑址上现有一个小的土地庙。

窑址延续时间较长，从北宋晚期开始一直持续到南宋晚期，元代中晚期和元末明初的产品也有少量存在。（图 2-71~2-75）

<u>北宋晚期</u>主要是双面装饰的碗、孔明碗等。按照装饰纹样的差别可以分为两类：一类外腹为折扇纹，内腹刻划花卉纹并填以篦纹；一类外腹饰莲瓣纹并填以直条状篦纹，内腹及内心饰花卉纹。灰胎。以青黄色釉为主。外底部不施釉，泥质垫饼垫烧。

<u>南宋早期</u>主要是内外皆素面的钵。灰胎。青釉。外底部不施釉，泥质垫饼垫烧。

<u>南宋中期</u>主要是外腹素面、内腹刻划莲荷纹的碗。釉色主要为青黄色，釉层较薄，但已乳浊化。外底部不施釉，泥质垫饼垫烧。

<u>南宋晚期</u>主要是莲瓣纹碗。外腹饰凸莲瓣纹，内心亦常见有印花。以较淡的近粉青色釉为主，也有青黄色釉，釉

图 2-71　金村溪东 YA3-15 采集遗物

层较薄，但已乳浊化。外底部不施釉，泥质垫饼垫烧。

元代中晚期主要是折沿洗。此类器物底足刮釉，瓷质垫饼装烧。

元末明初主要是外底部有涩圈支烧痕迹的一类侈口碗。

窑具主要是 M 形匣钵、泥质垫饼与瓷质垫饼。亦发现少量的倒圈足形垫饼，可以延续至明代。

图 2-72 金村溪东 YA3-15 采集青瓷碗

图 2-73 金村溪东 YA3-15 采集青瓷碗

图 2-74 金村溪东 YA3-15 采集青瓷碗

图 2-75 金村溪东 YA3-15 采集青瓷碗

五 后岙窑址群

后岙窑址群位于金村屋后山与大窑髙两大窑址群之间，坐西朝东，目前记录的窑址仅有两处：下会与后岙窑址。从保存的遗迹来看，在西边山坡与东边梅溪之间的大片开阔区域均有地层堆积，其中靠近溪边残存的一处较高岗地上保留有龙窑炉遗迹。推测这片开阔区域原先起伏不平并分布着多处窑场，但窑炉随着大部分岗地在梯田建设过程中被夷为平地而荡然无存，这一区域，尤其是水稻田下大面积的地层堆积应该保存较好。（图 2-76）

（一）金村下会 YA3-16（Y16）

位置：龙泉市小梅镇金村南边

GPS：27°48′29″N，119°00′17″E，380m

时代：北宋早中期至南宋晚期

数量：1 处

记录者：郑建明

工作：调查

概况：

该窑址位于金村南边，梅溪的西岸。窑址坐西朝东，背靠较高峻的山峰，面临梅溪，梅溪与窑址之间是略开阔与平缓的坡地，现为水稻田。山坡上与水田里应均有堆积，目前采集到的标本基本都在山坡上。窑址上建有一座民房，对窑址造成较大破坏。（图 2-77）

图 2-76 金村后岙

图 2-77 金村下会 YA3-16

窑址延续时间较长，从采集的标本来看，始于北宋早中期，历北宋晚期、南宋早期、南宋中期和南宋晚期。（图 2-78~2-86）

北宋早中期主要是淡青釉产品，器形主要是碗、盘、熏炉、执壶、器盖等。碗有敞口碗、敛口碗等；盘为敞口浅坦腹，矮圈足外撇；执壶出筋。装饰简单，或碗、盘内底划粗率的细花卉，或壶外腹刻划较粗的花瓣类花纹。薄釉极浅，是典型的金村淡青釉。装烧方法有三种：一种是施满釉，用瓷质垫圈垫烧；一种是外底不施釉，用小泥饼垫烧；一种是施半釉，多件器物叠烧。此类器物无论是器形还是纹饰均与越窑极其相似，尤其是使用垫圈垫烧的器物，无论是窑具还是垫烧方法亦完全一致。

北宋晚期主要是双面装饰的碗。外腹为折扇纹，内腹为刻划的以篦划纹为地的花卉或篦划纹刻划的简单花卉。以青黄色釉为主。外底部不施釉，泥质垫饼垫烧。此外有一定数量的熏炉、杯、插钵、孔明碗等。

图 2-78　金村下会 YA3-16 采集遗物

图 2-79 金村下会 YA3-16 采集青瓷盘

图 2-82 金村下会 YA3-16 堆积

图 2-80 金村下会 YA3-16 采集青瓷碗

图 2-83 金村下会 YA3-16 采集窑具

图 2-81 金村下会 YA3-16 采集遗物

图 2-84 金村下会 YA3-16 采集窑具

图 2-85　金村下会 YA3-16 堆积

图 2-86　金村下会 YA3-16 堆积

　　南宋早期主要是内外皆素面的盘。外底部不施釉，泥质垫饼垫烧。

　　南宋中期器物种类较多，按照装饰技法的不同大致可以分为三类：第一类为内心有"河滨遗范"款的花口碗；第二类为外腹素面、内腹 S 形纹的花口碗；第三类为外腹素面、内腹刻划莲荷纹的敞口碗、敞口盘、平底碟等。外底部不施釉，泥质垫饼垫烧。

　　南宋晚期主要是莲瓣纹碗。外腹饰凸莲瓣纹。以较淡的近粉青色釉为主，也有青黄色釉，釉层较薄，但已乳浊化。外底部不施釉，泥质垫饼垫烧。

　　窑具主要是 M 形匣钵、瓷质垫圈、瓷质垫饼以及束腰形垫柱等。垫圈高矮不一。

（二）金村后岙 YA3-17（Y17）

位置：龙泉市小梅镇金村南边

GPS：27°48′24″N，119°00′17″E，403m

时代：北宋至南宋中期

数量：1 处

记录者：郑建明

工作：调查

概况：

　　该窑址位于金村南边，梅溪的西岸。北边是 YA3-16，但不相连。窑址坐西朝东，背靠较高峻的山峰，面临梅溪，梅溪与窑址之间是略开阔与平缓的坡地，现为水稻田。山坡上与水田里应均有堆积，目前采集到的标本基本都在山坡上。（图 2-87、2-88）

　　窑址延续时间较长，从采集的标本来看，始于北宋中晚期，历北宋晚期、南宋早中期等。（图 2-89~2-95）

　　北宋早中期主要是淡青釉产品，器形主要是碗、盘、执壶、器盖等。碗有敞口碗、侈口碗、斗笠碗等；盘为侈口浅坦腹，矮圈足外撇；执壶出筋。装饰简单，或碗、盘内底划粗率的细花卉，或壶外腹刻划较粗的花瓣类花纹。后者的做法有两种，一种是纯粹的粗刻划，另外一种是刻划后内填以细直条纹。薄釉极浅，是典型的金村淡青釉。装烧方法有两种，一种是器物满釉，外底用垫圈垫烧，垫圈与底之间使用泥点间隔；另外一种是外底不施釉，用小泥饼垫烧。此类器物无论是器形还是纹饰均与越窑极其相似，尤其是使用垫圈垫烧的器物，无论是窑具还是垫烧方法亦完全一致。

北宋晚期主要是双面装饰的碗。外腹为折扇纹，内腹为刻划的以篦划纹为地的花卉或篦划纹刻划的简单花卉。以翠青色釉为主，质量较佳。据村民说此处曾出土过方形炉、六角形炉等较高档的产品。外底部不施釉，泥质垫饼垫烧。

南宋早中期主要是外腹素面、内腹刻划荷花纹的碗。外底部不施釉，泥质垫饼垫烧。

窑具主要是 M 形匣钵、筒形匣钵、瓷质垫圈与泥质垫饼等。垫圈高矮不一。筒形匣钵内有用釉封口的现象，这在越窑中是烧造秘色瓷的方法，因此不排除烧造类似于秘色瓷类高档器物的可能性。

该窑址曾进行过小规模试掘，详细情况请参照第三章试掘部分。

图 2-87　金村后岙 YA3-17

图 2-88　金村后岙 YA3-17

图 2-89　金村后岙 YA3-17 采集垫圈

图 2-90　金村后垚 YA3-17 堆积

图 2-91　金村后垚 YA3-17 堆积

图 2-92　金村后垚 YA3-17 堆积

图 2-93　金村后垚 YA3-17 堆积

图 2-94　金村后垚 YA3-17 堆积

图 2-95　金村后垚 YA3-17 采集遗物

六 大窑漈窑址群

大窑漈是一处由西北朝东南倾斜的凹弧形浅山岙，西北是高峻的山峰，东南为梅溪，梅溪与山峰之间的大窑漈处坡度较平缓而开阔。这是金村规模最大的一个窑址群。从北边的YA3-18开始，加上对岸的YA3-23，共有11个窑址。大窑漈的南边是龙泉与庆元的分界线，窑址大部分属于龙泉，仅南边的YA3-26、YA3-27以及梅溪对岸的YA3-23属于庆元县。（图2-96、2-97）

窑址群不仅规模大，时间早，且产品质量也较高，其中南宋至元代的厚釉类产品可与大窑产品相媲美。这里有多处窑址始于北宋早中期前后，是淡青釉产品最大的生产集中地。

（一）金村大窑漈YA3-18（Y18）

位置： 龙泉市小梅镇金村南边

GPS： 缺失

时代： 北宋至南宋中期

数量： 1处

记录者： 郑建明

工作： 调查

概况：

该窑址位于大窑漈北端的东北坡，窑址坐西南朝东北，坡脚为水稻田，山坡上为荒山，植被极其茂密，几乎采集不到标本。偶见的少量标本与YA3-19基本一致。（图2-98）

图2-96 金村大窑漈

图2-97 金村大窑漈

图2-98 金村大窑漈 YA3-18

（二） 金村大窑犇 YA3-19
（Y19）

位置：龙泉市小梅镇金村南边

GPS：27°48′29″N，119°00′17″E，380m

时代：北宋晚期至南宋晚期

数量：1 处

记录者：郑建明

工作：调查

概况：

该窑址位于大窑犇北端的东

图 2-99　金村大窑犇 YA3-19

南坡，窑址坐东南朝西北，北边与 YA3-18 相连，西边与 YA3-20 相接。窑址西边有一处民房。（图 2-99）

堆积范围广而丰厚，山坡上采集到的标本时代延续较长，从北宋晚期开始，一直持续到南宋晚期。（图 2-100~2-105）

图 2-100　金村大窑犇
YA3-19 采集青瓷盘

图 2-101　金村大窑犇
YA3-19 采集青瓷碗

图 2-102　金村大窑犇
YA3-19 采集青瓷碗

图 2-103　金村大窑犇
YA3-19 采集青瓷碗

图 2-104　金村大窑犇 YA3-19 采集装烧标本

图 2-105　金村大窑犇 YA3-19 采集遗物

北宋晚期主要为双面装饰的盘。外腹刻划折扇纹，内腹刻划花卉纹并填以篦纹。翠青色釉。外底部不施釉，泥质垫饼垫烧。

南宋早期主要为内外腹皆素面的碗和外腹素面、内腹刻划花卉纹并填以篦纹的碗。青色釉。外底部不施釉，泥质垫饼垫烧。

南宋中期主要为外腹素面、内腹刻划莲荷纹的碗。青色釉。外底部不施釉，泥质垫饼垫烧。

南宋晚期产品分为精粗两类。粗放产品主要延续南宋中期的装烧方法，外底部不施釉以泥质垫饼垫烧，器形有莲瓣纹碗、双鱼洗；精细产品装烧方法为外底足端露胎无釉以瓷质垫饼垫烧，器形有折沿洗。

窑具有 M 形匣钵、泥质垫饼、瓷质垫饼等。

（三） 金村大窑犄 YA3-20（Y20）

位置： 龙泉市小梅镇金村南边

GPS： 27°48′16″N，119°00′15″E，372m

时代： 北宋早中期至南宋晚期

数量： 1 处

记录者： 郑建明

工作： 调查

概况：

该窑址位于大窑犄北端的北坡，窑址坐北朝南，东边与 YA3-19 相连，西边与 YA3-21 相接。窑址的东边有一处民房。（图 2-106）

堆积范围广而丰厚，山坡上采集到的标本时代延续较长，从北宋中期开始，一直持续到南宋晚期。（图 2-107~2-115）

北宋早中期的淡青釉仅采集到极少量的标本，向导说应是别处带来。但调查时在此处亦曾采集此类标本，因此本地生产的可能性比较大。器形包括碗与执壶两种，刻划较粗率花纹。

北宋晚期主要是双面装饰的斗笠碗。外腹为折扇纹，内腹为刻划的以篦划纹为地的花卉，或篦划纹刻划的简单花卉。以翠青色釉为主，质量较佳。外底部不施釉，泥质垫饼垫烧。

南宋早期主要为内外腹皆素面的碗和外腹素面、内腹刻划花卉纹并填以篦纹的碗。青色釉。外底部不施釉，泥质垫

图 2-106　金村大窑犄 YA3-20

饼垫烧。

　　南宋中期主要为内腹白痕出筋的花口碗。青色釉。外底部不施釉，泥质垫饼垫烧。

　　南宋晚期主要为莲瓣纹碗。外腹饰凸莲瓣纹。以较淡的近粉青色釉为主，也有青黄色釉，釉层较薄，但已乳浊化。外底部不施釉，泥质垫饼垫烧。

　　窑具主要是 M 形匣钵、泥质垫饼等。

图 2-107　金村大窑犄 YA3-20 采集遗物

图 2-108　金村大窑犄
YA3-20 采集青瓷碗

图 2-109　金村大窑犄
YA3-20 采集青瓷碗

图 2-110　金村大窑犄
YA3-20 采集青瓷碗

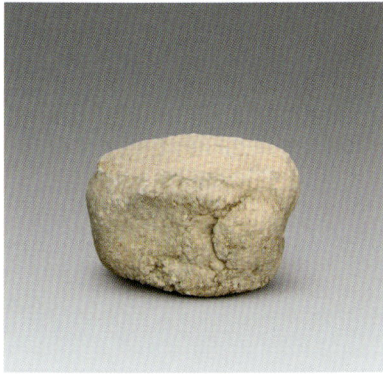

图 2-111　金村大窑痒
YA3-20 采集垫饼

图 2-112　金村大窑痒 YA3-20 采集青瓷碗

图 2-113　金村大窑痒 YA3-20 采集青瓷碗

图 2-114　金村大窑痒 YA3-20 采集青瓷碗

图 2-115　金村大窑痒
YA3-20 采集青瓷碗

（四）金村大窑痒 YA3-21（Y21）

位置： 龙泉市小梅镇金村南边

GPS： 27°48′17″N，119°00′13″E，385m

时代： 北宋晚期至南宋晚期

数量： 1 处

记录者： 郑建明

工作： 调查

概况：

该窑址位于大窑垟中部略偏北的北坡，窑址坐北朝南，东边与YA3-20相连，西边与YA3-22相接。（图2-116）

堆积范围广而丰厚，山坡上采集到的标本时代延续较长，从北宋晚期开始，一直持续到南宋晚期。（图2-117~2-122）

<u>北宋晚期</u>主要是双面装饰的碗。外腹为折扇纹，内腹为刻划的以篦划纹为地的花卉或篦划纹刻划的简单花卉。另有少量的杯、孔明碗、钵等。以翠青色釉为主，质量较佳。外底部不施釉，泥质垫饼垫烧。

图2-116　金村大窑垟YA3-21

图2-117　金村大窑垟
YA3-21采集青瓷碗

图2-118　金村大窑垟
YA3-21采集青瓷碗

图2-119　金村大窑垟
YA3-21采集青瓷碗

图2-120　金村大窑垟YA3-21采集青瓷碗

图2-121　金村大窑垟YA3-21采集青瓷杯

图 2-122　金村大窑犇 YA3-21 采集遗物

　　南宋早期主要是内外皆素面的碗。另有少量的外腹素面、内心刻划花卉纹的平底碟。青釉。外底部不施釉，泥质垫饼垫烧。

　　南宋中期主要是外腹素面、内腹 S 形纹的碗和外腹素面、内腹莲荷纹的碗。青釉。外底部不施釉，泥质垫饼垫烧。

　　南宋晚期产品分为精粗两类。粗放产品主要延续南宋中期的装烧方法，外底部不施釉以泥质垫饼垫烧，器形有莲瓣纹碗、莲瓣纹盘；精细产品装烧方法为外底足端露胎无釉以瓷质垫饼垫烧，器形有莲瓣纹盘、洗。

　　窑具主要是 M 形匣钵、泥质垫饼、瓷质垫饼等。

（五）　金村大窑犇 YA3-22（Y22）

位置：龙泉市小梅镇金村南边

GPS：27°48′15″N，119°00′12″E，381m

时代：北宋早中期至南宋晚期

数量：1 处

记录者：郑建明

工作：调查

概况：

　　该窑址位于大窑犇近中部，窑址坐西北朝东南，东边与 YA3-19 相连，西边与 YA3-21 相接。（图 2-123）

　　堆积范围广而丰厚，山坡上采集到的标本时代延续较长，从北宋早中期开始，一直延续到南宋晚期。（图 2-124~2-127）

　　上坡山势略陡，下坡为平缓的梯田。上下坡采集到的标本略有差别，下坡主要是南宋时期的产品，包括南宋早中期与南宋晚期。

　　南宋早中期主要是荷花纹碗。内腹刻划荷花纹。釉色以青黄色为主，釉层较薄。外底部不施釉，泥质垫饼垫烧。

　　南宋晚期产品分为精粗两类。粗放产品主要延续上一时期的装烧方法，外底部不施釉以泥质垫饼垫烧，器形有莲瓣纹碗、莲瓣纹盘；精细产品装烧方法为外底足端露胎无釉以瓷质垫饼垫烧，器形有莲瓣纹盘、洗。大窑犇 YA3-22 是目前已发现金村地区南宋晚期烧

图 2-123　金村大窑犇 YA3-22

图 2-124　金村大窑犇 YA3-22 堆积

图 2-125　金村大窑犇 YA3-22 堆积

图 2-126　金村大窑犇 YA3-22 堆积

图 2-127　金村大窑犇 YA3-22 堆积

造后一类产品数量最多、最明确、质量最高的一个窑址。

　　上坡产品年代跨度更大，包括北宋早中期、北宋晚期、南宋早中期等。

　　北宋早中期主要是淡青釉产品，器形主要是碗、盘、执壶等。碗有敞口碗、侈口碗、斗笠碗等；盘为侈口浅坦腹，矮圈足外撇；执壶出筋。见有简单的装饰，或碗、盘内底划粗率的细花卉，或壶外腹刻划较粗的花瓣类花纹。薄釉极浅，是典型的金村淡青釉。装烧方法大致分为三种：一种是器物满釉，外底用垫圈垫烧，垫圈与底之间使用泥点间隔；一种为施半釉，多件器物叠烧；一种是外底不施釉，用小泥饼垫烧。此类器物无论是器形还是纹饰均与越窑同时期产品极其相似，尤其是使用垫圈垫烧的器物，无论是窑具还是垫烧方法亦完全一致。

　　北宋晚期主要是双面装饰的碗。外腹为折扇纹，内腹为刻划的以篦划纹为地的花卉或篦划纹刻划的简单花卉。以翠青色釉为主，质量较佳。外底部不施釉，泥质垫饼垫烧。

　　窑具主要是 M 形匣钵、筒形匣钵、泥质垫饼和瓷质垫饼等。

　　该窑址曾经过试掘，详细情况请参照第三章试掘部分。

（六） 庆元大窑犇 YA3-23（Y23）

位置：庆元县竹口镇上垟村北边

GPS：缺失

时代：北宋早中期至南宋中期

数量：1 处

记录者：郑建明

工作：调查

概况：

该窑址位于大窑犇窑址群的对岸，与 YA3-22 隔岸相对，中间为梅溪和通向小梅镇的水泥路。上坡山势略陡，下坡为稻田。

堆积范围广而丰厚，山坡上采集到的标本时代跨度很大，从北宋中期开始，历北宋晚期、南宋早期，一直持续到南宋中期。（图 2-128）

图 2-128 庆元大窑犇 YA3-23

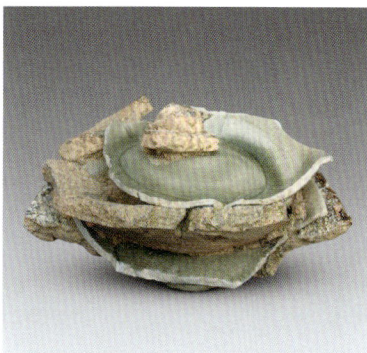

北宋早中期主要是淡青釉产品，器物种类有执壶、钵、碗、盘、瓶、罐等。碗有敞口碗、侈口碗、斗笠碗等；盘为侈口浅坦腹，矮圈足外撇；执壶出筋。见有简单的装饰，或碗、盘内底划粗率的细花卉，或壶外腹刻划较粗的花瓣类花纹。薄釉极浅，是典型的金村淡青釉。装烧方法大致分为

图 2-129 庆元大窑犇 YA3-23 采集装烧标本

图 2-130 庆元大窑犇 YA3-23 采集装烧标本

二种：一种是器物满釉，外底用垫圈垫烧，垫圈与底之间使用泥点间隔；一种为施半釉，多件器物叠烧。此类器物无论是器形还是纹饰均与越窑同时期产品极其相似，尤其是使用垫圈垫烧的器物，无论是窑具还是垫烧方法亦完全一致。（图 2-129~2-131）

北宋晚期主要是双面装饰的碗、盘等。外腹为折扇纹，内腹为刻划的以篦划纹为地的花卉或篦划纹刻划的简单花卉。以翠青色釉为主，质量较佳。外底部不施釉，泥质垫饼垫烧。

南宋早期主要是内外皆素面的碗和外腹素面、内心刻划花卉纹的盘。青釉。外底部不施釉，泥质垫饼垫烧。

图 2-131 庆元大窑犇 YA3-23 采集遗物

南宋中期主要是内腹白痕出筋的碗。青釉。外底部不施釉，泥质垫饼垫烧。

窑具主要是 M 形匣钵、泥质垫饼等。

（七）金村大窑犇 YA3-24（Y24）

位置：龙泉市小梅镇金村南边

GPS：27°48′13″N，119°00′09″E，367m

时代：北宋早中期至南宋晚期

数量：1 处

记录者：郑建明

工作：调查

概况：

该窑址位于大窑犇近中部，窑址坐西朝东，北边与 YA3-22 相连，南边与 YA3-25 相接。上坡山势略陡，下坡为平缓的梯田。（图2-132）

堆积范围广而丰厚，山坡上采集到的标本时代跨度很大，从北宋早中期开始，历北宋晚期、北宋晚期、南宋早期、南宋中期，一直持续到南宋晚期。（图2-133）

北宋早中期主要是淡青釉产品，采集到的标本较少，主要是执壶柄、颈部残片。

北宋晚期主要是双面装饰的碗、盘等。外腹为折扇纹，内腹为

图 2-132　金村大窑犇 YA3-24

图 2-133　金村大窑犇 YA3-24 采集遗物

刻划的以篦划纹为地的花卉或篦划纹刻划的简单花卉。以翠青色釉为主，质量较佳。外底部不施釉，泥质垫饼垫烧。

南宋早期主要是内外皆素面的碗。青釉。外底部不施釉，泥质垫饼垫烧。

南宋中期主要是外腹素面、内心有"金玉满堂"字款的碗。青釉。外底部不施釉，泥质垫饼垫烧。

南宋晚期产品分为精粗两类。粗放产品主要延续南宋中期的装烧方法，外底部不施釉以泥质

垫饼垫烧，器形有莲瓣纹碗、莲瓣纹盘；精细产品装烧方法为外底足端露胎无釉以瓷质垫饼垫烧，器形有莲瓣纹盘。

<u>窑具</u>主要是M形匣钵、泥质垫饼和瓷质垫饼等。

（八） 金村大窑犇YA3-25（Y25）

位置： 龙泉市小梅镇金村南边

GPS： 27°48′10″N，119°00′09″E，381m

时代： 北宋晚期、南宋晚期

数量： 1处

记录者： 郑建明

工作： 调查

概况：

该窑址位于大窑犇近南

图2-134　金村大窑犇YA3-25

部，窑址坐西北朝东南，北边与YA3-24相连。上坡山势略陡，下坡为民房及金村通往小梅的水泥路。建造民房时对窑址造成较严重的破坏。（图2-134）

采集到的少量标本主要包括两个时期：北宋晚期与南宋晚期。（图2-135~2-138）

<u>北宋晚期</u>主要是双面装饰的碗。外腹为折扇纹，内腹为刻划的以篦划纹为地的花卉或篦划纹刻划的简单花卉。以翠青色釉为主，质量较佳。外底部不施釉，泥质垫饼垫烧。

<u>南宋晚期</u>主要是莲瓣纹碗。釉色近粉青色。

<u>窑具</u>主要是M形匣钵、泥质垫饼等。

图2-135　金村大窑犇YA3-25采集遗物

图2-136　金村大窑犇YA3-25采集遗物

图 2-137 金村大窑犇 YA3-25 采集青瓷碗

图 2-138 金村大窑犇 YA3-25 采集青瓷碗

（九）庆元上垟大窑犇 YA3-26（Y26）

位置： 庆元县竹口镇上垟村北边

GPS： 27°48′08″N，119°00′05″E，378m

时代： 南宋早中期

数量： 1 处

记录者： 郑建明

工作： 调查

概况：

该窑址位于大窑犇近南部，实际可能已超过大窑犇的范围，由于此处离大窑犇最近，又没有其他合适地名，因此仍用此名。窑址坐西朝东，北边与 YA3-25 相望。上坡山势略陡，下坡为民房及金村通往小梅的水泥路。建造民房时对窑址造成较严重的破坏。（图 2-139）

图 2-139 庆元大窑犇 YA3-26

采集到的少量标本主要是南宋早中期。（图2-140）

包括碗与盘。盘为菊瓣形。内外腹皆素面。青釉泛黄。外底部不施釉，泥质垫饼垫烧。

碗主要是外腹素面、内腹S形纹的碗和外腹素面、内腹莲荷纹碗。青釉。外底部不施釉，泥质垫饼垫烧。

<u>窑具</u>主要是M形匣钵、泥质垫饼等。

（十）庆元大窑犇YA3-27（Y27）

位置：庆元县竹口镇上垟村北边

GPS：27°48′06″N，119°00′02″E，379m

时代：北宋晚期、南宋中期

数量：1处

记录者：郑建明

工作：调查

概况：

该窑址位于大窑犇近南部，实际可能已超过大窑犇的范围，由于此处离大窑犇最近，又没有其他合适地名，因此仍用此名。窑址坐西朝东，北边与YA3-26相边。上坡山势略陡，下坡为民房及金村去小梅的水泥路。建造民房时对窑址造成较严重的破坏。（图2-141、2-142）

采集到的少量标本主要是北宋晚期、南宋中期。（图2-143~2-149）

<u>北宋晚期</u>主要是双面装饰的碗。外腹为折扇纹，内腹

图2-140 庆元大窑犇YA3-26采集遗物

图2-141 庆元大窑犇YA3-27

为刻划的以篦划纹为地的花卉
或篦划纹刻划的简单花卉。以
翠青色釉为主，质量较佳。外
底部不施釉，泥质垫饼垫烧。
采集到的一片双面工瓷片，
外腹折扇纹，内腹篦划纹，釉
色偏黄，此类器物在瓦窑坑
绍兴十三年（1143 年）地层
中也有少量发现，因此不能确
定是北宋晚期还是已进入南宋
早期。

图 2-142　庆元大窑犇 YA3-27

　　南宋中期主要是外腹素
面、内腹莲荷纹的碗。青釉。外底部不施釉，泥质垫饼垫烧。

　　此外在村民的泥墙上发现瓷质垫饼，当是附近窑址而来，如果是该窑址出土，则时代可下延
至南宋晚期至元代。

　　窑具主要是 M 形匣钵、泥质垫饼等。

图 2-143　庆元大窑犇 YA3-27　　　　图 2-144　庆元大窑犇 YA3-27　　　　图 2-145　庆元大窑犇 YA3-27
　　　采集青瓷碗　　　　　　　　　　　采集青瓷碗　　　　　　　　　　　采集青瓷碗

图 2-146　庆元大窑犇 YA3-27 采集青瓷碗

图 2-147　庆元大窑犇 YA3-27
采集青瓷碗

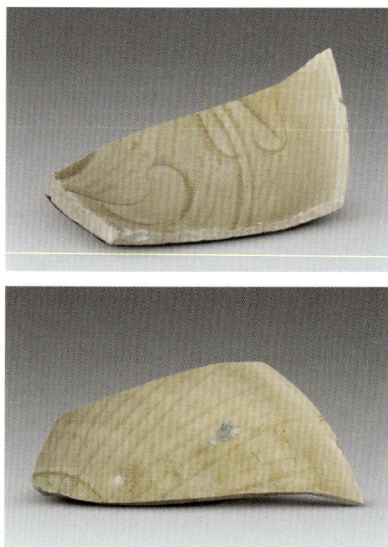

图 2-148　庆元大窑犇 YA3-27
采集青瓷碗

图 2-149　庆元大窑犇 YA3-27 采集遗物

七 庆元上垟窑址群

上垟窑址群属于庆元县竹口镇。梅溪自东南大窑蒋一路而来，近 300 度折向西北方向，窑址即分布于溪流湾头的两岸，其中以南岸为主，北岸较少，分布相对比较分散。（图 2-150）

（一）庆元上垟 YA3-31（Y31）

位置： 庆元县竹口镇上垟村

GPS： 27°47′48″N，118°59′52″E，378m

时代： 北宋晚期、南宋中期、南宋晚期

数量： 1 处

记录者： 郑建明

工作： 调查

概况：

该窑址位于上垟村的中部。窑址坐西朝东。上坡山势略陡，下坡为民房及金村通往小梅的水泥路。建造民房时对窑址造成较严重的破坏。（图 2-151）

采集到的少量标本主要包括三个时期：北宋晚期、南宋中期和南宋晚期。（图 2-152~2-154）

图 2-150 庆元上垟

图 2-151 庆元上垟 YA3-31

北宋晚期主要是双面装饰的碗。外腹为折扇纹，内腹为刻划的以篦点纹为地的花卉。翠青色釉，质量较佳。外底部不施釉，泥质垫饼垫烧。

南宋中期主要是外腹素面、内腹莲荷纹的碗。青釉。外底部不施釉，泥质垫饼垫烧。

南宋晚期主要是莲瓣纹碗和盘。青釉。外底部不施釉，泥质垫饼垫烧。

窑具主要是 M 形匣钵、泥质垫饼等。

图 2-152　庆元上垟 YA3-31 采集遗物

图 2-153　庆元上垟 YA3-31 采集青瓷碗　　　　图 2-154　庆元上垟 YA3-31 采集青瓷碗

（二）庆元上垟 YA3-117（Y117）

位置： 庆元县竹口镇上垟村

GPS： 27°47′44″N，118°59′59″E，383m

时代： 北宋晚期、南宋早期、南宋晚期

数量： 1处

记录者： 郑建明

工作： 调查

概况：

该窑址位于上垟村的中部。窑址坐西朝东，北边与YA3-31相连。上坡山势略陡，下坡为民房及金村通往小梅的水泥路。建造民房时对窑址造成较严重的破坏。（图2-155）

采集到的少量标本主要包括三个时期：北宋晚期、南宋早期和南宋晚期。（图2-156）

图 2-155　庆元上垟 YA3-117

图 2-156　庆元上垟 YA3-117 采集遗物

北宋晚期主要是双面装饰的碗。外腹为折扇纹，内腹为刻划的以篦划纹为地的花卉或篦划纹刻划的简单花卉。翠青色釉。外底部不施釉，泥质垫饼垫烧。

南宋早期主要是外腹素面、内腹刻划花卉纹的碗。青釉。外底部不施釉，泥质垫饼垫烧。

南宋晚期主要是莲瓣纹碗。釉色近粉青色釉，但已乳浊化。

窑具主要是 M 形匣钵、泥质垫饼等。

（三）庆元上垟 YA3-118（Y118）

位置： 庆元县竹口镇上垟村

GPS： 27°47′24″N，118°59′48″E，363m

时代： 北宋晚期

数量： 1处

记录者： 郑建明

图 2-157　庆元上垟 YA3-118

工作：调查

概况：

该窑址位于上垟村的南部，梅溪对岸 V 字形转弯的顶端。窑址坐南朝北。上坡山势略陡，下坡为小梅通往庆元的水泥路。（图 2-157）

窑址分布范围不大，地层也较薄。据村民相传此窑仅烧了一窑即停烧，这种说法当然具有传奇成分，但从采集到的标本来看，其延续时间确实不长，基本为北宋晚期。（图 2-158）

北宋晚期产品包括碗与盘两种器物。碗主要是双面装饰的碗。外腹为折扇纹，内腹为刻划的以篦划纹为地的花卉或篦划纹刻划的简单花卉。以翠青色釉为主，质量较佳。外底部不施釉，泥质垫饼垫烧。

窑具主要是 M 形匣钵、泥质垫饼等。

图 2-158　庆元上垟 YA3-118 采集遗物

（四）庆元上垟 YA3-119（Y119）

位置：庆元县竹口镇上垟村

GPS：27°47′31″N，118°59′56″E，350m

时代：北宋晚期、南宋晚期

数量：1 处

记录者：郑建明

工作：调查

概况：

该窑址位于上垟村的中部，梅溪东岸。窑址坐西朝东，南边与YA3-118相望，西岸与YA3-31和YA3-117相望。原编有3个号，下坡为YA3-119，上坡为YA3-120，南边为YA3-121，三者基本相连，产品面貌亦一致，因此将YA3-119与YA3-120两处窑址合并成一处。上坡山势略陡，山坡上有民房。下坡为梅溪。（图2-159）

图2-159 庆元上垟YA3-119

窑址分布范围较大，但采集到的标本主要是北宋晚期和南宋晚期。（图2-160~2-163）

图2-160 庆元上垟YA3-119采集遗物

图2-161 庆元上垟YA3-119采集遗物

图2-162 庆元上垟YA3-119采集青瓷碗

图2-163 庆元上垟YA3-119采集遗物的胎

北宋晚期主要是双面装饰的碗。外腹为折扇纹，内腹为刻划的以篦划纹为地的花卉或篦划纹刻划的简单花卉。以翠青色釉为主，质量较佳。外底部不施釉，泥质垫饼垫烧。

南宋晚期产品分为精粗两类。粗放产品主要延续上一时期的装烧方法，外底部不施釉以泥质垫饼垫烧，器形有莲瓣纹碗；精细产品装烧方法为外底足端露胎无釉以瓷质垫饼垫烧，器形有洗。

窑具主要是 M 形匣钵、泥质垫饼与瓷质垫饼等。

（五） 庆元上垟 YA3-121（Y121）

位置：庆元县竹口镇上垟村

GPS：27°47′30″N，118°59′59″E，383m

时代：北宋晚期至南宋中期

数量：1 处

记录者：郑建明

工作：调查

概况：

该窑址位于上垟村的中部，梅溪东岸。窑址坐西朝东，南边与 YA3-118 相望，西岸与 YA3-31 和 YA3-117 相望，北边与 YA3-120 相连。上坡山势略陡，下坡有民房与梅溪。（图2-164）

图 2-164　庆元上垟 YA3-121

窑址分布范围较大、持续时间较长，从北宋晚期开始，历南宋早期，一直到南宋中期。（图2-165~2-168）

北宋晚期主要是双面装饰的碗。外腹饰莲瓣纹，内填以直条状篦纹；内腹饰花卉纹。外底部不施釉，泥质垫饼垫烧。

南宋早期主要是外腹素面、内腹刻划花卉

图 2-165　庆元上垟 YA3-121 采集遗物

图 2-166 庆元上垟 YA3-121 采集青瓷碗

图 2-167 庆元上垟 YA3-121 采集青瓷碗

图 2-168 庆元上垟 YA3-121 采集青瓷碗

纹并填以篦纹的碗。青釉。外底部不施釉，泥质垫饼垫烧。

南宋中期主要是外腹素面、内腹刻划莲荷纹的碗。青釉。外底部不施釉，泥质垫饼垫烧。

窑具主要是 M 形匣钵、泥质垫饼等。

（六） 庆元上垟 YA3-124（Y124）

位置： 庆元县竹口镇上垟村

GPS： 27°47′44″N，118°59′40″E，384m

时代： 北宋晚期

数量： 1 处

记录者： 郑建明

工作： 调查

概况：

该窑址位于上垟村的西部，梅溪西岸。窑址坐西朝东，西北隔一山脉为 YA3-125。小梅通往金村的水泥路穿窑址而过，两边形成断面，在断面的顶部有极薄的地层堆积。窑址保存范围不大。（图 2-169）

采集到的标本主要是北宋晚期。（图 2-170）

北宋晚期主要是双面装饰的碗。外腹为折扇纹，内腹为刻划的以篦划纹为地的花卉或篦划纹刻划的简单花卉。翠青色釉。亦有少量的盘。外底部不施釉，以泥质垫饼垫烧。

窑具主要是 M 形匣钵、泥质垫饼等。

图 2-169　庆元上垟 YA3-124

图 2-170　庆元上垟 YA3-124 采集遗物

（七） 庆元上垟 YA3-125（Y125）

位置： 庆元县竹口镇上垟村

GPS： 27°47′47″N，118°59′37″E，366m

时代： 北宋晚期

数量： 1 处

记录者： 郑建明

工作： 调查

概况：

该窑址位于上垟村的西部，梅溪南岸。窑址坐南朝北，东南隔一山脉为YA3-124。山坡下为民房及通向金村的水泥路，修建民房时对窑址造成较严重的破坏。窑址分布范围不大。（图2-171）

采集到的标本均为北宋晚期。（图2-172~2-176）

北宋晚期主要为双面装饰

图2-171　庆元上垟YA3-125

图2-172　庆元上垟YA3-125采集遗物

图2-173　庆元上垟YA3-125采集青瓷碗

图 2-174　庆元上垟 YA3-125　采集青瓷碗

图 2-175　庆元上垟 YA3-125　采集青瓷碗

图 2-176　庆元上垟 YA3-125　采集青瓷碗

的碗与盘类。外腹为折扇纹，内腹为刻划的以篦划纹为地的花卉或篦划纹刻划的简单花卉。以翠青色釉为主，质量较佳。外底部不施釉，泥质垫饼垫烧。

窑具主要是 M 形匣钵、泥质垫饼等。

第三章　金村窑址试掘情况

一　探沟分布

本次调查试掘选取大窑犇 YA3－22 和后岙 YA3－17 两处窑址点进行。本次发掘采取散点布沟的形式，布沟面积共计 220 平方米，由于各个探沟相距位置较远，故而独立编号，逐一发掘。大窑犇 YA3－22 布设探沟 4 条，编号为 TG1、TG2、TG3、TG4；后岙 YA3－17 布设探沟 1 条，编号为 TG1。YA3－22TG1 布沟面积 4 米 ×9 米，实际发掘面积 4 米 ×9 米，方向北偏东 30°（图 3－1）；YA3－22TG2 布沟面积 4 米 ×12 米，实际发掘面积 4 米 ×12 米，方向北偏东 30°（图 3－2）；YA3－22TG3 布沟面积 4 米 ×9 米，实际发掘面积 4 米 ×9 米，方向北偏东 12°（图 3－3）；YA3－22TG4 布沟面积 5 米 ×10 米，实际发掘面积 5 米 ×10 米，方向北偏西 30°（图 3－4）；YA3－17TG1 布沟面积 5 米 ×10 米，实际发掘面积 5 米 ×10 米，方向北偏西 30°。

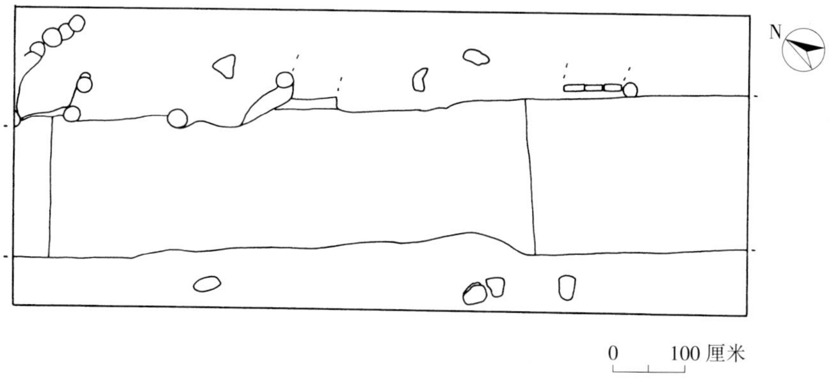

图 3－1　13 金村 YA3－22TG1 平面图

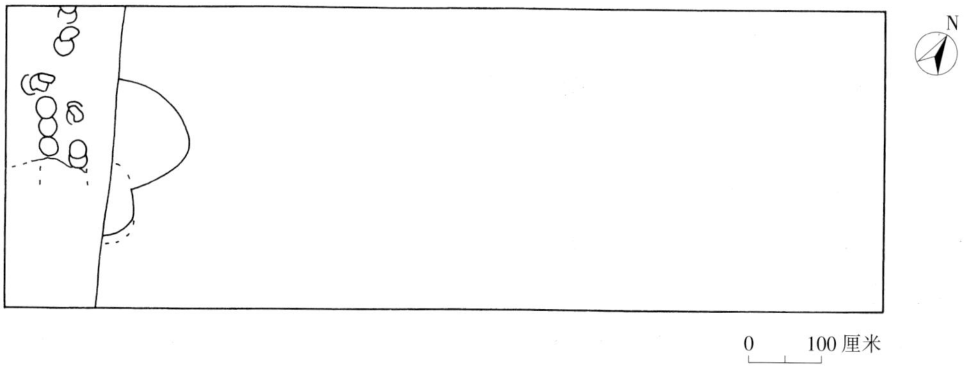

图 3－2　13 金村 YA3－22TG2 平面图

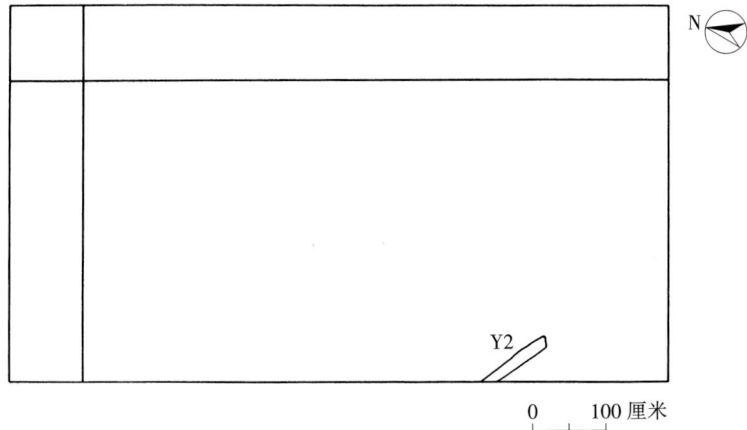

图 3-3 13 金村 YA3-22TG3 平面图

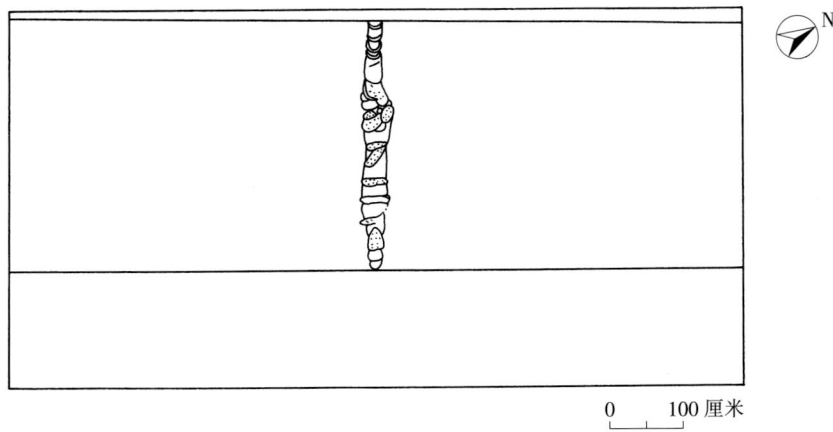

图 3-4 13 金村 YA3-22TG4 平面图

二 典型地层

现选择典型探沟介绍如下。

(一) 13 金村 YA3-22TG2

根据土质土色及包含物的不同，整个探沟可分成 10 个文化层，现以 YA3-22TG2 北壁为例介绍如下。(图 3-5)

第①层，厚 0.4~4 米，现代扰动层，分布于整个探沟。土质疏松，土色杂乱，包含大量的窑具残块、瓷片、植物根茎及手套、塑料袋等。

第②层可分成两个亚层。

第②a 层，厚 0~0.45 米，分布于探沟西侧。黄褐色土，土质松散，包含窑具残块及青瓷残片。该层下局部暴露出窑炉（编号 Y1）一角，范围很小。

第②b 层，厚 0~1.25 米，分布于探沟东侧。黄褐色土，土质松散，包含窑具残块及青瓷残

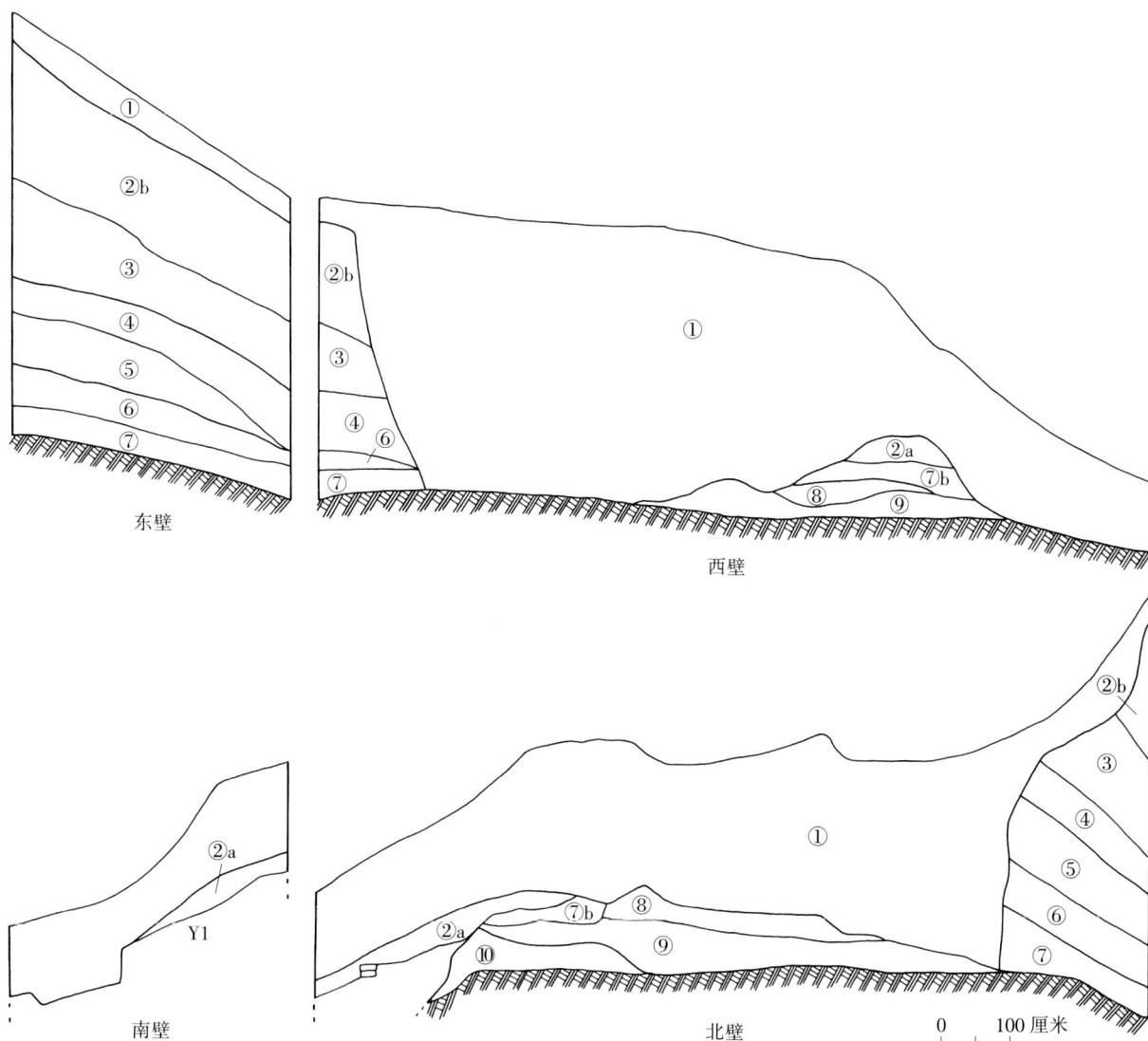

图 3-5　13 金村 YA3-22TG2 四壁剖面图

片。窑具以 M 形匣钵和泥质垫饼为主。瓷片可辨器形有碗、盘、碟等；装饰以外素面内刻花居多，素面较少。

第③层，厚 0～1.4 米，分布于探沟东部。黄褐色土，土质较松散，包含窑具残块及青瓷残片。窑具以 M 形匣钵和泥质垫饼为主。瓷片可辨器形有碗、盘、钵、炉、熏、盒、盖、梅瓶、瓶、罐等；装饰为双面刻划花，碗、盘多外腹刻划折扇纹，内腹刻划花卉图案，内填以篦点纹，偶见篦划纹。

第④层，厚 0～0.85 米，分布于探沟东部。黄褐色土，土质松散，包含窑具残块及青瓷残片。窑具以 M 形匣钵和泥质垫饼为主。瓷片可辨器形有碗、盘、杯、执壶等；装饰为双面刻划花，碗、盘多外腹刻划折扇纹，内腹刻划花卉图案，内填以篦点纹，偶见篦划纹。

第⑤层，厚 0～0.8 米，分布于探沟东部。浅褐色土，土质较疏松，包含窑具残块及青瓷残片。窑具有 M 形匣钵及泥质垫饼。瓷片可辨器形有碗、盘、罐、盒等；装饰为双面刻划花，碗、盘多外腹刻划折扇纹，内腹刻划花卉图案，图案内填篦划纹为主，个别为篦点纹。

第⑥层，厚0~0.65米，分布于探沟东部。褐色土，土质疏松，包含窑具残块及青瓷残片。窑具有M形匣钵及泥质垫饼。瓷片可辨器形有碗、盘、碟、盏等；装饰为双面刻划花，碗、盘多外腹刻划折扇纹，内腹刻划花卉图案，内填以篦划纹为主，个别为篦点纹或素面。

第⑦层可分成两个亚层。

第⑦a层，厚0~0.8米，分布于探沟东部。灰褐色土，土质疏松，包含窑具残块及淡青釉瓷片。窑具有M形匣钵、泥质垫饼和瓷质垫圈。瓷片可辨器形有碗、盘、盏、执壶、罐等；装饰方面大部分器物为素面，个别器物外腹或内腹刻划花草纹样；装烧方法有叠烧、满釉垫圈垫烧和垫饼垫烧三类。

第⑦b层，厚0~0.4米，分布于探沟西部。黄褐色土，土质疏松，包含窑具残块、淡青釉瓷片及窑渣、烧结块等。窑具有M形匣钵和瓷质垫圈。瓷片可辨器形有碗、碟、执壶等；多为素面，部分内腹或外腹刻划花卉纹饰；装烧方法有叠烧和满釉垫圈垫烧两类。

第⑧层：厚0~0.5米，分布于探沟中部。灰褐色土，土质松散，包含窑具残片、淡青釉瓷片和较多的小颗粒窑渣及烧结块等。窑具有M形匣钵、筒形匣钵、瓷质垫圈等。瓷片可辨器形有盘、盏、孔明碗、盖、熏、盒、瓶、执壶、钵等；多为素面，部分内腹或外腹刻划花卉纹饰；装烧方法有叠烧和满釉垫圈垫烧两类。

第⑨层：厚0~0.7米，分布于探沟中部。褐色土，土质疏松，包含窑具残片、淡青釉瓷片及窑渣。窑具有M形匣钵、筒形匣钵、钵形匣钵、喇叭形垫具、瓷质垫圈等。瓷片可辨器形有碗、盘、杯、盏、熏、盏托、盒、执壶、罐、器盖、炉等；多为素面，部分内腹或外腹刻划花卉纹饰；装烧方法有叠烧和满釉垫圈垫烧两类。

第⑩层：厚0~0.6米，分布于探沟中西部。灰褐色土，土质疏松，包含窑具残块、淡青釉瓷片及窑渣、烧结块等。窑具有M形匣钵、钵形匣钵、柱形垫具、瓷质垫圈等。瓷片可辨器形有碗、罐、盏托、执壶等；多为素面，部分内腹或外腹刻划花卉纹饰；装烧方法有叠烧和满釉垫圈垫烧两类。

第⑩层以下为黄色生土层。

（二）13金村YA3-22TG4

根据土质土色及包含物的不同，整个探沟可分成10个文化层，现以YA3-22TG4东壁为例介绍如下。（图3-6）

第①层，厚0.1~0.55米，分布于整个探沟。黑色土，土质较疏松，包含大量植物根系、较少量匣钵碎片及碎瓷片。窑具有火照、匣钵等。瓷片可辨器形有碗、盘、洗、韩瓶、平底碟等，纹饰有莲瓣纹、花卉纹、双鱼等。

第②层，厚0.5~0.75米，分布于整个探沟。黄褐色土，土质疏松。该层可细分为上下两小层，上部土质较疏松，较少包含物；下部土质疏松，包含大量匣钵碎块及少量瓷片。瓷片可辨器形有碗、盘、洗、孔明碗、盖、执壶等，纹饰有莲瓣纹、花卉纹、双鱼等。

第③层，厚0~1.05米，分布于探沟南部。土色斑驳，以红褐色土为主，亦包含少量黑色土，

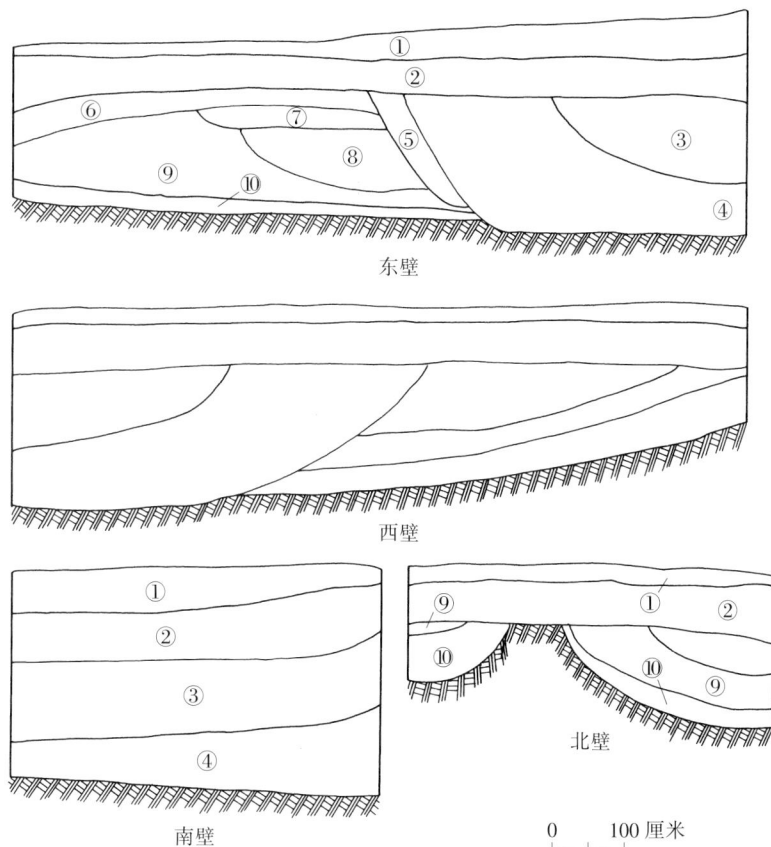

图 3 - 6　13 金村 YA3 - 22TG4 四壁剖面图

土质较松散，含大量窑具和瓷片标本。窑具有瓷质垫饼、泥质垫饼及 M 形匣钵。瓷片可辨器形有碗和洗等，其中前者外底部露胎无釉、泥质垫饼垫烧，后者外底足端露胎无釉、瓷质垫饼垫烧。

　　第④层，厚 0 ~ 1.8 米，分布于探沟南部。黄褐色土，土质较疏松，包含物情况与第③层一致。

　　第⑤层，厚 0 ~ 0.35 米，仅分布于探沟东部一隅。黄色土，土质较疏松，包含少量窑具残块及瓷片。窑具有 M 形匣钵、泥质垫饼等。瓷片可辨器形有外腹莲瓣纹内腹素面碗、外腹素面内腹白痕出筋碗、外腹素面内腹 S 形纹碗、外腹素面内腹莲荷纹碗及少量双面刻划花碗等。该层下叠压 Q1，Q1 位于探沟中部，横穿整个探沟（见图 3 - 4）。Q1 形状不规则，残长 3.26 米，宽 0.2 ~ 0.4 米，由卵石和匣钵筑成（图 3 - 7），应该是为防止山坡窑业垃圾倾倒而人为构筑的挡土墙。

　　第⑥层，厚 0 ~ 0.45 米，仅分布于探沟东北角一隅。灰褐色土，土质较疏松，包含物与第⑤层一致。

　　第⑦层，厚 0 ~ 0.3 米，仅分布于探沟中部。红色土，土质较疏松，包含大量碎砖块、匣钵及瓷片。窑具有 M 形匣钵、泥质垫饼、瓷质垫圈等。从釉色来看，产品可以分为两大类，一类为淡青釉，一类为青釉。其中青釉产品又可分为两类，时间跨度两个时期：第一类，外素面内刻花及少量双面刻划花器物；第二类，外素面内 S 形复线纹及外素面内白痕出筋纹器物。

　　第⑧层，厚 0 ~ 0.8 米，仅分布于探沟东部近中段。灰黑色土，土质疏松，包含物与第⑦层一致。

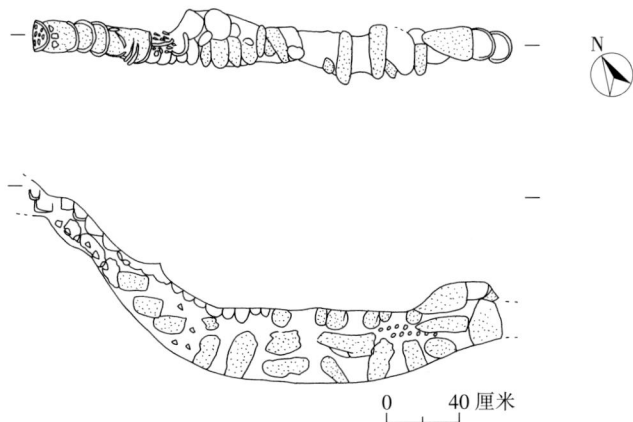

图 3 - 7   挡土墙 13 金村 YA3 - 22TG4Q1 平、剖面图

第⑨层，厚 0 ~ 1.1 米，分布于探沟北部。夹杂少量黄色黏土，包含大量匣钵碎块及瓷片。窑具有 M 形匣钵、泥质垫饼、瓷质垫圈等。从釉色来看，产品大致可以分为两大类，一类为淡青釉，一类为青釉。其中青釉产品又可分两类，时代跨度为两个时期：第一类，双面刻划花器物；第二类，外素面内刻花器物。

第⑩层，厚 0 ~ 0.6 米，分布于探沟北部。包含大量黄色黏土，土质较致密，包含物与第⑨层一致。

（三）金村 YA3 - 17TG1

根据土质土色及包含物的不同，整个探沟可分成 10 个文化层，现以 YA3 - 17TG1 东壁为例介绍如下。（图 3 - 8）

第①层，厚 0 ~ 0.45 米，仅小范围分布于探沟东壁周围及探沟东北部、东南部。黄色土，土质疏松。该层为探沟上部盗挖滑落的土层，包含物较杂乱，包含大量植物根系、现代垃圾及窑具、瓷片等。瓷片可辨器形有碗、盘、擂钵、器盖、小炉等，装饰以双面刻划花、内腹单面刻划花为主。

第①b 层，厚 0 ~ 0.36 米，分布于探沟西北部，一直延伸至探沟南壁附近。褐色土，土质疏松，包含大量匣钵碎块及少量瓷片。瓷片可辨器形有碗、盘、器盖、瓶、小炉等。

第②a 层，厚 0 ~ 0.2 米，分布于探沟东北部。黄色土，土质疏松，包含较多匣钵残块、泥质垫饼及少量瓷片。瓷片可辨器形有碗、盘等。

第②b 层，厚 0 ~ 0.15 米，分布于探沟东北部，直接叠压于第②a 层之下。包含较少量窑具及瓷片标本。窑具主要有泥质垫饼、M 形匣钵等。瓷片可辨器形有碗、盘、擂钵、杵等。

第③层，厚 0.4 ~ 0.9 米，分布于整个探沟。红色土，土质疏松。包含大量窑具及瓷片标本。窑具有泥质垫饼、M 形匣钵等。瓷片可辨器形有碗、盘、擂钵、炉、孔明碗、盏托、瓶等；从装饰风格来看，以内花外素、内外皆素两类产品为主，双面刻划花产品其次。该层伴出两个黑釉盏残片，产地不清。出于安全考虑，在对第③层土清理完毕之后，于探沟南部依南壁又取 3 米 × 5 米的面积继续下挖。

第④层，厚 0.1 ~ 0.3 米。灰褐色土，土质疏松，包含大量窑具及瓷片标本，并夹杂大量炭粒。窑具有匣钵、泥质垫饼等。瓷片可辨器形有碗、盘、擂钵、炉、孔明碗、瓶等。整体面貌与

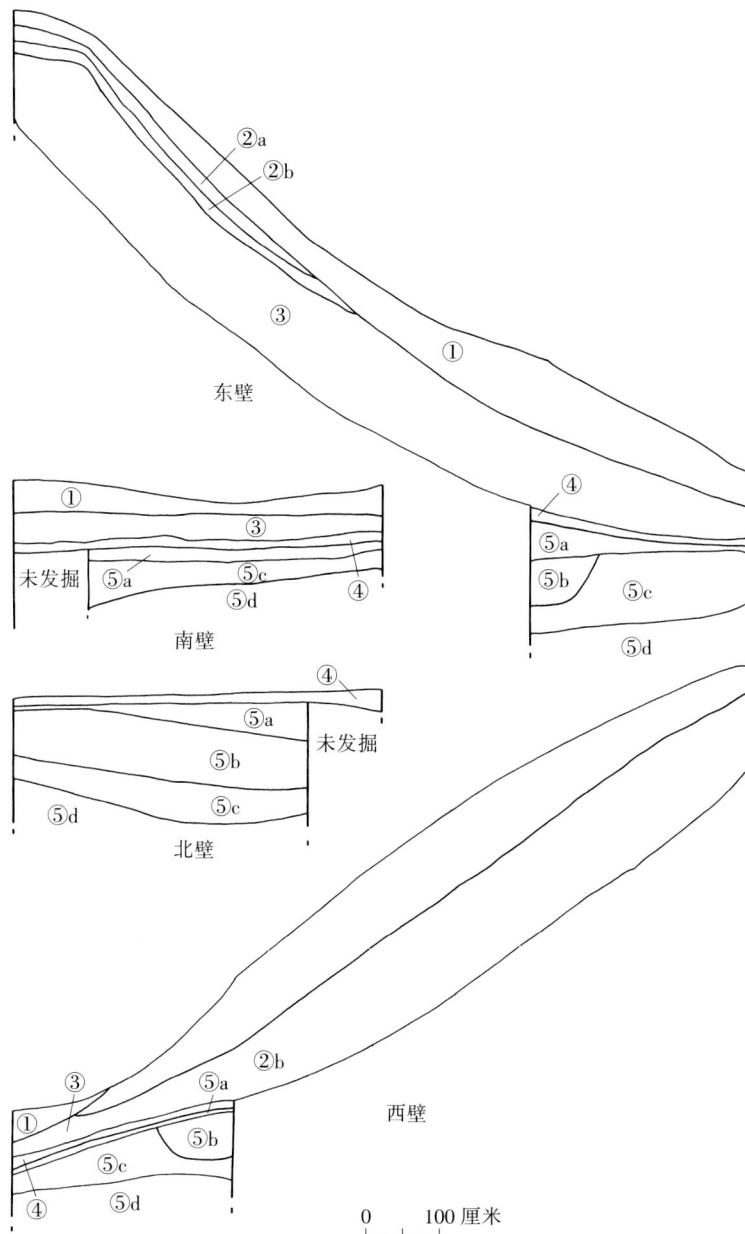

图 3 - 8 13 金村 YA3 - 17TG1 四壁平、剖面图

第③层相同。

第⑤a 层，厚 0.05 ~ 0.55 米。黄色土，沙土，土质较疏松，包含大量窑具及瓷片标本。窑具有匣钵、泥质垫饼等。瓷片可辨器形有碗、盘、擂钵、炉等。

第⑤b 层，厚 0 ~ 0.6 米。红色土，土质疏松，包含大量窑具及瓷片标本。窑具有匣钵、泥质垫饼等。瓷片可辨器形有碗、盘、孔明碗等。

第⑤c 层，厚 0.25 ~ 0.65 米。灰黄色土，土质疏松，包含大量窑具及瓷片标本。窑具有匣钵、泥质垫饼等。瓷片可辨器形有碗、盘、器盖等。整体面貌与⑤b 层相同。

第⑤d 层：厚度不明。灰色土，土质疏松。包含大量窑具及瓷片标本。窑具有匣钵、泥质垫饼等。瓷片可辨器形有碗、盘、器盖、盏托等。除青釉产品以外，该层还伴出几片淡青釉瓷片。出于安全考虑，在对第⑤d层发掘之后未再下挖。

三　典型遗迹

由于本次考古工作以调查为主，试掘面积较小，揭示的遗迹现象较少。本次试掘共揭露窑炉1座，但限于发掘范围仅揭露出一段。该窑炉编号为y1，位于大窑犇试掘区的YA3-22TG1内。

该窑址为依山而建的呈阶梯状的多窑室龙窑，窑炉揭露长度约10米。由于坍塌，窑炉东西两壁残高约0.3~0.9米，窑壁大部分由匣钵垒砌而成，部分使用砖块垒砌。窑炉平面呈长方形，上口宽约1.8米，底部宽约2.02米。坡度约18°，方向为142°。

窑室呈阶梯状结构，据其走势大致可以分为北、中、南三个窑室。北窑室仅揭露出局部，长约0.8米；中窑室长约6.45米；南窑室仅揭露出局部，长约2.7米。中窑室与北窑室落差约0.12米，中窑室与南窑室落差约0.15米。窑底铺沙，由于烧造时间较长而形成坚硬的烧结面，其上置垫高窑位的空匣钵，充当垫柱使用，排列较为整齐。以中窑室为例，其南北向有约20排匣钵，每排东西向置7个，部分为双层。窑门3处，均在窑炉东壁，位于北室与中室交接处、中室中部及南室北部。窑门宽约0.58~0.72米，残高0.3~0.8米。

窑炉东西两侧为黄褐色土垫筑的护坡。西部护坡范围不详，东部护坡宽约2.5~3米。东部护坡距窑室约2.5米，以匣钵构筑南北向的挡墙，应是起保护窑炉的作用，残高约0.2米。挡墙与窑炉之间残留部分踩踏面。

窑炉东西两侧护坡上残见直径约0.3米的不规则石块，排列较有规律。其上表面略平整，距窑室约0.2~0.3米，应该为窑炉护棚的柱础石遗迹。

经对窑炉中窑室南部的窑底进行解剖（图3-9），窑底厚0.2~0.3米，中部略低，东、西两端略高，由上部烧结层、中部红褐色烧土层和下部浅褐色的垫沙层，三层土厚度分别为0.1米、0.05米、0.08米。窑底底部还存在一烧结的窑底，经解剖，依次为上部烧结层，厚约0.05米；中部红褐色烧土层，厚约0.07米；下部浅褐色垫沙层，厚约0.1米。下部窑底与上部窑底共用y1窑壁，故而推测y1在烧造过程中经过整修，垫高了窑底。窑底部为黄褐色垫土，以下为生土。此外y1东部垫土下有一袋状坑打破生土，由于仅揭露局部，其详细结构不明，内填以淡青釉有篦划、篦点、内外双刻花的瓷片及窑具堆积。

从窑床上充当垫柱使用的空匣钵内粘连的瓷片标本来看，主要为外腹刻划莲瓣纹、外底部露胎无釉以泥质垫饼垫烧的碗类产品和内外腹素面、外底足端处刮釉以瓷质垫饼垫烧的洗类产品。结合出土遗物判断，该窑炉的最后使用年代应为南宋晚期。

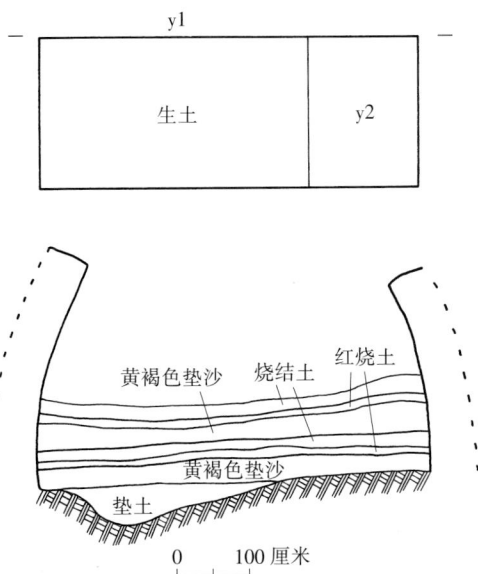

图3-9　13金村YA3-22TG1窑炉y1窑底解剖

第四章 调查采集器物

一 YA3-1（Y1）

1. 南宋中期

敞口碗

1】13 金村 YA3-1：5[1]，碗。圆唇，敞口，上腹斜直，下腹斜曲，圈足。外腹素面；内口沿下饰双线圆弧形纹一圈，下连以双线 S 形纹将内腹分隔成若干个等大的区域，内均刻划一朵呈缭绕状的云彩；内心弦纹一圈，内刻划花叶纹。灰白胎，胎质较细。青釉微泛黄，全器满施釉，唯外底部露胎无釉。口径 15.6、足径 6、高 7 厘米。（图 4-1；彩版 4-1）

敞口盘

2】13 金村 YA3-1：6，盘。圆唇，敞口，斜曲腹，圈足。外腹素面；内口沿下弦纹一圈，内腹及内心遍饰荷花、荷叶纹，间以篦纹。灰白胎，胎质较粗。青釉微泛黄，全器满施釉，唯外底部露胎无釉。口径 16、足径 5.4、高 3.3 厘米。（图 4-1；彩版 4-1）

2. 南宋晚期

敞口碗

共 2 件。圆唇，敞口，斜曲腹，圈足。外腹刻划莲瓣纹，瓣面较宽，瓣脊清晰；内腹素面；内心弦纹一圈，内素面或饰花卉纹。灰白胎。青釉，全器满施釉，唯外底部露胎无釉。

3】13 金村 YA3-1：1，碗。内心素面。胎质较粗。青釉微泛黄。口径 15.6、足径 5.4、高 7.4 厘米。（图 4-1；彩版 4-2）

4】13 金村 YA3-1：2，碗。尖圆唇。内心压印七瓣花卉。胎质较细。口径 16.4、足径 5.4、高 6.8 厘米。（图 4-1；彩版 4-2）

3. 元代中晚期

敞口碗

共 2 件。圆唇，敞口，曲腹，圈足。外腹刻划莲瓣纹，较细长，瓣脊清晰；内腹及内心素面。白胎，胎质较细。青釉，全器满施釉，唯外底足端露胎无釉。

5】13 金村 YA3-1：3，碗。尖圆唇，斜曲腹。口径 21.2、足径 6、高 8.8 厘米。（图 4-1；彩版 4-2）

6】13 金村 YA3-1：4，碗。圆曲腹。青釉微泛黄。口径 16.6、足径 4.4、高 6.7 厘米。（图 4-1）

---

[1] 标本号"13 金村 YA3-1：5"在线图及彩版中均简写为"YA3-1：5"，下同。

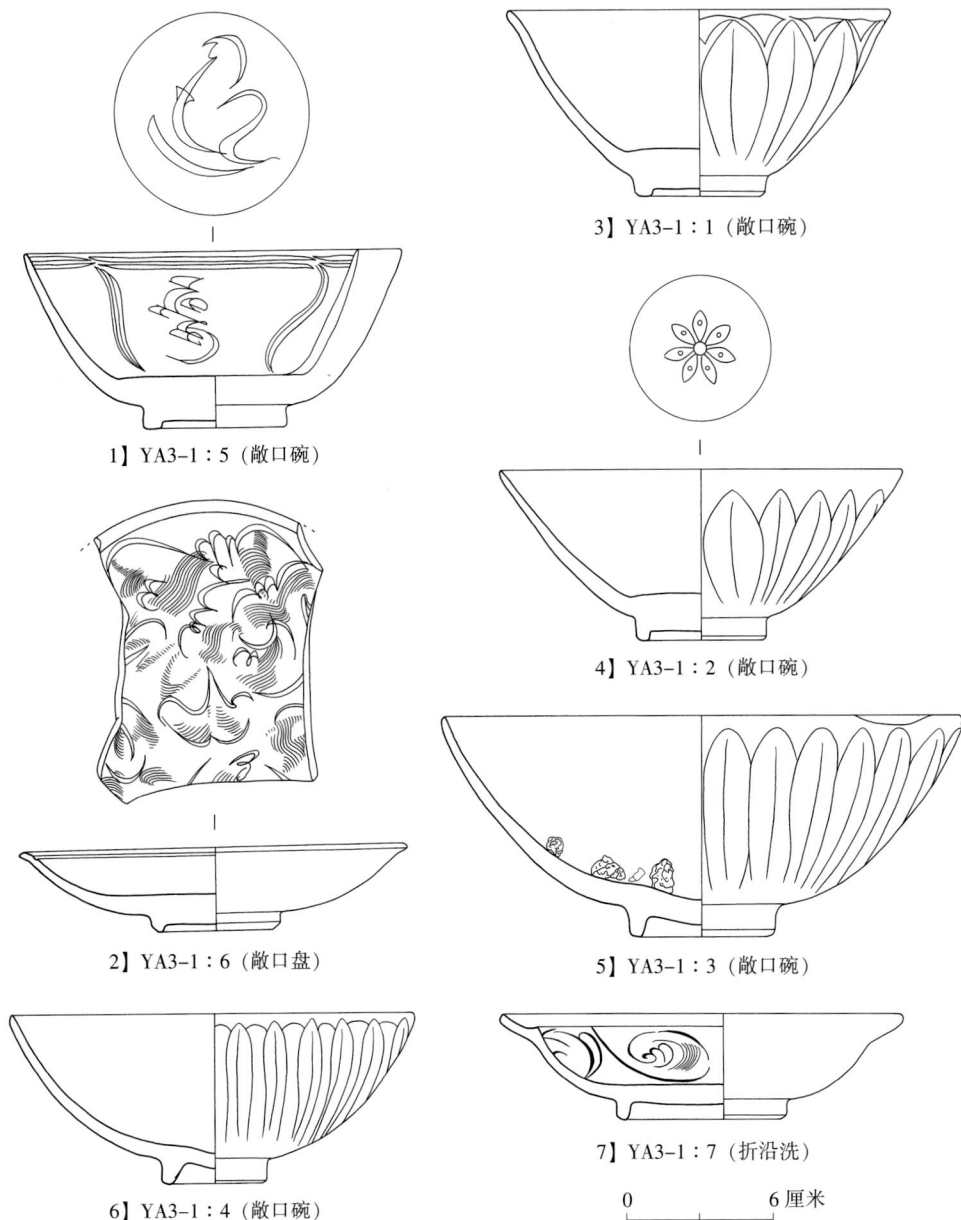

3】YA3-1：1（敞口碗）

1】YA3-1：5（敞口碗）

4】YA3-1：2（敞口碗）

2】YA3-1：6（敞口盘）

5】YA3-1：3（敞口碗）

7】YA3-1：7（折沿洗）

0　　　　　6厘米

6】YA3-1：4（敞口碗）

图4-1　YA3-1采集青瓷碗、盘、洗

1、2. 南宋中期　3、4. 南宋晚期　5~7. 元代中晚期

折沿洗

7】13金村YA3-1：7，盘。圆唇，侈口，宽折沿，沿部微微上翘，斜曲腹，圈足。外腹素面；内腹刻划花卉纹；内心弦纹双圈，内素面。灰白胎，胎质较细。青釉，全器满施釉，唯外底足端露胎无釉。口径16.4、足径7、高4.2厘米。（图4-1；彩版4-2）

二　YA3-2（Y2）

1. 北宋晚期至南宋早期

敞口碗

共2件。上腹斜直，下腹斜曲，圈足。外腹饰莲瓣纹，内有直条状篦纹；内腹弦纹一圈，下

饰花卉纹；内心弦纹一圈，内饰花叶纹饰。灰胎。青釉，全器满施釉，唯外底部露胎无釉。

8】13金村 YA3-2：1，碗。尖圆唇，敞口。外口沿下弦纹一圈。胎质较粗。口径 17.2、足径 6、高 7.4 厘米。（图 4-2；彩版 4-3）

9】13金村 YA3-2：5，碗。失口。灰白胎，胎质较粗。青釉微泛黄。口径 17、足径 6.2、高 7.2 厘米。（图 4-2；彩版 4-3）

2. 南宋中期

花口碗

10】13金村 YA3-2：4，碗。圆唇，花口外敞，斜曲腹，圈足。外腹素面；内腹对应花口处白痕出筋；内心弦纹一圈，内有"河滨……"字款。生烧。灰胎，胎质较细。青釉。全器满施釉，唯外底部露胎无釉。口径 19.1、足径 6.8、高 8.1 厘米。（图 4-2；彩版 4-3）

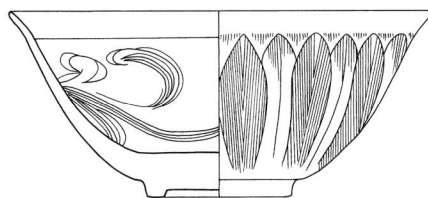

8】YA3-2：1（敞口碗）

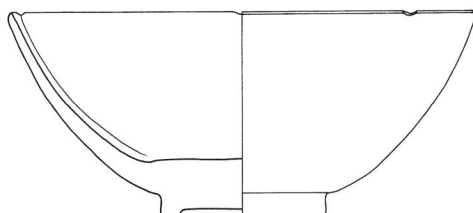

10】YA3-2：4（花口碗）

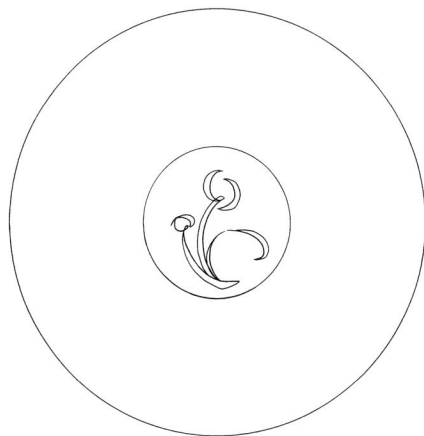

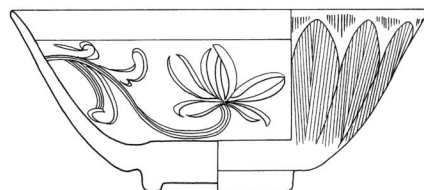

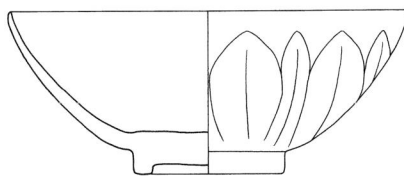

11】YA3-2：2（敞口碗）

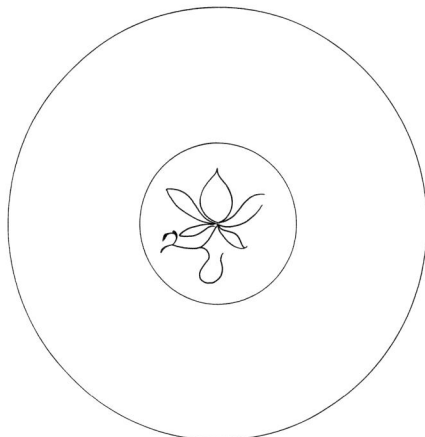

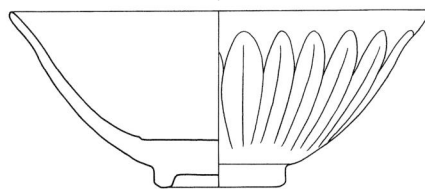

9】YA3-2：5（敞口碗）

0　　　　　6厘米

图 4-2　YA3-2 采集青瓷碗

8、9. 北宋晚期至南宋早期　10. 南宋中期　11、12. 南宋晚期

12】YA3-2：3（敞口碗）

不明型式碗

口腹部残片，未编号。外腹素面，内腹口沿下双线圆弧形纹饰一圈，下连以双线S形纹分隔成若干个等大的区域，内各刻划一朵呈缭绕状的云彩；内心弦纹一圈，内刻划花叶纹。

3. 南宋晚期

敞口碗

共2件。圆唇，敞口，斜曲腹，圈足。外腹刻划莲瓣纹，瓣脊清晰；内腹素面；内心弦纹一圈，内素面或饰花卉纹。灰白胎。青釉，全器满施釉，唯外底部露胎无釉。

11】13金村YA3－2：2，碗。外腹莲瓣纹，瓣面较宽；内心素面。胎质较粗。青釉微泛黄。口径16.4、足径6.2、高6.5厘米。（图4－2；彩版4－3）

12】13金村YA3－2：3，碗。内心饰花卉纹。胎质较细。口径17.2、足径5.4、高7厘米。（图4－2）

三　YA3－3（Y3）

1. 北宋晚期至南宋早期

仅采集到碗残片，未编号。可分为两类：第一类，外腹饰折扇纹；内腹为刻划的以篦划纹为地的花卉，或篦划纹刻划的简单花卉。第二类，外腹饰瓣面较宽、瓣脊清晰的莲瓣纹，内填以直条状篦纹；内腹饰荷花、荷叶纹饰；内心弦纹一圈，内饰花卉纹。

2. 南宋中期

花口碗

13】13金村YA3－3：6，碗。尖圆唇，花口外敞，斜曲腹，圈足。外腹、内腹及内心皆素面。白胎，胎质较细。青釉，全器满施釉，唯外底部露胎无釉。口径13.4、足径4.2、高5.7厘米。（图4－3）

另采集到碗残片，未编号。外腹素面；内腹素面；内心弦纹一圈，内心有"金玉满堂"字款。

3. 南宋晚期

敞口碗

共5件。圆唇，敞口，圈足。外腹饰瓣脊清晰的莲瓣纹，内腹素面，内心素面或饰花卉纹。灰胎或白胎。青釉。全器满施釉，唯外底部露胎无釉。

14】13金村YA3－3：1，碗。上腹斜直，下腹斜曲。内心素面。灰黄色胎，胎质较细。青黄釉，布满开片。口径16.4、足径5.1、高7.2厘米。（图4－3；彩版4－4）

15】13金村YA3－3：2，碗。上腹斜直，下腹斜曲。内心素面。灰胎，胎质较细。青釉。口径16.8、足径5.4、高6.6厘米。（图4－3；彩版4－4）

16】13金村YA3－3：3，碗。尖圆唇，斜曲腹。外腹莲瓣纹，瓣面较宽；内心素面。白胎，胎质细腻。青釉，布满开片。外底部粘连泥质垫饼。口径15.8、足径5.6、高7.7厘米。（图4－3）

17】13金村YA3－3：4，碗。斜曲腹。外腹莲瓣纹，瓣面较宽；内心素面。白胎，胎质较细。青釉泛黄。口径16.7、足径5.1、高6.5厘米。（图4－3）

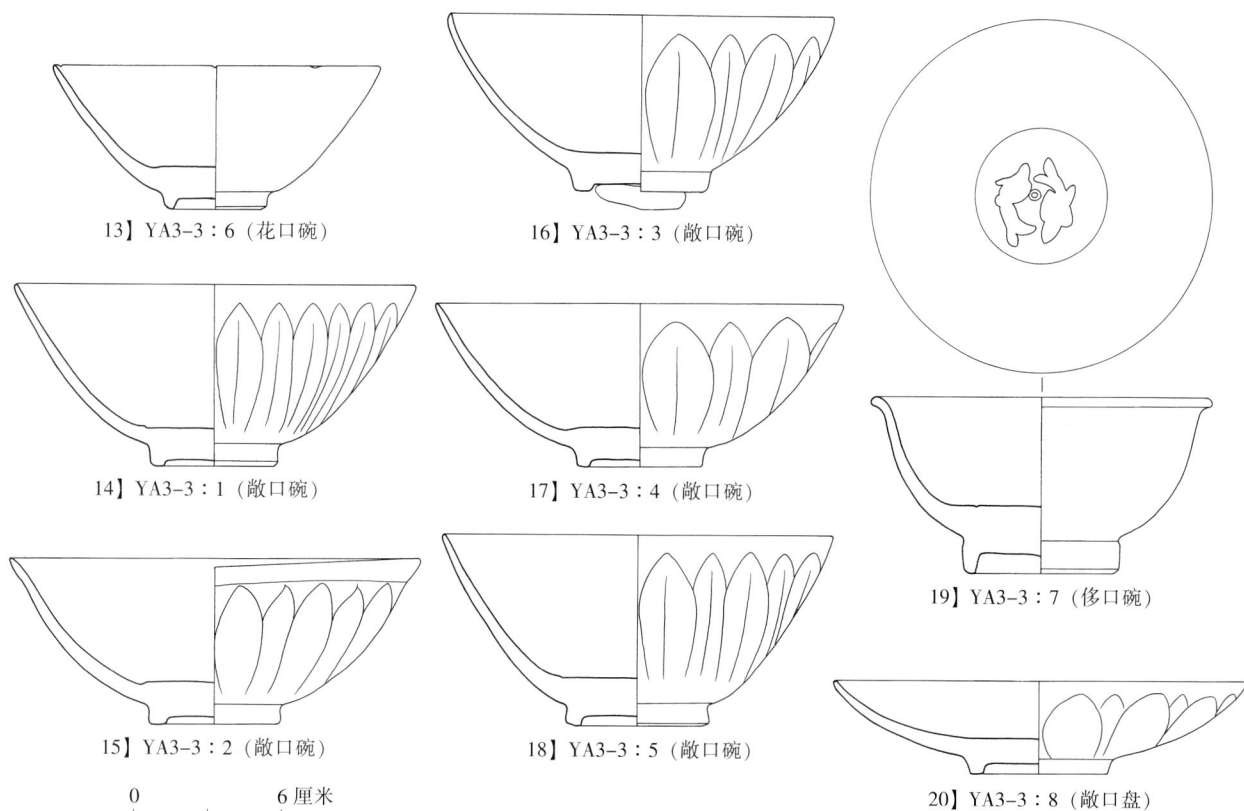

13】YA3-3：6（花口碗）　　16】YA3-3：3（敞口碗）

14】YA3-3：1（敞口碗）　　17】YA3-3：4（敞口碗）

19】YA3-3：7（侈口碗）

15】YA3-3：2（敞口碗）　　18】YA3-3：5（敞口碗）

0　　　　6厘米

20】YA3-3：8（敞口盘）

图 4-3　YA3-3 采集青瓷碗、盘
13. 南宋中期　14～20. 南宋晚期

18】13 金村 YA3-3：5，碗。尖圆唇，上腹斜直，下腹斜曲。内心弦纹一圈，内饰八瓣花卉。灰胎，胎质较细。青釉，布满开片。口径 16、足径 5.8、高 7.6 厘米。（图 4-3）

侈口碗

19】13 金村 YA3-3：7，碗。圆唇，侈口，圆曲腹，圈足较高。外腹及内腹素面；内心弦纹一圈，内模印双鱼。灰胎，胎质较细。青釉微泛黄，较多开片，全器满施釉，唯外底部露胎无釉。口径 14、足径 6.4、高 7 厘米。（图 4-3；彩版 4-4）

敞口盘

20】13 金村 YA3-3：8，盘。圆唇，敞口，斜曲腹，圈足。外腹刻划瓣面较宽的莲瓣纹；内腹素面；内心弦纹一圈，内素面。灰白胎，胎质较细。青釉微泛黄。口径 17、足径 5.6、高 3.8 厘米。（图 4-3；彩版 4-4）

4. 元代早期

仅采集到折沿洗残片，未编号。仅余口沿及腹部。外腹饰莲瓣纹，瓣脊清晰；内腹素面。

5. 元代中晚期

仅采集到盘残片，未编号。仅余底部及圈足。粗厚。全器满施釉，唯外底足端露胎无釉。

6. 明代

采集到碗、高足杯残片，未编号。碗类器物一般为涩圈支烧。

四　YA3-4（Y4）

南宋晚期

仅采集到两件碗残片，未编号。外腹饰瓣脊清晰的莲瓣纹。

五　YA3-5（Y5）

1. 南宋晚期

仅采集到碗残片，未编号。外腹饰瓣脊清晰的莲瓣纹。

2. 元代中晚期

侈口碗

21】13金村YA3-5：1，碗。圆唇，侈口，上腹斜直，下腹斜曲，圈足。外腹、内腹及内心皆素面。灰白胎，胎质较粗。青釉泛黄，全器满施釉，唯外底部露胎无釉。口径16.6、足径6.4、高7.1厘米。（图4-4；彩版4-5）

敞口盘

22】13金村YA3-5：2，盘。圆唇，敞口，斜曲腹，圈足。外腹刻划莲瓣纹，内腹及内心素面。砖红胎，胎质较粗。青釉泛黄，全器满施釉，唯外底足端露胎无釉。口径16、足径6.2、高4.1厘米。（图4-4；彩版4-5）

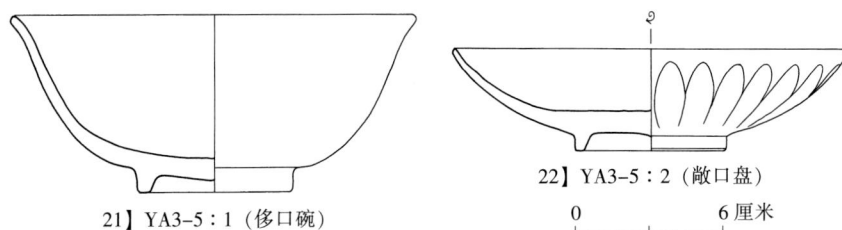

21】YA3-5：1（侈口碗）　　22】YA3-5：2（敞口盘）

0　　　　6厘米

图4-4　YA3-5采集元代中晚期青瓷碗、盘

六　YA3-6（Y6）

未采集到标本。

七　YA3-7（Y7）

1. 北宋晚期至南宋早期

敞口碗

23】13金村YA3-7：1，碗。圆唇，敞口，斜曲腹，圈足。外腹刻划折扇纹；内口沿下弦纹多圈，下刻划草叶纹；内心弦纹一圈，内素面。灰胎，胎质较粗。青釉，全器满施釉，唯外底部露胎无釉。口径14.6、足径4.9、高5.8厘米。（图4-5A；彩版4-6）

孔明碗

24】13金村YA3-7：21，孔明碗。由内层碗和外层碗相套而成，底部相连，外碗底部中空，

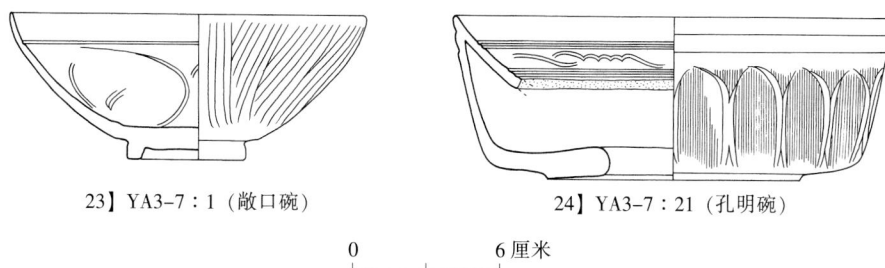

23】YA3-7：1（敞口碗）　　　　24】YA3-7：21（孔明碗）

0　　　　　　6 厘米

图 4-5A　YA3-7 采集北宋晚期至南宋早期青瓷碗

内外层碗口沿处以釉粘结。内层碗尖唇，敞口，斜曲腹，失下部；外层碗方唇，压于内层碗口沿之下，斜腹近直，矮圈足。外层碗外腹刻划莲瓣纹，瓣面上刻划直条状篦纹；内层碗内口沿下弦纹双圈，下饰波浪纹样，下弦纹双圈。灰白胎，胎质较细。青釉，全器满施釉，唯外圈足处露胎无釉。口径 18、足径 10.4、高 6.5 厘米。（图 4-5A；彩版 4-6）

2. 南宋早期

平底碟

25】13 金村 YA3-7：22，碟。圆唇，敞口，折腹，上腹斜直，下腹斜收，小平底微内凹。外腹及内腹素面；内心弦纹一圈，内饰刻划花卉纹。灰白胎，胎质较细。青釉泛黄，布满开片，全器满施釉，唯外底部露胎无釉。口径 12、足径 4、高 3.5 厘米。（图 4-5B；彩版 4-6）

3. 南宋中期

花口碗

共 4 件。根据腹部特征分为两小类。

第一小类，3 件。圆唇，五曲或六曲花口外敞，上腹斜直，下腹斜曲，圈足。外腹素面；内口沿下双线圆弧形纹饰一圈，下连以双线 S 形纹将内腹分隔成五个等大的区域，内素面或饰一朵呈缭绕状的云彩；内心弦纹一圈，内素面。黄胎或灰胎。青釉，全器满施釉，唯外底部露胎无釉。

26】13 金村 YA3-7：19，碗。五曲花口。内口沿下双线圆弧形纹饰一圈，下连以双线 S 形纹将内腹分隔成五个等大的区域，内素面。黄胎，胎质较细。青黄釉。口径 10.8、足径 5.1、高 5.1 厘米。（图 4-5B；彩版 4-7）

27】13 金村 YA3-7：13，碗。尖圆唇，六曲花口。内口沿下双线圆弧形纹饰一圈，下连以双线 S 形纹将内腹分隔成六个等大的区域，内各刻划一朵呈缭绕状的云彩。灰白胎，胎质较细。青釉。内底粘连大量窑渣。口径 18.8、足径 7.2、高 7.6 厘米。（图 4-5B；彩版 4-7）

28】13 金村 YA3-7：14，碗。五曲花口。内口沿下双线圆弧形纹饰一圈，下连以双线 S 形纹将内腹分隔成五个等大的区域，内各刻划一朵呈缭绕状的云彩。灰胎，胎质较细。青釉。口径 15.8、足径 6.4、高 6.4 厘米。（图 4-5B；彩版 4-8）

第二小类，1 件。圆唇，敞口，花口，斜曲腹，圈足。外腹素面；内腹对应花口处白痕出筋；内心弦纹一圈，内素面。灰白胎，胎质较细。青釉，全器满施釉，唯外底部露胎无釉。

29】13 金村 YA3-7：4，碗。口径 15、足径 5.2、高 5.1 厘米。（图 4-5B；彩版 4-8）

30〗YA3-7∶15（敞口碗）

34〗YA3-7∶29（敞口盘）

29〗YA3-7∶4（花口碗）

31〗YA3-7∶5（敞口碗）

0   6厘米

27〗YA3-7∶13（花口碗）

28〗YA3-7∶14（花口碗）

32〗YA3-7∶9（敞口碗）

25〗YA3-7∶22（平底碟）

26〗YA3-7∶19（花口碗）

33〗YA3-7∶6（敞口碗）

图4-5B　YA3-7采集青瓷碟、碗、盘
25. 南宋早期　26～34. 南宋中期

敞口碗

共4件。圆唇，敞口，上腹斜直，下腹斜曲，圈足。外腹素面；内腹素面或刻划荷花、荷叶纹饰；内心弦纹一圈，内有"河滨遗范"、"金玉口堂"字款或饰荷花纹。白胎。青釉，全器满施釉，唯外底部露胎无釉。

30〗13 金村 YA3-7∶15，碗。尖圆唇，敞口，斜曲腹。外腹、内腹及内心皆素面。灰白胎，胎质较细。青黄釉，全器满施釉，唯外底部露胎无釉。口径10、足径3.8、高4.3厘米。（图4-

5B；彩版 4 – 8）

31】13 金村 YA3 – 7：5，碗。仅余下腹及圈足。内腹素面；内心弦纹一圈，内有"河滨遗范"字款。白胎，胎质细腻。青釉，全器满施釉，外底部粘连泥质垫饼。足径 6.6、残高 5 厘米。（图 4 – 5B；彩版 4 – 8）

32】13 金村 YA3 – 7：9，碗。内腹素面；内心弦纹一圈，内残留"金玉□堂"字款。灰白胎，胎质较细。口径 15.6、足径 6.2、高 6.5 厘米。（图 4 – 5B；彩版 4 – 9）

33】13 金村 YA3 – 7：6，碗。内腹刻划荷花、荷叶纹饰；内心弦纹一圈，内饰荷花纹。灰白胎，胎质较细。口径 16.1、足径 6.5、高 6.5 厘米。（图 4 – 5B；彩版 4 – 9）

敞口盘

34】13 金村 YA3 – 7：29，盘。尖圆唇，敞口，斜曲腹，圈足。外腹及内腹素面；内心弦纹一圈，内素面。灰白胎，胎质较细。青釉，全器满施釉，唯外底部露胎无釉。口径 15.1、足径 5.7、高 3.6 厘米。（图 4 – 5B；彩版 4 – 10）

4. 南宋晚期

敞口碗

共 5 件。圆唇，敞口，斜曲腹，圈足。外腹刻划莲瓣纹，瓣面较宽，瓣脊清晰；内腹素面；内心弦纹一圈，内素面或刻划花卉纹。灰胎或灰白胎。青釉，全器满施釉，唯外底部露胎无釉。

35】13 金村 YA3 – 7：8，碗。灰胎，胎质较细。口径 18.8、足径 5.8、高 8.1 厘米。（图 4 – 5C；彩版 4 – 10）

36】13 金村 YA3 – 7：3，碗。灰白胎，胎质较粗。青釉泛黄，布满细小开片。口径 18、足径 6.2、高 7.5 厘米。（图 4 – 5C；彩版 4 – 11）

37】13 金村 YA3 – 7：2，碗。灰胎，胎质较细。青釉，布满细小开片。外底部粘连泥质垫饼。口径 16.4、足径 5.8、高 7.2 厘米。（图 4 – 5C；彩版 4 – 11）

38】13 金村 YA3 – 7：7，碗。尖圆唇。外腹刻划莲瓣纹，瓣面较窄，瓣脊较清晰；内心弦纹一圈，内刻划花卉纹。灰白胎，胎质较细。口径 16.2、足径 5.4、高 6.4 厘米。（图 4 – 5C；彩版 4 – 11）

39】13 金村 YA3 – 7：16，碗。灰白胎，胎质较细。口径 12.6、足径 4.1、高 5.3 厘米。（图 4 – 5C；彩版 4 – 11）

敞口盘

共 3 件。圆唇，敞口，斜曲腹，圈足。外腹刻划莲瓣纹，瓣面很宽；内腹素面；内心弦纹一圈，内素面。灰白胎，胎质较细。青釉，全器满施釉，唯外底部露胎无釉。

40】13 金村 YA3 – 7：23，盘。尖圆唇。外腹莲瓣纹，纹饰不清晰。青釉泛黄，布满细小开片。口径 15.6、足径 5.8、高 3.7 厘米。（图 4 – 5C；彩版 4 – 12）

41】13 金村 YA3 – 7：27，盘。尖圆唇。口径 16.2、足径 5.7、高 4.1 厘米。（图 4 – 5C；彩版 4 – 12）

42】13 金村 YA3 – 7：28，盘。口径 15、足径 5.8、高 4.1 厘米。（图 4 – 5C；彩版 4 – 13）

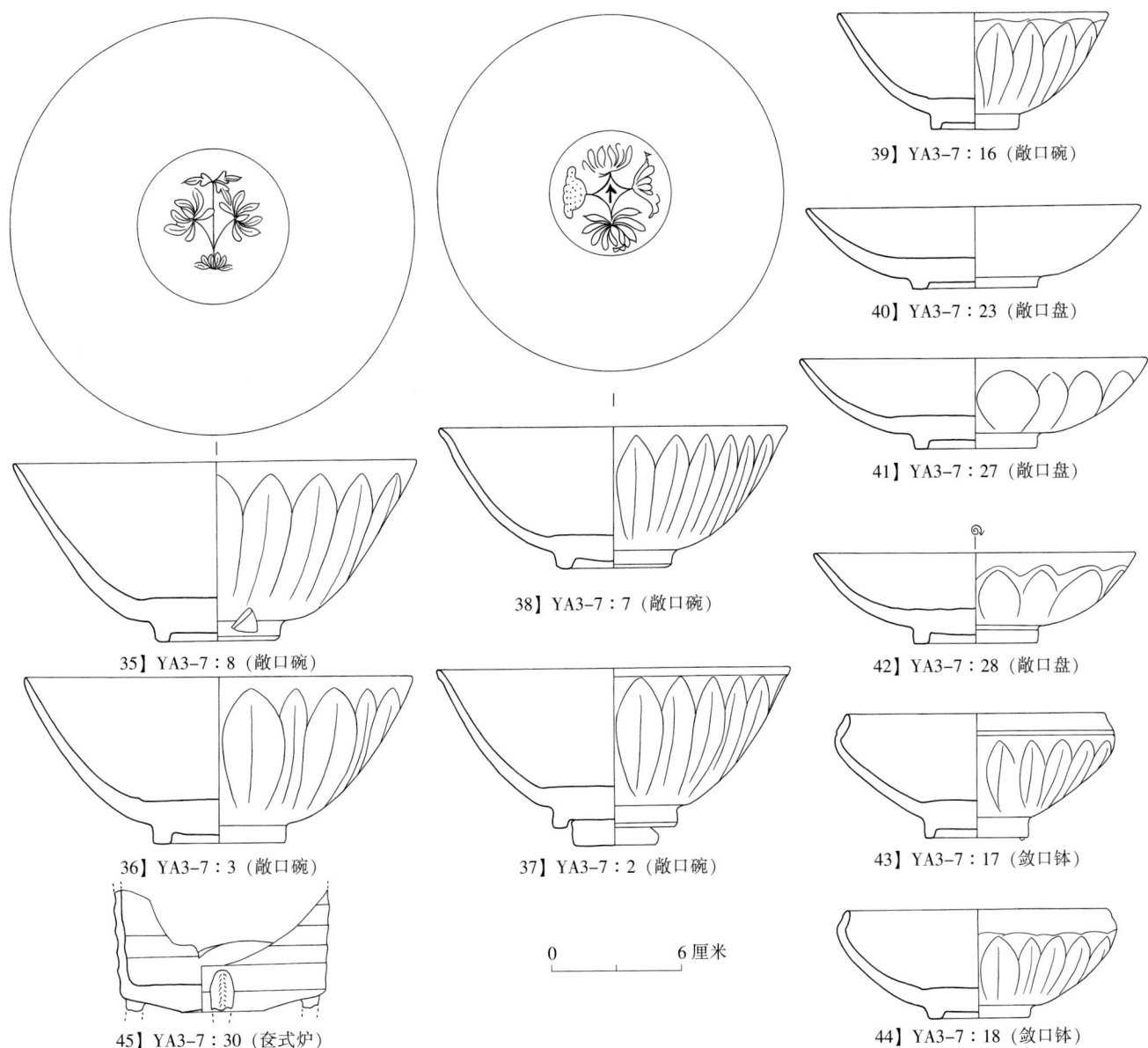

39】YA3-7：16（敞口碗）

40】YA3-7：23（敞口盘）

41】YA3-7：27（敞口盘）

42】YA3-7：28（敞口盘）

43】YA3-7：17（敛口钵）

44】YA3-7：18（敛口钵）

38】YA3-7：7（敞口碗）

35】YA3-7：8（敞口碗）

36】YA3-7：3（敞口碗）

37】YA3-7：2（敞口碗）

0　　　　　6厘米

45】YA3-7：30（奁式炉）

图4-5C　YA3-7采集南宋晚期青瓷碗、盘、钵等

敛口钵

共2件。圆唇，敛口，斜曲腹，圈足。外腹刻划莲瓣纹，瓣脊清晰；内腹素面；内心弦纹一圈，内素面。黄胎或灰胎。青釉，全器满施釉，唯外底部露胎无釉。

43】13金村YA3-7：17，钵。黄胎，胎质较粗。青黄釉，布满开片。口径12.1、足径4.8、高5.7厘米。（图4-5C；彩版4-13）

44】13金村YA3-7：18，钵。灰胎，胎质较细。青釉泛黄。口径12、足径4.8、高4.9厘米。（图4-5C；彩版4-13）

奁式炉

45】13金村YA3-7：30，奁式炉。失口，直腹，平底微下凸，下承小足。外腹饰多道平行弦纹，内腹素面。灰黄胎，胎质较细。青釉，有较多开片，外底和内心无釉。足径3.7、残高5.5厘米。（图4-5C；彩版4-12）

5. 元代早期

折沿洗

46】13金村YA3-7：25，洗。圆唇，侈口，宽折沿，斜曲腹，圈足。外腹刻划双线莲瓣纹；内腹素面；内心弦纹一圈，内釉下贴塑双鱼。灰胎，胎质较细。青釉，全器满施釉，唯外底足端露胎无釉。口径18.2、足径7.6、高4.2厘米。（图4-5D；彩版4-14）

6. 元代中晚期

敞口碗

共2件。尖圆唇，敞口，斜曲腹，圈足。外腹刻划莲瓣纹，内腹及内心素面。灰白胎或白胎。青釉。全器满施釉，唯外底足端露胎无釉。

47】13金村YA3-7：10，碗。外腹刻划莲瓣纹，瓣脊清晰。白胎，胎质细腻。口径16、足径4.8、高6.6厘米。（图4-5D；彩版4-15）

48】13金村YA3-7：11，碗。外腹刻划莲瓣纹，瓣面较宽。灰白胎，胎质较细。青釉微泛黄。口径20.8、足径6、高7.5厘米。（图4-5D；彩版4-14）

敞口盘

49】13金村YA3-7：24，盘。尖圆唇，敞口，斜曲腹，圈足。外腹刻划莲瓣纹，纹饰不清晰；内腹及内心素面。灰白胎，胎质较细。青釉微泛黄，布满细小开片，全器满施釉，唯外底足端露胎无釉。口径16.2、足径5.8、高4.8厘米。（图4-5D；彩版4-15）

折沿洗

50】13金村YA3-7：26，洗。尖圆唇，沿部微上翘。外腹素面，内腹有清晰压印痕迹，内心素面。灰胎，胎质较细。青釉，全器满施釉，唯外底足端露胎无釉。口径17.6、足径8、高4.6厘米。（图4-5D；彩版4-15）

7. 明代早期

敞口碗

51】13金村YA3-7：12，碗。尖圆唇，敞口，斜曲腹，圈足。外腹素面；内腹刻划花叶纹饰；内心弦纹一圈，内素面。灰白胎，胎质较细。青釉，全器满施釉，唯外底部涩圈无釉。口径21、足径7.8、高6.8厘米。（图4-5D；彩版4-16）

8. 清末民国

小碗

采集到大量青花瓷器，可辨器形有小碗。

9. 时代不明

敞口碗

52】13金村YA3-7：20，碗。圆唇，敞口，斜曲腹，圈足。外腹、内腹皆素面；内心弦纹一圈，内素面。黄胎，胎质较细。青黄釉，施半釉，外施釉及下腹，内施釉及下腹，内外底心均无釉。口径15、足径4.6、高5.2厘米。（图4-5D；彩版4-16）

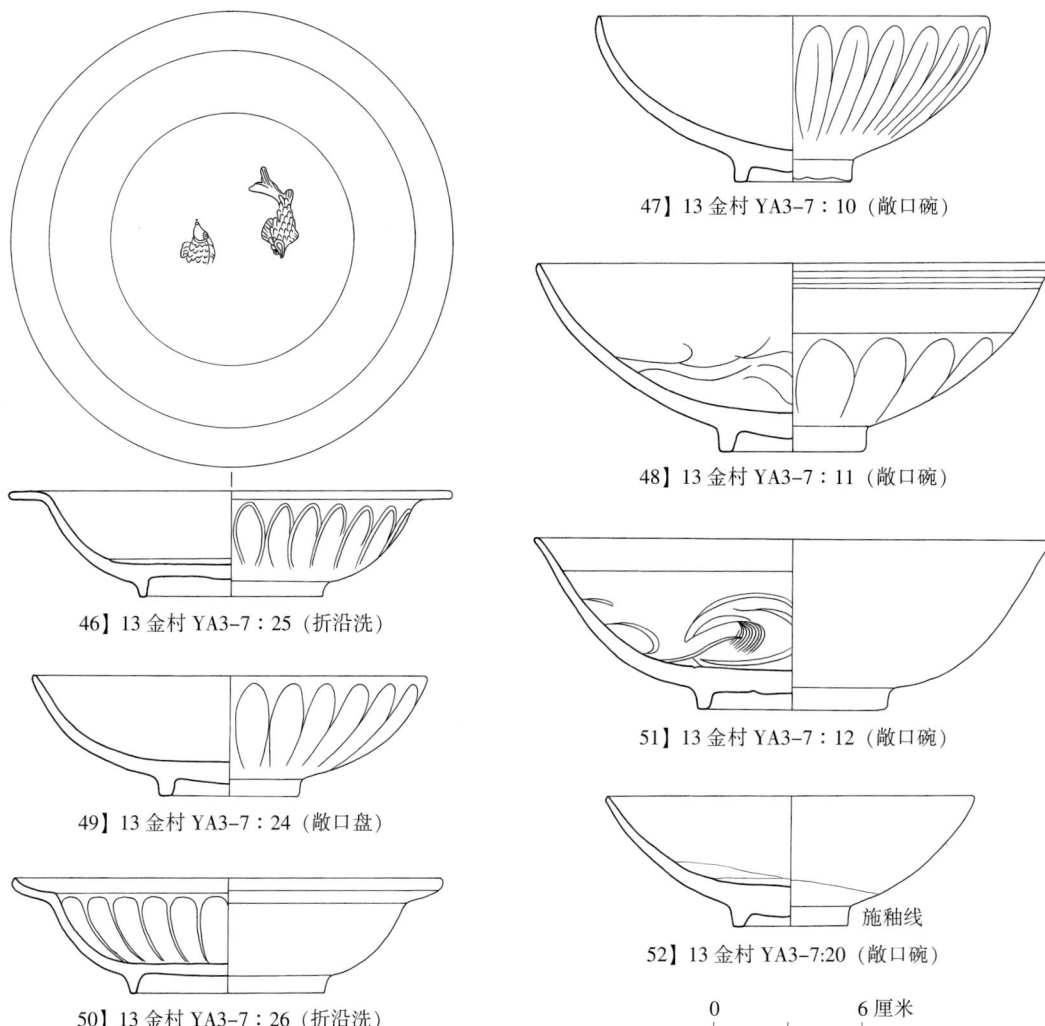

47】13 金村 YA3-7：10（敞口碗）

48】13 金村 YA3-7：11（敞口碗）

46】13 金村 YA3-7：25（折沿洗）

49】13 金村 YA3-7：24（敞口盘）

51】13 金村 YA3-7：12（敞口碗）

50】13 金村 YA3-7：26（折沿洗）

52】13 金村 YA3-7:20（敞口碗）

0   6 厘米

图 4-5D　YA3-7 采集青瓷洗、碗、盘
46. 元代早期　47~50. 元代中晚期　51. 明代早期　52. 时代不明

八　YA3-8（Y8）

1. 北宋晚期至南宋早期

仅采集到碗底标本，未编号。外腹刻划折扇纹；内腹刻划花卉纹，填以篦纹。

2. 南宋晚期

仅采集到碗底标本，未编号。外腹饰瓣脊清晰的莲瓣纹。

3. 元代中晚期

敞口碗

53】13 金村 YA3-8：1，碗。圆唇，敞口，上腹斜直，下腹斜曲，圈足。外腹素面；内腹饰刻划花卉纹饰；内心弦纹一圈，内素面。灰胎，胎质较细。青釉，全器通体施釉，仅外底足端无釉。口径16.2、足径5.4、高6.1厘米。（图4-6；彩版4-17）

双鱼洗

仅采集到底部残片，未编号。

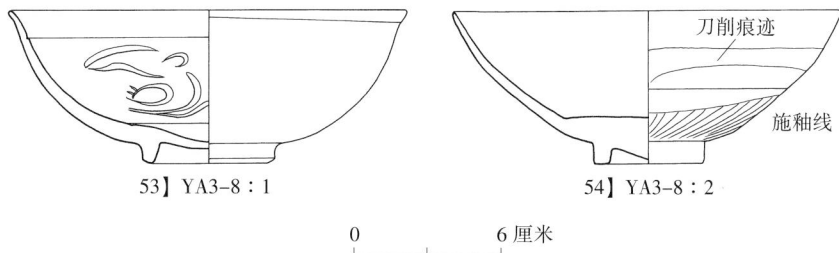

53】YA3-8：1　　　　　　　　54】YA3-8：2

0　　　　　　6厘米

图4-6　YA3-8采集青瓷敞口碗
53. 元代中晚期　54. 时代不明

4. 时代不明

敞口碗

54】13金村YA3-8：2，碗。圆唇，敞口，斜曲腹，圈足。外腹、内腹皆素面；内心弦纹一圈，内素面。灰胎，胎质较细。青釉微泛黄，外施釉及下腹，内施釉及下腹，内外底心均无釉。口径16、足径4.6、高6.1厘米。（图4-6；彩版4-17）

九　YA3-9（Y9）

1. 南宋中期

敞口碗

55】13金村YA3-9：5，碗。尖圆唇，敞口，斜曲腹，圈足。外腹、内腹及内心素面。灰白胎，胎质较细。青釉，全器满施釉，唯外底部露胎无釉。口径10.4、足径4、高4.2厘米。（图4-7；彩版4-18）

56】13金村YA3-9：1，碗。圆唇，敞口，上腹斜直，下腹斜曲，圈足。外腹素面；内口沿下弦纹一圈，下饰荷花、荷叶纹，花茎弯曲；内心弦纹一圈，内饰花叶纹。灰白胎，胎质较细。青釉，全器满施釉，唯外底部露胎无釉。外底部粘连泥质垫饼。口径16.6、足径6.6、高7.5厘米。（图4-7；彩版4-18）

2. 南宋晚期

敞口碗

共2件。根据腹部特征分为两小类。

第一小类，1件。

57】13金村YA3-9：2，碗。圆唇，敞口，上腹斜直近直腹，下腹斜曲，圈足。外腹刻划瓣面较宽、瓣脊清晰的莲瓣纹；内腹素面；内心弦纹一圈，内素面。灰白胎，胎质较细。青釉，全器满施釉，唯外底部露胎无釉。口径19.2、足径6.6、高7.4厘米。（图4-7；彩版4-19）

第二小类，1件。

58】13金村YA3-9：4，碗。尖圆唇，敞口，斜曲腹，圈足。外腹刻划瓣脊清晰的莲瓣纹；内腹及内心素面。灰白色胎，胎质较细。青釉，全器满施釉，唯外底部露胎无釉。口径13.2、足径4.1、高4.9厘米。（图4-7；彩版4-19）

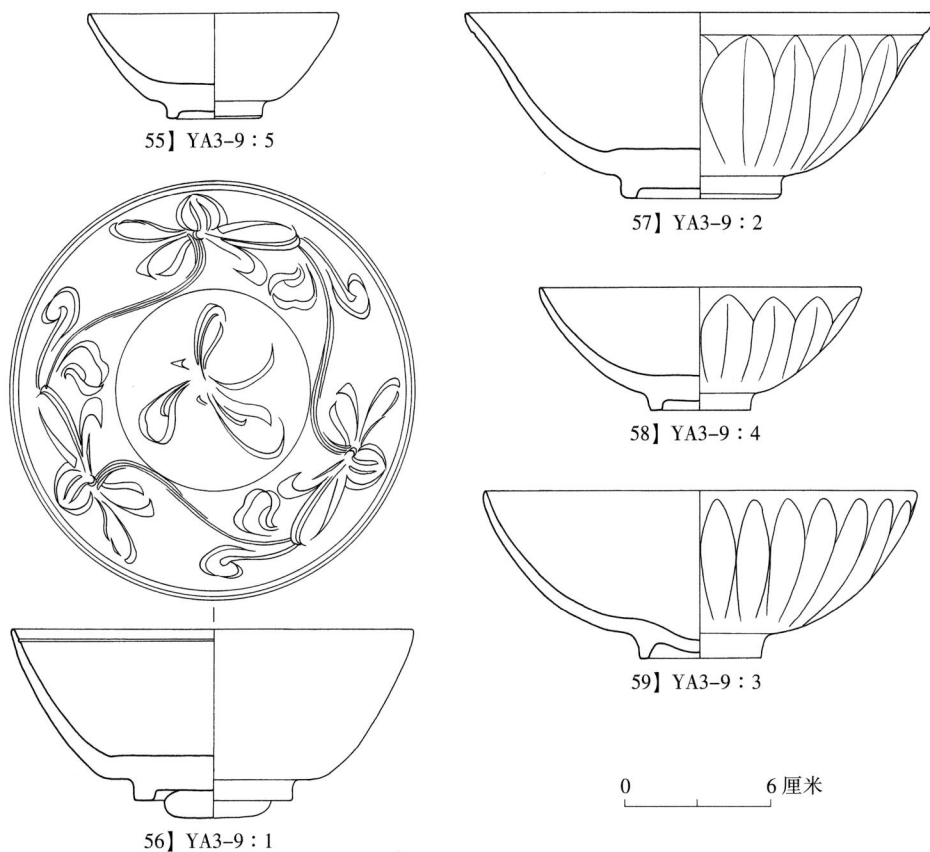

图 4 - 7　YA3 - 9 采集青瓷敞口碗

55、56. 南宋中期　57、58. 南宋晚期　59. 元代中晚期

弦纹炉

未编号。仅余腹部。外腹饰弦纹，内腹素面。

3. 元代中晚期

敞口碗

59】13 金村 YA3 - 9：3，碗。尖圆唇，敞口，斜曲腹，圈足。外腹刻划瓣面较窄、瓣脊清晰的莲瓣纹，内腹及内心素面。灰白胎，胎质较细。青釉泛黄，全器满施釉，唯外底足端露胎无釉。口径 17.6、足径 5、高 6.6 厘米。（图 4 - 7；彩版 4 - 19）

十　YA3 - 10（Y10）

1. 南宋中期

敞口碗

60】13 金村 YA3 - 10：3，碗。尖圆唇，敞口，上腹斜直，下腹斜曲，圈足。外口沿下凸棱一圈，外腹素面；内口沿下双线圆弧形纹饰一圈，下连以双线 S 形纹将内腹分隔成五个等大的区域，内各刻划一朵呈缭绕状的云彩；内心弦纹一圈，内素面。灰黄胎，胎质较细。青釉泛黄，全器满施釉，唯外底部无釉。足径 6.2、高 7 厘米。（图 4 - 8；彩版 4 - 20）

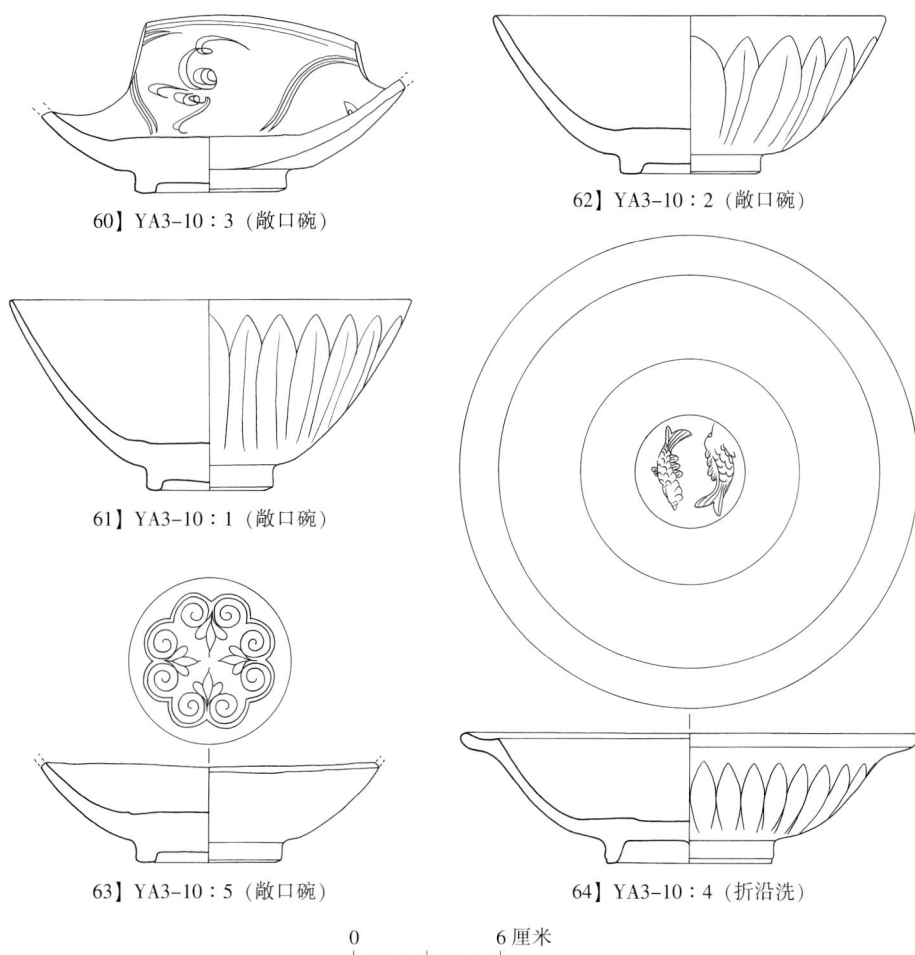

60】YA3-10：3（敞口碗）

62】YA3-10：2（敞口碗）

61】YA3-10：1（敞口碗）

63】YA3-10：5（敞口碗）

64】YA3-10：4（折沿洗）

0   6厘米

图4-8 YA3-10采集青瓷碗、洗
60. 南宋中期 61~63. 南宋晚期 64. 元代中晚期

2. 南宋晚期

敞口碗

共3件。尖圆唇，敞口，上腹斜直，下腹斜曲，圈足。外腹刻划莲瓣纹，瓣脊清晰；内腹素面；内心弦纹一圈，内素面或饰花卉纹。灰胎或灰白胎，胎质较细。青釉，全器满施釉，唯外底部露胎无釉。

61】13金村YA3-10：1，碗。内心素面。灰胎。口径16.4、足径5.2、高7.6厘米。（图4-8；彩版4-20）

62】13金村YA3-10：2，碗。外腹莲瓣纹，瓣面较宽；内心素面。灰胎。青釉泛黄。口径16.2、足径5.8、高6.3厘米。（图4-8；彩版4-21）

63】13金村YA3-10：5，碗。仅余下腹部及圈足。内心刻划两两对称的花卉纹饰。灰白胎。足径6、残高4厘米。（图4-8；彩版4-21）

3. 元代中晚期

折沿洗

64】13金村YA3-10：4，洗。圆唇，侈口，宽折沿，圆曲腹，圈足。外腹刻划莲瓣纹，瓣面较窄，脊线清晰；内腹素面；内心模印双鱼。灰胎，胎质较细。青釉泛黄，通体施釉，仅外底足端无釉。口径18.8、足径6.8、高5.2厘米。（图4-8；彩版4-21）

十一　YA3-11（Y11）

仅采集到6件瓷片，未编号。可辨器形有碗和罐，仅余底部。时代属于北宋晚期至南宋早期、南宋晚期。

十二　YA3-12（Y12）

仅采集到少量瓷片及窑具，未编号。可辨器形有碗、泥质垫饼和瓷质垫饼等。时代属于南宋早期、南宋中期和南宋晚期。

十三　YA3-13（Y13）

1. 北宋晚期至南宋早期

侈口碗

共2件。圆唇，侈口，上腹斜直近直腹，下方有斜曲内收，圈足。外腹刻划瓣面较宽、瓣端圆弧的莲瓣纹，瓣面划有直线篦纹；内腹刻划四片带篦纹的蕉叶纹，各叶间饰有云纹；内心弦纹一圈，内素面。灰白胎，胎质较细。青釉泛黄，全器满施釉，唯外底部露胎无釉。

65】13金村YA3-13：4，碗。口径12.3、足径4.7、高6.1厘米。（图4-9；彩版4-22）

66】13金村YA3-13：9，碗。外口沿下弦纹一圈。（彩版4-22）

敞口盘

共2件。圆唇，敞口，斜曲腹，圈足。外腹刻划折扇纹；内口沿下刻弦纹一圈，下饰荷花、荷叶纹；内心弦纹一圈，内饰一荷叶。灰白胎，胎质较细。青釉，全器满施釉，唯外底部露胎无釉。

67】13金村YA3-13：1，盘。内腹纹饰填以篦纹，内心荷叶划有篦纹。底部残留一泥质垫饼残块。口径18.2、足径5.8、高5.1厘米。（图4-9；彩版4-23）

68】13金村YA3-13：2，盘。内腹及内心粘连有少量窑渣。口径18.8、足径5.8、高5.6厘米。（图4-9；彩版4-23）

2. 南宋早期

平底碟

69】13金村YA3-13：8，碟。圆唇，敞口，折腹，上腹斜直，下腹斜收，小平底微内凹。外腹及内腹素面；内心弦纹一圈，内饰一朵饱满的三瓣荷花和一张侧立的荷叶，花和叶面均划有篦纹。灰白色胎，胎质较细。青釉微泛黄，全器满施釉，唯外底部露胎无釉。口径12.6、足径4.4、高3.1厘米。（图4-9；彩版4-24）

3. 南宋中期

花口碗

共2件。圆唇，五曲或六曲花口外敞，上腹斜直，下腹斜曲，圈足。外腹素面；内腹饰双线S

65】YA3-13：4（侈口碗）

71】YA3-13：6（花口碗）

67】YA3-13：1（敞口盘）

68】YA3-13：2（敞口盘）

72】YA3-13：5（敞口碗）

70】YA3-13：7（花口碗）

73】YA3-13：3（花口盘）

69】YA3-13：8（平底碟）

0　　　　　　6厘米

图4-9　YA3-13采集青瓷碗、盘、碟
65、67、68. 北宋晚期至南宋早期　69. 南宋早期　70~73. 南宋中期

形纹将其分隔为五个或六个等大的区域，内素面或刻划云彩纹；内心弦纹一圈，内素面。白胎或黄胎，青釉或黄釉。全器满施釉，唯外底部露胎无釉。

70】13 金村 YA3-13：7，碗。六曲花口。内口沿下双线圆弧形纹饰一圈，下连以双线 S 形纹将内腹分隔成六个等大的间域，内均刻划一朵呈缭绕状的云彩。白胎，胎质细腻。青釉。口径 19.2、足径 7.2、高 7.8 厘米。（图 4-9；彩版 4-24）

71】13 金村 YA3-13：6，碗。五曲花口。内腹对应花口处以双线 S 形纹将其分隔成五个等大的区域，内素面。黄胎，胎质较细。黄釉。口径 13.1、足径 5.7、高 6 厘米。（图 4-9；彩版

4－24）

敞口碗

72】13金村YA3－13：5，碗。圆唇，敞口，上腹斜直，下腹斜曲，圈足。外腹素面；内腹饰荷花、荷叶纹，花茎弯曲，荷叶呈侧覆形；内心饰花叶纹。灰白胎，胎质较细。青釉，全器满施釉，唯外底部露胎无釉。口径16.2、足径6.4、高7厘米。（图4－9；彩版4－25）

未编号碗

此外还采集到一类碗，未编号。外腹素面；内腹白痕出筋；内心弦纹一圈，内素面。

花口盘

73】13金村YA3－13：3，盘。圆唇，五曲花口外敞，斜曲腹，圈足。外腹素面；内口沿下双线圆弧形纹饰一圈，下连以双线S形纹将内腹分隔成五个等大的区域，内各刻划一朵呈缭绕状的云彩；内心弦纹一圈，内刻划一朵呈缭绕状的云彩。白胎，胎质细腻。青釉，全器满施釉，唯外底部露胎无釉。口径15.4、足径6、高3.7厘米。（图4－9；彩版4－25）

4.元代中晚期

仅采集到残片，未编号，可辨器形有碗、盘等。

碗

可分为两类。第一类，外腹饰莲瓣纹，瓣脊清晰；内腹及内心素面。全器满施釉，唯外底足端露胎无釉。第二类，外腹饰莲瓣纹，瓣脊清晰；内腹及内心饰荷花、荷叶纹。全器满施釉，唯外底足端露胎无釉。

盘

外腹饰莲瓣纹，瓣脊清晰；内腹及内心素面。全器满施釉，唯外底足端露胎无釉。

十四 YA3－14（Y14）

1.北宋早中期

敞口碗

共2件。根据腹部特征分为两小类。

第一小类，1件。斗笠碗。

74】13金村YA3－14：3，碗。圆唇，敞口，斜直腹，圈足。外腹、内腹皆素面；内心弦纹一圈，内素面。白胎，微泛灰，胎质较细。淡青釉，通体施釉，唯外底部露胎无釉。外底部粘连泥质垫饼。口径11.3、足径4.4、高5.1厘米。（图4－10；彩版4－26）

第二小类，1件。

75】13金村YA3－14：4，碗。圆唇，敞口，上腹斜直，下腹斜曲，圈足。外腹、内腹皆素面；内心弦纹一圈，内素面。白胎，微泛灰，胎质较细。淡青釉，通体施釉，唯外底部露胎无釉。外底部粘连泥质垫饼。口径13.6、足径5.3、高6.2厘米。（图4－10）

此外还采集到三类碗，均未编号。

第一类：外腹、内腹素面；内心弦纹一圈，内素面。施半釉，外施釉至下腹，外底部露胎无釉。外底部有叠烧痕迹。

74〕YA3-14 : 3（敞口碗）

75〕YA3-14 : 4（敞口碗）

77〕YA3-14 : 5（侈口碗）

76〕YA3-14 : 1（侈口碗）

79〕YA3-14 : 8（敞口盘）

82〕YA3-14 : 6（小碗）

83〕YA3-14 : 7（小碗）

0　　　　　　6 厘米

78〕YA3-14 : 2（敞口盘）

80〕YA3-14 : 9（平底碟）

81〕YA3-14 : 10（平底碟）

图 4-10　YA3-14 采集青瓷碗、盘、碟

74、75. 北宋早中期　76~78. 北宋晚期至南宋早期　79~81. 南宋早期　82、83. 南宋中期

　　第二类：外腹刻划莲瓣纹；内腹素面；内心弦纹一圈，内素面。通体施釉，唯外底部露胎无釉。

　　第三类：外腹素面；内腹素面；内心弦纹一圈，内素面。通体施釉，唯外底部露胎无釉。内心有叠烧痕迹。内腹及内心釉上墨书"成王庙"字款。

执壶

腹部残片，未编号。外腹呈瓜棱形，以瓜棱为中心对称刻划花卉纹。

盘

未编号。外腹素面；内口沿下弦纹一圈，下素面；内心弦纹一圈，内素面。通体施釉，唯外底部露胎无釉。

2. 北宋晚期至南宋早期

侈口碗

共2件。圆唇，侈口，上腹斜直，下腹斜曲，圈足。外腹刻划折扇纹或莲瓣纹，内腹素面或饰花卉纹，内心素面或饰花卉纹。灰胎或灰白胎，胎质较细。青釉，全器满施釉，唯外底部露胎无釉。

76】13金村YA3-14：1，碗。外腹刻划折扇纹；内腹满饰荷花、荷叶纹，填以篦纹；内心弦纹一圈，内饰一荷叶，填以篦纹。灰胎。口径17.8、足径5.8、高8.6厘米。（图4-10；彩版4-26）

77】13金村YA3-14：5，碗。外腹刻划瓣面较宽、瓣端圆弧的莲瓣纹，瓣面划有直线篦纹；内腹及内心素面。灰白胎。外底部粘连泥质垫饼残片。口径12.4、足径4.1、高6.2厘米。（图4-10；彩版4-26）

敞口盘

78】13金村YA3-14：2，盘。尖圆唇，敞口，斜曲腹，圈足。外腹刻划折扇纹；内口沿下弦纹一圈，下饰荷花、荷叶纹，填以篦纹；内心弦纹一圈，内饰一荷叶，填以篦纹。灰胎，胎质较细。青釉，全器满施釉，唯外底部露胎无釉。外底部粘连泥质垫饼。口径18.4、足径5.4、高5.3厘米。（图4-10；彩版4-27）

3. 南宋早期

敞口盘

79】13金村YA3-14：8，盘。尖圆唇，敞口，折腹，上腹斜直，下腹斜曲，圈足。外腹及内腹素面；内心弦纹一圈，内饰花卉纹饰，填以篦纹。灰胎，胎质较细。青釉，全器满施釉，唯外底部露胎无釉。口径14.4、足径4.4、高3.7厘米。（图4-10；彩版4-27）

平底碟

共2件。尖圆唇，敞口，折腹，上腹斜直，下腹斜收，小平底微内凹。外腹及内腹素面；内心弦纹一圈，内饰花卉纹饰。灰胎，胎质较细。青釉，全器满施釉，唯外底部露胎无釉。

80】13金村YA3-14：9，碟。口径12.4、足径4.4、高3厘米。（图4-10；彩版4-28）

81】13金村YA3-14：10，碟。内心花卉填以篦纹。口径10.5、足径3.8、高2厘米。（图4-10；彩版4-28）

盒

未编号。子母口，圆唇，直口，折腹，上腹竖直，下腹斜收，小平底微内凹。外腹、内腹及内心皆素面。全器满施釉，唯外底部露胎无釉。

4. 南宋中期

小碗

共2件。圆唇，敞口，上腹斜直，下腹斜曲，圈足。外腹、内腹及内心皆素面。灰胎，胎质较细。青釉泛黄，全器满施釉，唯外底部露胎无釉。

82】13 金村 YA3 – 14：6，小碗。口径 9.8、足径 3.6、高 4.5 厘米。（图 4 – 10；彩版 4 – 28）

83】13 金村 YA3 – 14：7，小碗。口径 10.8、足径 3.4、高 4 厘米。（图 4 – 10；彩版 4 – 28）

十五　YA3 – 15（Y15）

1. 北宋晚期至南宋早期

碗

未编号。仅余下腹部及圈足。下腹斜曲，圈足。外腹饰折扇纹；内腹饰花卉纹，填以篦纹；内心弦纹一圈。灰胎，胎质较粗。青釉，布满开片，全器满施釉，唯外底部露胎无釉。

孔明碗

未编号。仅余口部，由内外两层碗组成。外层碗外腹饰瓣面较宽的莲瓣纹，内填以直条状篦纹；内层碗内腹残见花卉纹饰。灰胎，胎质较细。青釉，有开片。

2. 南宋早期

钵

未编号。失口部，斜曲腹，平底。外口沿下凸弦纹双圈；内腹素面；内心弦纹一圈。灰胎，胎质较粗。青釉，有开片，全器满施釉，唯外底部露胎无釉。外底部刻"二"字款。

3. 南宋中期

碗

未编号。失口部，斜曲腹，圈足。外腹素面；内腹刻划荷花、荷叶纹饰；内心弦纹一圈，内刻划花卉纹。灰胎，胎质较细。青黄釉，全器满施釉，唯外底部露胎无釉。

4. 南宋晚期

碗

仅余下腹部及圈足。下腹斜曲，圈足。外腹饰莲瓣纹；内腹素面；内心弦纹一圈，内饰花卉纹。灰胎，胎质较细。青釉，全器满施釉，唯外底部露胎无釉。

5. 元代中晚期

折沿洗

84】13 金村 YA3 – 15：1，洗。圆唇，侈口，宽折沿，斜曲腹，圈足。外腹素面，内腹刻划花叶纹饰，内心素面。灰胎，胎质较细。青釉，全器满施釉，唯外底足端无釉。口径 16.2、足径 6、高 3.9 厘米。（图 4 – 11；彩版 4 – 29）

6. 元末明初

侈口碗

未编号。失唇，侈口，斜曲腹，圈足。内、外腹及内心皆素面。满施釉，唯外底部涩圈支烧痕处露胎无釉。

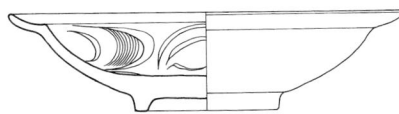

84】YA3–15：1（折沿洗）

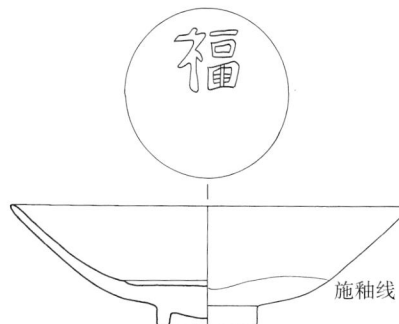

85】YA3–15：2（敞口碗）

施釉线

0　　　　6 厘米

图 4 – 11　YA3 – 15
采集青瓷洗、碗
84. 元代中晚期　85. 时代不明

7. 时代不明

敞口碗

85】13金村YA3－15∶2，碗。圆唇，敞口，斜曲腹，圈足。外腹及内腹素面；内心弦纹一圈，内深刻"福"字。灰白胎，胎质较细。青釉泛黄，施半釉，外施釉至下腹，内施釉至下腹，内外足心均无釉。口径16.3、足径4.2、高4.8厘米。（图4－11；彩版4－29）

十六　YA3－16（Y16）

1. 北宋早中期

敞口碗

共4件。根据腹部特征分为三小类。

第一小类，1件。圆唇，敞口，斜曲腹，圈足。

86】13金村YA3－16∶1，碗。外腹素面；内腹弦纹双圈，内饰条带状篦纹；内心弦纹一圈，内素面。白胎，胎质细腻。淡青釉，有开片，施半釉，外施釉至足端，外底部露胎无釉。口径11.5、足径3.7、高4.3厘米。（图4－12A；彩版4－30）

第二小类，1件。尖圆唇，敞口，上腹斜直，下腹斜曲，圈足。

87】13金村YA3－16∶3，碗。外腹及内腹素面；内心弦纹一圈，内素面。过烧。灰黄胎，胎质较粗。淡青釉，布满小开片，通体施釉，唯外底部露胎无釉。外底部粘连一泥质垫饼。口径14.2、足径6.2、高6.2厘米。（图4－12A；彩版4－30）

第三小类，2件。斗笠碗。尖圆唇，敞口，斜直腹，圈足。外腹及内腹素面。白胎或灰胎。淡青釉，施半釉，外施釉至足端，外底部露胎无釉。

88】13金村YA3－16∶2，碗。内心弦纹一圈，内素面。白胎，胎质较细。口径11.5、足径4.1、高4.2厘米。（图4－12A；彩版4－30）

89】13金村YA3－16∶4，碗。斜直腹微曲。内心素面。灰胎，胎质较粗。外底部残留有叠烧痕迹。内心粘连大量窑渣。口径15、足径5.8、高6.5厘米。（图4－12A；彩版4－30）

此外，还采集到三类碗，均未编号。

第一类：仅余下腹部及圈足。下腹斜曲。外腹饰压印纹；内腹素面；内心弦纹一圈，内素面。灰白胎，胎质较细。淡青釉，通体施釉。

第二类：圆唇，敛口，斜曲腹，圈足。外腹有多圈弦纹；内腹素面；内心弦纹一圈，内素面。灰胎，胎质粗。淡青釉，有开片，通体施釉，唯外底部露胎无釉。外底部粘连泥质垫饼。

第三类：圆唇，敞口，斜曲腹，圈足。外腹有多圈弦纹；内腹素面；内心弦纹一圈，内素面。灰白胎，胎质较细。淡青釉，通体施釉，唯外底部露胎无釉。

敞口盘

90】13金村YA3－16∶15，盘。方圆唇，敞口，斜曲腹，矮圈足。外腹及内腹素面；内心弦纹一圈，内素面。白胎，胎质较细。淡青釉，施半釉，外施釉至足端，外底部露胎无釉。口径14.2、足径5.4、高3厘米。（图4－12A；彩版4－30）

熏炉

91】13金村YA3－16∶21，熏炉。失口，折腹，上腹斜直，下腹斜收，小饼足。外上腹刻划

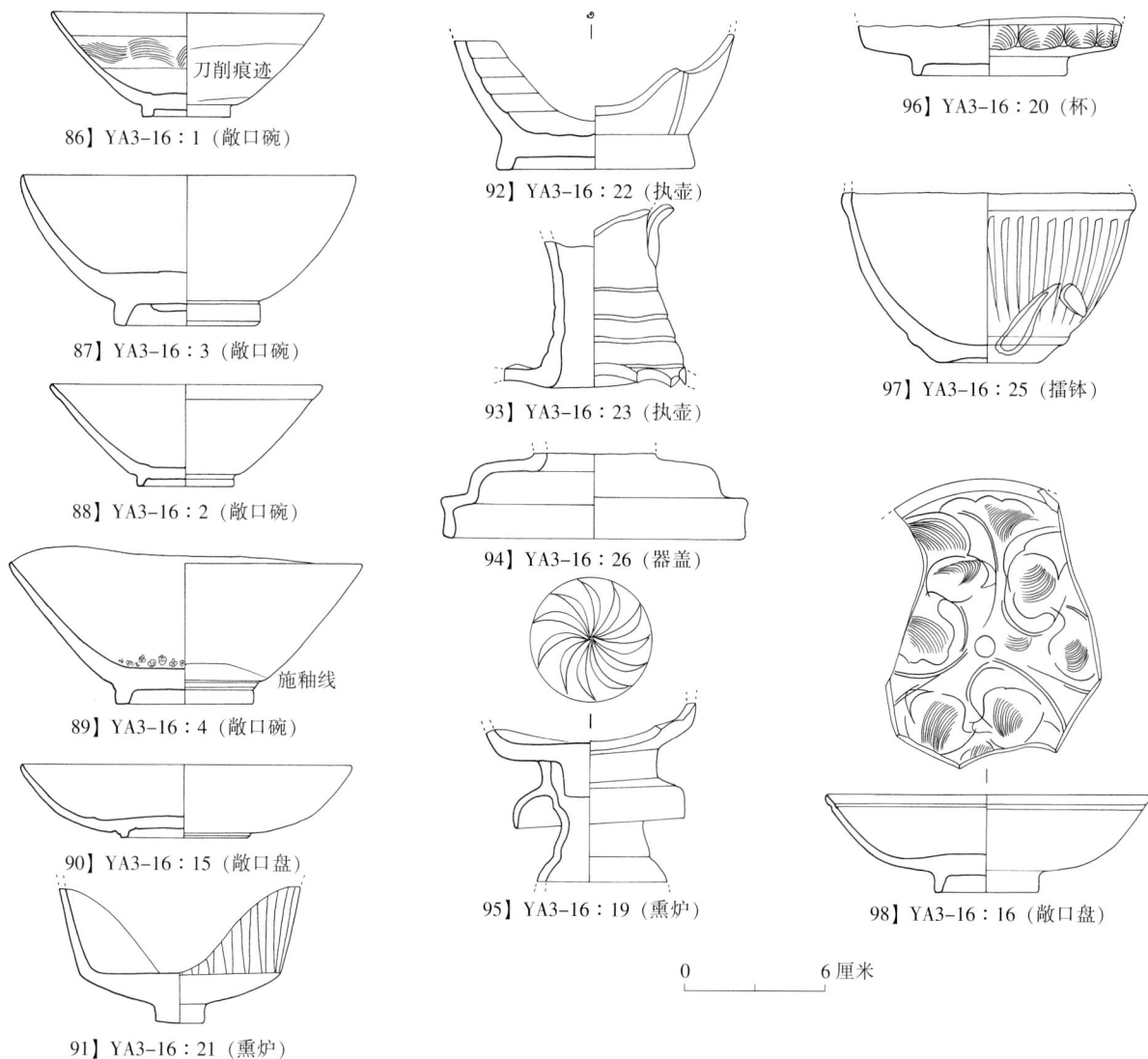

86】YA3-16：1（敞口碗）　刀削痕迹

87】YA3-16：3（敞口碗）

88】YA3-16：2（敞口碗）

89】YA3-16：4（敞口碗）　施釉线

90】YA3-16：15（敞口盘）

91】YA3-16：21（熏炉）

92】YA3-16：22（执壶）

93】YA3-16：23（执壶）

94】YA3-16：26（器盖）

95】YA3-16：19（熏炉）

96】YA3-16：20（杯）

97】YA3-16：25（擂钵）

98】YA3-16：16（敞口盘）

0　　　　6 厘米

图 4－12A　YA3－16 采集青瓷碗、盘、熏炉等
86~94. 北宋早中期　95~98. 北宋晚期至南宋早期

折扇纹，下腹素面；内腹及内心素面。灰白胎，胎质较细。淡青釉，通体施釉。外底部有垫圈支烧痕迹。残高5.6厘米。（图4－12A；彩版4－31）

执壶

92】13 金村 YA3－16：22，执壶。仅余下腹及底部。圈足。外腹压印瓜棱装饰，内素面；内腹及内心素面。白胎，胎质较细。淡青釉，通体施釉，仅外底部无釉。足径8.4、高5.5厘米。（图4－12A；彩版4－31）

93】13 金村 YA3－16：23，执壶。外腹压印弦纹三道，近口处残留壶柄。灰白色胎，胎质较细。淡青釉，布满开片。残高7.3厘米。（图4－12A；彩版4－31）

器盖

94】13 金村 YA3－16：26，器盖。圆唇，折沿，盖面微鼓，失上部。白胎，胎质较细。淡青釉，布满细小开片。口径12.6、残高3.5厘米。（图4－12A；彩版4－31）

2. 北宋晚期至南宋早期

熏炉

95】13金村YA3-16：19，熏炉。失口及足部。由上下三层组成，上层折腹，上腹斜直，下腹斜曲；中层折腹，上腹竖直，下腹近平；下层呈喇叭状，底部外撇。上层内心刻划一朵菊花，其余部位素面。灰白胎，胎质较细。青釉泛黄，外底部露胎无釉。残高7.4厘米。（图4-12A；彩版4-32）

杯

96】13金村YA3-16：20，杯。仅余下腹部及底部。下腹呈花瓣状，共十九瓣，圈足。外上下腹相交处残留篦纹；内心素面。黄胎，胎质较细。黄釉，布满开片，外底足无釉。足径6.6、残高2.4厘米。（图4-12A；彩版4-32）

擂钵

97】13金村YA3-16：25，擂钵。失口部，斜曲腹，平底微内凹。外口沿下凸弦纹一圈，下饰折扇纹，下腹近底处凸弦纹一圈；内腹及内心素面。白胎，胎质较细。青釉微泛黄，外底部露胎无釉。足径4.2、残高7厘米。（图4-12A；彩版4-32）

碗

未编号。仅余下腹部及圈足。下腹斜曲。外腹饰折扇纹；内腹饰花叶纹，填以篦点纹；内心弦纹一圈，内素面。灰白胎，胎质较粗。青釉泛黄，布满开片，全器满施釉，唯外底部露胎无釉。外底部粘连泥质垫饼。

孔明碗

未编号。仅余口部。由内外两层碗组成。外层碗外口沿下弦纹一圈，下饰莲瓣纹，填以直条状篦纹；内层碗内腹口沿下弦纹一圈，下饰波浪纹饰。灰胎，胎质粗。青釉泛黄，布满开片。

敞口盘

98】13金村YA3-16：16，盘。尖圆唇，敞口，上腹斜直，下腹斜曲，圈足。外腹素面；内口沿下弦纹一圈，内腹及内心遍饰荷花、荷叶纹，间以篦纹。灰白胎，胎质较细。青釉，全器满施釉，唯外底部露胎无釉。口径13.8、足径4.4、高4厘米。（图4-12A；彩版4-32）

3. 南宋中期

花口碗

共5件。根据腹部特征分为两小类。

第一小类，1件。圆唇，花口外敞，斜曲腹，圈足。外腹素面；内口沿下弦纹一圈，下素面；内心"河滨遗范"款。灰白胎，胎质较细。青釉，较多开片，全器满施釉，唯外底部露胎无釉。

99】13金村YA3-16：9，碗。口径14.8、足径5、高5.5厘米。（图4-12B；彩版4-33）

第二小类，4件。圆唇，五曲或六曲花口外敞，上腹斜直，下腹斜曲，圈足。外腹素面；内口沿下双线圆弧形纹饰一圈，下连以双线S形纹将内腹分隔成五个或六个等大的区域，内各刻划一朵呈缭绕状的云彩或素面；内心弦纹一圈，内刻划花卉纹饰或素面。灰白胎，胎质较细。青釉，全器满施釉，唯外底部露胎无釉。

100】13金村YA3-16：11，碗。五曲花口。内心刻划花卉纹饰。口径17.2、足径6.6、高7.1厘米。（图4-12B；彩版4-33）

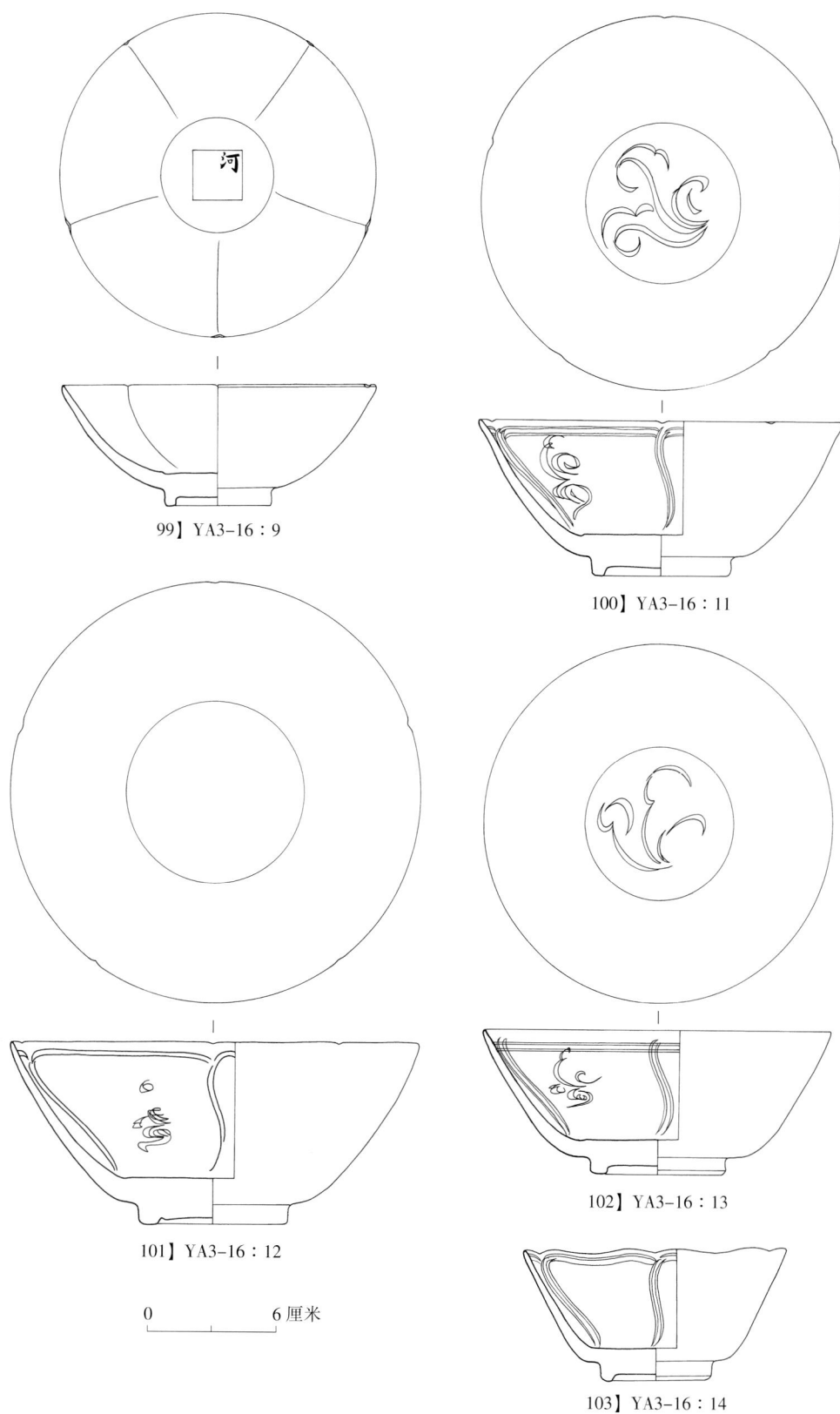

99】YA3-16：9

100】YA3-16：11

101】YA3-16：12

0　　　　　6厘米

102】YA3-16：13

103】YA3-16：14

图 4-12B　YA3-16 采集南宋中期青瓷花口碗

101】13 金村 YA3 – 16：12，碗。五曲花口。内心素面。口径 19.2、足径 7、高 8.3 厘米。（图4 – 12B；彩版 4 – 34）

102】13 金村 YA3 – 16：13，碗。五曲花口。内心刻划花卉纹。口径 16.4、足径 6.4、高 6.6 厘米。（图 4 – 12B；彩版 4 – 33）

103】13 金村 YA3 – 16：14，碗。六曲花口。内口沿下双线圆弧形纹饰一圈，下连以双线 S 形纹将内腹分隔成六个等大的区域，内素面；内心素面。口径 12.4、足径 5.2、高 6 厘米。（图 4 – 12B；彩版 4 – 34）

敞口碗

共 4 件。圆唇，敞口，上腹斜直，下腹斜曲，圈足。外腹素面；内口沿下弦纹一圈，下饰刻划荷花、荷叶纹饰；内心弦纹一圈，内饰刻划花卉纹饰。灰白胎，胎质较细。青釉，全器满施釉，唯外底部露胎无釉。

104】13 金村 YA3 – 16：5，碗。青釉泛黄。口径 16.5、足径 6.3、高 6.7 厘米。（图 4 – 12C；彩版 4 – 34）

105】13 金村 YA3 – 16：6，碗。尖圆唇。青釉。口径 15.8、足径 6、高 6.8 厘米。（图 4 – 12C；彩版 4 – 35）

106】13 金村 YA3 – 16：7，碗。青釉，布满开片。口径 16.2、足径 6.4、高 7.4 厘米。（图 4 – 12C；彩版 4 – 35）

107】13 金村 YA3 – 16：10，碗。青釉，较多开片。口径 19.4、足径 7、高 7.9 厘米。（图 4 – 12C；彩版 4 – 35）

敞口盘

108】13 金村 YA3 – 16：18，盘。尖圆唇，敞口，斜曲腹，圈足。外腹素面；内口沿下弦纹一圈，下素面；内心弦纹一圈，内素面。灰白胎，胎质较细。青釉，全器满施釉，唯外底部露胎无釉。口径 15.6、足径 6.4、高 3.8 厘米。（图 4 – 12C；彩版 4 – 36）

平底碟

109】13 金村 YA3 – 16：17，碟。圆唇，敞口，折腹，上腹斜直，下腹斜收，小平底微内凹。外腹及内腹素面；内心弦纹一圈，内饰一朵饱满的三瓣荷花和一张侧立的荷叶。灰白胎，胎质较细。青釉微泛黄，布满开片，全器满施釉，唯外底部露胎无釉。口径 12.2、足径 4.6、高 3.1 厘米。（图4 – 12C；彩版 4 – 36）

4. 南宋晚期

碗

共 2 件。斜曲腹，圈足。外腹刻划莲瓣纹；内腹及内心素面。灰胎或灰白胎，胎质较细。青釉。全器满施釉，唯外底部露胎无釉。

110】13 金村 YA3 – 16：8，碗。圆唇，敞口。外腹刻划莲瓣纹，瓣面较宽，瓣脊清晰。灰白胎。口径 16.7、足径 5.5、高 7.1 厘米。（图 4 – 12C；彩版 4 – 36）

111】13 金村 YA3 – 16：24，碗。失口部。外腹残见刻划莲瓣纹。灰胎。外底部有"大吉日吴用"字款。足径 7.4、残高 3 厘米。（图 4 – 12C；彩版 4 – 36）

108】YA3-16：18（敞口盘）

104】YA3-16：5（敞口碗）

105】YA3-16：6（敞口碗）

109】YA3-16：17（平底碟）

106】YA3-16：7（敞口碗）

111】YA3-16：24（不明型式碗）

0　　　　　　　6厘米

110】YA3-16：8（敞口碗）　　　107】YA3-16：10（敞口碗）

图4-12C　YA3-16采集青瓷碗、盘、碟
104~109. 南宋中期　110、111. 南宋晚期

5. 窑具

窑具有多种，如瓷质垫圈、瓷质垫饼、束腰形垫柱及 M 形匣钵等，时代从北宋早中期一直延续到南宋晚期。

十七　YA3-17（Y17）

该窑址曾进行过小规模试掘。从野外调查情况看有淡青釉、青釉产品及大量窑具。淡青釉产品有碗、执壶、小罐等；青釉产品有碗，包括双面刻划花碗和内刻划花碗。窑具有筒形匣钵、垫圈、釉封瓷质匣钵等。

十八　YA3－18（Y18）

未采集到标本。

十九　YA3－19（Y19）

1. 北宋晚期至南宋早期

敞口盘

112】13金村YA3－19：1，盘。圆唇，敞口，斜曲腹，圈足。外口沿下弦纹一圈，下刻划折扇纹；内口沿下弦纹一圈，内腹及内心满饰刻划花卉纹饰，填以篦纹。灰白胎，胎质较细。青釉，全器满施釉，唯外底部露胎无釉。口径14.6、足径4.2、高4.1厘米。（图4－13；彩版4－37）

2. 南宋早期

侈口碗

113】13金村YA3－19：2，碗。圆唇，侈口，斜曲腹，圈足。外腹素面；内口沿下弦纹一圈，下满饰花卉、花叶纹，填以篦纹；内心弦纹一圈，内饰花叶纹，填以篦纹。灰胎，胎质较细。青釉微泛黄，全器满施釉，唯外底部露胎无釉。口径15.6、足径5、高7.1厘米。（图4－13；彩版4－37）

3. 南宋中期

敞口碗

114】13金村YA3－19：5，碗。圆唇，敞口，上腹斜直，下腹斜曲，圈足。外腹、内腹及内心皆素面。灰白胎，胎质较细。青釉，全器满施釉，唯外底部无釉。口径10.8、足径3.6、高4.7厘米。（图4－13；彩版4－37）

另采集到碗底残片，未编号。外腹素面，内腹刻划莲荷纹。

4. 南宋晚期

敞口碗

共3件。圆唇，敞口，斜曲腹，圈足。外腹刻划仰莲瓣纹；内腹素面；内心弦纹一圈，内素面。灰胎，胎质较细。青釉微泛黄，全器满施釉，唯外底部露胎无釉。

115】13金村YA3－19：3，碗。外腹饰莲瓣纹，瓣面较窄而瓣脊清晰。灰白胎。青釉微泛黄。口径15.3、足径5、高7厘米。（图4－13；彩版4－38）

116】13金村YA3－19：4，碗。外腹饰莲瓣纹，瓣面较宽而瓣脊清晰。青釉微泛黄。口径18.2、足径6.4、高6.9厘米。（图4－13；彩版4－38）

117】13金村YA3－19：6，碗。尖圆唇。外腹饰莲瓣纹，瓣面较宽而瓣脊清晰。灰白胎。口径15.8、足径5、高7.1厘米。（图4－13）

盘

118】13金村YA3－19：7，盘。仅余底部，圈足。灰白胎，胎质较细。内心釉下模印双鱼。

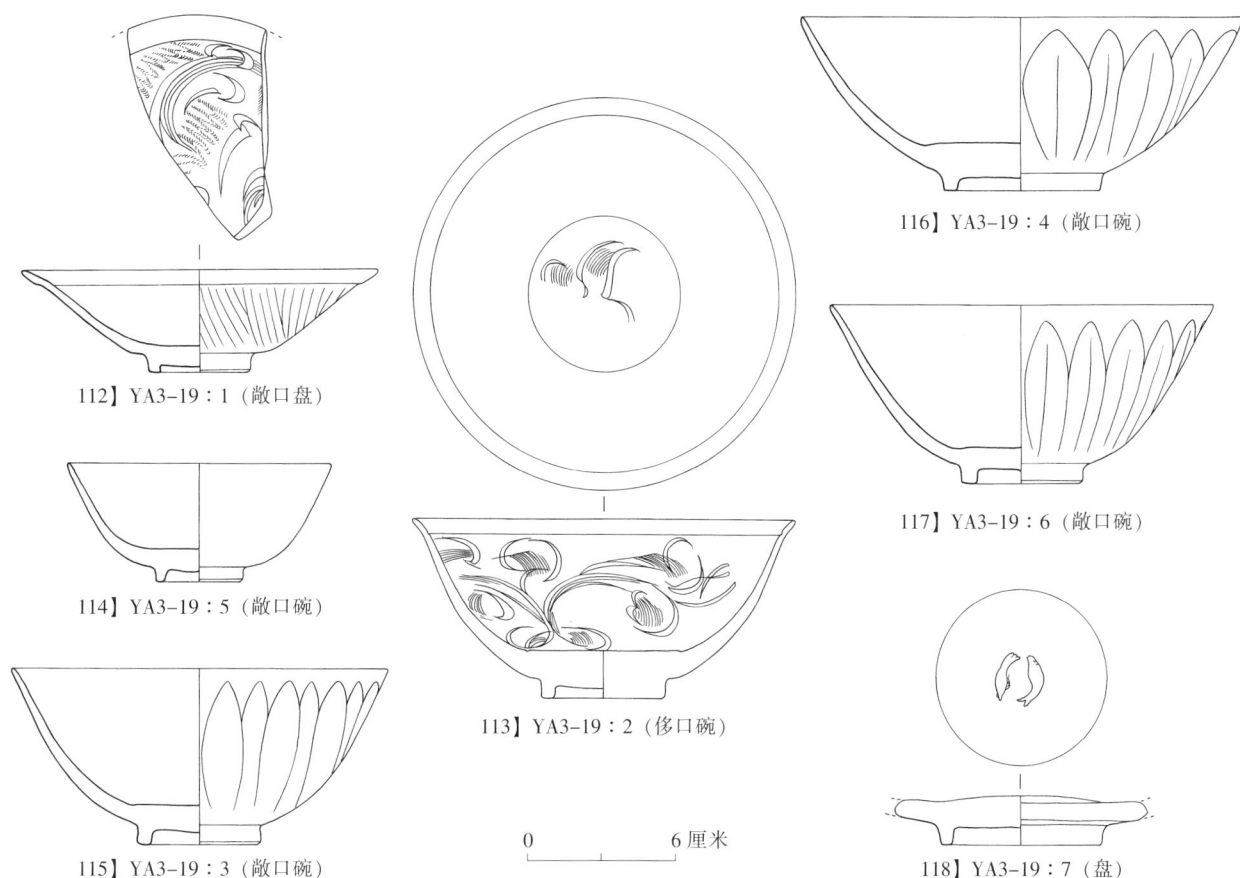

112】YA3-19：1（敞口盘）

114】YA3-19：5（敞口碗）

115】YA3-19：3（敞口碗）

116】YA3-19：4（敞口碗）

117】YA3-19：6（敞口碗）

113】YA3-19：2（侈口碗）

118】YA3-19：7（盘）

0　　　　　6厘米

图4-13　YA3-19采集青瓷盘、碗
112. 北宋晚期至南宋早期　113. 南宋早期　114. 南宋中期　115~118. 南宋晚期

青釉，外底部露胎无釉。足径6.6、残高2厘米。（图4-13；彩版4-38）

折沿洗

119】13金村YA3-19：8，洗。圆唇，侈口，宽折沿，曲腹较深，圈足。外腹、内腹及内心皆为素面。灰黄胎，胎质较细。青釉泛黄，布满开片，通体施釉，近外足端无釉。足端粘连瓷质垫饼残片。（彩版4-38）

二十　YA3-20（Y20）

1. 北宋晚期至南宋早期

斗笠碗

120】13金村YA3-20：1，碗。圆唇，敞口微侈，斜曲腹近直，圈足。外口沿下弦纹一圈，下饰折扇纹；内口沿下弦纹三圈，内腹及内心饰花卉纹，间填以戳印点状纹饰。灰胎，胎质较细。青釉微泛黄，全器满施釉，唯外底部露胎无釉。口径14.4、足径4.2、高4.5厘米。（图4-14；彩版4-39）

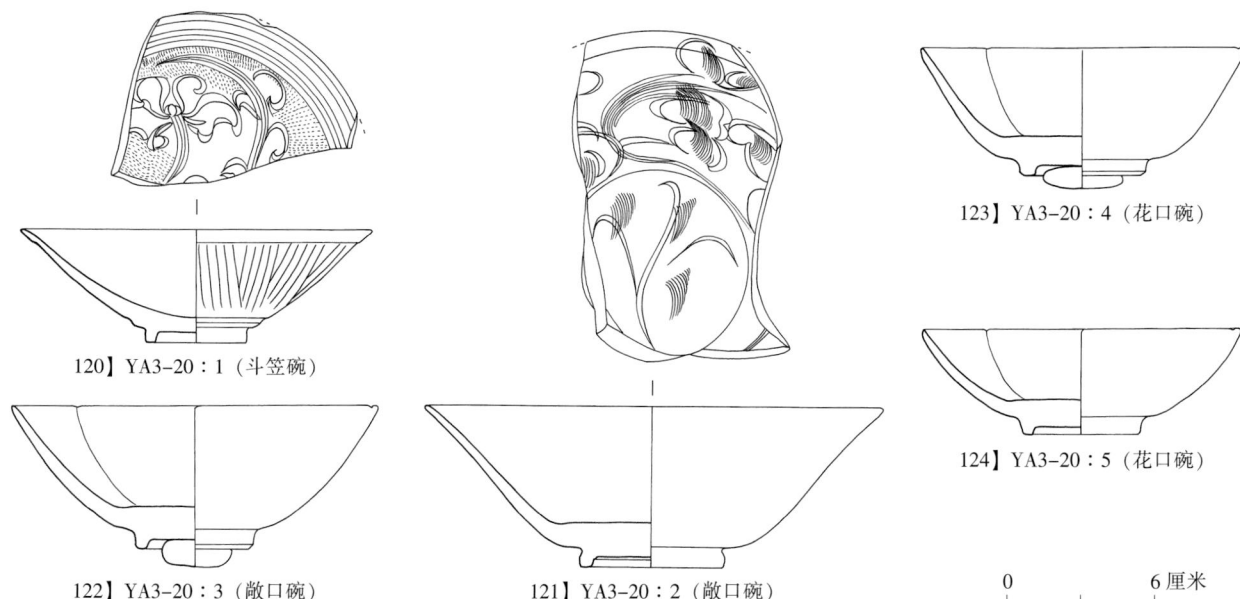

120】YA3-20：1（斗笠碗）

122】YA3-20：3（敞口碗）

121】YA3-20：2（敞口碗）

123】YA3-20：4（花口碗）

124】YA3-20：5（花口碗）

0   6厘米

图 4-14 YA3-20 采集青瓷碗

120. 北宋晚期至南宋早期 121. 南宋早期 122~124. 南宋中期

2. 南宋早期

敞口碗

121】13 金村 YA3-20：2，碗。圆唇，敞口，上腹斜直，下腹斜曲，圈足。外腹素面；内口沿下弦纹一圈，内腹饰折枝花卉，填以篦纹；内心弦纹一圈，内饰花叶纹，填以戳篦纹。灰胎，胎质较细。青釉，全器满施釉，唯外底部露胎无釉。口径 18.7、足径 5.9、高 6.4 厘米。（图 4-14；彩版 4-39）

3. 南宋中期

敞口碗

122】13 金村 YA3-20：3，碗。尖圆唇，敞口，斜曲腹，圈足。外腹、内腹素面；内心弦纹一圈，内素面。灰白胎，胎质细腻。青釉，全器满施釉，唯外底部露胎无釉。外底部粘连泥质垫饼。口径 15、足径 4.8、高 6.4 厘米。（图 4-14；彩版 4-40）

花口碗

共 2 件。根据腹部特征分为两小类。

第一小类，1 件。

123】13 金村 YA3-20：4，碗。尖圆唇，花口外敞，上腹斜直，下腹斜曲，圈足。外腹素面；内腹对应花口处白痕出筋；内心弦纹一圈，内素面。灰胎，胎质较细。青釉，全器满施釉，唯外底部无釉。外底部粘连泥质垫饼。口径 13.2、足径 5.2、高 5.6 厘米。（图 4-14；彩版 4-40）

第二小类，1 件。

124】13 金村 YA3-20：5，碗。圆唇，花口外敞，腹较浅，斜曲腹，圈足。外腹素面；内腹对应花口处白痕出筋；内心弦纹一圈，内素面。灰胎，胎质较细。青釉，全器满施釉，唯外底部

无釉。口径 13、足径 4.8、高 4.2 厘米。（图 4 – 14；彩版 4 – 40）

4. 南宋晚期

采集到一类碗，未编号。仅余口部。圆唇，敞口，上腹斜直。外腹刻划莲瓣纹，瓣面较宽，瓣脊清晰。灰白胎，胎质较粗。青釉。

二十一　YA3 – 21（Y21）

1. 北宋晚期至南宋早期

敞口碗

125】13 金村 YA3 – 21：1，碗。圆唇，敞口，斜曲腹，圈足。外口沿下弦纹一圈，下刻划折扇纹，下腹近圈足处弦纹一圈；内口沿下弦纹一圈，下满饰花卉、花叶纹，填以篦纹；内心弦纹一圈，内饰花叶纹，填以篦纹。灰白胎，胎质较细。青釉，全器满施釉，唯外底部露胎无釉。口径 18.2、足径 5.6、高 7.9 厘米。（图 4 – 15；彩版 4 – 41）

杯

126】13 金村 YA3 – 21：11，杯，叠烧标本。圆唇，直口，上腹竖直，下腹近平，圈足。外口沿下弦纹一圈，上腹部饰刻划交叉平行线，构成多个菱形纹饰；内腹及内心素面。灰白胎，胎质较粗。青釉微泛黄，全器满施釉，唯外底部露胎无釉。口径 8.2、足径 5.8、残高 6.8 厘米。（图 4 – 15；彩版 4 – 41）

孔明碗

未编号。外腹刻划莲瓣纹，内填以直条状篦纹。灰胎，胎质较粗。青釉，有开片，外底部露胎无釉。

敛口钵

未编号。仅余口部。外腹刻划莲瓣纹，内填以直条状篦纹；内腹素面。灰胎，胎质粗。青釉，布满开片。

2. 南宋早期

平底碟

127】13 金村 YA3 – 21：8，碟。圆唇，敞口，折腹，上腹斜直，下腹斜收，小平底微内凹。外腹及内腹素面；内心弦纹一圈，内饰花卉纹。黄胎，胎质较粗。青黄釉，全器满施釉，唯外底部露胎无釉。口径 9.2、足径 3.4、高 2.6 厘米。（图 4 – 15；彩版 4 – 42）

3. 南宋中期

敞口碗

共 2 件。圆唇，敞口，斜曲腹，圈足。外腹、内腹及内心皆素面。灰胎，胎质较细。青釉，全器满施釉，唯外底部露胎无釉。

128】13 金村 YA3 – 21：6，碗。青釉泛黄。口径 10、足径 3.8、高 4.1 厘米。（图 4 – 15；彩版 4 – 41）

129】13 金村 YA3 – 21：7，碗。灰白胎。口径 10、足径 3.7、高 4.2 厘米。（图 4 – 15；彩版 4 – 41）

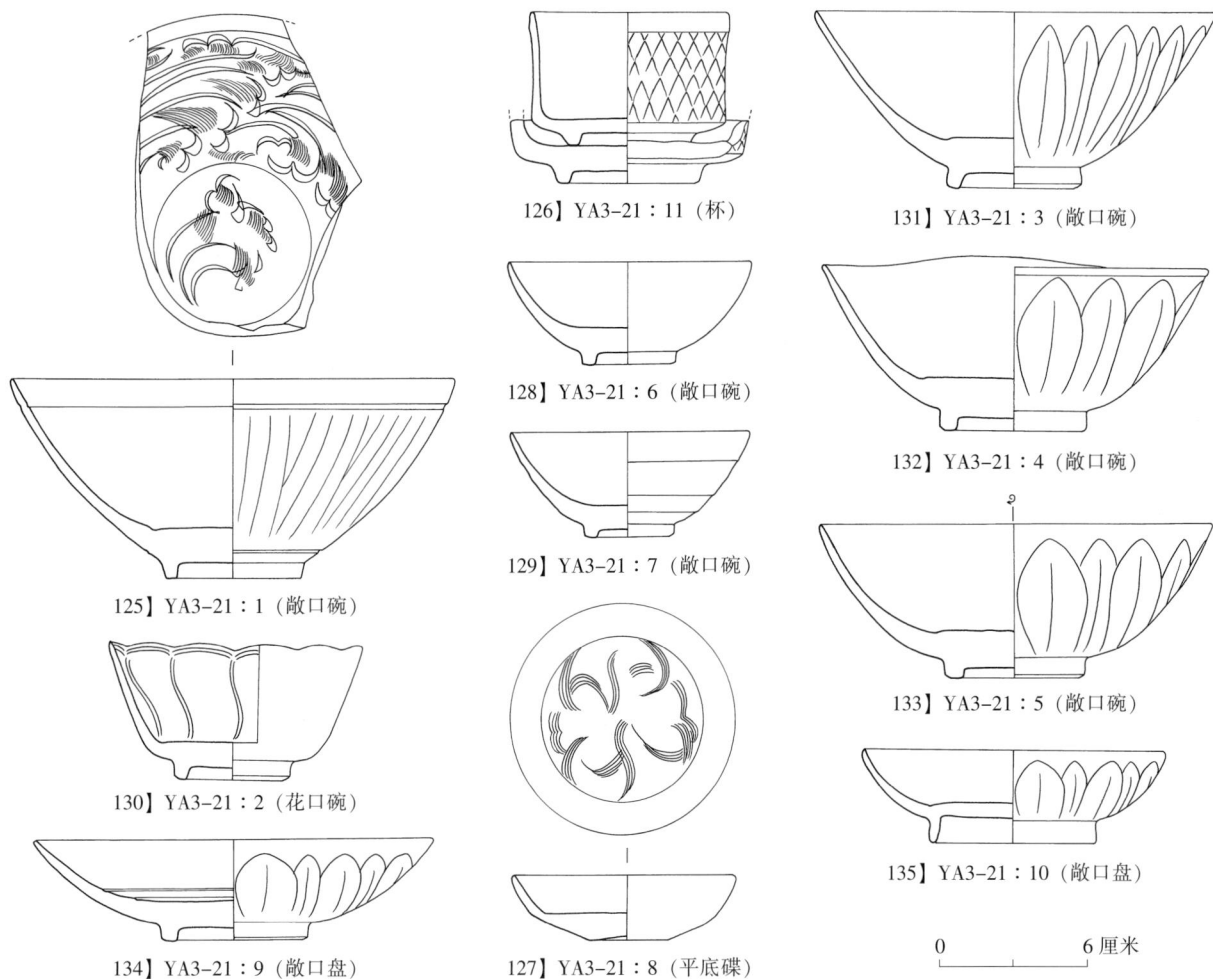

125】YA3-21：1（敞口碗）

126】YA3-21：11（杯）

128】YA3-21：6（敞口碗）

129】YA3-21：7（敞口碗）

127】YA3-21：8（平底碟）

130】YA3-21：2（花口碗）

134】YA3-21：9（敞口盘）

131】YA3-21：3（敞口碗）

132】YA3-21：4（敞口碗）

133】YA3-21：5（敞口碗）

135】YA3-21：10（敞口盘）

0　　　　6厘米

图 4-15　YA3-21 采集青瓷碗、杯、碟等
125、126. 北宋晚期至南宋早期　127. 南宋早期　128~130. 南宋中期　131~135. 南宋晚期

花口碗

130】13 金村 YA3-21：2，碗。圆唇，六曲花口外敞，上腹斜直，下腹斜曲，圈足。外腹素面；内口沿下双线圆弧形纹饰一圈，下连以双线 S 形纹将内腹分隔成六个等大的区域，内素面；内心弦纹一圈，内素面。灰白胎，胎质较粗。青釉泛黄，全器满施釉，唯外底部露胎无釉。口径 10.4、足径 4.8、高 5.4 厘米。（图 4-15；彩版 4-42）

此外还有一类碗，未编号。失口部，斜曲腹，圈足。外腹素面；内腹刻划荷花、荷叶纹饰；内心弦纹一圈，内饰草叶纹。灰白胎，胎质较细。青釉微泛黄，全器满施釉，唯外底部露胎无釉。

4. 南宋晚期

敞口碗

共 3 件。圆唇，敞口，斜曲腹，圈足。外腹刻划瓣面较宽、瓣脊清晰的莲瓣纹；内腹素面；内心弦纹一圈，内素面。灰胎或黄胎。青釉，有开片，全器满施釉，唯外底部露胎无釉。

131】13 金村 YA3-21：3，碗。黄胎，胎质较粗。青黄釉，布满细小开片。口径 16.3、足径 5.5、高 7 厘米。（图 4-15；彩版 4-42）

132】13 金村 YA3 - 21：4，碗。尖圆唇。灰白胎，胎质较细。口径 15.7、足径 6、高 6.5 厘米。（图 4 - 15；彩版 4 - 43）

133】13 金村 YA3 - 21：5，碗。尖圆唇。灰白胎，胎质较细。青釉微泛黄。口径 16.1、足径 5.7、高 6.1 厘米。（图 4 - 15；彩版 4 - 43）

敞口盘

共 2 件。根据装烧方法的不同分为两小类。

第一小类，1 件。

134】13 金村 YA3 - 21：9，盘。圆唇，敞口，斜曲腹，圈足。外腹刻划瓣面较宽、瓣脊较清晰的莲瓣纹；内腹素面；内心弦纹双圈，内素面。灰胎，胎质较细。青釉，全器满施釉，唯外底部露胎无釉。口径 16.3、足径 6、高 4 厘米。（图 4 - 15；彩版 4 - 43）

第二小类，1 件。

135】13 金村 YA3 - 21：10，盘。圆唇，敞口，斜曲腹，圈足。外腹刻划瓣面较清晰的莲瓣纹；内腹素面；内心弦纹一圈，内素面。白胎，胎质较细。青釉，全器满施釉，唯外底足端露胎无釉。口径 12.4、足径 6.8、高 3.7 厘米。（图 4 - 15；彩版 4 - 43）

洗

未编号。失口部，折腹，上腹斜直，下腹平收，圈足。外腹素面；内腹素面；内心弦纹一圈，内素面。灰胎，胎质较细。青釉，全器满施釉，唯外底足端露胎无釉。

二十二　YA3 - 22（Y22）

该窑址曾进行过小规模试掘。相关资料在第五章介绍。

二十三　YA3 - 23（Y23）

1. 北宋早中期

执壶

共 5 件。外腹呈多棱状，以瓜棱将外腹分成若干个等大的区域，内素面。灰胎。淡青釉。

136】13 金村 YA3 - 23：1，执壶。仅余下腹部及圈足。内腹有明显拉坯痕迹。灰白胎，胎质较粗。淡青釉，较多开片，通体施釉，外底部粘连垫圈。足径 8.2、残高 4.5 厘米。（图 4 - 16A；彩版 4 - 44）

137】13 金村 YA3 - 23：2，执壶。仅余下腹部及圈足。内腹有明显拉坯痕迹。生烧。黄胎，胎质较粗。淡青釉泛黄，有剥釉现象，通体施釉，唯外底部露胎无釉。足径 8.6、残高 10 厘米。（图 4 - 16A）

138】13 金村 YA3 - 23：21，执壶。仅余肩腹部。折肩，肩腹相交处残留柄痕。生烧。灰白胎，胎质较粗。淡青釉，较多开片。残高 4.1 厘米。（图 4 - 16A）

139】13 金村 YA3 - 23：22，执壶。仅余肩腹部。折肩。生烧。灰白胎，胎质较粗。淡青釉泛黄。残高 4 厘米。（图 4 - 16A）

140】13 金村 YA3 - 23：29，执壶。仅余腹部。灰白胎，胎质较粗。淡青釉微泛黄，满布开

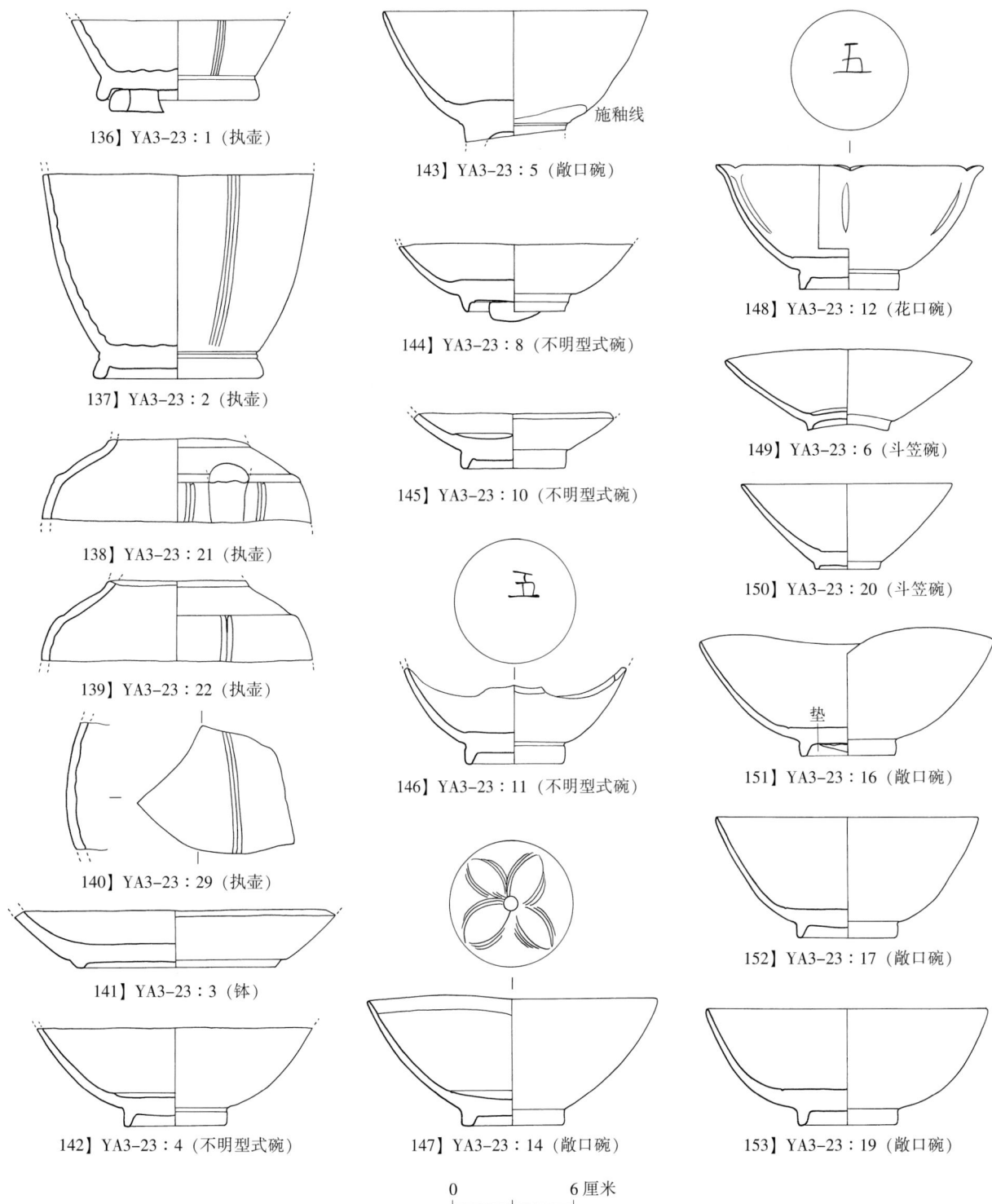

136〕YA3-23：1（执壶）

137〕YA3-23：2（执壶）

138〕YA3-23：21（执壶）

139〕YA3-23：22（执壶）

140〕YA3-23：29（执壶）

141〕YA3-23：3（钵）

142〕YA3-23：4（不明型式碗）

143〕YA3-23：5（敞口碗）

施釉线

144〕YA3-23：8（不明型式碗）

145〕YA3-23：10（不明型式碗）

五

146〕YA3-23：11（不明型式碗）

147〕YA3-23：14（敞口碗）

五

148〕YA3-23：12（花口碗）

149〕YA3-23：6（斗笠碗）

150〕YA3-23：20（斗笠碗）

垫

151〕YA3-23：16（敞口碗）

152〕YA3-23：17（敞口碗）

153〕YA3-23：19（敞口碗）

0   6厘米

图 4-16A   YA3-23 采集北宋早中期青瓷执壶、钵、碗

片。残高6.1厘米。（图 4-16A）

钵

141〕13 金村 YA3-23：3，钵。仅余下腹部及圈足。斜直腹，圈足。灰白胎，胎质较粗。淡青釉，通体施釉，外底部残见垫圈支烧痕迹。足径10、残高2.8厘米。（图 4-16A）

碗

共 12 件。除个别失口部外，其余均为敞口碗。依据腹部特征，分为三小类。

第一小类，7 件。依据装烧方法的不同又可以分为 A、B 两类。

A 类　2 件。斜曲腹，圈足。外腹、内腹素面；内心弦纹一圈，内素面。灰胎或灰黄胎，胎质较粗。淡青釉，施半釉，外施釉至下腹，外底部露胎无釉。

142】13 金村 YA3－23：4，碗。失口部。灰白胎。足径 5.2、残高 4.8 厘米。（图 4－16A）

143】13 金村 YA3－23：5，碗。圆唇，敞口。灰黄胎。过烧，有开片。口径 13.2、残高 6.4 厘米。（图 4－16A；彩版 4－44）

B 类　5 件。斜曲腹，圈足。外腹、内腹素面；内心弦纹一圈，内素面。灰胎，胎质较粗。淡青釉，通体施釉，唯外底部露胎无釉。

144】13 金村 YA3－23：8，碗。失口部。外底部粘连垫饼。足径 5.2、残高 3.7 厘米。（图 4－16A；彩版 4－44）

145】13 金村 YA3－23：10，碗。失口部。足径 5.3、残高 2.7 厘米。（图 4－16A）

146】13 金村 YA3－23：11，碗。失口部。外腹有多圈弦纹；内心弦纹一圈，釉下有"五"字款。足径 5、残高 4.7 厘米。（图 4－16A；彩版 4－44）

147】13 金村 YA3－23：14，碗。圆唇，敞口。内口沿下弦纹一圈，下素面；内心弦纹一圈，内以碗心为中心饰双线四瓣花卉纹饰。口径 14.6、足径 5.1、高 6.2 厘米。（图 4－16A；彩版 4－45）

148】13 金村 YA3－23：12，碗。圆唇，花口外敞。外腹素面，对应花口处有压痕；内心弦纹一圈，内釉下有"五"字款。口径 13.4、足径 5、高 6.1 厘米。（图 4－16A；彩版 4－45）

第二小类，2 件。斗笠碗。圆唇，敞口，斜直腹，圈足。外腹、内腹素面；内心弦纹一圈，内素面。灰胎。淡青釉。

149】13 金村 YA3－23：6，碗。胎质较粗。通体施釉，唯外底部露胎无釉，外底部有垫饼痕迹。口径 12.4、足径 4.1、高 4 厘米。（图 4－16A；彩版 4－45）

150】13 金村 YA3－23：20，碗。灰白胎，胎质较细。通体施釉。口径 10.6、足径 3.3、高 4.2 厘米。（图 4－16A；彩版 4－45）

第三小类，3 件。圆唇，敞口，上腹斜直，下腹斜曲，圈足。外腹素面；内腹素面；内心弦纹一圈，内素面。灰胎。淡青釉。通体施釉，唯外底部露胎无釉。

151】13 金村 YA3－23：16，碗。灰黄胎，胎质较粗。外底部粘连垫饼。口径 14.8、足径 4.8、高 6.2 厘米。（图 4－16A；彩版 4－45）

152】13 金村 YA3－23：17，碗。灰黄胎，胎质较粗。口径 13.2、足径 5、高 5.9 厘米。（图 4－16A；彩版 4－45）

153】13 金村 YA3－23：19，碗。灰白胎，胎质较细。口径 14.2、足径 5、高 5.7 厘米。（图 4－16A）

盘

共 5 件。除个别无口部外，其余均为敞口盘。根据足部特征分为两小类。

第一小类，4 件。根据装烧方法的不同，又可以分为 A、B 两类。

A 类　2 件。圆唇，敞口，斜曲腹，圈足。外腹素面；内腹素面；内心弦纹一圈，内素面或饰花卉纹。灰胎，胎质较粗。淡青釉，施半釉，外施釉至下腹，外底部露胎无釉。

154】13金村YA3－23：7，盘。有积釉现象。口径13.6、足径4.8、高3.2厘米。（图4－16B；彩版4－46）

155】13金村YA3－23：13，盘。内心以盘心为中心刻划花卉纹。口径14.5、足径4.5、高3.1厘米。（图4－16B；彩版4－46）

B类　2件。圆唇，敞口，斜曲腹，圈足。外腹素面；内口沿下弦纹一圈，下素面；内心弦纹一圈，内以盘心为中心刻划花卉纹。灰胎。淡青釉，通体施釉。

156】13金村YA3－23：15，盘。胎质较粗。通体施釉。口径13.9、足径3.9、高3.7厘米。（图4－16B；彩版4－47）

157】13金村YA3－23：18，盘。外下腹处凹弦纹一圈。灰白胎，胎质较细。口径13.4、足径4.8、高4厘米。（图4－16B；彩版4－47）

第二小类，1件。失口部，斜曲腹，隐圈足。外腹、内腹素面；内心弦纹一圈，内饰刻划花卉纹。灰胎，胎质较粗。淡青釉，通体施釉。

158】13金村YA3－23：9，盘。足径4.6、残高3.4厘米。（图4－16B；彩版4－46）

瓶

共5件。仅余下腹部及底部。斜直腹，平底。灰胎，胎质粗。淡青釉，外底部露胎无釉。内有明显拉坯痕迹。

159】13金村YA3－23：23，瓶。灰黄胎。有积釉现象。内施釉不及底。足径7.3、残高8.2厘米。（图4－16B）

160】13金村YA3－23：24，瓶。外底部弦纹一圈。足径5.8、高8.6厘米。（图4－16B）

161】13金村YA3－23：25，瓶。足径5.6、残高13.8厘米。（图4－16B）

162】13金村YA3－23：26，瓶。足径7.2、残高11厘米。（图4－16B）

163】13金村YA3－23：27，瓶。仅余腹部。淡青釉微泛黄。内外均有明显拉坯痕迹。残高15.3厘米。（图4－16B）

罐

164】13金村YA3－23：28，罐。仅余腹部。灰胎，胎质较粗。淡青釉，有积釉现象。内有明显拉坯痕迹。残高12.3厘米。（图4－16B）

碗与匣钵粘连标本

165】13金村YA3－23：56，碗与匣钵粘连标本。匣钵呈M形。碗为圆唇，敞口，斜曲腹，圈足。外腹素面；内腹素面；内心弦纹一圈，内素面。灰胎，胎质较粗。淡青釉，通体施釉，唯外底部露胎无釉。外底部粘连垫饼。推测该类碗是匣钵单件装烧、垫饼垫烧。通残高20.5厘米。（图4－16B）

2. 北宋晚期至南宋早期

侈口碗

共3件。圆唇，侈口，斜曲腹，圈足。外腹饰折扇纹；内腹饰团状花卉纹，填以篦纹。灰胎，胎质较粗。青釉。

气泡破痕

154〗YA3-23：7（敞口盘）

158〗YA3-23：9（不明型式盘）

155〗YA3-23：13（敞口盘）

159〗YA3-23：23（瓶）

160〗YA3-23：24（瓶）

156〗YA3-23：15（敞口盘）

施釉线

161〗YA3-23：25（瓶）

162〗YA3-23：26（瓶）

163〗YA3-23：27（瓶）

164〗YA3-23：28（罐）

157〗YA3-23：18（敞口盘）

165〗YA3-23：56（碗与匣钵粘连标本）

0   6厘米

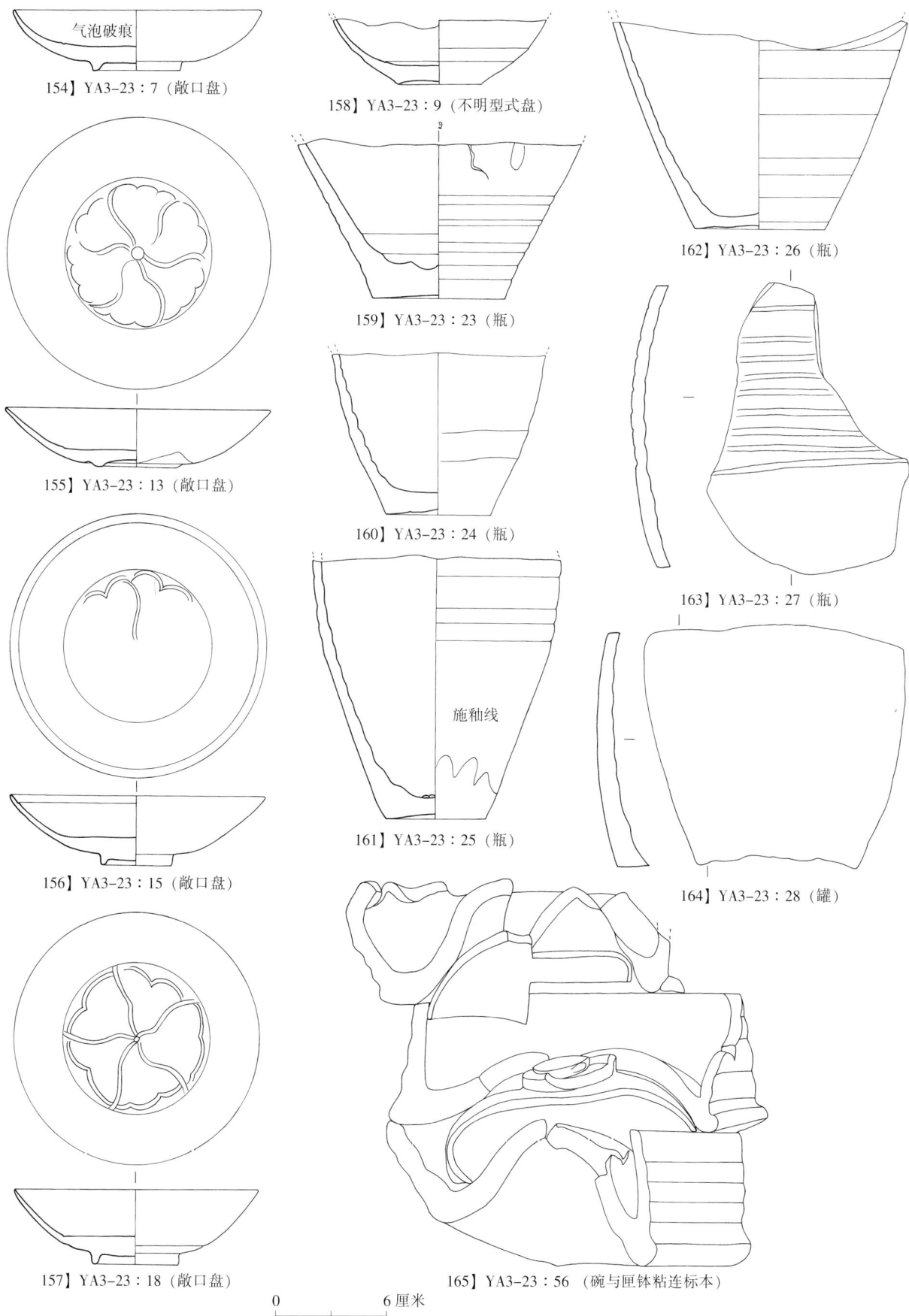

图 4-16B　YA3-23 采集北宋早中期青瓷盘、瓶、罐等

166】13 金村 YA3 - 23：34，碗。内心弦纹一圈，内素面。通体施釉，唯外底部露胎无釉。口径 15.4、足径 4.4、高 6.1 厘米。（图 4 - 16C；彩版 4 - 48）

167】13 金村 YA3 - 23：42，碗。失下腹及圈足。内口沿下弦纹一圈。口径 15、残高 6.1 厘米。（图 4 - 16C；彩版 4 - 48）

168】13 金村 YA3 - 23：30，碗。圆唇，侈口，斜曲腹，圈足。外腹、内腹素面；内心弦纹一圈，内素面。灰胎，胎质较粗。青釉，通体施釉，唯外底部露胎无釉。口径 11、足径 3.8、高 4.5 厘米。（图 4 - 16C）

敞口碗

共 4 件。圆唇，敞口，斜曲腹，圈足。外腹饰折扇纹；内腹饰花卉纹饰；内心弦纹一圈，内素面。灰胎，胎质较细。青釉，全器满施釉，唯外底部露胎无釉。

169】13 金村 YA3 - 23：49，碗。内口沿下弦纹一圈，下饰花卉纹饰，填以篦点纹。青釉

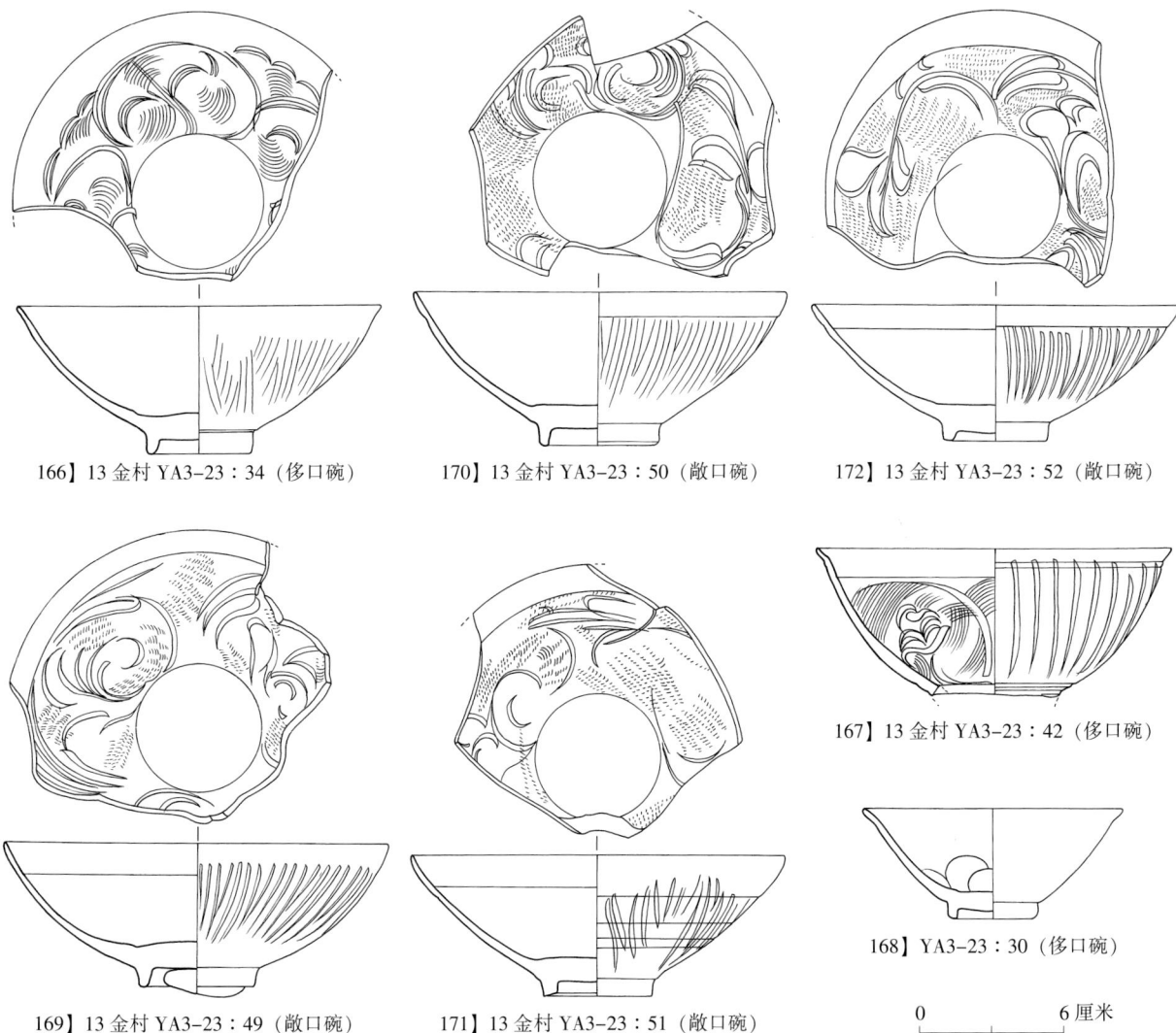

166】13 金村 YA3-23：34（侈口碗）

170】13 金村 YA3-23：50（敞口碗）

172】13 金村 YA3-23：52（敞口碗）

169】13 金村 YA3-23：49（敞口碗）

171】13 金村 YA3-23：51（敞口碗）

167】13 金村 YA3-23：42（侈口碗）

168】YA3-23：30（侈口碗）

0   6 厘米

图 4 - 16C　YA3 - 23　采集北宋晚期至南宋早期青瓷碗

微泛黄，布满开片。外底部粘连垫饼。口径16.2、足径4.8、高6.3厘米。（图4－16C；彩版4－49）

170】13金村YA3－23：50，碗。内口沿下弦纹一圈，下饰花卉纹饰，填以篦点纹。青釉微泛黄，布满开片。口径15.8、足径5、高6.3厘米。（图4－16C；彩版4－48）

171】13金村YA3－23：51，碗。内腹饰花卉纹饰，填以篦点纹。青釉泛黄。口径15.8、足径4.6、高5.8厘米。（图4－16C；彩版4－49）

172】13金村YA3－23：52，碗。内口沿下弦纹一圈，下饰花卉纹饰，填以篦点纹。灰黄胎。青釉泛黄。口径15.4、足径4.4、高5.6厘米。（图4－16C；彩版4－50）

不明型式碗

共10件。失口部，仅余下腹部及圈足。外腹饰折扇纹；内腹素面或饰花卉纹；内心弦纹一圈，内素面或饰花卉纹。灰胎，胎质较粗。青釉，全器满施釉，唯外底部露胎无釉。

173】13金村YA3－23：53，碗。内口沿下弦纹双圈，内饰篦纹，以下饰花卉纹饰，填以篦点纹。灰黄胎。青釉泛黄。足径5.2、残高6.4厘米。（图4－16D；彩版4－50）

174】13金村YA3－23：32，碗。内腹素面，内心素面。灰黄胎，胎质较粗。有开片。足径4.6、残高3厘米。（图4－16D）

175】13金村YA3－23：35，碗。内腹残见篦划纹饰，内心素面。灰白胎。足径5.2、残高2.5厘米。（图4－16D；彩版4－50）

176】13金村YA3－23：36，碗。内腹饰团状花卉纹饰，填以篦纹；内心素面。黄胎。青釉泛黄。足径5、残高5.4厘米。（图4－16D）

177】13金村YA3－23：37，碗。内腹花卉纹饰，填以篦纹；内心素面。青釉泛黄。外底部粘连垫饼。足径5、残高3.8厘米。（图4－16D；彩版4－51）

178】13金村YA3－23：38，碗。内腹花卉纹饰，填以篦纹；内心饰四瓣花卉。足径5.1、残高3.4厘米。（图4－16D；彩版4－51）

179】13金村YA3－23：41，碗。内腹花卉纹饰，填以篦纹；内心饰花卉。灰黄胎。足径5、残高3.2厘米。（图4－16D；彩版4－52）

180】13金村YA3－23：43，碗。内腹花卉纹饰，填以篦纹；内心素面。生烧。灰黄胎。青釉泛白。足径3.2、残高2.3厘米。（图4－16D）

181】13金村YA3－23：45，碗。内腹花卉纹饰，填以篦点纹；内心饰花叶纹。灰黄胎。足径5.3、残高4.6厘米。（图4－16D；彩版4－52）

182】13金村YA3－23：46，碗。内腹饰花卉纹，填以篦点纹；内心素面。胎质较细。足径4.5、残高2.8厘米。（图4－16D）

183】13金村YA3－23：33，碗。失口部，仅余下腹部及圈足。外腹、内腹及内心皆素面。灰胎，胎质较细。青釉，通体施釉，唯外底部露胎无釉。足径4.8、残高3.7厘米。（图4－16D）

盘

共4件。可分为两小类。

173】YA3-23：53（不明型式碗）

174】YA3-23：32（不明型式碗）

175】YA3-23：35（不明型式碗）

176】YA3-23：36（不明型式碗）

177】YA3-23：37（不明型式碗）

178】YA3-23：38（不明型式碗）

179】YA3-23：41（不明型式碗）

180】YA3-23：43（不明型式碗）

181】YA3-23：45（不明型式碗）

182】YA3-23：46（不明型式碗）

183】YA3-23：33（不明型式碗）

184】YA3-23：48（盘）

0　　　　　　6 厘米

图 4-16D　YA3-23 采集北宋晚期至南宋早期青瓷碗、盘

第一小类，1 件。

184】13 金村 YA3 – 23：48，盘。失口部，仅余下腹部及圈足。外腹饰折扇纹；内腹饰花卉纹饰，填以篦纹；内心弦纹一圈，内饰花叶纹。灰胎，胎质较细。青釉，全器满施釉，唯外底部露胎无釉。足径 6、残高 2.4 厘米。（图 4 – 16D；彩版 4 – 52）

第二小类，3 件。失口部，仅余下腹部及圈足。外腹素面；内腹及内心以盘心为中心满饰花卉纹，填以篦纹。灰胎或灰白胎。青釉，全器满施釉，唯外底部露胎无釉。

185】13 金村 YA3 – 23：47，盘。灰白胎，胎质较细。满布开片。足径 5.4、残高 2.5 厘米。（图4 – 16E；彩版 4 – 53）

186】13 金村 YA3 – 23：39，盘。灰胎，胎质较粗。足径 4.8、残高 2.2 厘米。（图 4 – 16E；彩版 4 – 53）

187】13 金村 YA3 – 23：40，盘。灰白胎，胎质较细。青釉，外腹有窑变呈现出钧釉色泽，满布开片。足径 4.6、残高 2.6 厘米。（图 4 – 16E；彩版 4 – 53）

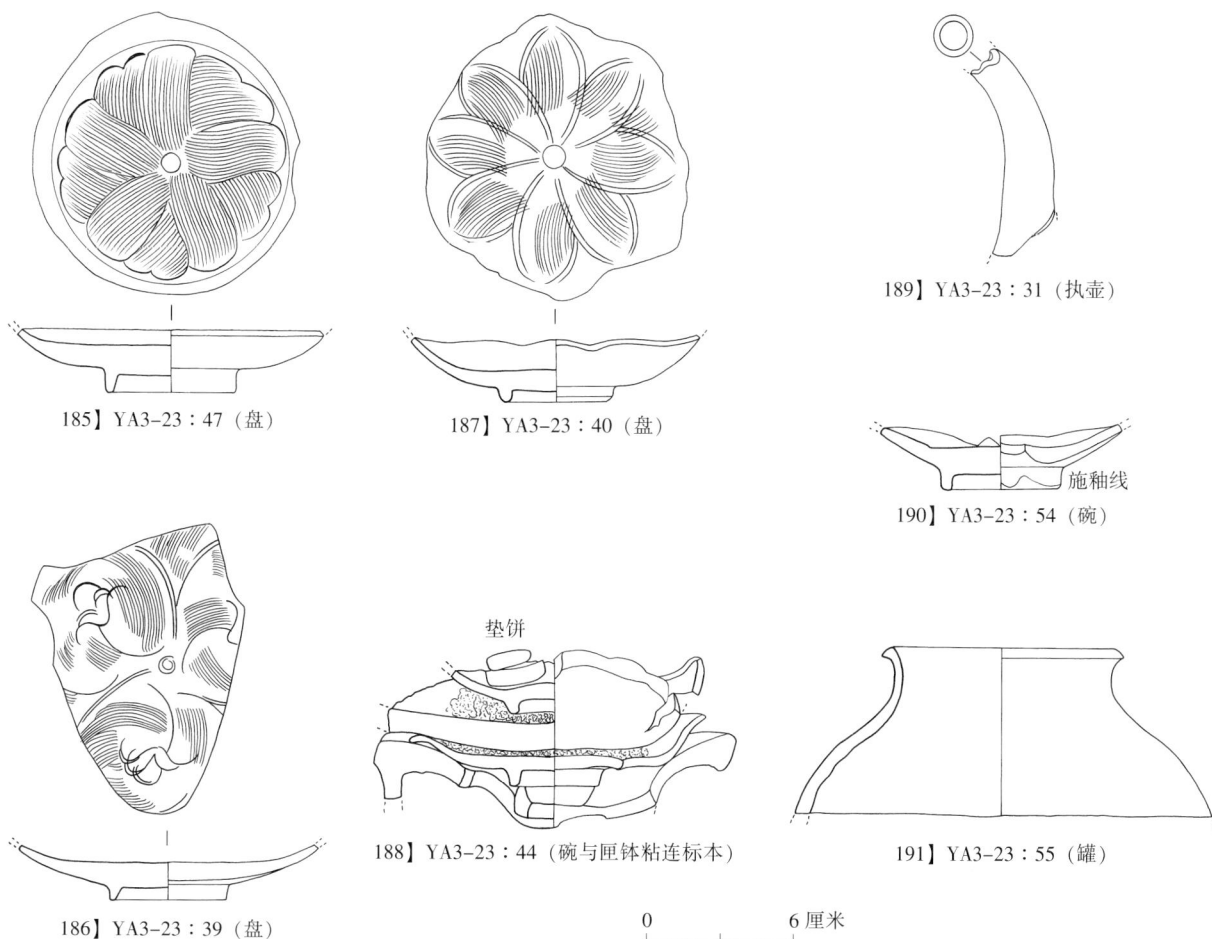

185】YA3–23：47（盘）

187】YA3–23：40（盘）

189】YA3–23：31（执壶）

190】YA3–23：54（碗）　施釉线

186】YA3–23：39（盘）

188】YA3–23：44（碗与匣钵粘连标本）　垫饼

191】YA3–23：55（罐）

0　　　　6 厘米

图 4 – 16E　YA3 – 23 采集青瓷盘、碗、执壶等
185～187. 北宋晚期至南宋早期　188. 南宋中期　189～191. 不明时代

3. 南宋中期

碗与匣钵粘连标本

188】13 金村 YA3 - 23：44，碗与匣钵粘连标本。匣钵残，完整器应为 M 形。碗为圆唇，敞口，斜曲腹，圈足。内腹白痕出筋。全器满施釉，唯外底部露胎无釉。外底部粘连垫饼。推测该类碗是匣钵单件装烧、垫饼垫烧。通残高 7.1 厘米。（图 4 - 16E）

4. 不明时代

执壶

189】13 金村 YA3 - 23：31，执壶。仅余流部。黄胎，胎质较粗。黄釉。流长 8.3 厘米。（图 4 - 16E）

碗

190】13 金村 YA3 - 23：54，碗。仅余下腹部及圈足。外腹、内腹及内心皆素面。灰黄胎，胎质较粗。青釉，积釉现象严重，外底部露胎无釉。足径 5、残高 2.5 厘米。（图 4 - 16E）

罐

191】13 金村 YA3 - 23：55，罐。方唇，平沿，短束颈，溜肩，鼓腹，失下部。外腹、内腹素面。灰白胎，胎质较粗。青釉。内有拉坯痕迹。口径 10、残高 6.7 厘米。（图 4 - 16E）

二十四　YA3 - 24（Y24）

1. 北宋早中期

仅采集到执壶柄和颈部残片，未编号。

2. 北宋晚期至南宋早期

敞口碗

192】13 金村 YA3 - 24：1，碗。尖圆唇，敞口，上腹斜直，下腹斜曲，圈足。外腹刻划折扇纹；内口沿下弦纹一圈，下饰荷花、荷叶纹，填以篦纹；内心弦纹一圈，内饰一荷叶。灰白胎，胎质较细。青釉，全器满施釉，唯外底部露胎无釉。口径 18.8、足径 5.8、高 5.3 厘米。（图 4 - 17；彩版 4 - 54）

侈口碗

193】13 金村 YA3 - 24：2，碗。圆唇，侈口，上腹斜直，下腹斜曲，圈足。外腹刻划折扇纹；内口沿下弦纹一圈，下饰荷花、荷叶纹，填以篦纹；内心弦纹一圈，内饰一荷叶，填以篦纹。灰胎，胎质较细。青釉，全器满施釉，唯外底部露胎无釉。口径 19.3、足径 5.8、高 8.6 厘米。（图 4 - 17；彩版 4 - 54）

3. 南宋中期

小碗

194】13 金村 YA3 - 24：4，小碗。圆唇，敞口，上腹斜直，下腹斜曲，圈足。外腹、内腹、内心皆素面。灰黄胎，胎质较粗。青釉泛黄，有开片，全器满施釉，唯外底部露胎无釉。口径 9.2、足径 3.4、高 3.5 厘米。（图 4 - 17；彩版 4 - 54）

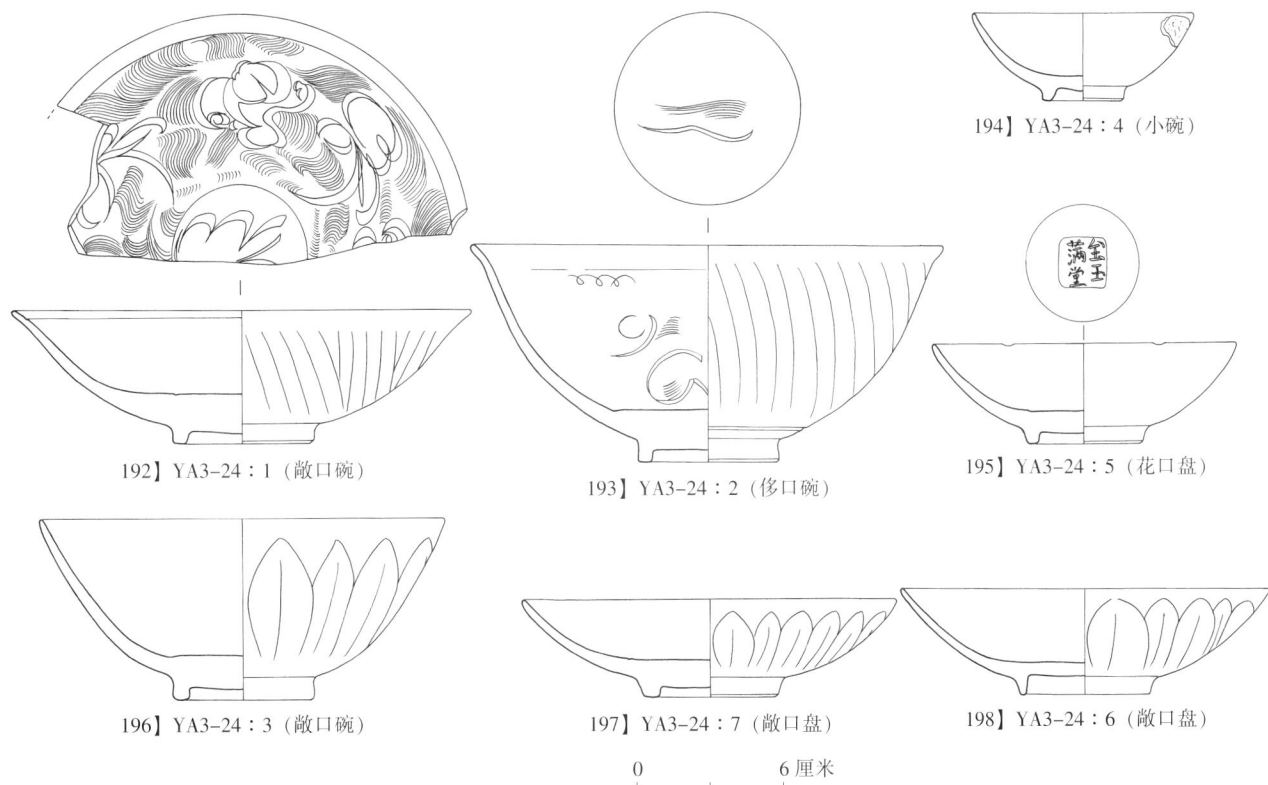

图 4 – 17　YA3 – 24 采集青瓷碗、盘

192〗YA3–24：1（敞口碗）　　193〗YA3–24：2（侈口碗）　　194〗YA3–24：4（小碗）　　195〗YA3–24：5（花口盘）　　196〗YA3–24：3（敞口碗）　　197〗YA3–24：7（敞口盘）　　198〗YA3–24：6（敞口盘）

0　　　　6厘米

192、193. 北宋晚期至南宋早期　194、195. 南宋中期　196～198. 南宋晚期

花口盘

195〗13 金村 YA3 – 24：5，盘。尖圆唇，四曲花口外敞，斜曲腹，圈足。外腹、内腹皆素面；内心釉下印有"金玉满堂"款。灰黄胎，胎质较细。青釉泛黄，布满开片，全器满施釉，唯外底部露胎无釉。口径 12.6、足径 4.8、高 4 厘米。（图 4 – 17；彩版 4 – 55）

4. 南宋晚期

敞口碗

196〗13 金村 YA3 – 24：3，碗。圆唇，敞口，上腹斜直，下腹斜曲，圈足。外腹刻划莲瓣纹，瓣面较宽，瓣脊清晰；内腹及内心素面。灰胎，胎质较细。青釉微泛黄，有开片，全器满施釉，唯外底部露胎无釉。口径 16.6、足径 5.8、高 7.2 厘米。（图 4 – 17；彩版 4 –54）

敞口盘

共 2 件。根据装烧方法的不同分为两小类。

第一小类，1 件。

197〗13 金村 YA3 – 24：7，盘。圆唇，敞口，斜曲腹，圈足。外腹刻划莲瓣纹；内腹素面；内心弦纹一圈，内素面。灰白胎，胎质较粗。青釉，全器满施釉，唯外底部露胎无釉。口径 15.4、足径 5.6、高 3.9 厘米。（图 4 – 17；彩版 4 – 55）

第二小类，1 件。

198〗13 金村 YA3 – 24：6，盘。尖圆唇，敞口，斜曲腹，圈足。外腹刻划莲瓣纹，内腹及内

心皆素面。灰黄胎，胎质较粗。青釉微泛黄，全器满施釉，仅外底足端无釉。口径 15.2、足径 5.4、高 4.2 厘米。（图 4 - 17；彩版 4 - 55）

二十五　YA3 - 25（Y25）

1. 北宋晚期至南宋早期

碗

仅采集到两件碗底残片，未编号。外腹饰折扇纹；内腹饰花卉纹，填以篦纹；内心弦纹一圈，内素面或饰花卉纹。全器满施釉，唯外底部露胎无釉。

2. 南宋晚期

碗

仅采集到碗腹部残片 1 件，未编号。外腹饰莲瓣纹，内腹素面。

二十六　YA3 - 26（Y26）

南宋中期

花口碗

199】13 金村 YA3 - 26：1，碗。圆唇，花口外敞，上腹斜直，下腹斜曲，圈足。外腹素面；内口沿下双线圆弧形纹饰一圈，下连以双线 S 形纹将内腹分隔成若干个等大的区域，内各刻划一朵呈缭绕状的云彩；内心弦纹一圈，内素面。灰白胎，胎质较细。青釉，布满开片，全器满施釉，唯外底部露胎无釉。外底部粘连泥质垫饼。口径 17、足径 5.4、高 6.8 厘米。（图 4 - 18；彩版 4 - 56）

敞口盘

200】13 金村 YA3 - 26：3，盘。圆唇，敞口，花口，整个器形呈菊瓣状，平底内凹。外腹、内腹及内心皆素面。黄胎，胎质较细。青釉泛黄，全器满施釉，唯外底部露胎无釉。口径 12.2、足径 4.2、高 2.2 厘米。（图 4 - 18；彩版 4 - 56）

201】13 金村 YA3 - 26：2，盘。尖圆唇，敞口，斜曲腹，圈足。外腹素面，内腹及内心满饰刻划荷花、荷叶纹。灰黄胎，胎质较细。青釉泛黄，全器满施釉，唯外底部露胎无釉。口径 16.6、足径 6.4、残高 4.5 厘米。（图 4 - 18；彩版 4 - 56）

二十七　YA3 - 27（Y27）

1. 北宋晚期至南宋早期

碗

残片，未编号。外腹饰折扇纹，内腹饰花卉纹。

2. 南宋中期

碗

残片，未编号。外腹素面，内腹饰莲荷纹。

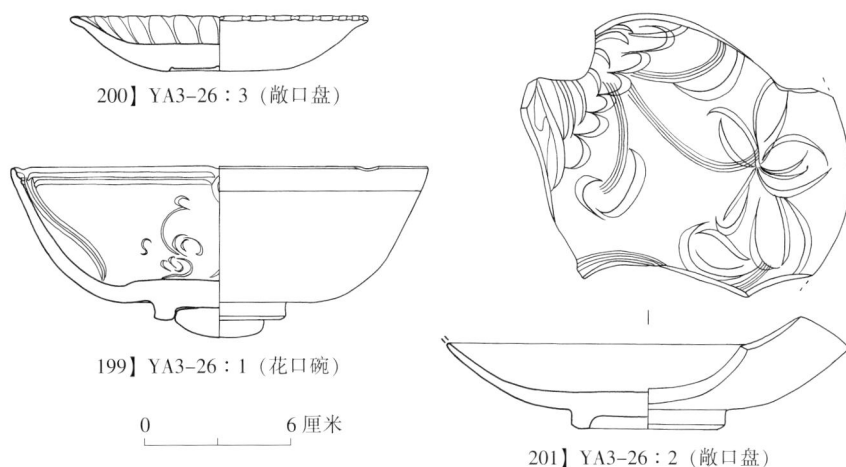

200】YA3-26：3（敞口盘）

199】YA3-26：1（花口碗）

0　　　　　6厘米

201】YA3-26：2（敞口盘）

图 4-18　YA3-26采集南宋中期青瓷盘、碗

二十八　YA3-31（Y31）

1. 北宋晚期至南宋早期

碗

底部残片，未编号。外腹饰折扇纹；内腹饰花卉纹，填以篦点纹。

2. 南宋中期

碗

底部残片，未编号。外腹素面；内腹饰莲荷纹；内心弦纹一圈，内饰花卉纹。

3. 南宋晚期

敞口碗

202】13上垟 YA3-31：1，碗。尖圆唇，敞口，斜曲腹，圈足。外腹刻划瓣面较宽、瓣脊清晰的莲瓣纹；内腹素面；内心弦纹一圈，内素面。灰胎，胎质较细。青釉，全器满施釉，唯外底部露胎无釉。口径16.6、足径6、高7.3厘米。（图4-19；彩版4-57）

敞口盘

203】13上垟 YA3-31：2，盘。尖圆唇，敞口，斜曲腹，圈足。外腹刻划瓣面较宽、瓣脊清晰的莲瓣纹；内腹素面；内心弦纹一圈，内素面。灰胎，胎质较细。青釉泛黄，全器满施釉，唯外底部露胎无釉。口径16、足径5.4、高4.9厘米。（图4-19；彩版4-57）

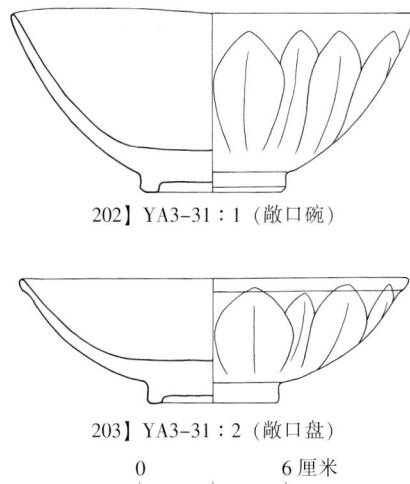

202】YA3-31：1（敞口碗）

203】YA3-31：2（敞口盘）

0　　　　　6厘米

图 4-19　YA3-31
采集南宋晚期青瓷碗、盘

二十九 YA3-117（Y117）

1. 北宋晚期至南宋早期

碗

腹部残片，未编号。外腹饰折扇纹，内腹饰花卉纹。

2. 南宋早期

碗

底部残片，未编号。外腹素面，内腹饰花卉纹。

3. 南宋晚期

碗

底部和口部残片，未编号。外腹饰莲瓣纹，瓣脊清晰；内腹素面。

三十 YA3-118（Y118）

北宋晚期至南宋早期

敞口盘

204】13上垟YA3-118：1，盘。尖圆唇，敞口，斜曲腹，圈足。外腹素面；内口沿下弦纹一圈，内腹及内心满饰折枝花卉，间以戳印点状纹饰。土黄胎，胎质较粗。青黄釉，全器满施釉，唯外底部无釉。底部粘连有泥质垫饼残片。口径15.6、足径4.8、高3.6~4.4厘米。（图4-20；彩版4-58）

此外还采集到碗残片，未编号。外腹饰折扇纹，内腹饰花卉纹。

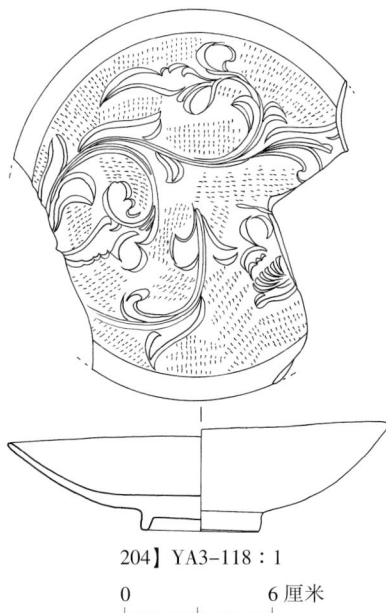

204】YA3-118：1

0   6厘米

图4-20 YA3-118
采集北宋晚期至南宋早期青瓷敞口盘

三十一　YA3－119（Y119）

1. 北宋晚期至南宋早期

碗

腹部及底部残片，未编号。外腹饰折扇纹，内腹饰花卉纹。

2. 南宋晚期

碗

底部残片，未编号。外腹饰莲瓣纹，内腹素面。

洗

未编号。圆唇，唇口，敞口，折腹，上腹斜直，下腹平收，圈足。

三十二　YA3－121（Y121）

1. 北宋晚期至南宋早期

碗

口部残片，未编号。外腹饰莲瓣纹，内填以直条状篦纹；内腹饰花卉纹。

2. 南宋早期

碗

残片，未编号。外腹素面；内腹刻划花卉纹，填以篦纹。

3. 南宋中期

敞口碗

205】13 上垾 YA3－121：1，碗。圆唇，敞口，上腹斜直，下腹斜曲，圈足。外腹素面；内腹刻划荷花、荷叶纹饰；内心弦纹一圈，内饰荷叶纹。灰白胎，胎质较细。青釉，全器满施釉，唯外底部露胎无釉。口径20.4、足径6.6、高7.6厘米。（图4－21；彩版4－58）

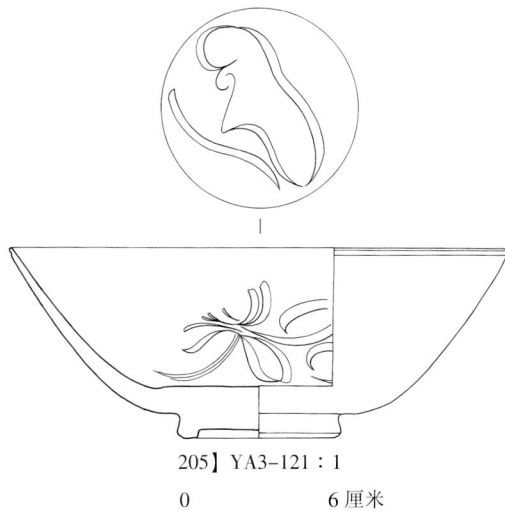

205】YA3－121：1

0　　　　　　6厘米

图4－21　YA3－121
采集南宋中期青瓷敞口碗

三十三　YA3 – 124（Y124）

北宋晚期至南宋早期

碗

残片，未编号。外腹饰折扇纹，内腹饰花卉纹。

盘

残片，未编号。外腹饰折扇纹，内腹饰花卉纹。

三十四　YA3 – 125（Y125）

北宋晚期至南宋早期

碗

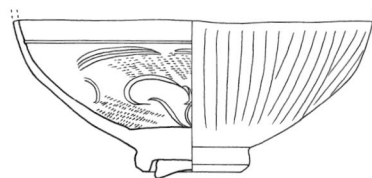

206〗YA3-125：1

0　　　　　6 厘米

图 4 – 22　YA3 – 125
采集北宋晚期至南宋早期青瓷碗

206〗13 上垟 YA3 – 125：1，碗。失口部，斜曲腹，圈足。外腹饰折扇纹；内口沿下弦纹一圈，下饰花卉纹，填以篦点纹；内心弦纹一圈，内素面。灰胎，胎质较粗。青釉，全器满施釉，唯外底部露胎无釉。足径 4.7、残高 6 厘米。（图 4 – 22；彩版 4 – 57）

1】YA3-1：5（敞口碗）　　　　　　　　　2】YA3-1：6（敞口盘）

彩版4-1　YA3-1采集南宋中期青瓷碗、盘

3】YA3-1：1（敞口碗/南宋晚期）

4】YA3-1：2（敞口碗/南宋晚期）

5】YA3-1：3（敞口碗/元代中晚期）

7】YA3-1：7（折沿洗/元代中晚期）

彩版4-2　YA3-1采集青瓷碗、洗

8】YA3-2：1（敞口碗/北宋晚期至南宋早期）

10】YA3-2：4（花口碗/南宋中期）

11】YA3-2：2（敞口碗/南宋晚期）

9】YA3-2：5（敞口碗/北宋晚期至南宋早期）

彩版4-3　YA3-2采集青瓷碗

14 〗YA3-3：1（敞口碗）

15 〗YA3-3：2（敞口碗）

19 〗YA3-3：7（侈口碗）

20 〗YA3-3：8（敞口盘）

彩版4-4　YA3-3采集南宋晚期青瓷碗、盘

21】YA3-5：1（侈口碗）

22】YA3-5：2（敞口盘）

彩版4-5　YA3-5采集元代中晚期青瓷碗、盘

24】YA3-7：21（孔明碗/北宋晚期至南宋早期）

23】YA3-7：1（敞口碗/北宋晚期至南宋早期）

25】YA3-7：22（平底碟/南宋早期）

彩版4-6　YA3-7采集青瓷碗、碟

26】YA3-7：19

27】YA3-7：13

彩版4-7 YA3-7采集南宋中期青瓷花口碗

28》YA3-7：14（花口碗）

29》YA3-7：4（花口碗）

30》YA3-7：15（敞口碗）

31》YA3-7：5（敞口碗）

彩版4-8　YA3-7采集南宋中期青瓷碗

彩版4-9　YA3-7采集南宋中期青瓷敞口碗

34 】YA3-7：29（敞口盘/南宋中期）

35 】YA3-7：8（敞口碗/南宋晚期）

彩版4-10　YA3-7采集青瓷盘、碗

36〕YA3-7∶3

37〕YA3-7∶2

38〕YA3-7∶7

39〕YA3-7∶16

彩版4-11　YA3-7采集南宋晚期青瓷敞口碗

40 】YA3-7：23（敞口盘）

41 】YA3-7：27（敞口盘）

45 】YA3-7：30（奁式炉）

彩版4-12　YA3-7采集南宋晚期青瓷盘、炉

43 】YA3-7：17（敛口钵）

42 】YA3-7：28（敞口盘）

44 】YA3-7：18（敛口钵）

彩版4-13　YA3-7采集南宋晚期青瓷盘、钵

46〗YA3-7：25（折沿洗/元代早期）

48〗YA3-7：11（敞口碗/元代中晚期）

彩版4-14　YA3-7采集青瓷洗、碗

47 】YA3-7：10（敞口碗）

49 】YA3-7：24（敞口盘）

50 】YA3-7：26（折沿洗）

彩版4-15　YA3-7采集元代中晚期青瓷碗、盘、洗

51】YA3-7：12（明代早期）　　　　　　　52】YA3-7：20（时代不明）

彩版4-16　YA3-7采集青瓷敞口碗

彩版4-17　YA3-8采集青瓷敞口碗

彩版4-18　YA3-9采集南宋中期青瓷敞口碗

55 】YA3-9：5

56 】YA3-9：1

彩版4-18　YA3-9采集南宋中期青瓷敞口碗

彩版4-19　YA3-9采集青瓷敞口碗

58】YA3-9：4（南宋晚期）

57】YA3-9：2（南宋晚期）

59】YA3-9：3（元代中晚期）

彩版4-19　YA3-9采集青瓷敞口碗

61】YA3-10：1（南宋晚期）

60】YA3-10：3（南宋中期）

彩版4-20　YA3-10采集青瓷敞口碗

62〗YA3-10:2（敞口碗/南宋晚期）

64〗YA3-10:4（折沿洗/元代中晚期）

63〗YA3-10:5（敞口碗/南宋晚期）

彩版4-21 YA3-10采集青瓷碗、洗

65〗YA3-13：4　　　　　　　　　　　66〗YA3-13：9

彩版4-22　YA3-13采集北宋晚期至南宋早期青瓷侈口碗

67 】YA3-13：1

68 】YA3-13：2

彩版4-23　YA3-13采集北宋晚期至南宋早期青瓷敞口盘

70】YA3-13：7（花口碗/南宋中期）

69】YA3-13：8（平底碟/南宋早期）

71】YA3-13：6（花口碗/南宋中期）

彩版4-24　YA3-13采集青瓷碟、碗

72 〕YA3-13：5（敞口碗）　　　　73 〕YA3-13：3（花口盘）

彩版4-25　YA3-13采集南宋中期青瓷碗、盘

74】YA3-14：3（敞口碗/北宋早中期）

76】YA3-14：1（侈口碗/北宋晚期至南宋早期）

77】YA3-14：5（侈口碗/北宋晚期至南宋早期）

彩版4-26　YA3-14采集青瓷碗

78】YA3-14：2（北宋晚期至南宋早期） 79】YA3-14：8（南宋早期）

彩版4-27 YA3-14采集青瓷敞口盘

82】YA3-14：6（小碗/南宋中期）

80】YA3-14：9（平底碟/南宋早期）

81】YA3-14：10（平底碟/南宋早期）

83】YA3-14：7（小碗/南宋中期）

彩版4-28　YA3-14采集南宋早期青瓷碟、碗

84】YA3-15：1（折沿洗/元代中晚期）

85】YA3-15：2（敞口碗/时代不明）

彩版4-29　YA3-15采集青瓷洗、碗

86 】YA3-16：1（敞口碗）

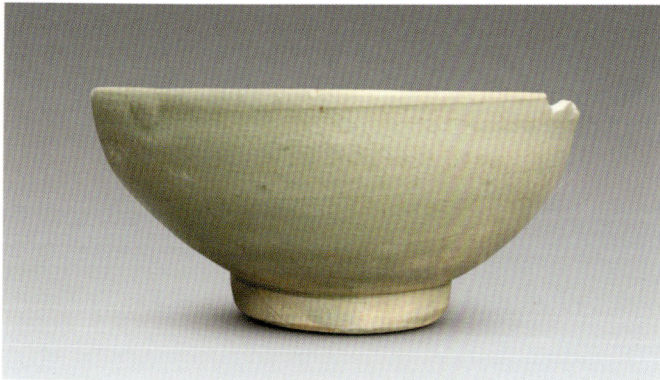

87 】YA3-16：3（敞口碗）

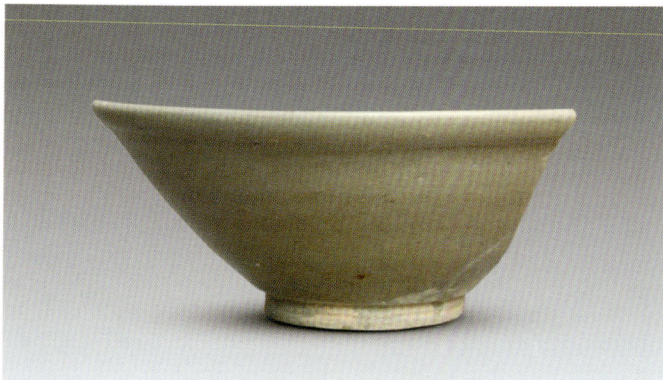

88 】YA3-16：2（敞口碗）

89 】YA3-16：4（敞口碗）

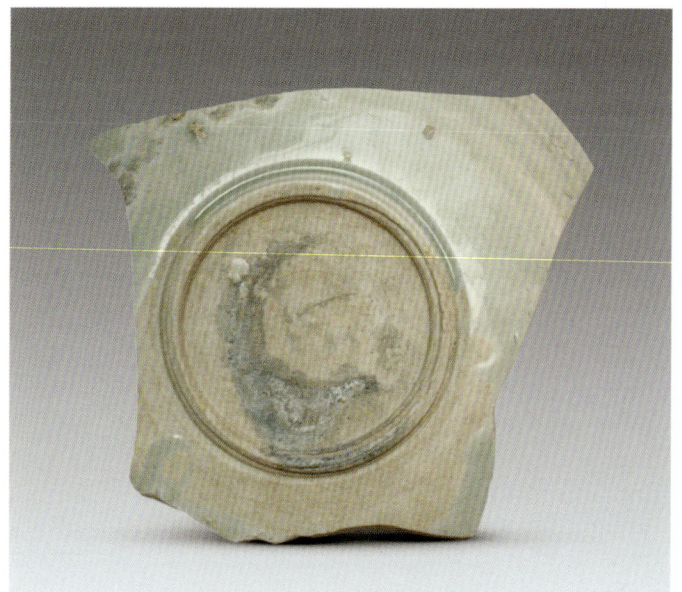

90 】YA3-16：15（敞口盘）

彩版4-30　YA3-16采集北宋早中期青瓷碗、盘

91 】YA3-16：21（熏炉）

93 】YA3-16：23（执壶）

92 】YA3-16：22（执壶）

94 】YA3-16：26（器盖）

彩版4-31　YA3-16采集北宋早中期青瓷熏炉、执壶、器盖

96 】YA3-16：20（杯）

97 】YA3-16：25（镭钵）

95 】YA3-16：19（熏炉）

98 】YA3-16：16（敞口盘）

彩版4-32　YA3-16采集北宋晚期至南宋早期青瓷熏炉、杯、镭钵等

100 〗YA3-16：11

99 〗YA3-16：9

102 〗YA3-16：13

彩版4-33　YA3-16采集南宋中期青瓷花口碗

101】YA3-16：12（花口碗）

103】YA3-16：14（花口碗）

104】YA3-16：5（敞口碗）

彩版4-34　YA3-16采集南宋中期青瓷碗

105 】YA3-16：6   106 】YA3-16：7

107 】YA3-16：10

彩版4-35　YA3-16采集南宋中期青瓷敞口碗

110】YA3-16：8（敞口碗/南宋晚期）

108】YA3-16：18（敞口盘/南宋中期）

109】YA3-16：17（平底碟/南宋中期）

111】YA3-16：24（不明型式碗/南宋晚期）

彩版4-36　YA3-16采集青瓷盘、碟、碗

112 】YA3-19：1（敞口盘/北宋晚期至南宋早期）

114 】YA3-19：5（敞口碗/南宋中期）

113 】YA3-19：2（侈口碗/南宋早期）

彩版4-37 YA3-19采集青瓷盘、碗

115 〕YA3-19：3（敞口碗）

116 〕YA3-19：4（敞口碗）

119 〕YA3-19：7（折沿洗）

118 〕YA3-19：6（盘）

彩版4-38　YA3-19采集南宋晚期青瓷碗、盘、洗

121】YA3-20：2（敞口碗/南宋早期）

120】YA3-20：1（斗笠碗/北宋晚期至南宋早期）

彩版4-39　YA3-20采集青瓷碗

122】YA3-20：3（敞口碗）

123】YA3-20：4（花口碗）

124】YA3-20：5（花口碗）

彩版4-40　YA3-20采集南宋中期青瓷碗

126】YA3-21：11（杯/北宋晚期至南宋早期）

125】YA3-21：1（敞口碗/北宋晚期至南宋早期）

128】YA3-21：6（敞口碗/南宋中期）

129】YA3-21：7（敞口碗/南宋中期）

彩版4-41　YA3-21采集青瓷碗、杯

130】YA3-21：2（花口碗/南宋中期）

127】YA3-21：8（平底碟/南宋早期）

131】YA3-21：3（敞口碗/南宋晚期）

彩版4-42　YA3-21采集青瓷碟、碗

132】YA3-21：4（敞口碗）

133】YA3-21：5（敞口碗）

134】YA3-21：9（敞口盘）

135】YA3-21：10（敞口盘）

彩版4-43　YA3-21采集南宋晚期青瓷碗、盘

136】YA3-23：1（执壶）

144】YA3-23：8（不明型式碗）

143】YA3-23：5（敞口碗）

146】YA3-23：11（不明型式碗）

彩版4-44　YA3-23采集北宋早中期青瓷执壶、碗

147】YA3-23：14（敞口碗）

149】YA3-23：6（斗笠碗）

150】YA3-23：20（斗笠碗）

148】YA3-23：12（花口碗）

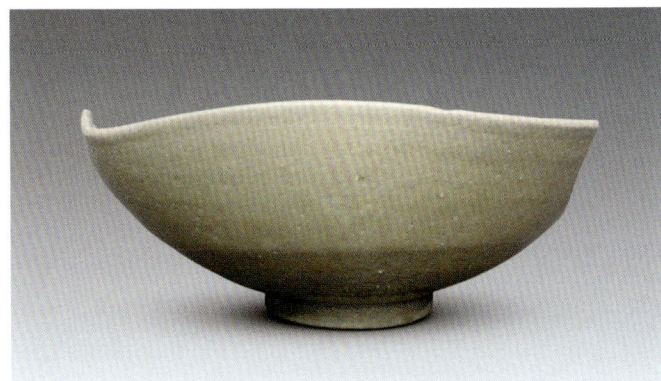

151】YA3-23：16（敞口碗）

152】YA3-23：17（敞口碗）

彩版4-45　YA3-23采集北宋早中期青瓷碗

154】YA3-23：7（敞口盘）

155】YA3-23：13（敞口盘）

158】YA3-23：9（不明型式盘）

彩版4-46　YA3-23采集北宋早中期青瓷盘

彩版4-47　YA3-23采集北宋早中期青瓷敞口盘

166】YA3-23：34（侈口碗）

167】YA3-23：42（侈口碗）

170】YA3-23：50（敞口碗）

彩版4-48　YA3-23采集北宋晚期至南宋早期青瓷碗

171 】YA3-23：51

169 】YA3-23：49

彩版4-49　YA3-23采集北宋晚期至南宋早期青瓷敞口碗

172】YA3-23：52（敞口碗）

173】YA3-23：53（不明型式碗）

175】YA3-23：35（不明型式碗）

彩版4-50　YA3-23采集北宋晚期至南宋早期青瓷碗

177 〗YA3-23：37

178 〗YA3-23：38

彩版4-51 YA3-23采集北宋晚期至南宋早期青瓷不明型式碗

181】YA3-23：45（不明型式碗）

179】YA3-23：41（不明型式碗）

184】YA3-23：48（盘）

彩版4-52　YA3-23采集北宋晚期至南宋早期青瓷碗、盘

185 】YA3-23：47

186 】YA3-23：39

187 】YA3-23：40

彩版4-53　YA3-23采集北宋晚期至南宋早期青瓷盘

193】YA3-24：2（侈口碗/北宋晚期至南宋早期）

192】YA3-24：1（敞口碗/北宋晚期至南宋早期）

194】YA3-24：4（小碗/南宋中期）

196】YA3-24：3（敞口碗/南宋晚期）

彩版4-54　YA3-24采集青瓷碗

197】YA3-24：7（敞口盘/南宋晚期）

195】YA3-24：5（花口盘/南宋中期）

198】YA3-24：6（敞口盘/南宋晚期）

彩版4-55 YA3-24采集青瓷盘

199】YA3-26：1（花口碗）   200】YA3-26：3（敞口盘）   201】YA3-26：2（敞口盘）

彩版4-56　YA3-26采集南宋中期青瓷碗、盘

202】YA3-31：1（敞口碗/南宋晚期）

203】YA3-31：2（敞口盘/南宋晚期）

206】YA3-125：1（碗／北宋晚期至南宋早期）

彩版4-57 YA3-31、YA3-125采集青瓷碗、盘

彩版4-58　YA3-118、YA3-121采集青瓷盘、碗

第五章　试掘出土遗物

一　北宋早中期

第一阶段

（一）瓷器

根据装烧方法的不同分为三大类。

1. 第一大类：叠烧，又可以细分为满釉叠烧、半釉叠烧、满釉与半釉混合叠烧三类

（1）满釉叠烧

敞口碗

207】13 金村 YA3 - 22TG2⑨：1，碗。上下共 4 件相同的碗叠烧。碗为圆唇，敞口，斜曲腹，圈足。外腹素面；内腹素面；内心弦纹一圈，内素面。白胎，胎质较细。淡青釉。通体施釉。内心及外底足端残留五处长条形叠烧痕迹。足径 5.2、残高 7.4 厘米。（图 5 - 1；彩版 5 - 1）

侈口盘

共 2 件。圆唇，侈口，花口，斜曲腹，圈足。外腹素面，对应花口处有压痕；内腹素面；内心弦纹一圈，内饰花卉纹。灰白胎，胎质较细。淡青釉微泛灰。通体施釉。

208】13 金村 YA3 - 22TG2⑨：30，盘。上下共 2 件相同的盘叠烧。上面一件口径 13.6、足径 5.4、高 3.2 厘米；下面一件口径 12.5、足径 6、高 3.7 厘米。（图 5 - 1；彩版 5 - 1）

209】13 金村 YA3 - 22TG2⑨：31，盘。上下共 6 件相同的盘叠烧。口径 14.3、足径 5.6 厘米，通高 8.4 厘米。（图 5 - 1；彩版 5 - 2）

敞口盏

共 2 件。圆唇，敞口近直，斜曲腹，圈足。外腹、内腹素面；内心弦纹一圈，内素面或饰花卉纹。灰胎，胎质较细。淡青釉，通体施釉，外底足端有叠烧痕迹。

210】13 金村 YA3 - 22TG2⑨：9，盏。内心素面。灰白胎。口径 7.6、足径 3.6、高 4.5 厘米。（图 5 - 1；彩版 5 - 3）

211】13 金村 YA3 - 22TG2⑨：13，盏。内心饰花卉纹饰。灰黄胎。口径 8.2、足径 4、高 4.7 厘米。（图 5 - 1；彩版 5 - 2）

（2）半釉叠烧

敞口碗

共 4 件。圆唇，敞口，斜曲腹。外腹、内腹素面；内心弦纹一圈，内素面或饰花卉纹。灰白胎，胎质较细。淡青釉，施半釉，外施釉至下腹。

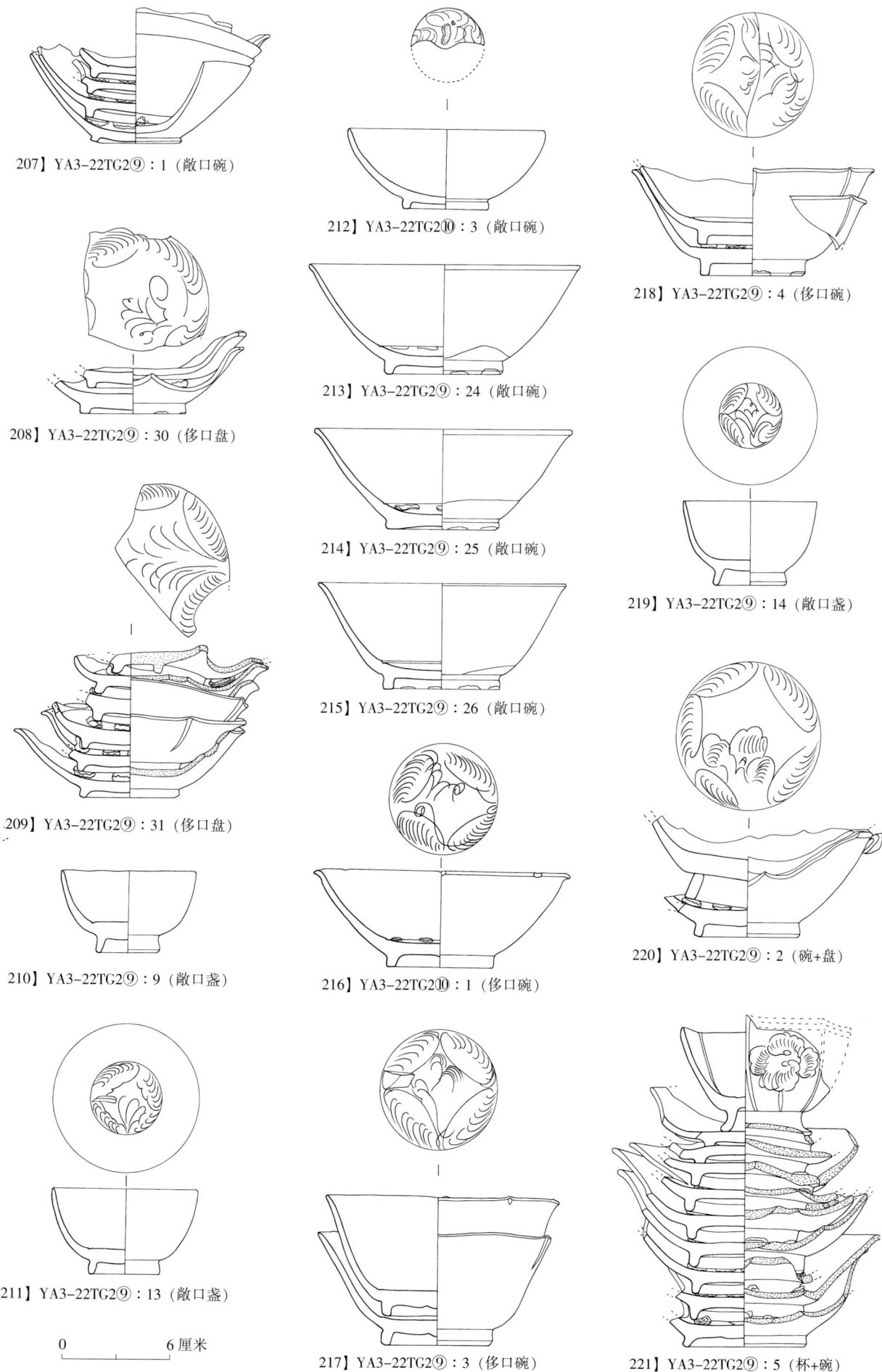

207】YA3-22TG2⑨：1（敞口碗）

208】YA3-22TG2⑨：30（侈口盘）

209】YA3-22TG2⑨：31（侈口盘）

210】YA3-22TG2⑨：9（敞口盏）

211】YA3-22TG2⑨：13（敞口盏）

0　　　　6厘米

212】YA3-22TG2⑩：3（敞口碗）

213】YA3-22TG2⑨：24（敞口碗）

214】YA3-22TG2⑨：25（敞口碗）

215】YA3-22TG2⑨：26（敞口碗）

216】YA3-22TG2⑩：1（侈口碗）

217】YA3-22TG2⑨：3（侈口碗）

218】YA3-22TG2⑨：4（侈口碗）

219】YA3-22TG2⑨：14（敞口盏）

220】YA3-22TG2⑨：2（碗+盘）

221】YA3-22TG2⑨：5（杯+碗）

图5-1　YA3-22出土北宋早中期第一阶段叠烧青瓷碗、盘、盏等

207~211. 满釉　212~219. 半釉　220、221. 满釉与半釉混合

212】13 金村 YA3 - 22TG2⑩：3，碗。尖圆唇，敞口微敛，腹较浅，圈足。内心饰花卉纹。内心及外底足端处有叠烧痕迹。口径 11、足径 4.8、高 4.4 厘米。（图 5 - 1；彩版 5 - 3）

213】13 金村 YA3 - 22TG2⑨：24，碗。圈足。内心素面。有积釉现象。内心及外底足端处有六枚长条形叠烧痕迹。口径 15.3、足径 6.7、高 6 厘米。（图 5 - 1；彩版 5 - 3）

214】13 金村 YA3 - 22TG2⑨：25，碗。小唇口，饼足微内凹。内心素面。有积釉现象。内心及外底足端处有几处叠烧痕迹。口径 14.6、足径 6.4、高 5.5 厘米。（图 5 - 1；彩版 5 - 4）

215】13 金村 YA3 - 22TG2⑨：26，碗。圈足。内心素面。外底足端处有叠烧痕迹。口径 14、足径 6.6、高 5.8 厘米。（图 5 - 1；彩版 5 - 4）

侈口碗

共 3 件。圆唇，侈口，花口，上腹斜直，下腹斜曲，圈足。外腹素面；内腹素面；内心弦纹一圈，内饰花卉纹。灰白胎，胎质较细。淡青釉，施半釉，外施釉至足端，外底部露胎无釉。

216】13 金村 YA3 - 22TG2⑩：1，碗。尖圆唇。内心及外底足端处有叠烧痕迹。口径 14.6、足径 6、高 5.3 厘米。（图 5 - 1；彩版 5 - 4）

217】13 金村 YA3 - 22TG2⑨：3，碗。上下 2 件相同的碗叠烧。外腹对应花口处有压痕。较多开片。口径 13.2、足径 6.3 厘米，通高 8.2 厘米。（图 5 - 1；彩版 5 - 5）

218】13 金村 YA3 - 22TG2⑨：4，碗。上下 3 件相同的碗叠烧。外腹对应花口处有压痕。口径 13.6、足径 6 厘米，通高 5.9 厘米。（图 5 - 1；彩版 5 - 5）

敞口盏

219】13 金村 YA3 - 22TG2⑨：14，盏。圆唇，敞口近直，斜曲腹，圈足。外腹、内腹素面；内心弦纹一圈，内饰花卉纹饰。灰黄胎，胎质较细。淡青釉，施半釉，外施釉至足端。口径 7.6、足径 4.2、高 4.6 厘米。（图 5 - 1；彩版 5 - 6）

（3）满釉与半釉混合叠烧

碗与盘叠烧标本

盘满釉，垫圈垫烧；碗半釉。

220】13 金村 YA3 - 22TG2⑨：2，碗与盘叠烧标本。上下两件叠烧。盘失口部，斜曲腹，隐圈足。外腹素面；内腹素面；内心弦纹一圈，内饰花卉纹饰。灰白胎，胎质较细。淡青釉，布满开片。通体施釉，外底部粘连垫圈。碗为圆唇，敞口，斜曲腹，圈足。外腹素面，内腹素面。灰白胎，胎质较细。淡青釉，布满开片，施半釉，外施釉至下腹，外底部露胎无釉。碗足径 6 厘米，通残高 6 厘米。（图 5 - 1；彩版 5 - 6）

杯与碗叠烧标本

杯满釉，碗半釉。

221】13 金村 YA3 - 22TG2⑨：5，杯与碗叠烧标本。上下共 1 件杯与 9 件碗叠烧。杯整个器形呈五曲形，圆唇，直口，上腹斜直，下腹斜曲，高圈足外撇。以双弦纹将外腹分为五个等大的区域，内饰花卉纹饰，填以篦纹；内腹及内心素面。灰白胎，胎质较细。淡青釉，较多开片，通体施釉。碗为圆唇，敞口，斜曲腹，圈足。外腹、内腹及内心皆素面。灰白胎，胎质较细。淡青釉，施半釉，外施釉至下腹，外底足露胎无釉。杯口径 9.7 厘米，碗足径 7 厘米，通高 18.2 厘米。

（图5-1；彩版5-7）

2. 第二大类：满釉，垫圈垫烧

敞口碗

共11件。根据腹部特征分为两小类。

第一小类，共3件。圆唇，敞口，花口，斜曲腹，圈足。外腹素面；内腹素面；内心弦纹一圈，内饰花卉纹饰。灰白胎，胎质较细。淡青釉，通体施釉。

222】13金村YA3-22TG2⑨：16，碗。口径10.6、足径6、高5.6厘米。（图5-2；彩版5-8）

223】13金村YA3-22TG2⑨：17，碗。失口部。足径6.3、残高2.9厘米。（图5-2；彩版5-8）

224】13金村YA3-22TG2⑨：59，碗与匣钵粘连标本。匣钵残，完整器应为M形。碗，内口沿下弦纹双圈，有开片。推测该类碗应该是匣钵单件装烧、垫圈垫烧。通高13厘米。（图5-2；彩版5-9）

第二小类，共8件。斗笠碗。圆唇，敞口，斜直腹，圈足。外腹素面；内腹素面或饰蕉叶纹；内心弦纹一圈，内饰花卉纹。灰白胎，胎质较细。淡青釉，通体施釉。

225】13金村YA3-22TG2⑨：18，碗。内腹素面。口径13、足径5.2、高4.5厘米。（图5-2；彩版5-9）

226】13金村YA3-22TG2⑨：27，碗。内腹素面。较多开片。外底部粘连垫圈。口径13.2、足径4.6、高4.1厘米。（图5-2）

227】13金村YA3-22TG2⑨：19，碗。内口沿下弦纹一圈，下饰多层蕉叶纹，填以篦纹；内心弦纹一圈，内饰蕉叶纹。口径12.2、足径4.6、高4.1厘米。（图5-2；彩版5-9）

228】13金村YA3-22TG2⑨：21，碗。内口沿下弦纹一圈，下饰多层蕉叶纹，填以篦纹；内心弦纹一圈，内饰蕉叶纹。口径11.4、足径4.7、高4.4厘米。（图5-2；彩版5-10）

229】13金村YA3-22TG2⑨：22，碗。内口沿下弦纹一圈，下饰多层蕉叶纹，填以篦纹；内心弦纹一圈，内饰蕉叶纹。灰黄胎。口径12.2、足径4.5、高3.9厘米。（图5-2；彩版5-10）

230】13金村YA3-22TG2⑨：23，碗。失口部。内口沿下弦纹一圈，下饰多层蕉叶纹，填以篦纹；内心弦纹一圈，内饰蕉叶纹。外底部粘连垫圈。足径4.4、高3.3厘米。（图5-2；彩版5-10）

231】13金村YA3-22TG2⑨：28，碗。花口，外腹对应花口处有压痕；内口沿下弦纹一圈，下素面。口径12.2、足径4.6、高4.1厘米。（图5-2；彩版5-11）

232】13金村YA3-22TG2⑨：29，碗。花口，外腹对应花口处有压痕；内口沿下弦纹一圈，下素面。口径12.2、足径4.6、高4.5厘米。（图5-2；彩版5-11）

侈口碗

共4件。圆唇，侈口，花口，斜曲腹，圈足。外腹素面，对应花口处有压痕；内腹素面；内心弦纹一圈，内饰花卉纹饰。灰白胎，胎质较细。淡青釉，通体施釉。

233】13金村YA3-22TG2⑨：6，碗。有细小开片。口径11.4、足径5.8、高5.5厘米。（图5-3；彩版5-12）

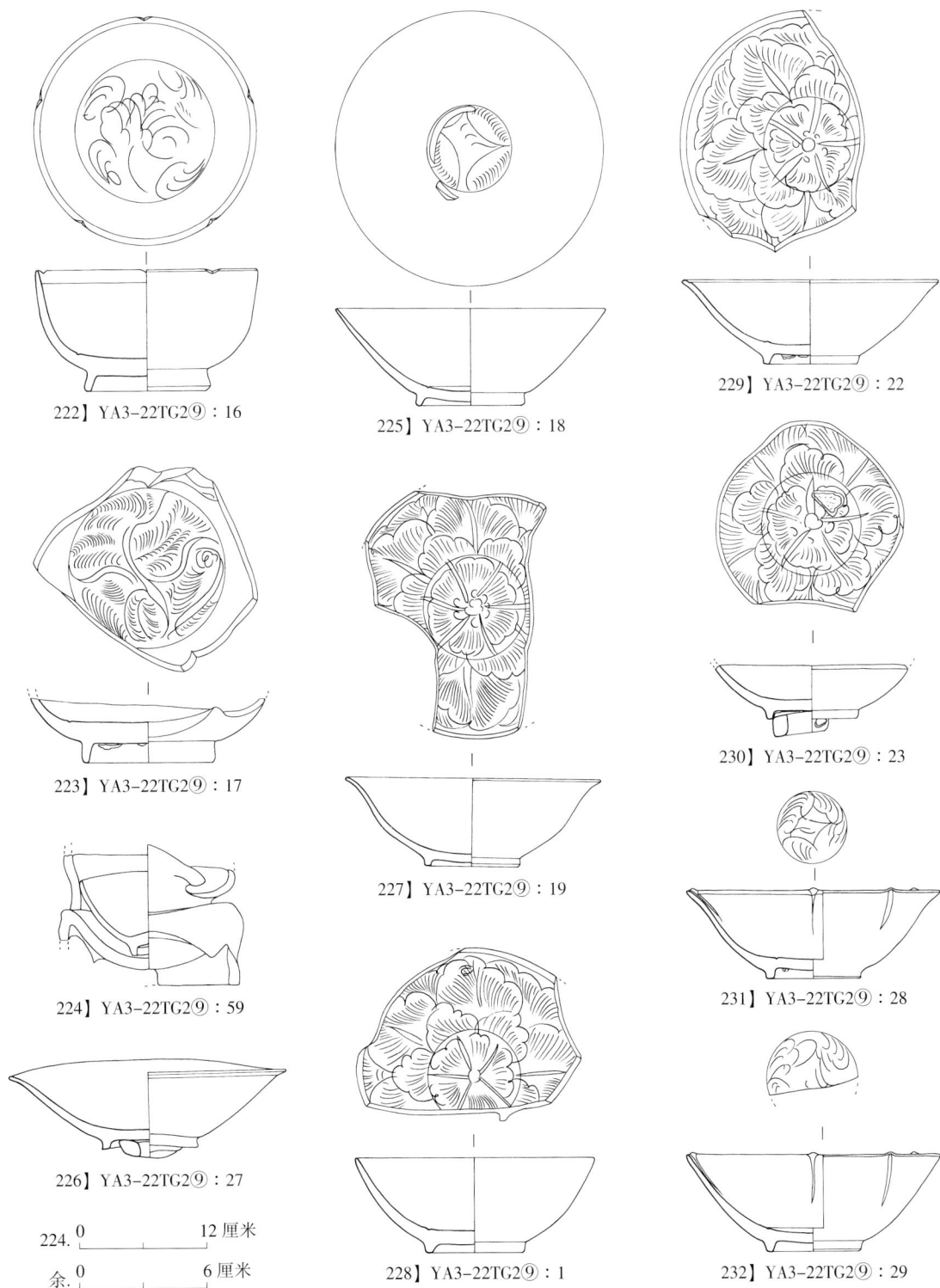

222〕YA3–22TG2⑨：16

225〕YA3–22TG2⑨：18

229〕YA3–22TG2⑨：22

223〕YA3–22TG2⑨：17

230〕YA3–22TG2⑨：23

224〕YA3–22TG2⑨：59

227〕YA3–22TG2⑨：19

231〕YA3–22TG2⑨：28

226〕YA3–22TG2⑨：27

228〕YA3–22TG2⑨：1

232〕YA3–22TG2⑨：29

224.　0　　　　　　　12 厘米

余　0　　　　　　　6 厘米

图 5 – 2　YA3 – 22 出土北宋早中期第一阶段满釉垫圈垫烧青瓷敞口碗

235〕[1] 13 金村 YA3 – 22TG2⑩：2 ，碗。尖圆唇。外底部有垫圈支烧痕迹。口径 12.6、足

---

〔1〕　标本编号前的流水号中间有销号，销号直接跳过，如234〕，下同。

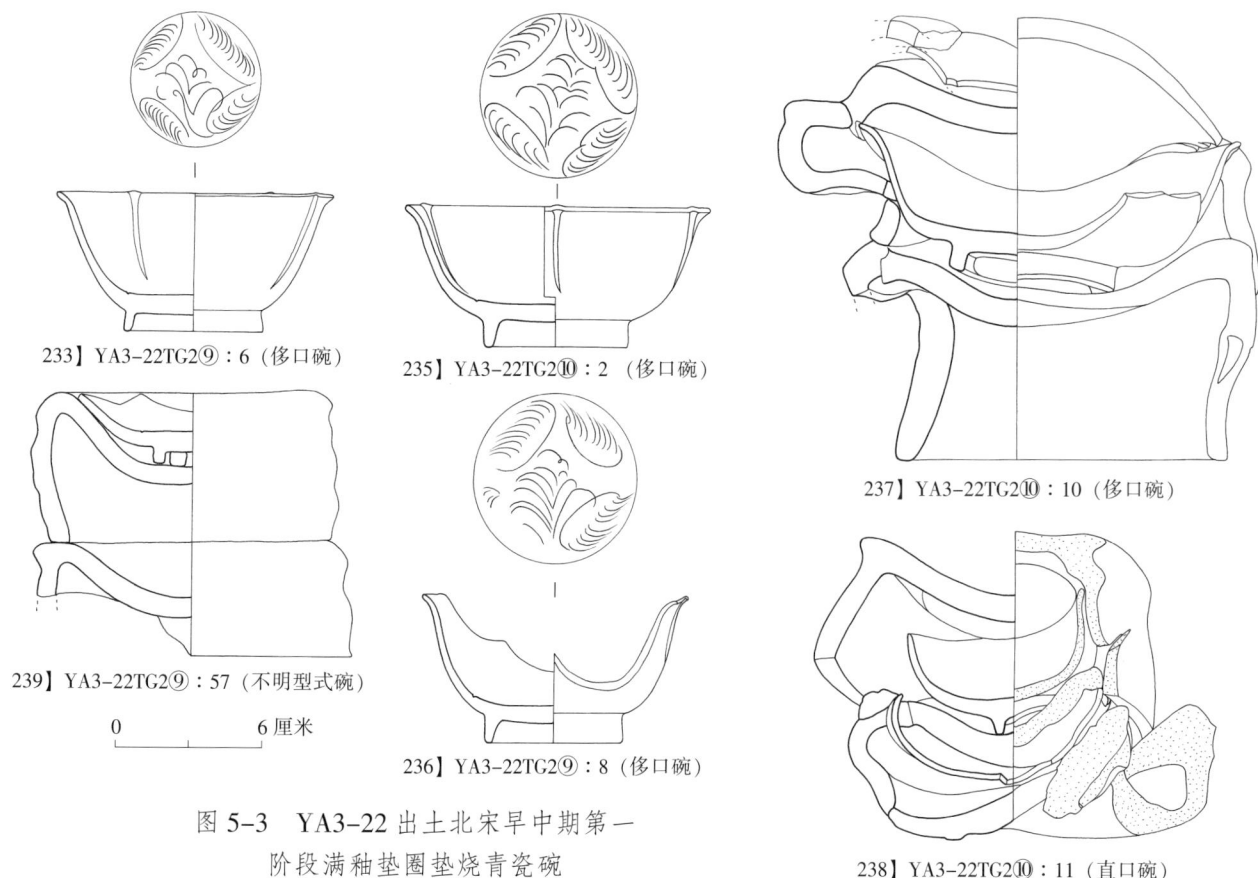

233】YA3-22TG2⑨：6（侈口碗）

235】YA3-22TG2⑩：2（侈口碗）

237】YA3-22TG2⑩：10（侈口碗）

239】YA3-22TG2⑨：57（不明型式碗）

0   6厘米

236】YA3-22TG2⑨：8（侈口碗）

图5-3　YA3-22出土北宋早中期第一
阶段满釉垫圈垫烧青瓷碗

238】YA3-22TG2⑩：11（直口碗）

径6、高5.6厘米。（图5-3；彩版5-12）

236】13金村YA3-22TG2⑨：8，碗。口径11、足径5.8、高5.9厘米。（图5-3；彩版5-13）

237】13金村YA3-22TG2⑩：10，碗与匣钵粘连标本。匣钵为M形。碗内心素面。外底部粘连瓷质垫圈。推测该类碗为匣钵单件装烧、瓷质垫圈垫烧。通高17.5厘米。（图5-3；彩版5-13）

直口碗

238】13金村YA3-22TG2⑩：11，碗与匣钵粘连标本。匣钵为M形。碗圆唇，直口，上腹竖直，下腹斜曲，圈足。外腹素面；内腹素面；内心弦纹一圈，内饰花卉纹饰。灰白胎，胎质较细。淡青釉，通体施釉，外底部粘连瓷质垫圈。推测该类碗为匣钵单件装烧、瓷质垫圈垫烧。通高12.3厘米。（图5-3；彩版5-14）

不明型式碗

239】13金村YA3-22TG2⑨：57，碗与匣钵粘连标本。匣钵为M形。碗失口部，斜曲腹，圈足。内心弦纹一圈，内素面。灰白胎，胎质较细。淡青釉，有开片，通体施釉，外底部粘连瓷质垫圈。推测该类碗是匣钵单件装烧、瓷质垫圈垫烧。通高10.6厘米。（图5-3；彩版5-14）

敞口盘

共8件。根据圈足特征分为两小类。

第一小类。共6件。圆唇，敞口，斜曲腹，圈足。外腹素面；内腹素面或饰花卉纹；内心弦纹一圈，内素面或饰花卉纹。灰白胎，胎质较细。淡青釉，通体施釉。

240】13 金村 YA3 - 22TG2⑨：20，盘。内口沿下弦纹一圈，下饰花卉纹饰；内心饰花卉纹饰。口径 12.4、足径 4.7、高 3.7 厘米。（图 5 - 4；彩版 5 - 15）

241】13 金村 YA3 - 22TG2⑨：39，盘。内腹素面；内心素面。淡青釉泛灰。口径 13.6、足径 5.6、高 3.7 厘米。（图 5 - 4；彩版 5 - 15）

242】13 金村 YA3 - 22TG2⑩：4，盘。内口沿下弦纹一圈，下素面；内心素面。外底部有垫圈支烧痕迹。口径 14.4、足径 6.2、高 4.3 厘米。（图 5 - 4；彩版 5 - 15）

243】13 金村 YA3 - 22TG2⑨：32，盘。圈足外撇。内腹素面，内心素面。口径 13.6、足径 8、高 3.8 厘米。（图 5 - 4；彩版 5 - 16）

244】13 金村 YA3 - 22TG2⑨：38，盘。圈足外撇。内腹素面，内心饰花卉纹饰。口径 13.5、足径 7.3、高 3.9 厘米。（图 5 - 4；彩版 5 - 16）

245】13 金村 YA3 - 22TG2⑨：41，盘。圈足外撇。内腹素面，内心素面。口径 12.3、足径 7.3、高 4 厘米。（图 5 - 4；彩版 5 - 16）

第二小类。共 2 件。圆唇，敞口，斜曲腹，隐圈足。外腹素面；内腹素面；内心弦纹一圈，内饰花卉纹。灰白胎，胎质较细。淡青釉，通体施釉。

246】13 金村 YA3 - 22TG2⑨：36，盘。内口沿下弦纹多圈，下素面。口径 12.8、足径 4、高 3.2 厘米。（图 5 - 4；彩版 5 - 17）

247】13 金村 YA3 - 22TG2⑨：37，盘。花口，外腹对应花口处有压痕。口径 10.6、足径 4.2、高 3.4 厘米。（图 5 - 4；彩版 5 - 17）

侈口盘

共 5 件。圆唇，侈口，花口，圈足。外腹素面，对应花口处有压痕；内腹素面或饰花卉纹；内心饰花卉纹。灰白胎，胎质较细。淡青釉，通体施釉。

248】13 金村 YA3 - 22TG2⑨：33，盘。内腹素面；内心弦纹一圈，内饰花卉纹饰。口径 13、足径 5.8、高 3.5 厘米。（图 5 - 4；彩版 5 - 18）

249】13 金村 YA3 - 22TG2⑨：34，盘。内腹素面；内心弦纹一圈，内饰花卉纹饰。口径 13、足径 5.4、高 3.1 ~ 3.5 厘米。（图 5 - 4；彩版 5 - 18）

250】13 金村 YA3 - 22TG2⑨：35，盘。圈足外撇。内口沿下弦纹一圈，下素面；内心弦纹一圈，内饰花卉纹饰。口径 13.6、足径 7.2、高 3.2 ~ 4 厘米。（图 5 - 4；彩版 5 - 19）

251】13 金村 YA3 - 22TG2⑨：40，盘。圈足外撇。内腹及内心饰多层蕉叶纹，填以篦纹。外底部粘连垫圈。口径 13.8、足径 7.2、高 3.4 厘米。（图 5 - 4；彩版 5 - 18）

252】13 金村 YA3 - 22TG2⑧：1，盘。圈足外撇。内口沿下弦纹一圈，下饰蕉叶纹，填以篦纹；内心弦纹一圈，内饰蕉叶纹。布满细小开片。口径 14.3、足径 7.5、高 4 厘米。（图 5 - 4；彩版 5 - 19）

敞口盏

共 5 件。根据口部和圈足特征分为两小类。

第一小类，4 件。圆唇，敞口，花口，斜曲腹，圈足。外腹素面，对应花口处有压痕；内腹素

240】YA3-22TG2⑨：20（敞口盘）

241】YA3-22TG2⑨：39（敞口盘）

242】YA3-22TG2⑩：4（敞口盘）

243】YA3-22TG2⑨：32（敞口盘）

244】YA3-22TG2⑨：38（敞口盘）

245】YA3-22TG2⑨：41（敞口盘）

246】YA3-22TG2⑨：36（敞口盘）

248】YA3-22TG2⑨：33（侈口盘）

251】YA3-22TG2⑨：40（侈口盘）

247】YA3-22TG2⑨：37（敞口盘）

249】YA3-22TG2⑨：34（侈口盘）

250】YA3-22TG2⑨：35（侈口盘）

252】YA3-22TG2⑧：1（侈口盘）

0　　　　　　6厘米

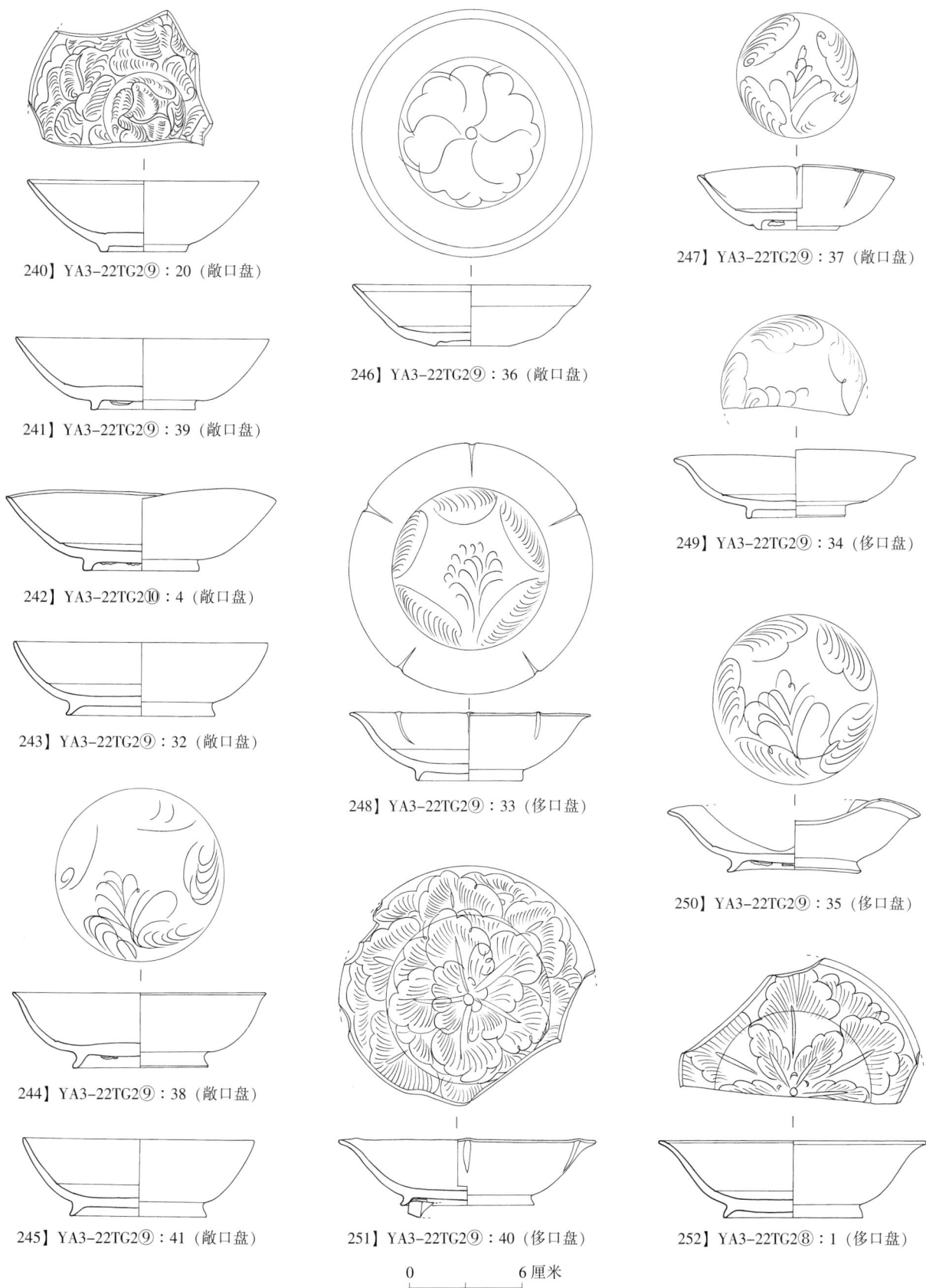

图5-4　YA3-22出土北宋早中期第一阶段满釉垫圈垫烧青瓷盘

面；内心弦纹一圈，内素面或饰花卉纹。灰白胎，胎质较细。淡青釉，通体施釉。

253】13 金村 YA3－22TG2⑨：10，盏。内心饰花卉纹饰。口径 8.6、足径 4、高 4.6 厘米。（图5－5；彩版 5－20）

254】13 金村 YA3－22TG2⑨：11，盏。内心素面。较多开片。外底部粘连瓷质垫圈。口径 9.2、足径 4、高 5.6 厘米。（图 5－5；彩版 5－20）

255】13 金村 YA3－22TG2⑨：15，盏。内心素面。淡青釉微泛灰。口径 7.8、足径 4、高 4.6 厘米。（图 5－5）

256】13 金村 YA3－22TG2⑧：2，盏。敞口近直。内心素面。布满细小开片，有积釉现象。口径 8.4、足径 4、高 5 厘米。（图 5－5；彩版 5－20）

第二小类，1 件。圆唇，敞口，斜曲腹，圈足外撇。外腹素面；内腹素面；内心弦纹一圈，内素面。灰白胎，胎质较细。淡青釉，通体施釉。

257】13 金村 YA3－22TG2⑨：12，盏。淡青釉微泛黄，较多开片。外底部粘连瓷质垫圈。口径 7.6、足径 3.7、高 5.3 厘米。（图 5－5；彩版 5－21）

盏托

共 2 件。圆唇，花口，平折沿，沿部上翘，折腹，上腹斜曲，下腹斜收，圈足外撇，中空。内心置一圆托，圆唇，敞口。沿处饰花卉纹饰并弦纹一圈，托内心饰花卉纹饰。灰胎或黄白胎，胎质较细。淡青釉，通体施釉。

258】13 金村 YA3－22TG2⑩：9，盏托。生烧，黄白胎。淡青釉泛白。口径 12.6、足径 8.4、高 3 厘米。（图 5－5；彩版 5－21）

259】13 金村 YA3－22TG2⑨：44，盏托。灰白胎。口径 11.4、足径 6.6、高 2.8 厘米。（图 5－5；彩版 5－22）

孔明碗

260】13 金村 YA3－22TG2⑧：4，孔明碗。仅余外层碗，斜曲腹，隐圈足，中空。过烧。灰白胎，胎质较粗。淡青釉，布满细小开片，有积釉现象，通体施釉。粘连较多窑渣。足径 7、孔径 5、残高 2.5 厘米。（图 5－5）

熏

261】13 金村 YA3－22TG2⑨：42，熏。失口部，斜曲腹，圈足高，残。外腹饰花卉纹饰；内腹素面；内心弦纹一圈，内素面。生烧。灰黄胎，胎质较粗。淡青釉泛黄，通体施釉。足径 5.8、残高 5.2 厘米。（图 5－5；彩版 5－22）

熏座

262】13 金村 YA3－22TG2⑧：7，熏座。残。灰白胎，胎质较细。淡青釉，通体施釉。可见接胎痕迹。残高 9.1 厘米。（图 5－5；彩版 5－23）

盒

263】13 金村 YA3－22TG2⑨：45，盒。仅余盒身。全器呈扁圆形。尖圆唇，直口，上腹斜直，下腹斜曲，隐圈足。外上下腹相交处凸弦纹一圈，内腹素面。灰白胎，胎质较细。淡青釉，通体施釉。口径 12～13、高 2.1 厘米。（图 5－5）

253】YA3-22TG2⑨：10（敞口盏）

254】YA3-22TG2⑨：11（敞口盏）

255】YA3-22TG2⑨：15（敞口盏）

256】YA3-22TG2⑧：2（敞口盏）

257】YA3-22TG2⑨：12（敞口盏）

262】YA3-22TG2⑧：7（熏座）

258】YA3-22TG2⑩：9（盏托）

259】YA3-22TG2⑨：44（盏托）

260】YA3-22TG2⑧：4（孔明碗）

261】YA3-22TG2⑨：42（熏）

263】YA3-22TG2⑨：45（盒）

264】YA3-22TG2⑧：6（盖）

265】YA3-22TG2⑨：47（执壶）

266】YA3-22TG2⑨：48（执壶）

267】YA3-22TG2⑦b：2（执壶）

0   6厘米

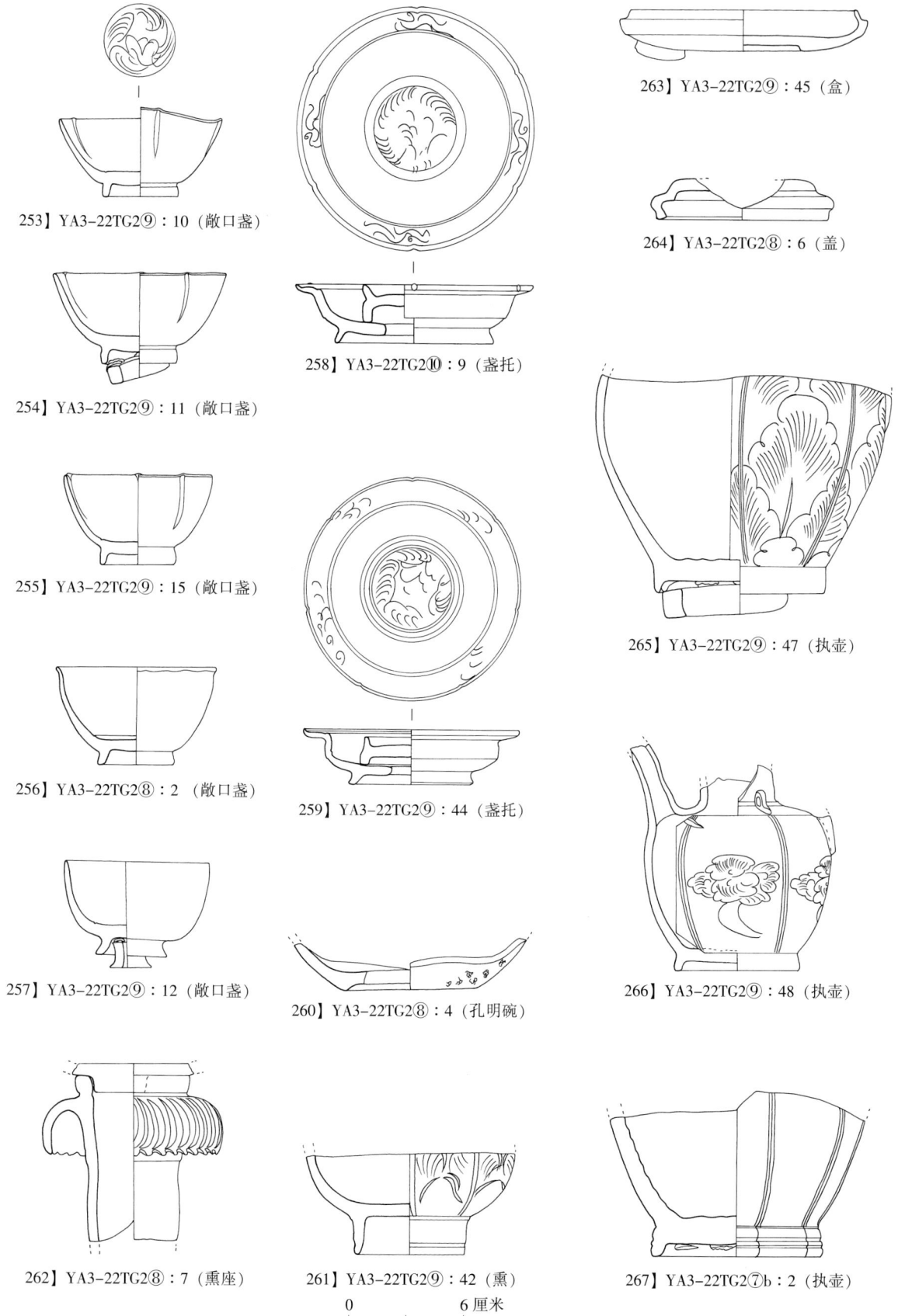

图5-5　YA3-22出土北宋早中期第一阶段满釉垫圈垫烧青瓷盏、盏托、碗等

盖

264】13 金村 YA3 - 22TG2⑧：6，盖。方唇，直口，弧面顶，失上部。灰黄胎，胎质较细。淡青釉，通体施釉。直径 9 ~ 9.6、残高 2.1 厘米。（图 5 - 5；彩版 5 - 23）

执壶

共 3 件。圈足。外腹呈多棱状。

265】13 金村 YA3 - 22TG2⑨：47，执壶。仅余下腹部及圈足。腹部呈多棱状，以瓜棱将外腹划分成若干个等大的区域，内饰多层蕉叶纹，填以箆纹。灰白胎，胎质较细。淡青釉，通体施釉，外底部粘连垫圈。内腹有明显拉坯痕迹。足径 8.9、残高 12.4 厘米。（图 5 - 5；彩版 5 - 23）

266】13 金村 YA3 - 22TG2⑨：48，执壶。失口部，束颈，丰肩，圆足。肩部对称置双系，肩部一侧置一长流，相对称一侧置柄。腹部以瓜棱为界划分为若干个等大的区域，内饰花卉纹。灰白胎，胎质较细。淡青釉，较多开片，通体施釉。内腹有明显拉坯痕迹。足径 6.6、残高 11.7 厘米。（图 5 - 5；彩版 5 - 24）

267】13 金村 YA3 - 22TG2⑦b：2，执壶。仅余下腹部及圈足。腹呈多棱状，以瓜棱将外腹分为若干个等大的区域，内素面。灰白胎，胎质较粗。淡青釉，通体施釉。足径 8.9、残高 8.5 厘米。（图5 - 5；彩版 5 - 24）

3. 第三大类：不明装烧方法

敞口碗

268】13 金村 YA3 - 22TG2⑦b：1，碗。圆唇，敞口，斜曲腹，失下部。外口沿下弦纹一圈；内口沿下饰弦纹多圈，空处饰花卉纹饰。灰白胎，胎质较细。淡青釉。残长 13、残高 8 厘米。（图 5 - 6；彩版 5 - 24）

熏

269】13 金村 YA3 - 22TG2⑨：43，熏。圆唇，直口，上腹竖直，失下部。外口沿下弦纹一圈，下饰折扇纹；内腹素面。灰白胎，胎质较细。淡青釉。口径 18、残高 8 厘米。（图 5 - 6）

盒

270】13 金村 YA3 - 22TG2⑧：3，盒。圆唇，直口，上腹直，下腹斜曲，失下部。上腹部饰凹弦纹五圈。灰白胎，胎质较细。淡青釉，较多细小开片。口径 12、残高 4.3 厘米。（图 5 - 6；彩版 5 - 25）

盖

共 2 件。方唇，直口。灰胎或白胎，胎质较细。淡青釉，有开片。

271】13 金村 YA3 - 22TG2⑨：83，盖。平顶。顶部凸弦纹一圈。白胎。直径 2.2 ~ 4、高 2 厘米。（图 5 - 6；彩版 5 - 25）

272】13 金村 YA3 - 22TG2⑧：5，盖。平沿。盖心为一圆台，上饰凸弦纹两圈；沿部饰凹弦纹双圈。灰白胎。较多开片。直径 3.2 ~ 5.3、高 2.1 厘米。（图 5 - 6；彩版 5 - 25）

执壶

共 6 件。外腹呈多棱状。灰白胎，胎质较细。淡青釉。

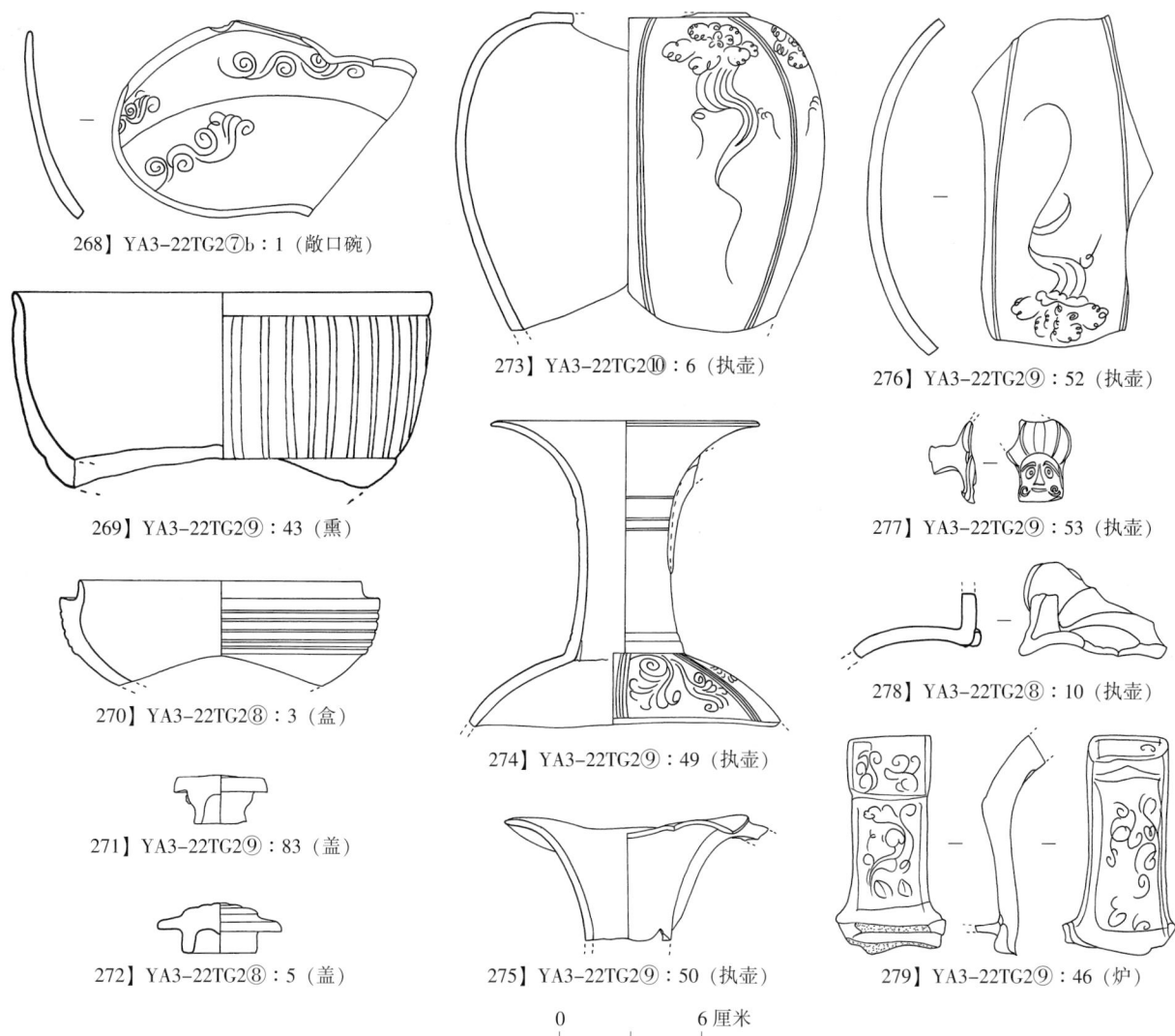

268】YA3-22TG2⑦b：1（敞口碗）

269】YA3-22TG2⑨：43（熏）

270】YA3-22TG2⑧：3（盒）

271】YA3-22TG2⑨：83（盖）

272】YA3-22TG2⑧：5（盖）

273】YA3-22TG2⑩：6（执壶）

274】YA3-22TG2⑨：49（执壶）

275】YA3-22TG2⑨：50（执壶）

276】YA3-22TG2⑨：52（执壶）

277】YA3-22TG2⑨：53（执壶）

278】YA3-22TG2⑧：10（执壶）

279】YA3-22TG2⑨：46（炉）

0   6厘米

图5-6　YA3-22出土北宋早中期第一阶段不明装烧方法青瓷碗、熏、盒等

273】13金村YA3-22TG2⑩：6，执壶。肩腹部残片。圆溜肩，肩腹相交处凸弦纹一圈。腹部呈多棱状，以凸棱将外腹分成若干个等大的区域，内饰花卉纹饰。残高13厘米。（图5-6；彩版5-25）

274】13金村YA3-22TG2⑨：49，执壶。圆唇，侈口，喇叭口，束颈较长，溜肩，失下部。颈部残留柄痕。以瓜棱将外腹划分成若干个等大的区域，内饰花卉纹。有开片。内有明显拉坯痕迹。颈肩相交处可见明显接胎痕迹。口径11.4、残高12.5厘米。（图5-6；彩版5-25）

275】13金村YA3-22TG2⑨：50，执壶。圆唇，侈口，喇叭口，束颈，失下部。颈部残留柄痕。较多开片。口径10.3、残高5.1厘米。（图5-6；彩版5-25）

276】13金村YA3-22TG2⑨：52，执壶。腹部残片。腹部呈多棱状，以瓜棱将外腹划分成若干个等大的区域，内饰花卉纹。有开片。残高13.7厘米。（图5-6）

277】13金村YA3-22TG2⑨：53，执壶。残片。人头形，上戴高冠。有开片。残宽2.7、残高3.3厘米。（图5-6；彩版5-26）

278】13 金村 YA3－22TG2⑧：10，执壶肩腹部残片。短束颈，溜肩，瓜棱形腹。以瓜棱将外腹划分成若干个等大的区域，内饰花卉纹。灰黄胎，胎质较粗。残宽 6.2、残高 4 厘米。（图 5－6；彩版 5－26）

炉

279】13 金村 YA3－22TG2⑨：46，炉。仅余炉耳。宽扁状。饰花卉纹饰。灰白胎，胎质较细。淡青釉。残宽 3.4、残高 9 厘米。（图 5－6；彩版 5－26）

罐

共 5 件。

280】13 金村 YA3－22TG2⑨：84，罐。仅余下腹部及底部。扁圆腹，平底。灰白胎，胎质粗。淡青釉泛灰，外底部露胎无釉。内有明显拉坯痕迹。底径 10.3、残高 18 厘米。（图 5－7；彩版 5－26）

281】13 金村 YA3－22TG2⑨：85，罐。仅余下腹部及底部。扁圆腹，平底。灰白胎，胎质粗。淡青釉泛灰，施半釉，外施釉至下腹，外底部露胎无釉。底径 10.4、残高 12.3 厘米。（图 5－7；彩版 5－26）

282】13 金村 YA3－22TG2⑨：51，罐。方唇，直口，短束颈，溜肩，失下部。颈部残留系痕。灰白胎，胎质较细。淡青釉。口径 12、残高 4.8 厘米。（图 5－7；彩版 5－26）

283】13 金村 YA3－22TG2⑩：5，罐。仅余口部及上腹部。方唇，平沿，直口，短束颈，溜肩，鼓腹。外腹素面，内腹素面。灰白胎，胎质较细。淡青釉。口径 10、残高 11.5 厘米。（图 5－7；彩版 5－27）

284】13 金村 YA3－22TG2⑩：8，罐。圆方唇，平沿，直口，短束颈，溜肩，肩部置单泥条系，上腹斜曲，下腹斜收，平底。外腹素面，内腹素面。灰白胎，胎质较细。淡青釉，布满开片，通体施釉，唯外底部露胎无釉。底径 8.4、残高 16 厘米。（图 5－7；彩版 5－27）

瓶

共 2 件。方唇，直口，短束颈，折肩，肩部对称置泥条系，筒形腹，失下部。肩部饰花卉纹。灰白胎，胎质较细。淡青釉。

285】13 金村 YA3－22TG2⑧：8，瓶。肩部对称置双泥条系。外腹饰多层蕉叶纹，填以篦纹。内有明显拉坯痕迹。口径 4、残高 8.9 厘米。（图 5－7；彩版 5－27）

286】13 金村 YA3－22TG2⑧：9，瓶。肩部对称置单泥条系。外腹以瓜棱分成若干个等大的区域，内饰花卉纹。口径 3.6、残高 3.8 厘米。（图 5－7；彩版 5－27）

钵

共 2 件。敛口，上腹斜直，下腹斜收，失下部。外上下腹相交处弦纹双圈；内腹素面。灰黄胎，胎质较细。淡青釉，较多细小开片。

287】13 金村 YA3－22TG2⑧：11，钵。方唇。外上下腹相交处凹弦纹双圈。口径 18.6、残高 8.4 厘米。（图 5－7；彩版 5－27）

288】13 金村 YA3－22TG2⑧：12，钵。圆唇。外上下腹相交处凸弦纹双圈。残高 6.5 厘米。（图 5－7；彩版 5－27）

284] YA3-22TG2⑩：8（罐）

283] YA3-22TG2⑩：5（罐）

287] YA3-22TG2⑧：11（钵）

285] YA3-22TG2⑧：8（瓶）

286] YA3-22TG2⑧：9（瓶）

288] YA3-22TG2⑧：12（钵）

0 　　　　　　6 厘米

280] YA3-22TG2⑨：84（罐）

281] YA3-22TG2⑨：85（罐）

282] YA3-22TG2⑨：51（罐）

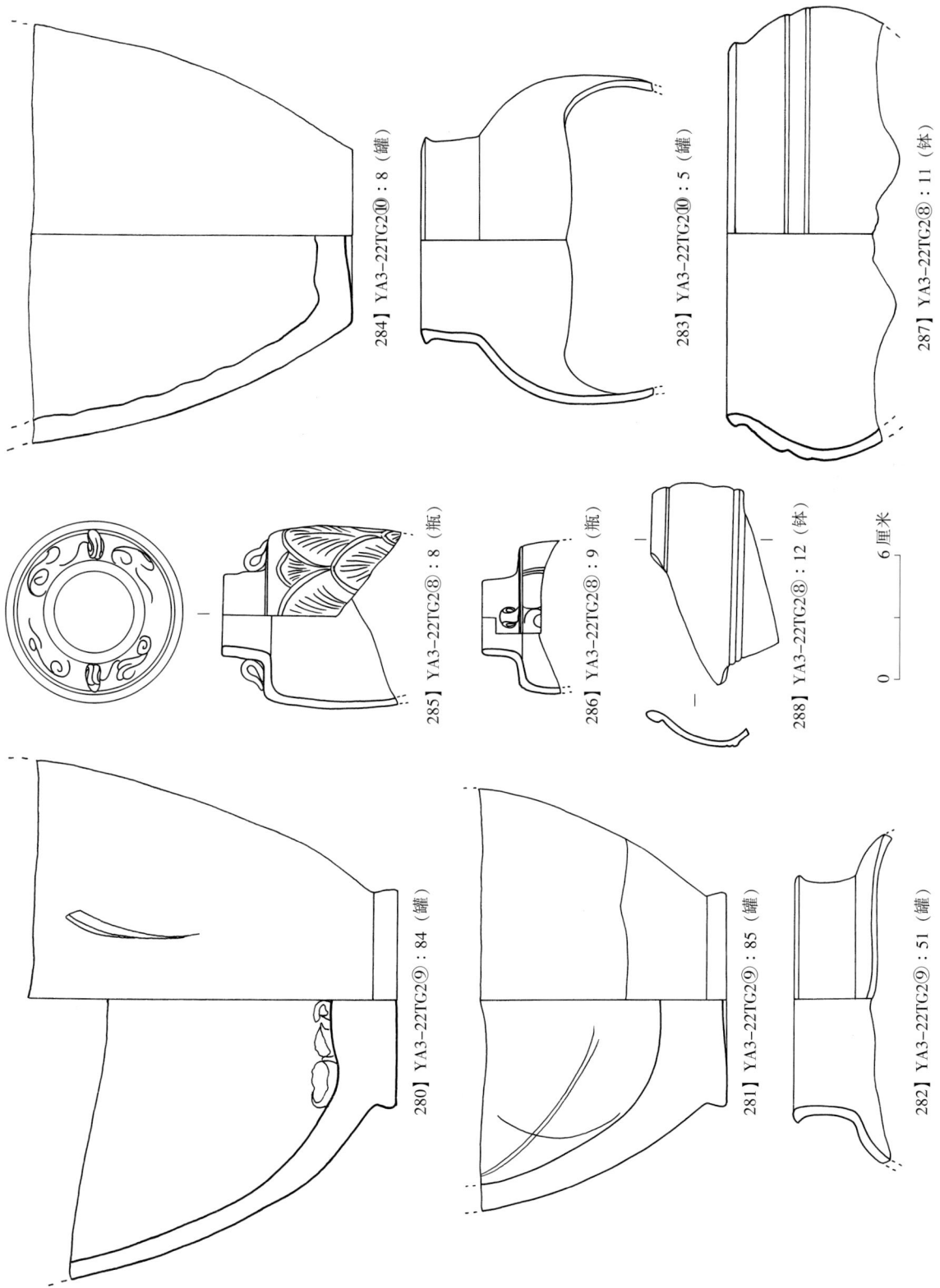

图 5-7　YA3-22 出土北宋早中期第一阶段不明装烧方法青瓷罐、瓶、钵

（二）窑具

匣钵

共 7 件。直筒形。方唇，上大下小，平底。

289】13 金村 YA3 - 22TG2⑩：13，匣钵。口径 9、底径 6、高 6.6 厘米。（图 5 - 8；彩版 5 - 28）

290】13 金村 YA3 - 22TG2⑨：56，匣钵。口径 14.3、底径 8.4、高 8.2 厘米。（图 5 - 8；彩版 5 - 28）

291】13 金村 YA3 - 22TG2⑨：60，匣钵。口径 12.4、底径 7.4、高 7.6 厘米。（图 5 - 8；彩版

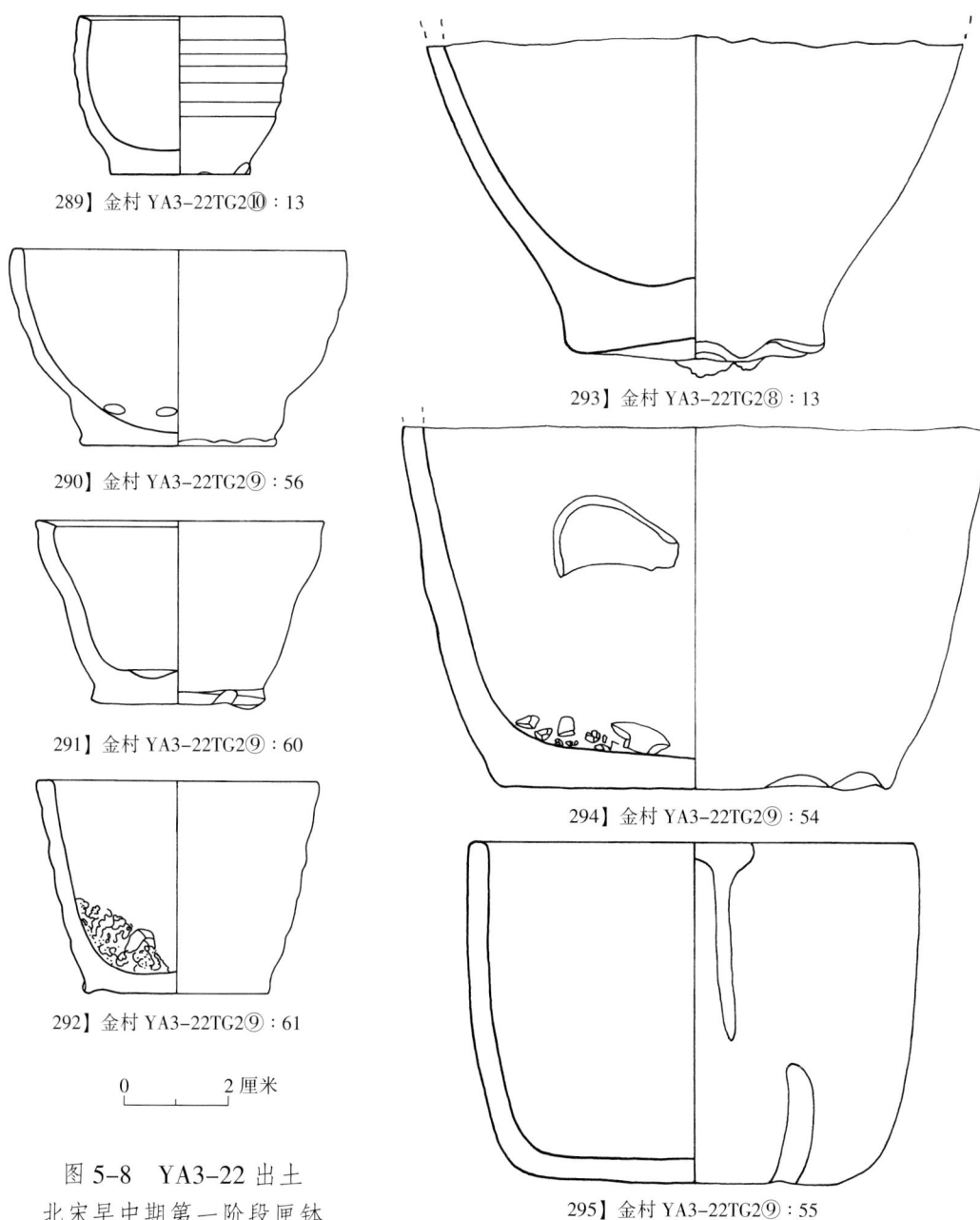

289】金村 YA3-22TG2⑩：13

290】金村 YA3-22TG2⑨：56

291】金村 YA3-22TG2⑨：60

292】金村 YA3-22TG2⑨：61

0   2 厘米

图 5-8　YA3-22 出土
北宋早中期第一阶段匣钵

293】金村 YA3-22TG2⑧：13

294】金村 YA3-22TG2⑨：54

295】金村 YA3-22TG2⑨：55

5-28）

292】13金村YA3-22TG2⑨：61，匣钵。口径12.2、底径7.8、高8.9厘米。（图5-8；彩版5-28）

293】13金村YA3-22TG2⑧：13，匣钵。残。底径11.2、残高14.2厘米。（图5-8）

294】13金村YA3-22TG2⑨：54，匣钵。底径17、残高15.2厘米。（图5-8；彩版5-28）

295】13金村YA3-22TG2⑨：55，匣钵。口径19.2、高14.2厘米。（图5-8；彩版5-28）

垫具

296】13金村YA3-22TG2⑩：12，垫具。整体呈杯形，中心处置一细高托柱。方唇，直口，斜曲腹，饼足较高。口径8.2、底径6.5、高9.5厘米。（图5-9；彩版5-29）

垫柱

共11件。上端平，内空；上大下小。

297】13金村YA3-22TG2⑨：58，垫柱。顶部粘连垫圈。直径15.8~20、高7厘米。（图5-9；彩版5-29）

298】13金村YA3-22TG2⑨：62，垫柱。束腰，腰部有一镂孔及少量手捏痕迹。直径9.4、残高16厘米。（图5-9；彩版5-29）

299】13金村YA3-22TG2⑨：63，垫柱。直径6.9~7、高5.4厘米。（图5-9；彩版5-29）

300】13金村YA3-22TG2⑨：64，垫柱。顶部有四个支烧痕迹。直径3.6~6.3、高3.6厘米。（图5-9；彩版5-29）

301】13金村YA3-22TG2⑨：65，垫柱。束腰。直径5.4~5.6、高3.7厘米。（图5-9；彩版5-29）

302】13金村YA3-22TG2⑨：66，垫柱。直径3.9~6.8、高4厘米。（图5-9；彩版5-30）

303】13金村YA3-22TG2⑨：67，垫柱。直径7.3、高3.4厘米。（图5-9；彩版5-30）

304】13金村YA3-22TG2⑨：68，垫柱。直径7.7、高3.6厘米。（图5-9）

305】13金村YA3-22TG2⑨：69，垫柱。直径4~5.7、高2.5厘米。（图5-9；彩版5-30）

306】13金村YA3-22TG2⑨：71，垫柱。圆柱形，中空，微束腰。瓷质。直径6、高3.2厘米。（图5-9；彩版5-30）

307】13金村YA3-22TG2⑨：72，垫柱。直径3.8~5.2、高3.5厘米。（图5-9；彩版5-30）

垫圈

共11件。环形。

308】13金村YA3-22TG2⑨：70，垫圈。直径7.2、高1.5厘米。（图5-9；彩版5-31）

309】13金村YA3-22TG2⑨：73，垫圈。直径7.2、高1.6厘米。（图5-9；彩版5-31）

310】13金村YA3-22TG2⑨：74，垫圈。直径4、高1.6厘米。（图5-9；彩版5-31）

311】13金村YA3-22TG2⑨：75，垫圈。瓷质。直径3、高1.4厘米。（图5-9；彩版5-31）

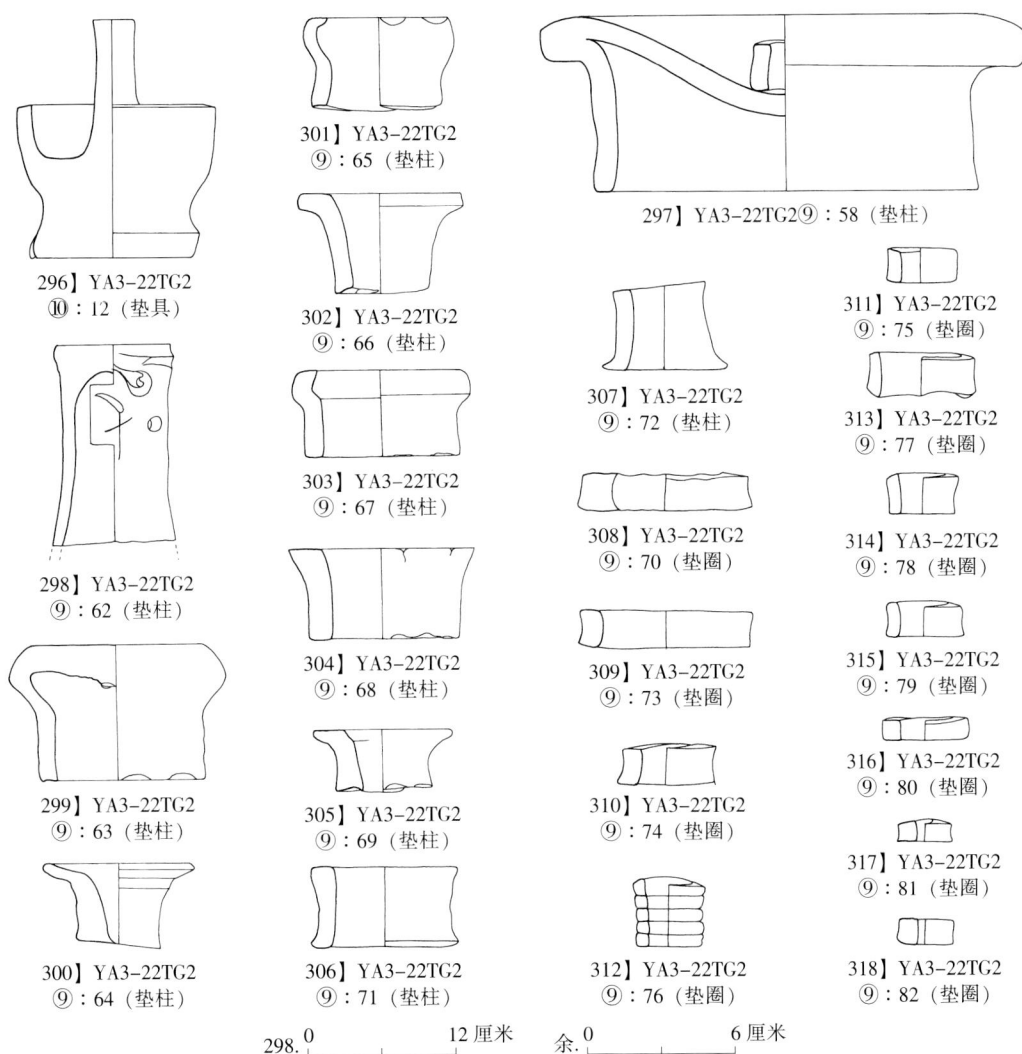

296】YA3-22TG2
⑩：12（垫具）

301】YA3-22TG2
⑨：65（垫柱）

302】YA3-22TG2
⑨：66（垫柱）

303】YA3-22TG2
⑨：67（垫柱）

304】YA3-22TG2
⑨：68（垫柱）

305】YA3-22TG2
⑨：69（垫柱）

306】YA3-22TG2
⑨：71（垫柱）

298】YA3-22TG2
⑨：62（垫柱）

299】YA3-22TG2
⑨：63（垫柱）

300】YA3-22TG2
⑨：64（垫柱）

297】YA3-22TG2⑨：58（垫柱）

307】YA3-22TG2
⑨：72（垫柱）

308】YA3-22TG2
⑨：70（垫圈）

309】YA3-22TG2
⑨：73（垫圈）

310】YA3-22TG2
⑨：74（垫圈）

312】YA3-22TG2
⑨：76（垫圈）

311】YA3-22TG2
⑨：75（垫圈）

313】YA3-22TG2
⑨：77（垫圈）

314】YA3-22TG2
⑨：78（垫圈）

315】YA3-22TG2
⑨：79（垫圈）

316】YA3-22TG2
⑨：80（垫圈）

317】YA3-22TG2
⑨：81（垫圈）

318】YA3-22TG2
⑨：82（垫圈）

298. 0 ──── 12厘米　余. 0 ──── 6厘米

图5-9　YA3-22出土北宋早中期第一阶段垫具、垫柱、垫圈

312】13金村YA3-22TG2⑨：76，垫圈。瓷质。五个粘连。直径3、通高2.8厘米。（图5-9；彩版5-31）

313】13金村YA3-22TG2⑨：77，垫圈。直径4.4、高1.8厘米。（图5-9；彩版5-31）

314】13金村YA3-22TG2⑨：78，垫圈。环形。直径3、高1.5厘米。（图5-9；彩版5-31）

315】13金村YA3-22TG2⑨：79，垫圈。直径3.3、高1.5厘米。（图5-9）

316】13金村YA3-22TG2⑨：80，垫圈。直径3.6、高0.9厘米。（图5-9；彩版5-31）

317】13金村YA3-22TG2⑨：81，垫圈。瓷质。直径2.3、高0.9厘米。（图5-9；彩版5-31）

318】13金村YA3-22TG2⑨：82，垫圈。瓷质。直径2.4、高1厘米。（图5-9；彩版5-31）

第二阶段

（一）瓷器

根据装烧方法的不同分为四大类。

1. 第一大类：半釉叠烧

敞口碗

共3件。依据腹部特征分为两小类。

第一小类，2件。圆唇，敞口，斜曲腹，圈足。外腹素面；内腹素面；内心弦纹一圈，内素面。灰白胎，胎质较细。淡青釉，施半釉，外施釉至下腹，外底部露胎无釉。内心有长条形支烧痕迹。

319】13金村YA3-22TG2⑦a：4，碗。上下共4件相同的碗叠烧。唇口。内心有六处长条形叠烧痕迹。通残高8.5厘米。（图5-10；彩版5-32）

320】13金村YA3-22TG2⑦a：5，碗。内心有五处长条形叠烧痕迹。口径14.6、足径6.2、高5.4厘米。（图5-10；彩版5-32）

第二小类，1件。斗笠碗。

321】13金村YA3-22TG2⑦a：12，碗。圆唇，斜直腹，圈足。外腹素面；内腹素面；内心弦纹一圈，内素面。灰白胎，胎质较细。淡青釉，施半釉，外施釉至下腹，外底部露胎无釉。口径10.7、足径3.5、高4.2厘米。（图5-10；彩版5-32）

侈口碗

322】13金村YA3-22TG2⑦a：6，碗。圆唇，侈口，斜曲腹，圈足。外腹素面；内腹素面；内心弦纹一圈，内素面。灰白胎，胎质较细。淡青釉，施半釉，外施釉至足端，外底部露胎无釉。口径10.4、足径4.4、高5厘米。（图5-10；彩版5-32）

不明型式碗

共2件。

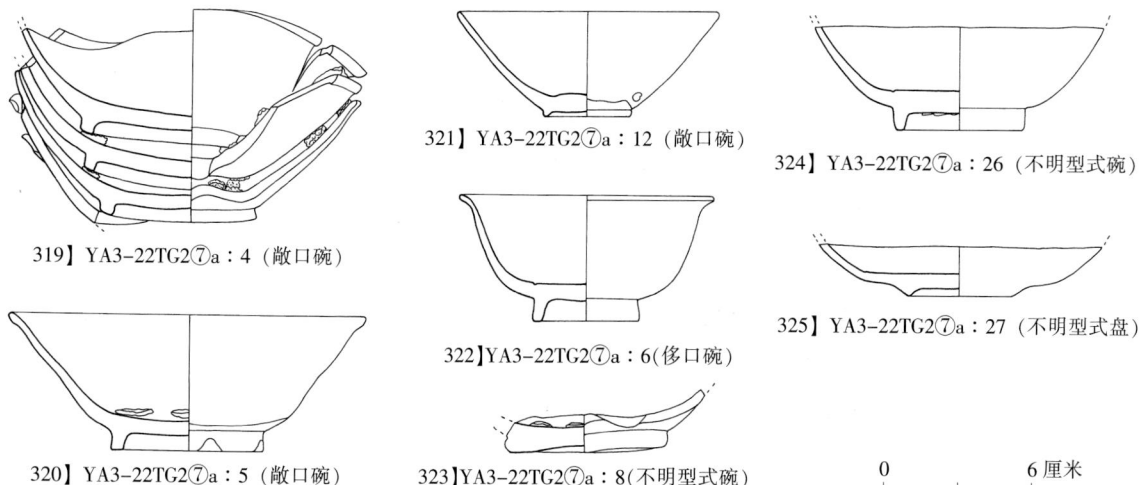

319】YA3-22TG2⑦a：4（敞口碗）

321】YA3-22TG2⑦a：12（敞口碗）

324】YA3-22TG2⑦a：26（不明型式碗）

322】YA3-22TG2⑦a：6(侈口碗)

325】YA3-22TG2⑦a：27（不明型式盘）

320】YA3-22TG2⑦a：5（敞口碗）

323】YA3-22TG2⑦a：8(不明型式碗)

0   6厘米

图5-10　YA3-22出土北宋早中期第二阶段半釉叠烧青瓷碗、盘

323】 13 金村 YA3 - 22TG2⑦a：8，碗。失口部，斜曲腹，饼足微内凹。内心弦纹一圈，内素面。灰白胎，胎质较细。淡青釉，施半釉，外施釉至下腹，外底部露胎无釉。内心有五处长条形叠烧痕迹。残高 2.3 厘米。（图 5 - 10）

324】 13 金村 YA3 - 22TG2⑦a：26，碗。失口部，斜曲腹，圈足。外腹素面；内腹素面；内心弦纹一圈，内素面。灰白胎，胎质较细。淡青釉，施半釉，外施釉至下腹，外底部露胎无釉。外底部有叠烧痕迹。足径 5.2、残高 4.1 厘米。（图 5 - 10）

不明型式盘

325】 13 金村 YA3 - 22TG2⑦a：27，盘。失口部，斜曲腹，隐圈足。外腹素面；内腹素面；内心弦纹一圈，内素面。灰白胎，胎质较细。淡青釉，施半釉，外施釉至下腹，外底部露胎无釉。足径 4.3、残高 2 厘米。（图 5 - 10；彩版 5 - 32）

2. 第二大类：满釉，垫圈垫烧

不明型式碗

共 3 件。失口部，圈足。外腹素面，内腹素面或饰花卉纹，内心饰花卉纹。灰白胎，胎质较细。淡青釉。通体施釉。

326】 13 金村 YA3 - 22TG2⑦a：1，碗。斜曲腹。内腹素面；内心弦纹一圈，内饰花卉纹饰。足径 6.2、残高 3.9 厘米。（图 5 - 11；彩版 5 - 33）

327】 13 金村 YA3 - 22TG2⑦a：7，碗。斜曲腹。内腹素面；内心弦纹一圈，内饰花卉纹饰。较多开片，有积釉现象。足径 6.6、残高 3.2 厘米。（图 5 - 11；彩版 5 - 33）

328】 13 金村 YA3 - 22TG2⑦a：10，碗。斜直腹。内腹及内心饰蕉叶纹。较多开片，有积釉现象。足径 4、残高 3 厘米。（图 5 - 11；彩版 5 - 33）

不明型式盘

329】 13 金村 YA3 - 22TG2⑦a：13，盘。失口部，斜曲腹，隐圈足。外腹素面；内腹素面；内心弦纹一圈，内饰花卉纹。灰白胎，胎质较粗。淡青釉，通体施釉。足径 5.3、残高 1.8 厘米。（图 5 - 11；彩版 5 - 34）

敞口盏

330】 13 金村 YA3 - 22TG2⑦a：2，盏。圆唇，敞口近直，花口，斜曲腹，圈足。外腹素面，对应花口处有压痕；内腹素面；内心弦纹一圈，内素面。灰白胎，胎质较细。淡青釉，通体施釉。口径 8、足径 4.1、高 4.5 厘米。（图 5 - 11；彩版 5 - 34）

执壶

共 2 件。外腹呈多棱状。灰白胎。淡青釉。通体施釉。

331】 13 金村 YA3 - 22TG2⑦a：16，执壶。仅余下腹部及圈足。外腹呈多棱状，以瓜棱将外腹分成若干个等大的区域，内素面。胎质较粗。较多开片。足径 9.2、残高 7.8 厘米。（图 5 - 11；彩版 5 - 34）

332】 13 金村 YA3 - 22TG2⑦a：29，执壶。圆唇，侈口，束颈较长，丰肩，颈肩部置一柄，瓜棱形腹，圈足。外腹以瓜棱分成六个等大的区域，内饰花卉纹。胎质较细。较多开片。外底部残见支烧痕迹。口径 10.7、足径 9.1、高 25.6 厘米。（图 5 - 11；彩版 5 - 34）

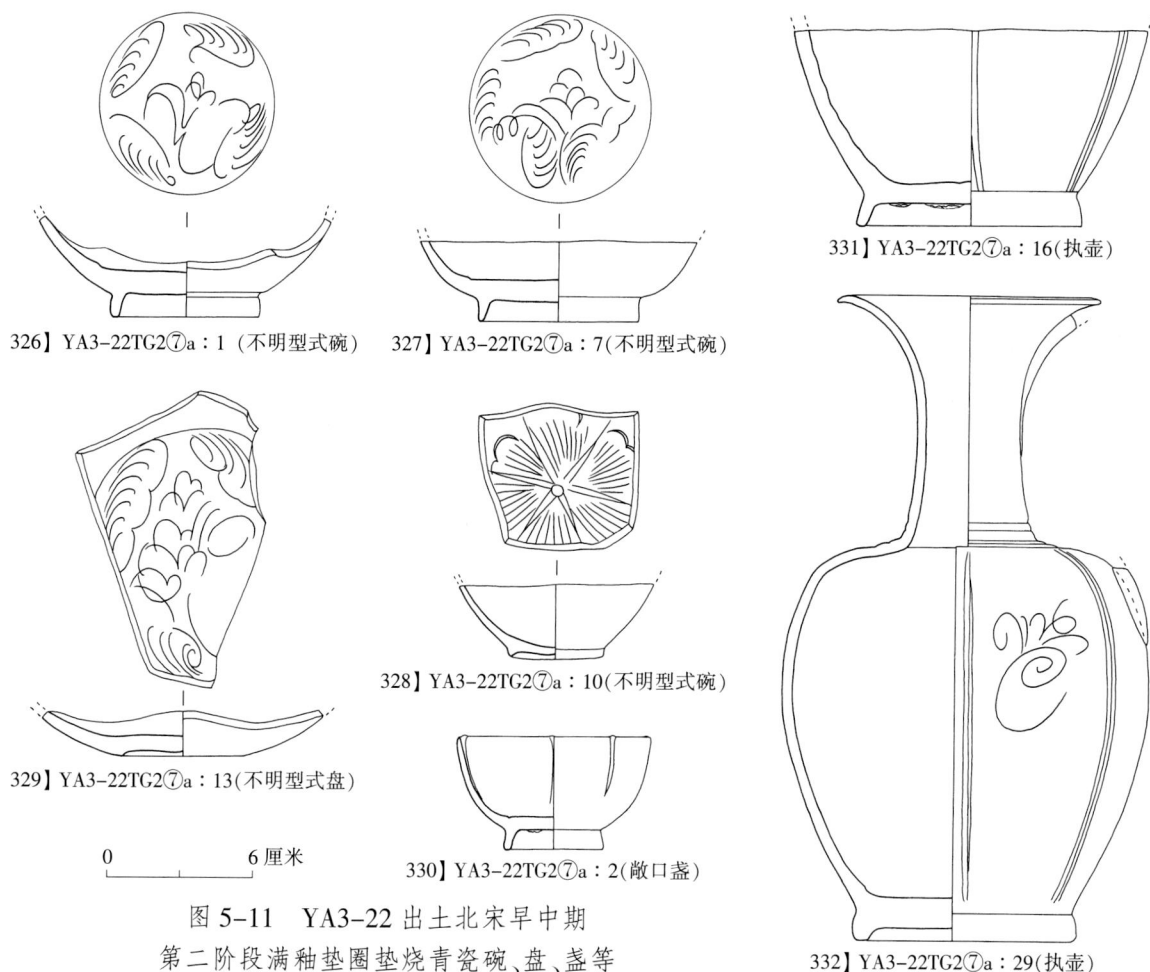

326】YA3-22TG2⑦a：1（不明型式碗）

327】YA3-22TG2⑦a：7（不明型式碗）

331】YA3-22TG2⑦a：16（执壶）

328】YA3-22TG2⑦a：10（不明型式碗）

329】YA3-22TG2⑦a：13（不明型式盘）

0   6厘米

330】YA3-22TG2⑦a：2（敞口盏）

图5-11　YA3-22出土北宋早中期
第二阶段满釉垫圈垫烧青瓷碗、盘、盏等

332】YA3-22TG2⑦a：29（执壶）

3. 第三大类：外底部露胎无釉，泥质垫饼垫烧

敞口碗

333】13金村YA3-22TG2⑦a：3，碗。圆唇，敞口，花口，斜曲腹，圈足。外腹素面，对应花口处有压痕；内腹素面；内心弦纹一圈，内素面。灰白胎，胎质较细。淡青釉，通体施釉，唯外底部露胎无釉，内有垫饼支烧痕迹。口径11、足径5.2、高5.5厘米。（图5-12；彩版5-35）

侈口碗

共2件。圆唇，侈口，斜曲腹，圈足。外腹素面或饰折扇纹；内腹素面；内心弦纹一圈，内素面。灰白胎，胎质较细。淡青釉，通体施釉，唯外底部露胎无釉。

334】13金村YA3-22TG2⑦a：20，碗。外口沿下弦纹一圈，下饰折扇纹；内腹弦纹一圈。口径14.2、足径5.2、高7厘米。（图5-12；彩版5-35）

335】13金村YA3-22TG2⑦a：21，碗。圆唇，侈口，斜曲腹，圈足。外腹素面。口径11.2、足径4.5、高4.7厘米。（图5-12；彩版5-35）

不明型式碗

共5件。失口部，斜曲腹，圈足。外腹素面；内腹素面；内心弦纹一圈，内素面。灰白胎，

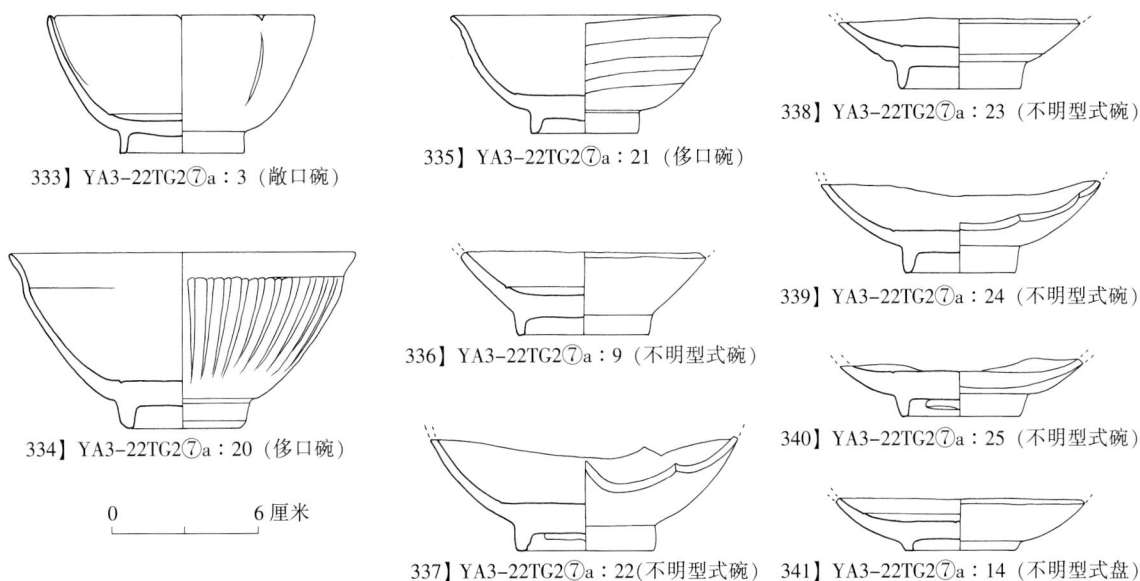

333】YA3-22TG2⑦a：3（敞口碗）

335】YA3-22TG2⑦a：21（侈口碗）

338】YA3-22TG2⑦a：23（不明型式碗）

334】YA3-22TG2⑦a：20（侈口碗）

0   6厘米

336】YA3-22TG2⑦a：9（不明型式碗）

339】YA3-22TG2⑦a：24（不明型式碗）

337】YA3-22TG2⑦a：22（不明型式碗）

340】YA3-22TG2⑦a：25（不明型式碗）

341】YA3-22TG2⑦a：14（不明型式盘）

图5-12 YA3-22 出土北宋早中期第二阶段外底部露胎无釉泥质垫饼垫烧青瓷碗、盘

胎质较细。淡青釉，通体施釉，唯外底部露胎无釉。

336】13 金村 YA3-22TG2⑦a：9，碗。外底部有垫饼支烧痕迹。足径 5.5、残高 3.3 厘米。（图5-12）

337】13 金村 YA3-22TG2⑦a：22，碗。外底部残留一垫饼碎块。足径 5.8、残高 4.3 厘米。（图5-12）

338】13 金村 YA3-22TG2⑦a：23，碗。足径 5.1、残高 2.8 厘米。（图5-12）

339】13 金村 YA3-22TG2⑦a：24，碗。足径 4.7、残高 3.7 厘米。（图5-12）

340】13 金村 YA3-22TG2⑦a：25，碗。布满开片。外底部粘连垫饼。足径 5、残高 2.3 厘米。（图5-12；彩版5-35）

不明型式盘

341】13 金村 YA3-22TG2⑦a：14，盘。失口部，斜曲腹，圈足。外腹素面；内腹素面；内心弦纹一圈，内素面，内心小圆圈。灰白胎，胎质较细。淡青釉，通体施釉，唯外底部露胎无釉，内有垫饼支烧痕迹。足径 4.7、残高 2.1 厘米。（图5-12）

4. 第四大类：不明装烧方法

侈口碗

342】13 金村 YA3-22TG2⑦a：11，碗。圆唇，侈口，斜曲腹，失下部。外口沿下饰折扇纹；内口沿下弦纹一圈，下素面。灰白胎，胎质较细。淡青釉。口径 14、残高 5 厘米。（图5-13；彩版5-36）

执壶

343】13 金村 YA3-22TG2⑦a：15，执壶。仅余底部，圈足。灰胎，胎质较粗。淡青釉，外底部露胎无釉。足径 8.4、残高 2.6 厘米。（图5-13）

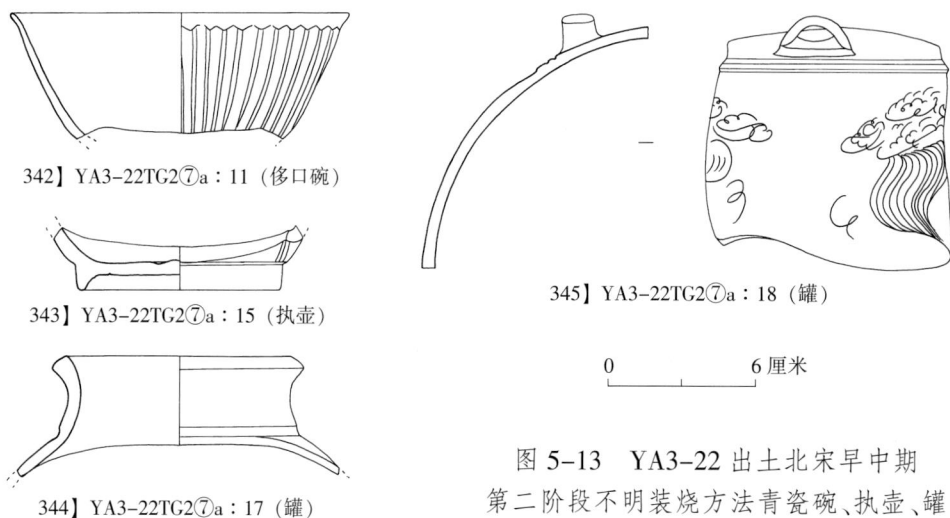

342】YA3-22TG2⑦a：11（侈口碗）

343】YA3-22TG2⑦a：15（执壶）

344】YA3-22TG2⑦a：17（罐）

345】YA3-22TG2⑦a：18（罐）

0　　　　　　6厘米

图 5-13　YA3-22 出土北宋早中期
第二阶段不明装烧方法青瓷碗、执壶、罐

罐

共 2 件。

344】13 金村 YA3-22TG2⑦a：17，罐。方唇，平沿，直口，短束颈，溜肩，失下部。灰胎，胎质较粗。淡青釉。口径 10.4、残高 4.8 厘米。（图 5-13；彩版 5-36）

345】13 金村 YA3-22TG2⑦a：18，罐。肩腹部残片。丰肩，鼓腹。肩部置单泥条系，上有凹弦纹三道。肩部饰花卉纹饰，肩与腹相交处凸弦纹三圈，腹部饰花卉纹饰。灰胎，胎质较粗。淡青釉。残高 9.3 厘米。（图 5-13；彩版 5-36）

（二）窑具

匣钵

共 2 件。均为 M 形。

346】13 金村 YA3-22TG2⑦a：19，匣钵。直径 13.2~14、高 6.7 厘米。（图 5-14；彩版 5-36）

347】13 金村 YA3-22TG2⑦a：28，匣钵。残，完整器应为 M 形。上粘连垫饼及淡青釉残片。通残高 2.1 厘米。（图 5-14；彩版 5-36）

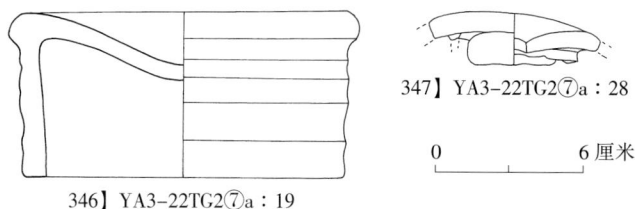

346】YA3-22TG2⑦a：19

347】YA3-22TG2⑦a：28

0　　　　　　6厘米

图 5-14　YA3-22 出土北宋早中期第二阶段匣钵

二　北宋晚期

第一阶段

瓷器

敞口碗

共 3 件。根据腹部特征分为两小类。

第一小类，1 件。

348】13 金村 YA3-22TG2⑤：6，碗。圆唇，敞口微侈，斜曲腹，圈足。外口沿下弦纹一圈，下饰刻划折扇纹；内腹饰团状花卉纹饰，填以篦划纹；内心弦纹一圈，内素面。白胎，胎质较细。青釉，全器满施釉，唯外底部露胎无釉。内心粘连匣钵残块。口径 16.2、足径 5、高 5.4 厘米。（图 5-15；彩版 5-37）

第二小类，2 件。斗笠碗。圆唇，敞口，斜直腹，圈足。外腹素面或饰折扇纹。灰胎。青釉，全器满施釉，唯外底部露胎无釉。

349】13 金村 YA3-22TG2⑤：12，碗。敞口微侈。外腹饰折扇纹；内腹弦纹一圈；内心弦纹一圈，内素面。灰白胎，胎质较细。有积釉现象。口径 11、足径 3.4、高 5.3 厘米。（图 5-15；彩版 5-37）

350】13 金村 YA3-22TG2⑤：13，碗与匣钵粘连标本。匣钵残，完整器应为 M 形。碗口径 9.2、足径 3、高 4 厘米，碗与匣钵通高 6 厘米。（图 5-15；彩版 5-37）

侈口碗

351】13 金村 YA3-22TG2⑤：10，碗。圆唇，侈口，斜直腹，圈足。外腹饰折扇纹；内腹素面；内心弦纹一圈，内素面。生烧。灰胎，胎质较粗。青釉，布满开片。全器满施釉，唯外底部露胎无釉。口径 10.6、足径 3.6、高 5.5 厘米。（图 5-15；彩版 5-37）

不明型式碗

共 6 件。失口部，斜曲腹，圈足。外腹刻划折扇纹；内腹饰团状花卉纹饰，填以篦划纹；内心弦纹一圈，内素面或饰花卉纹。灰胎。青釉，全器满施釉，唯外底部露胎无釉。

352】13 金村 YA3-22TG2⑤：1，碗。腹较深。内心素面。灰白胎，胎质较粗。青釉微泛黄，满布开片。足径 4.8、残高 5.8 厘米。（图 5-15；彩版 5-38）

353】13 金村 YA3-22TG2⑤：3，碗。内心素面。白胎，胎质较细。布满细小开片。足径 4.8、残高 4.8 厘米。（图 5-15；彩版 5-38）

354】13 金村 YA3-22TG2⑤：4，碗。内心饰花卉纹饰。黄胎，胎质较粗。青釉泛黄。足径 6、残高 5.3 厘米。（图 5-15；彩版 5-38）

355】13 金村 YA3-22TG2⑤：5，碗。内心饰花卉纹饰。黄白胎，胎质较粗。黄釉。足径 6、残高 4.3 厘米。（图 5-15；彩版 5-38）

356】13 金村 YA3-22TG2⑤：7，碗。内腹饰团状花卉纹饰，填以篦点纹；内心饰花卉纹饰。布满开片。足径 5.6、残高 5.3 厘米。（图 5-15；彩版 5-39）

357】13 金村 YA3 - 22TG2⑤：9，碗。斜腹。内心饰花卉纹饰。黄胎，胎质较细。黄釉，布满开片。外底部粘连垫饼。足径 3.6、残高 2.9 厘米。（图 5 - 15；彩版 5 - 39）

敞口盘

共 2 件。圆唇，敞口，斜曲腹，圈足。外腹弦纹一圈；内口沿下弦纹一圈，内腹及内心以盘心为中心对称置团状花卉纹饰，填以篦划纹；内心饰以小圆圈。灰白胎，胎质较细。青釉，全器满施釉，唯外底部露胎无釉。

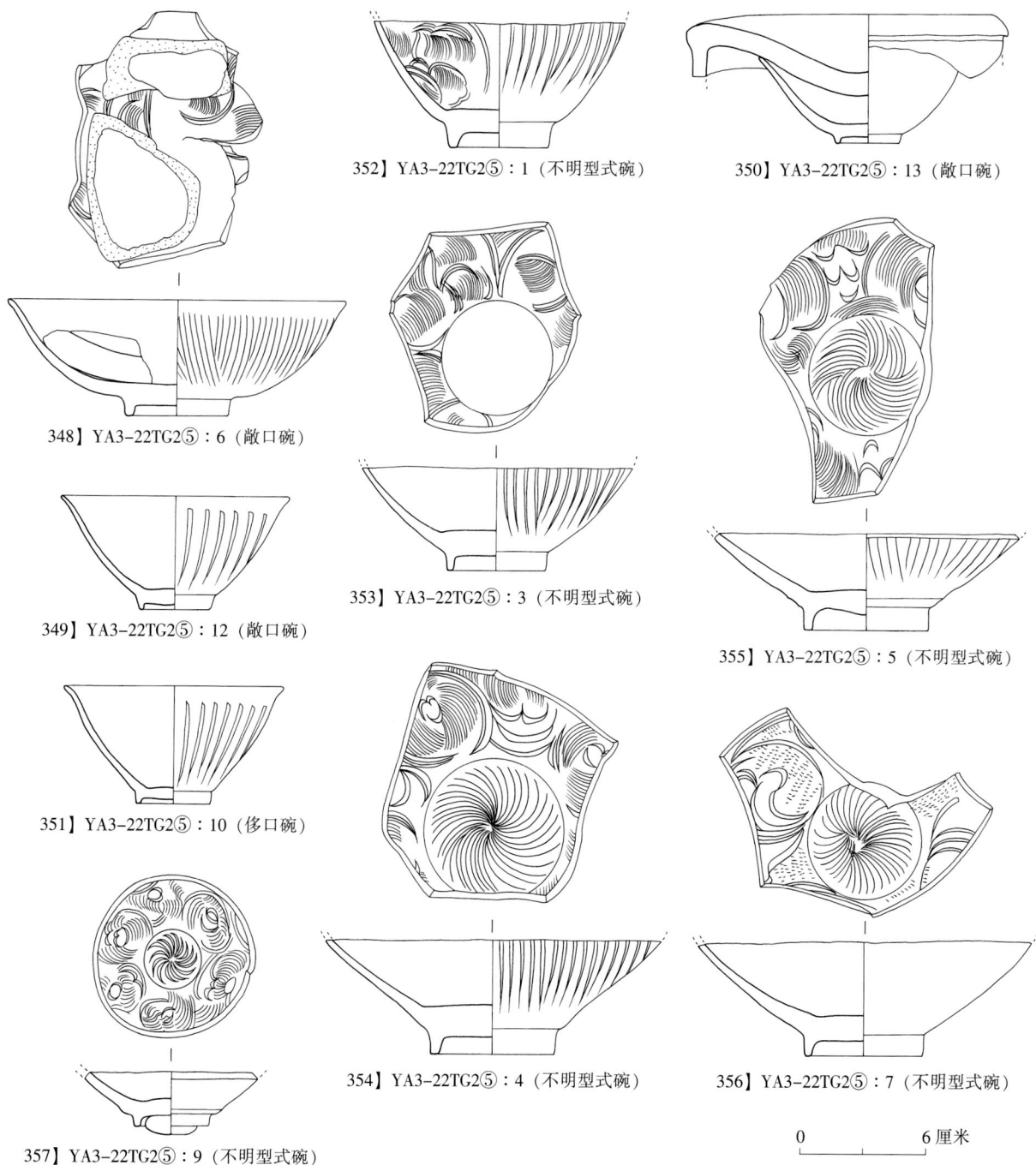

348】YA3-22TG2⑤：6（敞口碗）

349】YA3-22TG2⑤：12（敞口碗）

351】YA3-22TG2⑤：10（侈口碗）

357】YA3-22TG2⑤：9（不明型式碗）

352】YA3-22TG2⑤：1（不明型式碗）

353】YA3-22TG2⑤：3（不明型式碗）

354】YA3-22TG2⑤：4（不明型式碗）

350】YA3-22TG2⑤：13（敞口碗）

355】YA3-22TG2⑤：5（不明型式碗）

356】YA3-22TG2⑤：7（不明型式碗）

0   6 厘米

图 5 - 15　YA3 - 22 出土北宋晚期第一阶段青瓷碗

358】13 金村 YA3－22TG2⑤：18，盘。口径 13.8、足径 4.6、高 3.8 厘米。（图 5－16；彩版 5－40）

359】13 金村 YA3－22TG2⑤：19，盘。口径 13.4、足径 4.4、高 4 厘米。（图 5－16；彩版 5－39）

不明型式盘

共 2 件。失口部，仅余下腹部及圈足。外腹素面；内腹及内心满饰花卉纹饰，填以篦划纹。灰胎或黄胎，胎质较粗。青釉，全器满施釉，唯外底部露胎无釉。

360】13 金村 YA3－22TG2⑤：16，盘。内腹及内心满饰团状花卉纹饰。黄胎。黄釉。足径 4.7、残高 2.6 厘米。（图 5－16；彩版5－40）

361】13 金村 YA3－22TG2⑤：17，盘。内腹及内心满饰花卉纹饰。灰白胎。外底部粘连垫饼。足径 5.6、残高 1.9 厘米。（图 5－16；彩版 5－40）

盒

362】13 金村 YA3－22T2⑤：21，盒。仅余盒身口部。子口，圆唇，直口，上腹竖直，失下部。灰黄胎，胎质较粗。青釉泛黄。口径 11、残高 2.5 厘米。（图 5－16；彩版 5－40）

罐

363】13 金村 YA3－22TG2⑤：20，罐。仅余下腹部及圈足。外腹饰瓜棱纹，内腹及内心素面。灰白胎，胎质较细。青釉泛黄，全器满施釉，唯外底部露胎无釉。足径 8、残高 7.2 厘米。（图 5－16；彩版 5－40）

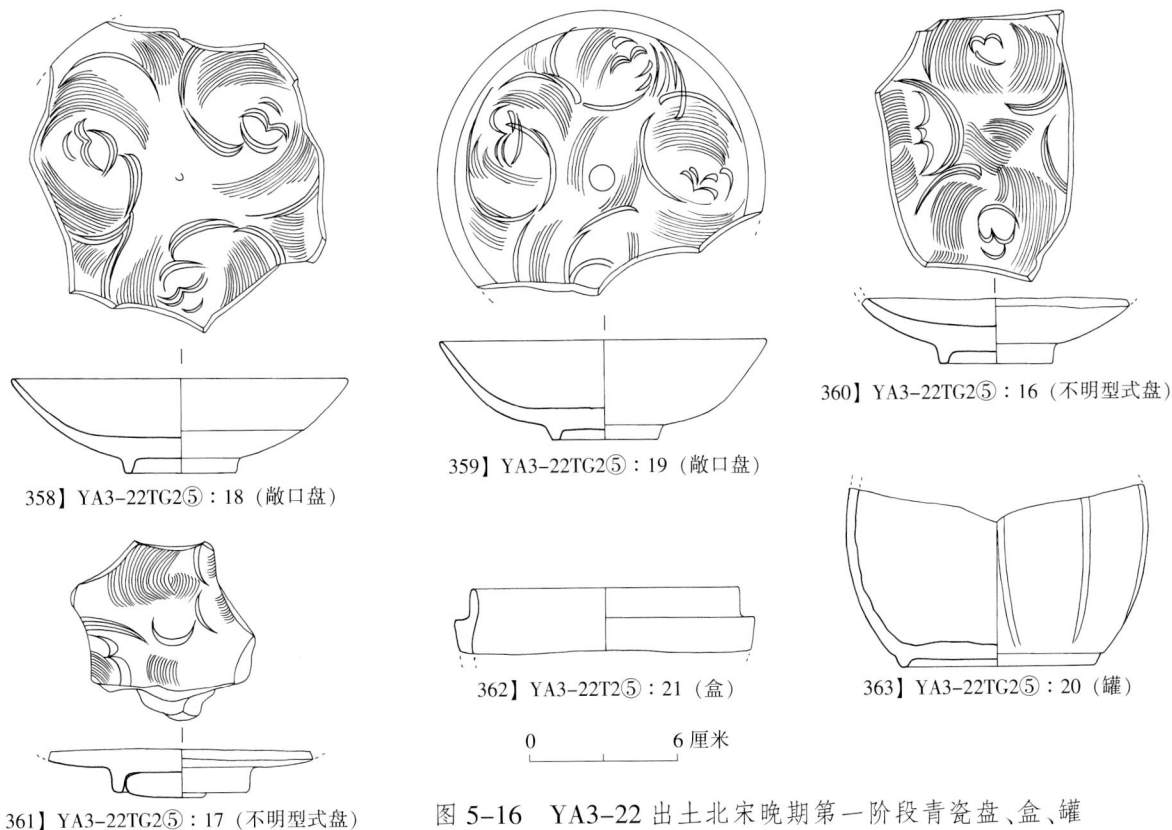

358】YA3-22TG2⑤：18（敞口盘）

359】YA3-22TG2⑤：19（敞口盘）

360】YA3-22TG2⑤：16（不明型式盘）

361】YA3-22TG2⑤：17（不明型式盘）

362】YA3-22T2⑤：21（盒）

363】YA3-22TG2⑤：20（罐）

0   6 厘米

图 5－16　YA3－22 出土北宋晚期第一阶段青瓷盘、盒、罐

第二阶段

（一）瓷器

敞口碗

共14件。根据腹部特征分为两小类。

第一小类，13件。圆唇，敞口，斜曲腹，圈足。外腹饰折扇纹；内腹饰花卉纹；内心弦纹一圈，内素面或饰花卉纹。灰白胎，胎质较粗。青釉，全器满施釉，唯外底部露胎无釉。

364】13金村YA3-22TG2④：6，碗。仅余口部及上腹部。外口沿下弦纹一圈，下饰折扇纹；内口沿下弦纹双圈，内饰条带状花卉纹饰，下饰荷花荷叶纹饰，填以篦点纹。青釉泛黄。口径18.6、残高6.5厘米。（图5-17）

365】13金村YA3-22TG2④：7，碗。外口沿下弦纹一圈，下饰折扇纹；内腹饰花卉纹饰，填以篦点纹；内心素面。较多开片。足径4.8、残高3.2厘米。（图5-17；彩版5-41）

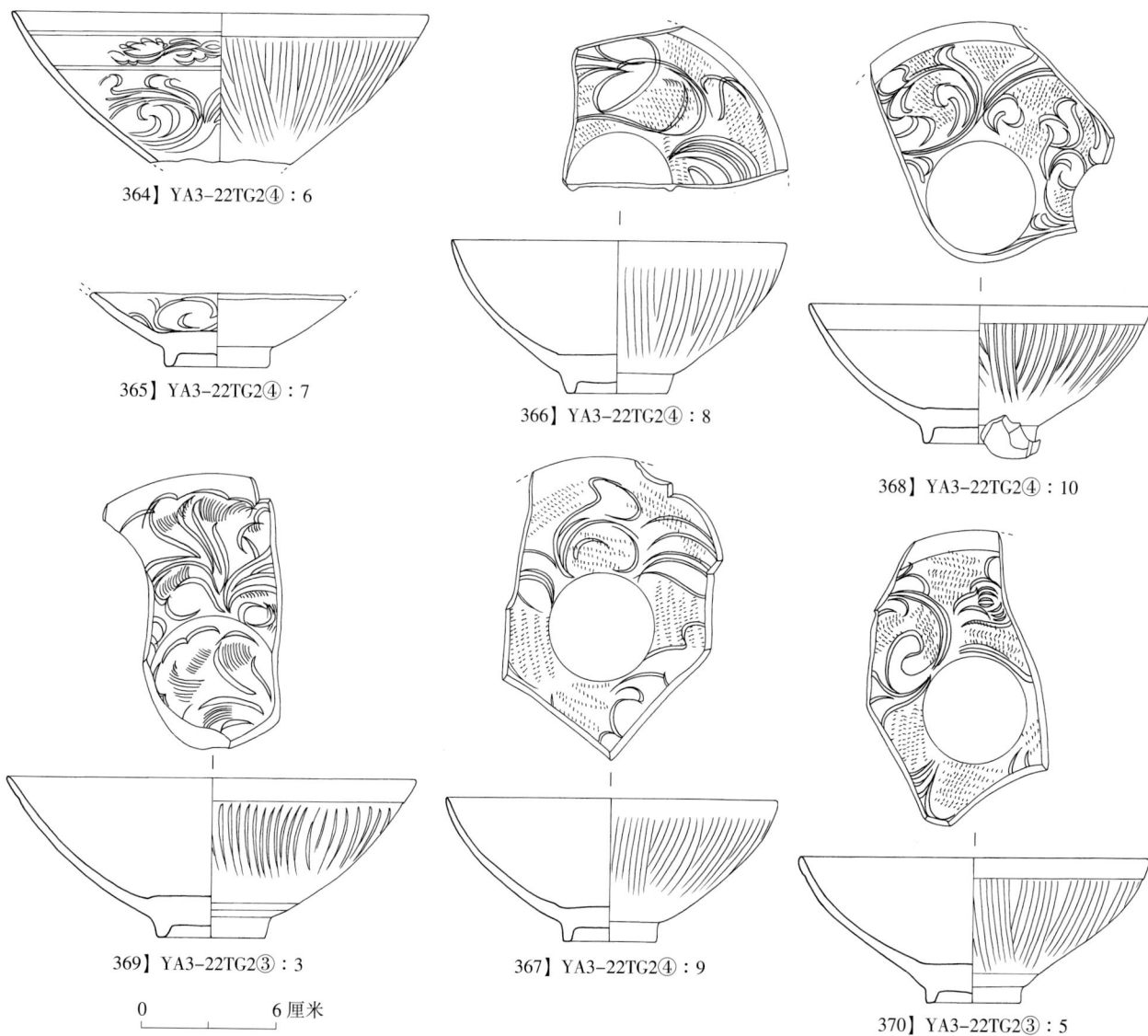

364】YA3-22TG2④：6

365】YA3-22TG2④：7

366】YA3-22TG2④：8

368】YA3-22TG2④：10

369】YA3-22TG2③：3

0   6厘米

367】YA3-22TG2④：9

370】YA3-22TG2③：5

图5-17　YA3-22出土北宋晚期第二阶段青瓷敞口碗

366】13 金村 YA3-22TG2④：8，碗。内口沿下弦纹一圈，下饰团状花卉纹饰，填以篦点纹；内心素面。青釉微泛黄。口径15、足径4.6、高6.6厘米。（图5-17；彩版5-41）

367】13 金村 YA3-22TG2④：9，碗。内口沿下饰花卉纹饰，填以篦点纹；内心素面。灰黄胎。青釉微泛黄，较多开片。口径14.8、足径4.2、高6.2厘米。（图5-17；彩版5-41）

368】13 金村 YA3-22TG2④：10，碗。外口沿下弦纹一圈，下饰折扇纹；内口沿下弦纹一圈，下饰荷花荷叶纹饰，填以篦点纹；内心饰花卉纹饰。灰胎。口径15.2、足径5、高6.6厘米。（图5-17；彩版5-42）

369】13 金村 YA3-22TG2③：3，碗。外口沿下弦纹一圈，下饰折扇纹；内腹饰花卉纹饰，填以篦划纹；内心饰花卉纹饰，填以篦纹。灰白胎，胎质较粗。较多开片。口径18.2、足径4.9、高6.9厘米。（图5-17；彩版5-42）

370】13 金村 YA3-22TG2③：5，碗。内腹饰荷花荷叶纹饰，填以篦点纹；内心素面。灰黄胎，胎质较细。青黄釉。口径15.6、足径4.3、高6.3厘米。（图5-17；彩版5-43）

371】13 金村 YA3-22TG2③：9，碗。外口沿下弦纹一圈，下饰折扇纹；内口沿下弦纹双圈，内饰条带状海水纹饰，下饰荷花荷叶纹饰，填以篦点纹；内心素面。青釉泛黄，较多开片。口径17.6、足径5、高7.6厘米。（图5-18；彩版5-43）

372】13 金村 YA3-22TG2③：10，碗。外口沿下弦纹一圈，下饰折扇纹；内口沿下弦纹一圈，下饰花卉纹饰，填以篦点纹；内心素面。口径15.4、足径4.5、高6厘米。（图5-18；彩版5-43）

373】13 金村 YA3-22TG2③：11，碗。内口沿下弦纹一圈，下饰荷花荷叶纹饰，填以篦点纹；内心素面。口径16、足径4.4、高6.2厘米。（图5-18；彩版5-44）

374】13 金村 YA3-22TG2③：12，碗。内口沿下弦纹双圈，内饰条带状海水纹饰，下饰荷花荷叶纹饰，填以篦点纹；内心饰花卉纹饰。胎质较细。青釉。口径17.8、足径5.3、高7.9厘米。（图5-18；彩版5-44）

375】13 金村 YA3-22TG2③：13，碗。内口沿下弦饰花卉纹饰，填以篦点纹；内心弦纹一圈，内素面。胎质较细。口径15.2、足径4.4、高6.5厘米。（图5-18；彩版5-44）

376】13 金村 YA3-22TG2④：24，碗与匣钵粘连标本。匣钵残，完整器应为 M 形。碗内心素面。胎质较细。青釉微泛黄，有开片。外底部粘连一垫饼。通残高13.3厘米。（图5-18；彩版5-45）

第二小类，1件。斗笠碗。圆唇，敞口，斜直腹，圈足。外腹素面；内腹饰花卉纹饰，填以篦点纹；内心弦纹一圈，内素面。灰白胎，胎质较细。青釉，全器满施釉，唯外底部露胎无釉。

377】13 金村 YA3-22TG2③：14，碗。口径12、足径3、高4.1厘米。（图5-18；彩版5-45）

不明型式碗

共11件。仅余下腹部及圈足。外腹饰折扇纹；内腹饰花卉纹，填以篦纹或篦点纹；内心素面或饰花卉纹，填以篦划纹。灰白胎。青釉，全器满施釉，唯外底部露胎无釉。

378】13 金村 YA3-22TG2④：1，碗。内心弦纹一圈，内饰花卉纹，填以篦划纹。黄白胎，

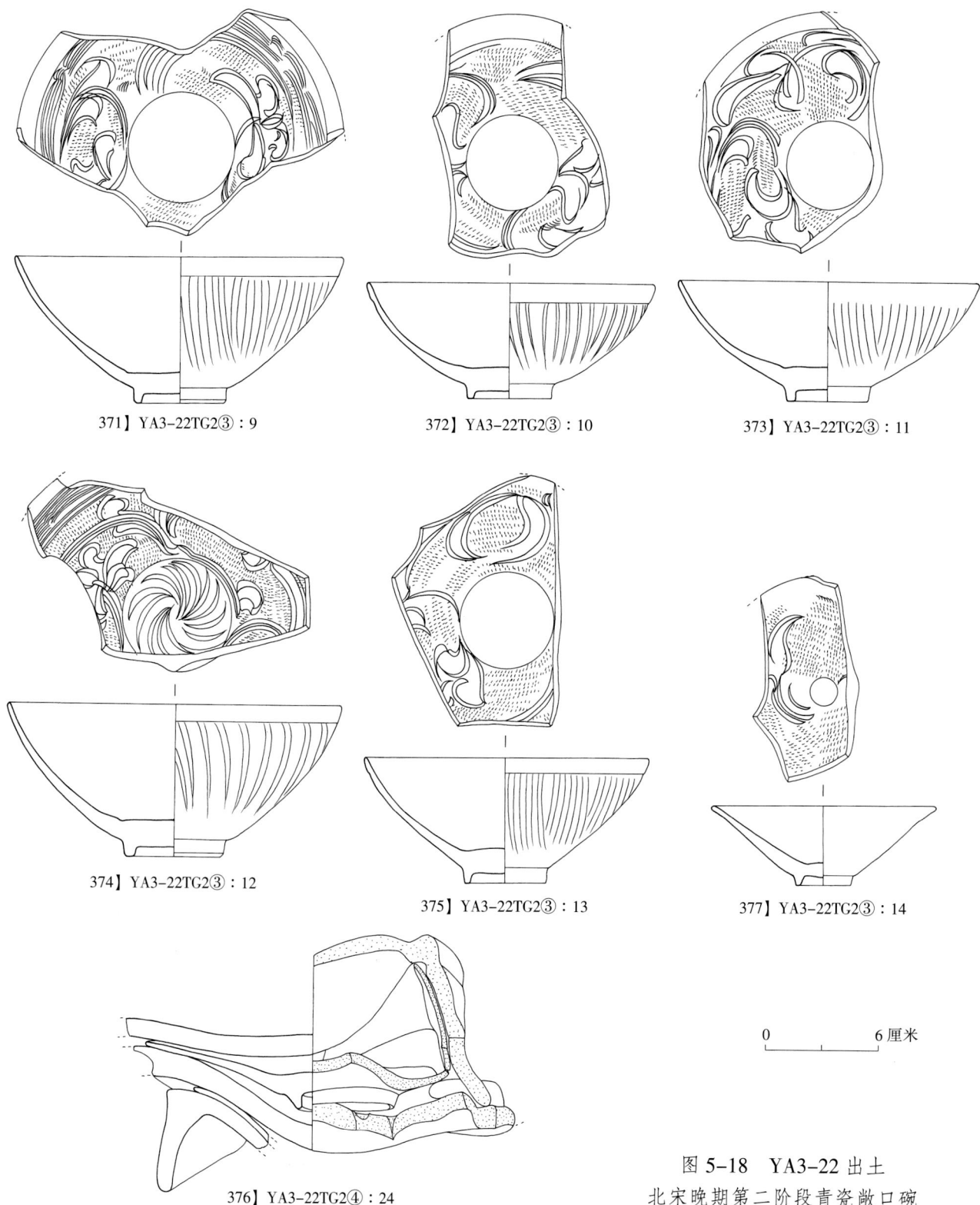

371】YA3-22TG2③：9

372】YA3-22TG2③：10

373】YA3-22TG2③：11

374】YA3-22TG2③：12

375】YA3-22TG2③：13

377】YA3-22TG2③：14

376】YA3-22TG2④：24

0　　　　　　6厘米

图 5-18　YA3-22 出土
北宋晚期第二阶段青瓷敞口碗

胎质较粗。黄釉，布满开片。足径5.1、残高3.9厘米。（图5-19；彩版5-45）

379】13 金村 YA3-22TG2④：2，碗。内腹饰团状花卉纹饰，填以篦划纹；内心素面。胎质较细。青釉泛黄，布满开片。足径5.1、残高4.8厘米。（图5-19；彩版5-45）

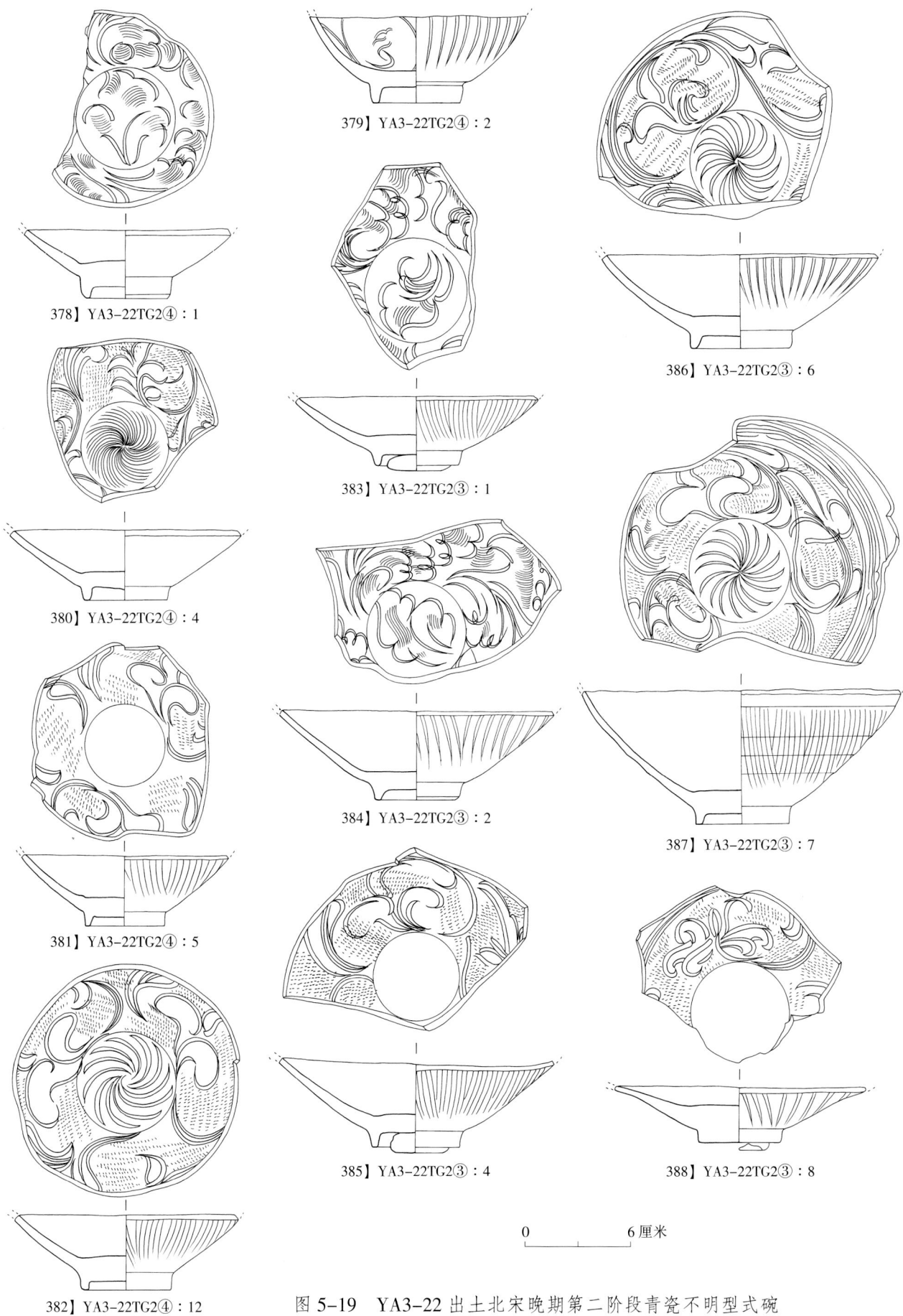

378】YA3-22TG2④：1

379】YA3-22TG2④：2

380】YA3-22TG2④：4

381】YA3-22TG2④：5

382】YA3-22TG2④：12

383】YA3-22TG2③：1

384】YA3-22TG2③：2

385】YA3-22TG2③：4

386】YA3-22TG2③：6

387】YA3-22TG2③：7

388】YA3-22TG2③：8

0   6厘米

图 5-19　YA3-22 出土北宋晚期第二阶段青瓷不明型式碗

380】13 金村 YA3－22TG2④：4，碗。内腹饰荷花荷叶纹饰，填以篦点纹；内心弦纹一圈，内饰花卉纹。胎质较细。足径 4.8、残高 3.9 厘米。（图 5－19；彩版 5－45）

381】13 金村 YA3－22TG2④：5，碗。内腹饰团状花卉纹饰，填以篦点纹；内心弦纹一圈，内素面。黄白胎，胎质较粗。黄釉。足径 4.6、残高 3.9 厘米。（图 5－19；彩版 5－46）

382】13 金村 YA3－22TG2④：12，碗。内腹饰荷花荷叶纹饰，填以篦点纹；内心弦纹一圈，内饰花卉纹饰。黄胎，胎质较粗。黄釉，布满开片。足径 5、残高 4.2 厘米。（图 5－19；彩版 5－46）

383】13 金村 YA3－22TG2③：1，碗。内腹饰花卉纹饰，填以篦纹；内心弦纹一圈，内饰花卉纹饰，填以篦划纹。灰黄胎，胎质较粗。青釉泛黄，较多开片。外底部粘连垫饼。足径 4.8、残高 4.1 厘米。（图 5－19；彩版 5－46）

384】13 金村 YA3－22TG2③：2，碗。内腹饰花卉纹饰，填以篦划纹；内心弦纹一圈，内饰花卉纹饰，填以篦纹。胎质较细。青釉微泛黄。足径 4.8、残高 4.9 厘米。（图 5－19；彩版 5－46）

385】13 金村 YA3－22TG2③：4，碗。内腹饰荷花荷叶纹饰，填以篦点纹；内心弦纹一圈，内素面。胎质较细。外底部粘连垫饼。足径 5、残高 5 厘米。（图 5－19；彩版 5－46）

386】13 金村 YA3－22TG2③：6，碗。内腹饰荷花荷叶纹饰，填以篦点纹；内心弦纹一圈，内饰花卉纹饰。黄胎，胎质较细。黄釉，较多开片。足径 5.8、残高 5.2 厘米。（图 5－19；彩版 5－47）

387】13 金村 YA3－22TG2③：7，碗。外口沿下弦纹一圈，下饰折扇纹；内口沿下弦纹双圈，内饰条带状海水纹饰，下饰荷花荷叶纹饰，填以篦点纹；内心弦纹一圈，内饰花卉纹饰。黄胎，胎质较细。黄釉，较多开片。足径 5.4、残高 7.3 厘米。（图 5－19；彩版 5－47）

388】13 金村 YA3－22TG2③：8，碗。内腹饰荷花荷叶纹饰，填以篦点纹；内素面。灰胎，胎质较粗。较多开片。外底部粘连垫饼残块。足径 4.8、残高 3.5 厘米。（图 5－19；彩版 5－47）

敞口盘

共 2 件。圆唇，敞口，上腹斜直，下腹斜收，圈足。外腹素面；内腹素面；内心弦纹一圈，内饰荷花荷叶纹饰，填以篦点纹。灰白胎，胎质较粗。青釉微泛黄，全器满施釉，唯外底部露胎无釉。

389】13 金村 YA3－22TG2④：18，盘。口径 14.8、足径 4.8、高 3.6 厘米。（图 5－20；彩版 5－47）

390】13 金村 YA3－22TG2③：17，盘。口径 14.2、足径 4.4、高 4.5 厘米。（图 5－20；彩版 5－48）

不明型式盘

共 9 件。仅余下腹部及圈足。外腹素面或饰折扇纹；内腹饰花卉纹饰，填以篦划纹或篦点纹；内心素面或饰花卉纹。灰胎。青釉，全器满施釉，唯外底部露胎无釉。

391】13 金村 YA3－22TG2④：3，盘。外腹素面；内腹饰团状花卉纹饰，填以篦划纹；内心饰篦划纹。青釉泛黄。足径 4.7、残高 3.4 厘米。（图 5－21；彩版 5－48）

392】13 金村 YA3－22TG2④：13，盘。外腹饰折扇纹；内腹饰团状花卉纹饰，填以篦划纹；

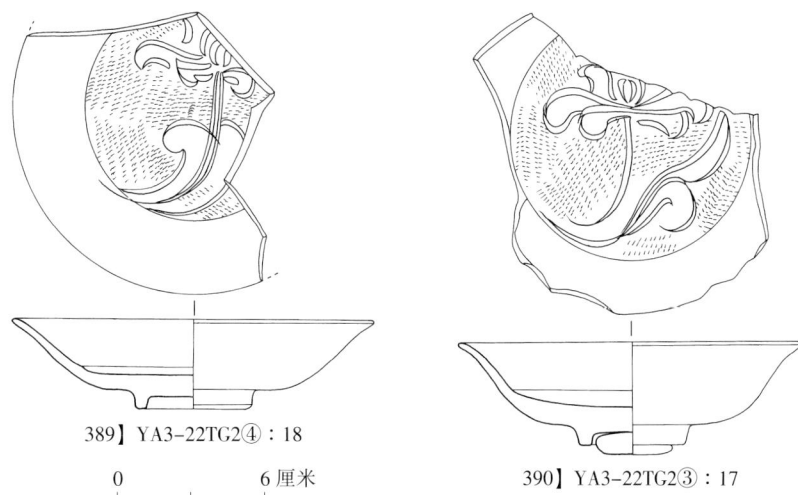

389】YA3-22TG2④：18

0   6厘米

390】YA3-22TG2③：17

图5-20　YA3-22出土北宋晚期第二阶段青瓷敞口盘

内心弦纹一圈，内素面。灰黄胎，胎质粗。足径4.8、残高2.5厘米。（图5-21；彩版5-47）

393】13金村YA3-22TG2④：14，盘。外腹饰折扇纹；内腹饰团状花卉纹饰，填以篦划纹；内心弦纹一圈，内心饰花卉纹饰，填以篦划纹。灰白胎，胎质较粗。釉面有较多开片。足径7.4、残高5.5厘米。（图5-21；彩版5-48）

394】13金村YA3-22TG2④：15，盘。外腹饰折扇纹；内腹饰花卉纹饰，釉面填以篦划纹；内心弦纹双圈，内心饰花卉纹饰，填以篦划纹。灰白胎，胎质较细。釉面有较多开片。足径7、残高2.6厘米。（图5-21；彩版5-48）

395】13金村YA3-22TG2④：16，盘。外腹饰折扇纹；内腹饰团状花卉纹饰，填以篦划纹；内心饰花卉纹饰，填以篦划纹。灰白胎，胎质较细。釉面布满开片。足径7.2、残高3.9厘米。（图5-21；彩版5-48）

396】13金村YA3-22TG2④：17，盘。外腹饰折扇纹；内腹饰荷花荷叶纹饰，填以篦点纹；内心弦纹一圈，内饰四瓣花卉纹饰，填以篦划纹。灰白胎，胎质较细。足径7、残高5.8厘米。（图5-21；彩版5-49）

397】13金村YA3-22TG2④：19，盘。外腹素面；内腹及内心饰荷花荷叶纹饰，填以篦点纹。黄胎，胎质较粗。黄釉。足径4.8、残高2厘米。（图5-21；彩版5-49）

398】13金村YA3-22TG2④：20，盘。折腹，下腹斜收，平底微内凹。外腹素面，内腹及内心素面。灰白胎，胎质较粗。青釉泛黄，布满较大开片。足径4、残高1.5厘米。（图5-21）

399】13金村YA3-22TG2③：16，盘。内腹饰花卉纹饰，填以篦划纹；内心弦纹一圈，内饰花卉纹，填以篦划纹。胎质较细。足径7、残高3.4厘米。（图5-21；彩版5-49）

杯

400】13金村YA3-22TG2④：21，杯。仅余腹部及圈足。折腹，上腹竖直，下腹折收，圈足。外上腹饰交错折扇纹，构成多组菱形纹饰；内腹及内心素面。黄胎，胎质较细。青黄釉，布满开片，全器满施釉，唯外底部露胎无釉。足径5.6、残高3.2厘米。（图5-22；彩版5-49）

391〕YA3-22TG2④：3

392〕YA3-22TG2④：13

397〕YA3-22TG2④：19

398〕YA3-22TG2④：20

393〕YA3-22TG2④：14

396〕YA3-22TG2④：17

394〕YA3-22TG2④：15

395〕YA3-22TG2④：16

399〕YA3-22TG2③：16

0　　　　　　6厘米

图5-21　Y3A-22出土北宋晚期第二阶段青瓷不明型式盘

钵

共 2 件。失口部，斜直腹，平底微内凹。外腹饰花卉纹。灰白胎，胎质较细。青釉，有开片，全器满施釉，唯外底部露胎无釉。

401】13 金村 YA3 – 22TG2④：22，钵。外腹饰折扇纹；内腹饰团状花卉纹饰，填以篦划纹；内心弦纹一圈，内饰花卉纹。足径 3.8、残高 2.8 厘米。（图 5 – 22；彩版 5 – 50）

402】13 金村 YA3 – 22TG2③：18，钵。外腹饰多层仰莲瓣纹，瓣脊清晰；内腹及内心素面。外底部粘连垫饼。足径 4、残高 4.3 厘米。（图 5 – 22；彩版 5 – 50）

执壶

403】13 金村 YA3 – 22TG2④：23，执壶。方唇，直口微内敛，短束颈，圆鼓腹，上腹一侧置一短流，失下部。外口沿下弦纹一圈，下饰覆莲瓣纹一圈，内填以直条状篦纹，下饰花卉纹饰，填以篦划纹。灰白胎，胎质较细。青釉微泛黄，有开片。口径 3.8、残高 5 厘米。（图 5 – 22；彩版 5 – 50）

炉

404】13 金村 YA3 – 22TG2③：19，炉。圆唇，侈口，宽沿，上腹竖直，下腹斜收，失下部。外腹素面，内腹素面。灰胎，胎质较细。青釉。口径 12、残高 3.7 厘米。（图 5 – 22；彩版 5 – 50）

熏炉盖

405】13 金村 YA3 – 22TG2③：20，熏炉盖。花蕾形盖纽，盖面镂大量小圆孔。灰白胎，胎质较粗。青釉，通体施釉。纽径 3.3 厘米，盖残高 1.9 厘米。（图 5 – 22；彩版 5 – 50）

盒

406】13 金村 YA3 – 22TG2③：21，盒。变形。灰白胎，胎质较细。青釉，布满开片。残高 5.8 厘米。（图 5 – 23；彩版 5 – 51）

盖

407】13 金村 YA3 – 22TG2③：22，盖。圆唇，平沿，盖面鼓，失上部。灰白胎，胎质较细。

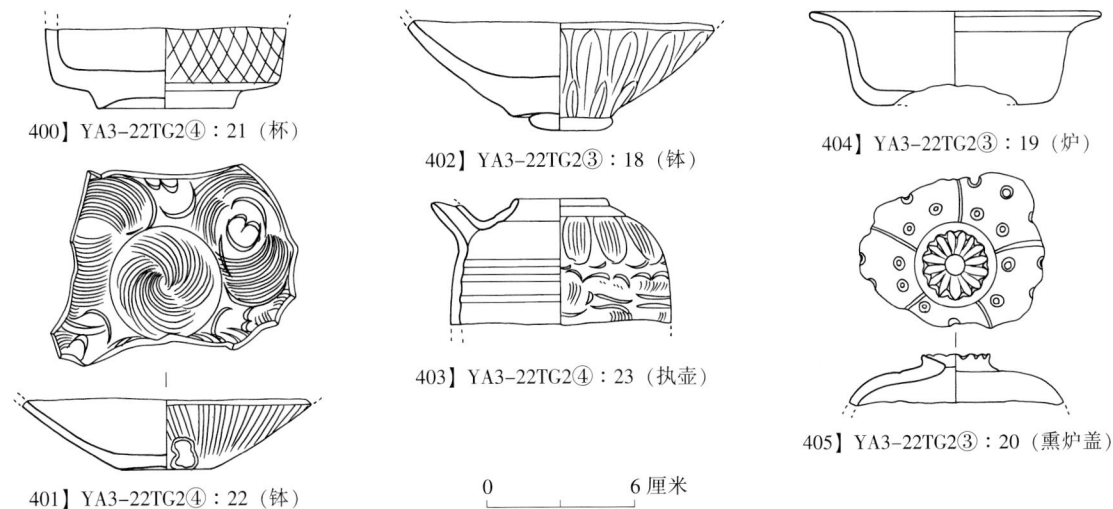

400】YA3–22TG2④：21（杯）

402】YA3–22TG2③：18（钵）

404】YA3–22TG2③：19（炉）

403】YA3–22TG2④：23（执壶）

405】YA3–22TG2③：20（熏炉盖）

401】YA3–22TG2④：22（钵）

0　　　　　　6 厘米

图 5 – 22　YA3 – 22 出土北宋晚期第二阶段青瓷杯、钵、执壶等

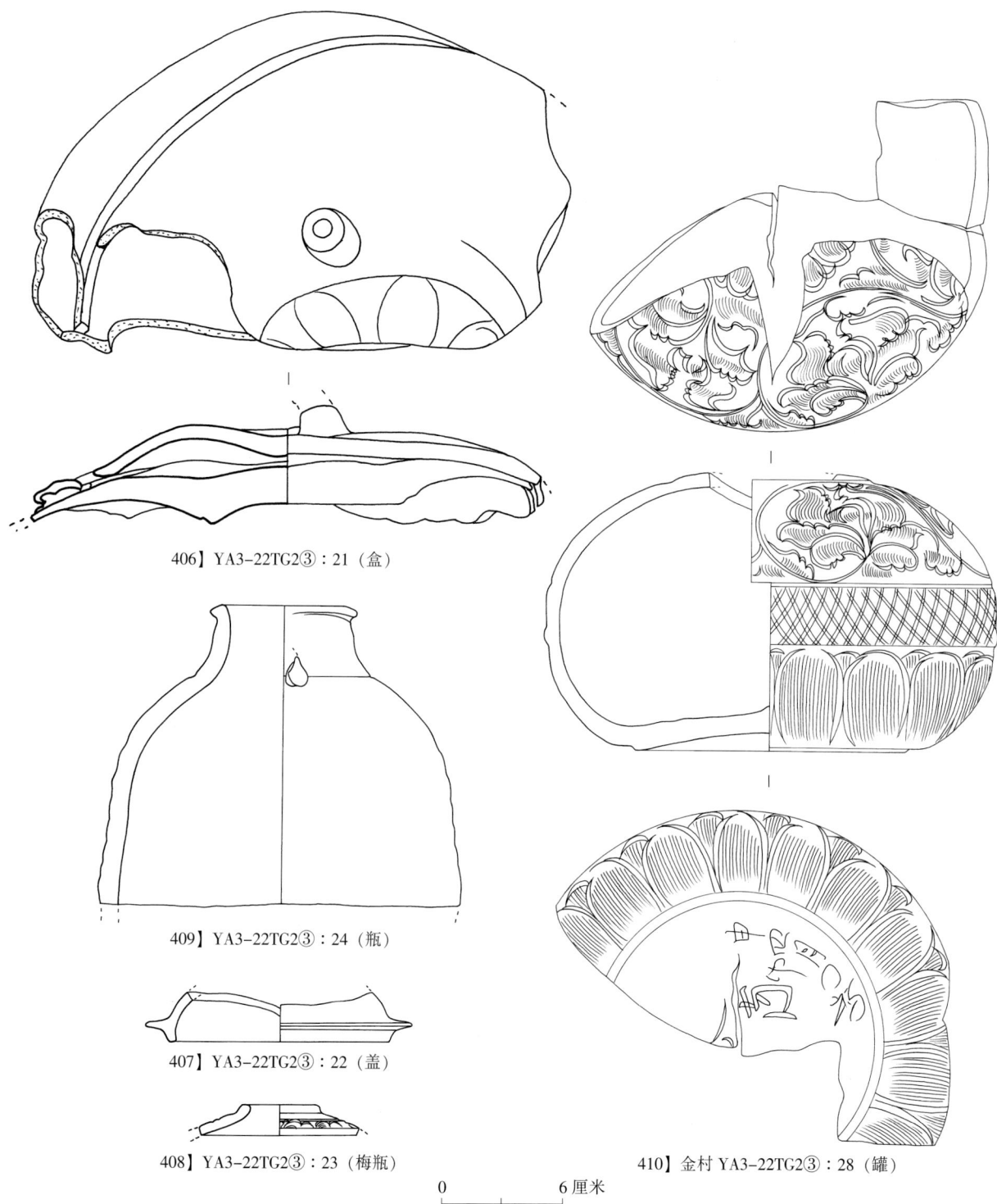

406】YA3-22TG2③：21（盒）

409】YA3-22TG2③：24（瓶）

407】YA3-22TG2③：22（盖）

408】YA3-22TG2③：23（梅瓶）

410】金村YA3-22TG2③：28（罐）

0   6厘米

图5-23 YA3-22出土北宋晚期第二阶段青瓷盒、盖、梅瓶等

青釉，布满开片，有积釉现象。口径11、残高2.4厘米。（图5-23）

梅瓶

408】13金村YA3-22TG2③：23，梅瓶。方唇，直口，短颈，丰肩，失下部。肩部弦纹双圈，下饰花卉纹饰。黄胎，胎质较粗。青黄釉。口径4、残高1.5厘米。（图5-23）

瓶

409】13 金村 YA3 - 22TG2③：24，瓶。方唇，直口，短束颈，溜肩，筒形腹，失下部。肩部残留系痕。外腹可见多圈拉坯痕迹。灰胎，胎质粗。青釉。口径7.4、残高14.5厘米。（图5 - 23；彩版5 - 51）

罐

410】13 金村 YA3 - 22TG2③：28，罐。失口部，上腹斜曲，下腹斜收，平底。外上腹满饰荷花荷叶纹饰，填以篦纹；上下腹之间弦纹双圈，内饰交叉折扇纹，形成多组菱形纹样；下腹饰仰莲瓣纹一圈，内填以直条状篦纹。灰黄胎，胎质较粗。青釉微泛黄，全器满施釉，唯外底部露胎无釉。外底部有"申四月初"字款。底径13.6、残高13.5厘米。（图5 - 23；彩版5 - 51）

（二）窑具

垫饼

411】13 金村 YA3 - 22TG2③：25，垫饼。手捏成形。泥质。直径3.8、高2.1～2.4厘米。（图5 - 24；彩版5 - 51）

垫圈

412】13 金村 YA3 - 22TG2③：26，垫圈。手捏成形。泥质。直径4.4、残高1～1.3厘米。（图5 - 24；彩版5 - 51）

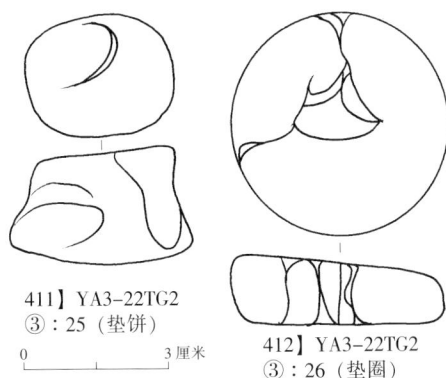

411】YA3-22TG2 ③：25（垫饼）

0　　　　　　3厘米

412】YA3-22TG2 ③：26（垫圈）

图5 - 24　YA3 - 22 出土 北宋晚期第二阶段 垫饼、垫圈

三　南宋早期

（一）瓷器

壹：青瓷

根据装饰方法的不同分为四类。

1. 双面刻划花：外腹、内腹均饰刻划花卉纹，又称"双面工"

敞口碗

共34件。根据腹部特征分为两小类。

第一小类，6件。圆唇，敞口，斜曲腹，圈足。外腹饰折扇纹；内口沿下弦纹一圈，下饰花卉纹，填以篦划纹或篦点纹。灰胎或灰红胎，胎质较细。青釉，全器满施釉，唯外底部露胎无釉。

413】13 金村 YA3 - 17TG1⑤d：5，碗。仅余口及上腹部。内腹花卉纹，填以篦划纹。灰胎。青釉泛黄，布满开片。口径22、残高8厘米。（图5 - 25；彩版5 - 52）

414】13 金村 YA3 - 17TG1⑤d：6，碗。外口沿下弦纹一圈。内腹花卉纹，填以篦划纹。生烧。灰红胎，胎质较粗。布满开片。口径20.4、足径6.4、高5.6厘米。（图5 - 25；彩版5 - 52）

415】13 金村 YA3 - 17TG1⑤c：3，碗。敞口微敛。内腹花卉纹饰，填以篦点纹；内心弦纹一圈，内素面。灰胎，胎质较粗。青釉泛黄。口径16.4、足径5、高8.3厘米。（图5 - 25；彩版5 - 52）

416】13 金村 YA3 - 17TG1⑤c：5，碗。仅余口部及上腹部。敞口微敛。内腹花卉纹饰，填以

413〕YA3-17TG1⑤d：5

414〕YA3-17TG1⑤d：6

415〕YA3-17TG1⑤c：3

416〕YA3-17TG1⑤c：5

417〕YA3-17TG1⑤b：52

418〕YA3-17TG1③：10

0   6 厘米

图 5-25　YA3-17 出土南宋早期双面刻划花青瓷敞口碗

篦点纹。灰白胎。口径 16.4、残高 5.8 厘米。（图 5-25）

　　417〕13 金村 YA3-17TG1⑤b：52，碗与匣钵粘连标本。匣钵残，完整器应为 M 形。碗变形。内腹饰花卉纹，填以篦划纹；内心弦纹一圈，内饰花卉纹，填以篦划纹。灰胎。青釉微泛黄，较多开片。通残高 7 厘米。（图 5-25；彩版 5-53）

　　418〕13 金村 YA3-17TG1③：10，碗。内腹花卉纹，填以篦纹；内心弦纹一圈，内饰花卉纹，填以篦划纹。灰黄胎，胎质较粗。青釉泛黄，布满开片。口径 20、足径 6.6、高 7.5 厘米。

（图 5 - 25；彩版 5 - 53）

第二小类，28 件。斗笠碗。圆唇，敞口，斜直腹，圈足。外腹饰折扇纹；内口沿下弦纹一圈，下饰花卉纹，大多数填以篦划纹。灰胎或灰白胎，胎质较细。青釉，全器满施釉，唯外底部露胎无釉。

419】13 金村 YA3 - 17TG1⑤d：7，碗。外口沿下弦纹一圈。灰白胎。外底部粘连泥质垫饼。口径 15、足径 3.6、高 6 厘米。（图 5 - 26；彩版 5 - 53）

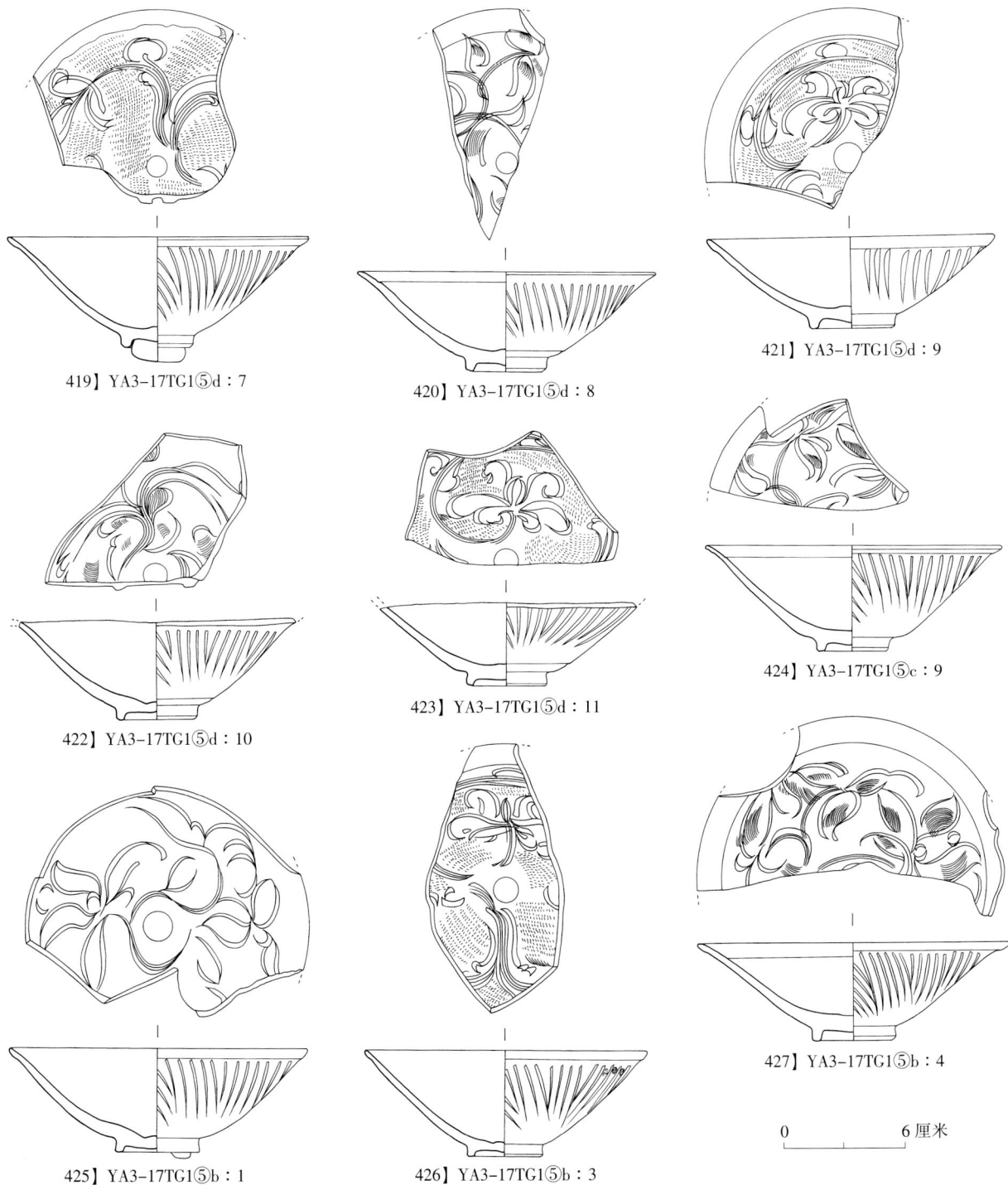

419】YA3-17TG1⑤d：7　　420】YA3-17TG1⑤d：8　　421】YA3-17TG1⑤d：9

422】YA3-17TG1⑤d：10　　423】YA3-17TG1⑤d：11　　424】YA3-17TG1⑤c：9

425】YA3-17TG1⑤b：1　　426】YA3-17TG1⑤b：3　　427】YA3-17TG1⑤b：4

0　　6 厘米

图 5 - 26　YA3 - 17 出土南宋早期双面刻划花青瓷敞口碗

420】13 金村 YA3 - 17TG1⑤d：8，碗。外口沿下弦纹一圈。灰胎。口径 14.8、足径 4、高 4.8 厘米。（图 5 - 26）

421】13 金村 YA3 - 17TG1⑤d：9，碗。外口沿下弦纹一圈，内腹饰荷花荷叶纹。灰胎。口径 14.4、足径 4.3、高 4.4 厘米。（图 5 - 26；彩版 5 - 53）

422】13 金村 YA3 - 17TG1⑤d：10，碗。失口部。内腹饰荷花荷叶纹饰。灰胎。足径 4、残高 4.8 厘米。（图 5 - 26；彩版 5 - 54）

423】13 金村 YA3 - 17TG1⑤d：11，碗。失口部。内腹饰荷花荷叶纹饰。灰胎。足径 4、残高 4 厘米。（图 5 - 26；彩版 5 - 54）

424】13 金村 YA3 - 17TG1⑤c：9，碗。敞口微侈。外口沿下弦纹一圈。灰白胎。口径 14.8、足径 3.6、高 5.1 厘米。（图 5 - 26；彩版 5 - 54）

425】13 金村 YA3 - 17TG1⑤b：1，碗。敞口微侈。黄胎，胎质较粗。青黄釉，布满开片。口径 14.8、足径 4.2、高 5 厘米。（图 5 - 26；彩版 5 - 54）

426】13 金村 YA3 - 17TG1⑤b：3，碗。外口沿下弦纹一圈；内腹饰荷花荷叶纹，填以篦点纹。灰胎。口径 14、足径 3.7、高 5.1 厘米。（图 5 - 26）

427】13 金村 YA3 - 17TG1⑤b：4，碗。外口沿下弦纹一圈。黄胎。黄釉，布满开片。口径 15.4、足径 4.2、高 4.7 厘米。（图 5 - 26；彩版 5 - 54）

428】13 金村 YA3 - 17TG1⑤b：5，碗。外口沿下弦纹一圈。灰胎。口径 14.8、足径 4.2、高 4.2 厘米。（图 5 - 27；彩版 5 - 54）

429】13 金村 YA3 - 17TG1⑤b：6，碗。外口沿下弦纹一圈。灰胎。口径 16、足径 4、高 4.5 厘米。（图 5 - 27）

430】13 金村 YA3 - 17TG1⑤b：7，碗。外口沿下弦纹一圈。灰白胎，胎质较粗。青釉泛白。口径 14.4、足径 4.2、高 4.6 厘米。（图 5 - 27）

431】13 金村 YA3 - 17TG1⑤a：14，碗。外口沿下弦纹一圈。灰胎。青釉微泛黄。口径 14.5、足径 4.5、高 4.8 厘米。（图 5 - 27；彩版 5 - 54）

432】13 金村 YA3 - 17TG1④：13，碗。外口沿下弦纹一圈。灰胎。口径 15、足径 5.6、高 4 厘米。（图 5 - 27；彩版 5 - 55）

433】13 金村 YA3 - 17TG1④：14，碗。敞口微侈。灰白胎。较多开片。口径 13.8、足径 4、高 4.7 厘米。（图 5 - 27；彩版 5 - 55）

434】13 金村 YA3 - 17TG1④：15，碗。外口沿下弦纹一圈。灰胎。口径 14.6、足径 4、高 4.5 厘米。（图 5 - 27）

435】13 金村 YA3 - 17TG1④：16，碗。外口沿下弦纹一圈。灰胎。外底部粘连垫饼。口径 14.6、足径 4、高 4.4 厘米。（图 5 - 27；彩版 5 - 55）

436】13 金村 YA3 - 17TG1④：17，碗。外口沿下弦纹一圈。灰白胎。口径 14.6、足径 4.1、高 4.5 厘米。（图 5 - 27）

437】13 金村 YA3 - 17TG1④：18，碗。外口沿下弦纹一圈。灰白胎。口径 14、足径 4.6、高 4.2 厘米。（图 5 - 27）

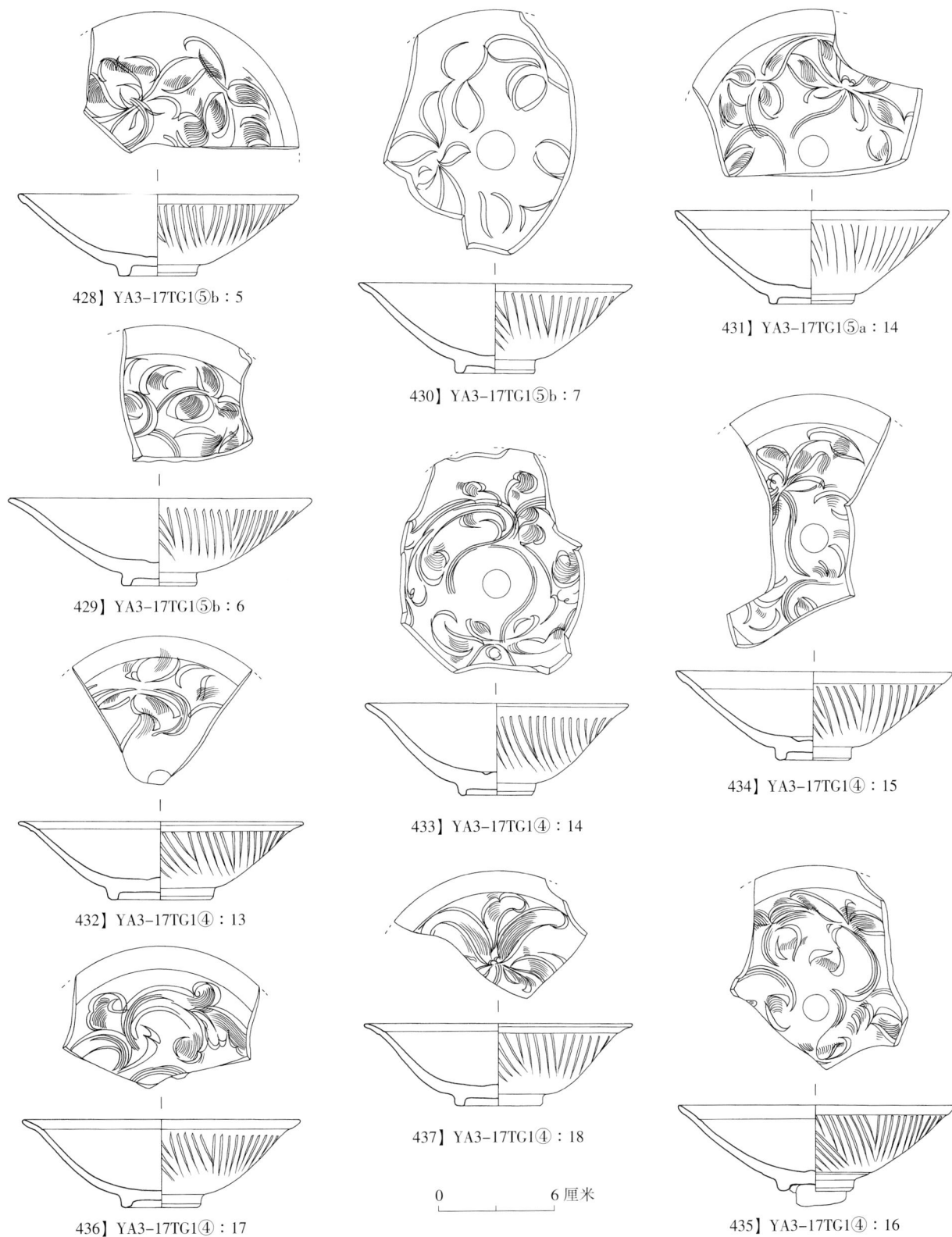

428〗YA3-17TG1⑤b：5

429〗YA3-17TG1⑤b：6

430〗YA3-17TG1⑤b：7

431〗YA3-17TG1⑤a：14

432〗YA3-17TG1④：13

433〗YA3-17TG1④：14

434〗YA3-17TG1④：15

436〗YA3-17TG1④：17

437〗YA3-17TG1④：18

435〗YA3-17TG1④：16

0　　　　　6厘米

图5-27　YA3-17出土南宋早期双面刻划花青瓷敞口碗

438】13 金村 YA3 - 17TG1③：1，碗。敞口微侈。外口沿下弦纹一圈。灰白胎。口径 14.6、足径 3.8、高 4.9 厘米。（图 5 - 28）

439】13 金村 YA3 - 17TG1③：2，碗。敞口微侈。内腹饰荷花荷叶纹饰。灰白胎。布满开片。

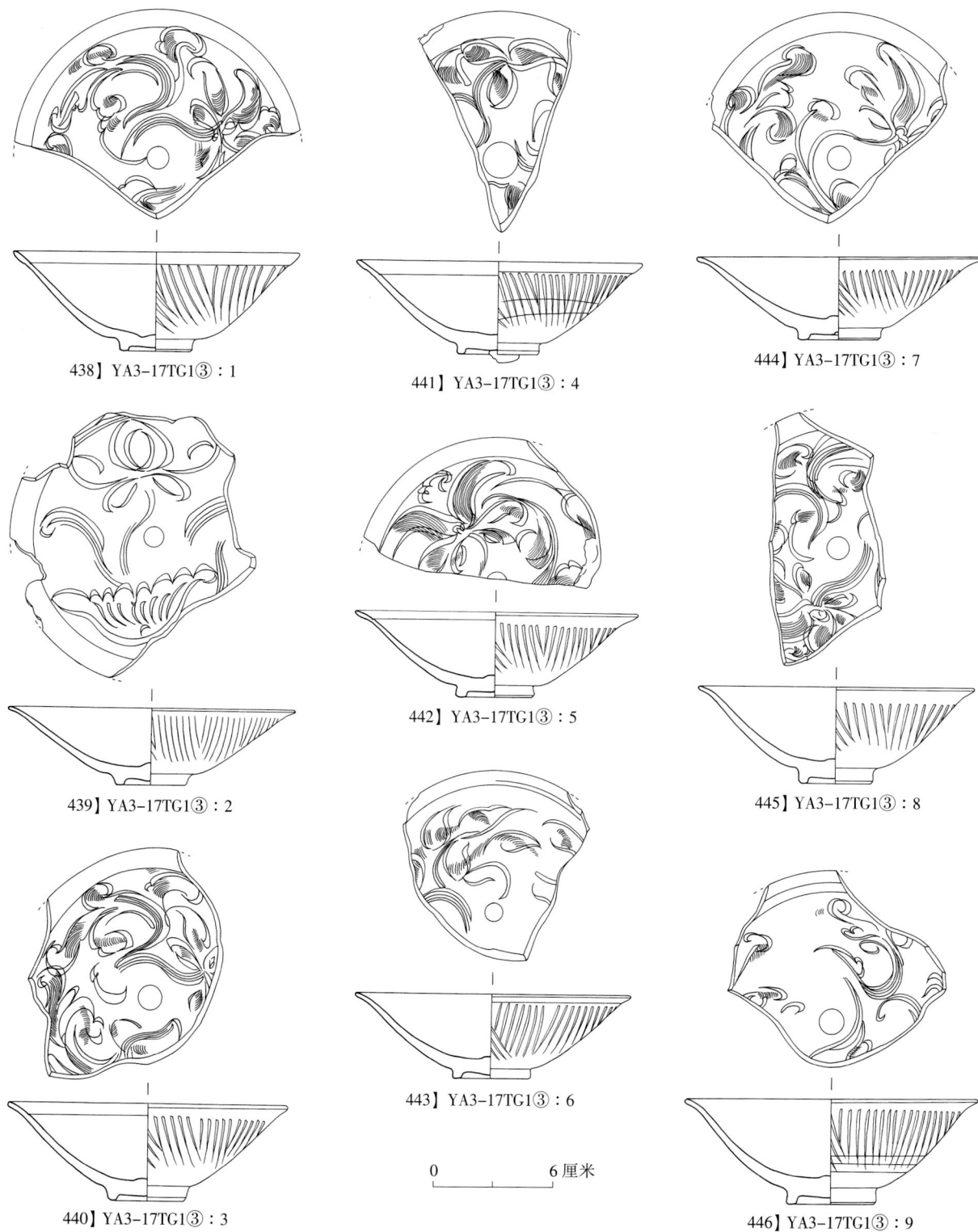

438】YA3-17TG1③：1

441】YA3-17TG1③：4

444】YA3-17TG1③：7

439】YA3-17TG1③：2

442】YA3-17TG1③：5

445】YA3-17TG1③：8

440】YA3-17TG1③：3

443】YA3-17TG1③：6

446】YA3-17TG1③：9

0   6 厘米

图 5 - 28　YA3 - 17 出土南宋早期双面刻划花青瓷敞口碗

口径14.6、足径3.6、高3.8厘米。（图5-28）

440】13金村 YA3-17TG1③：3，碗。敞口微侈。灰白胎。口径14.2、足径4、高4.8厘米。（图5-28）

441】13金村 YA3-17TG1③：4，碗。敞口微侈。外口沿下弦纹多圈。灰白胎。外底部残留垫饼痕迹。口径14.6、足径4.2、高5厘米。（图5-28）

442】13金村 YA3-17TG1③：5，碗。敞口微侈。外口沿下弦纹一圈。灰白胎。口径14.4、足径4、高4.2厘米。（图5-28）

443】13金村 YA3-17TG1③：6，碗。敞口微侈。外口沿下弦纹一圈。灰黄胎，胎质较粗。青釉泛白。口径14、足径4、高4.2厘米。（图5-28）

444】13金村 YA3-17TG1③：7，碗。敞口微侈。灰白胎。青釉泛黄，较多开片。口径14.4、足径4.2、高4.1厘米。（图5-28；彩版5-55）

445】13金村 YA3-17TG1③：8，碗。敞口微侈。灰白胎，胎质较粗。口径14、足径3.8、高4.8厘米。（图5-28）

446】13金村 YA3-17TG1③：9，碗。敞口微侈。黄胎，胎质较粗。青黄釉，布满开片。口径14.9、足径4.5、高5.2厘米。（图5-28；彩版5-55）

侈口碗

共25件。根据腹部特征分为两小类。

第一小类，5件。圆唇，侈口，斜曲腹，圈足。外腹饰折扇纹；内腹饰花卉纹，填以篦划纹；内心弦纹一圈，内饰花卉纹，填以篦划纹。灰白胎，胎质较细。青釉或青釉微泛黄，全器满施釉，唯外底部露胎无釉。

447】13金村 YA3-17TG1⑤d：1，碗。青釉。口径20.2、足径6.6、高9.1厘米。（图5-29；彩版5-56）

448】13金村 YA3-17TG1⑤d：2，碗。青釉微泛黄。口径19、足径6.4、高8.3厘米。（图5-29；彩版5-56）

449】13金村 YA3-17TG1⑤d：3，碗。内口沿下弦纹一圈。青釉微泛黄，布满开片。口径20.2、足径6.6、高9厘米。（图5-29；彩版5-56）

450】13金村 YA3-17TG1⑤c：4，碗。仅余口及上腹部。内口沿下弦纹一圈。灰胎。青釉。残高6厘米。（图5-29）

451】13金村 YA3-17TG1③：14，碗。失足。外腹饰折扇纹；内口沿下弦纹一圈。灰黄胎，胎质较粗。青釉泛黄，较多开片。口径21、残高8.7厘米。（图5-29；彩版5-57）

第二小类，20件。圆唇，侈口，上腹斜直，下腹斜曲，圈足。外腹饰莲瓣纹，填以直条状篦纹；内腹饰蕉叶纹，填以篦划纹；内心弦纹一圈，内素面。灰胎，胎质较细。青釉，全器满施釉，唯外底部露胎无釉。

452】13金村 YA3-17TG1⑤d：54，碗。仅余口及上腹部。灰黄胎，胎质较粗。青釉微泛黄，较多开片。口径13、残高4厘米。（图5-30；彩版5-57）

453】13金村 YA3-17TG1⑤d：60，碗。仅余下腹部及圈足。灰黄胎，胎质较粗。青釉微泛

447】YA3-17TG1⑤d：1

448】YA3-17TG1⑤d：2

450】YA3-17TG1⑤c：4

449】YA3-17TG1⑤d：3

451】YA3-17TG1③：14

0　　　　　6厘米

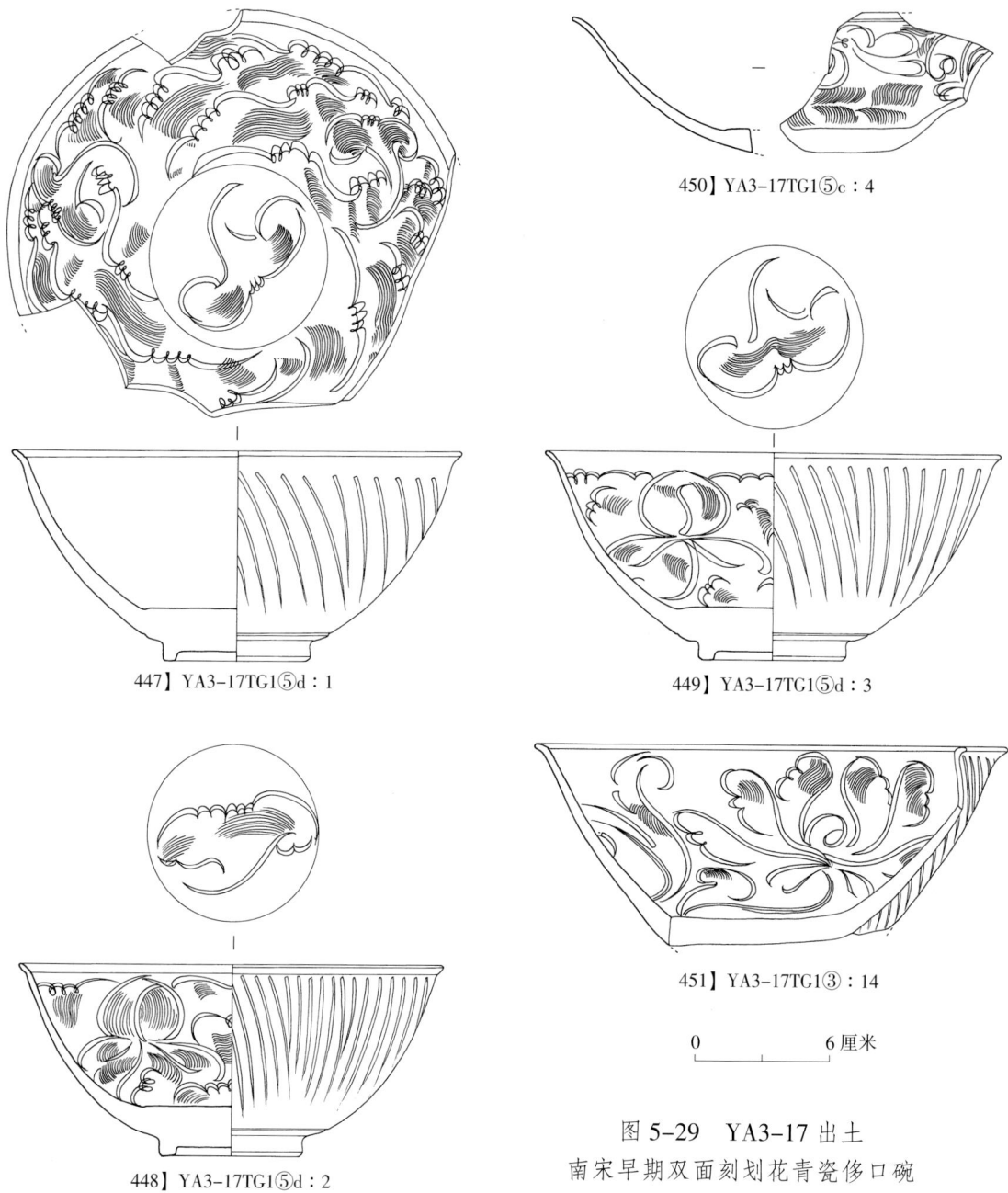

图 5-29　YA3-17 出土
南宋早期双面刻划花青瓷侈口碗

黄，布满开片。足径5、残高3.3厘米。（图5-30）

454】13 金村 YA3-17TG1⑤c：10，碗。灰红胎，胎质较粗。青釉泛白。口径13.4、足径5.2、高6.6厘米。（图5-30；彩版5-57）

455】13 金村 YA3-17TG1⑤c：11，碗。仅余口及上腹部。灰白胎，胎质较细。口径13.4、残高4.8厘米。（图5-30；彩版5-57）

456】13 金村 YA3-17TG1⑤b：11，碗。口径13.2、足径5、高6.5厘米。（图5-30；彩版5-58）

457】13 金村 YA3-17TG1⑤b：12，碗。仅余口及上腹部。黄胎。黄釉，布满开片。口径13、残高3.8厘米。（图5-30）

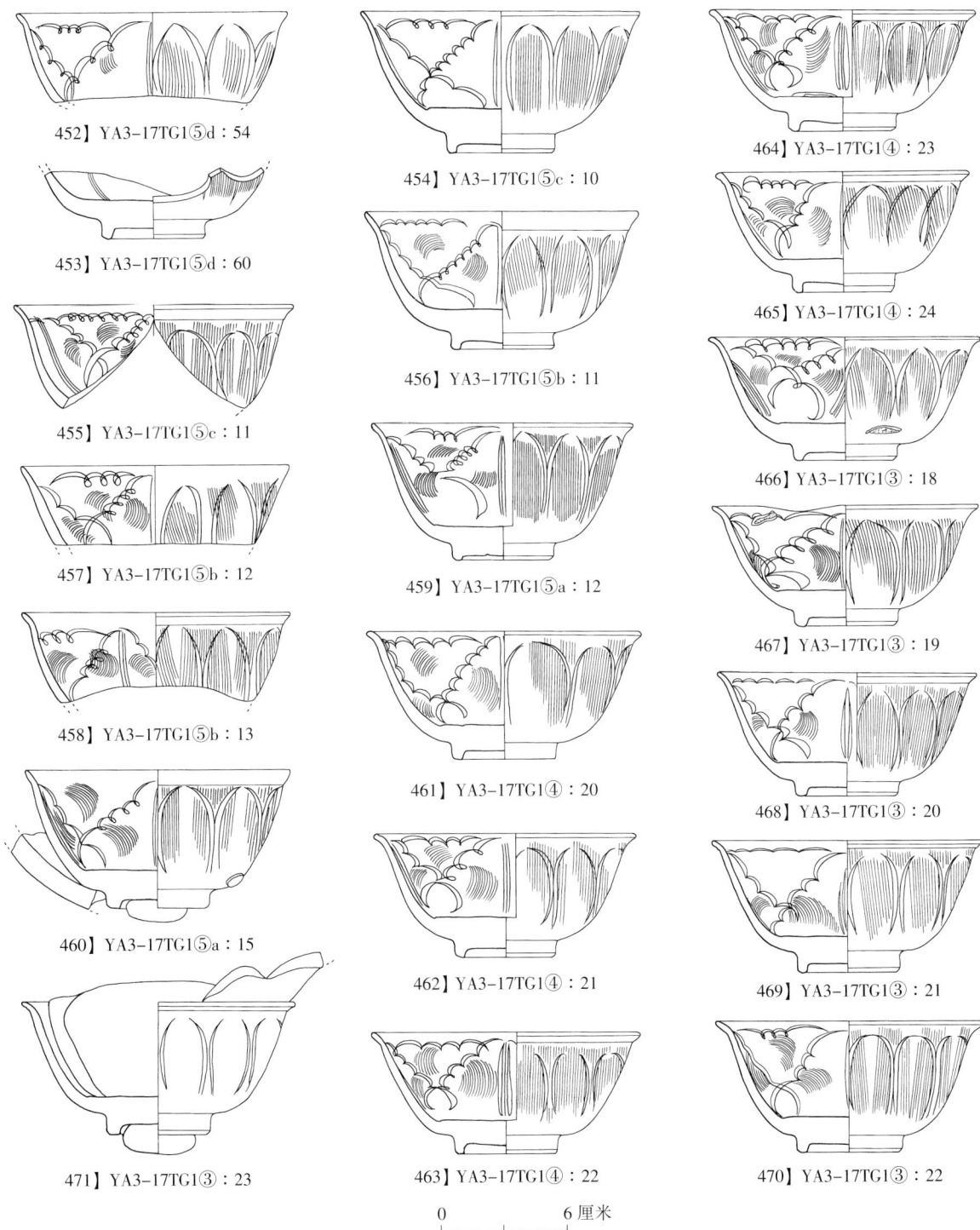

452〗YA3-17TG1⑤d：54

453〗YA3-17TG1⑤d：60

454〗YA3-17TG1⑤c：10

455〗YA3-17TG1⑤c：11

456〗YA3-17TG1⑤b：11

457〗YA3-17TG1⑤b：12

458〗YA3-17TG1⑤b：13

459〗YA3-17TG1⑤a：12

460〗YA3-17TG1⑤a：15

461〗YA3-17TG1④：20

462〗YA3-17TG1④：21

463〗YA3-17TG1④：22

464〗YA3-17TG1④：23

465〗YA3-17TG1④：24

466〗YA3-17TG1③：18

467〗YA3-17TG1③：19

468〗YA3-17TG1③：20

469〗YA3-17TG1③：21

470〗YA3-17TG1③：22

471〗YA3-17TG1③：23

0   6厘米

图5-30 YA3-17出土南宋早期双面刻划花青瓷侈口碗

458〗13金村 YA3-17TG1⑤b：13，碗。仅余口及上腹部。外口沿下弦纹一圈。青釉微泛黄，布满开片。口径13、残高4.2厘米。（图5-30）

459〗13金村 YA3-17TG1⑤a：12，碗。花口。灰黄胎。青黄釉，较多开片。口径12.8、足径5、高6.5厘米。（图5-30；彩版5-58）

460〗13金村 YA3-17TG1⑤a：15，碗。灰黄胎。青黄釉，较多开片。外腹粘连匣钵残块，

外底部粘连垫饼。口径 12.8、足径 5、高 7.2 厘米。（图 5 - 30；彩版 5 - 58）

461】13 金村 YA3 - 17TG1④：20，碗。外口沿下弦纹一圈。灰白胎。口径 13、足径 5、高 6 厘米。（图 5 - 30；彩版 5 - 59）

462】13 金村 YA3 - 17TG1④：21，碗。胎质较粗。青釉，较多开片。口径 12.6、足径 4.8、高 5.8 厘米。（图 5 - 30；彩版 5 - 59）

463】13 金村 YA3 - 17TG1④：22，碗。青釉，较多开片。口径 12.8、足径 4.8、高 5.7 厘米。（图 5 - 30；彩版 5 - 59）

464】13 金村 YA3 - 17TG1④：23，碗。口径 13.4、足径 5.4、高 5.9 厘米。（图 5 - 30）

465】13 金村 YA3 - 17TG1④：24，碗。口径 12.4、足径 5、高 5.7 厘米。（图 5 - 30；彩版 5 - 60）

466】13 金村 YA3 - 17TG1③：18，碗。口径 13.2、足径 5、高 5.8 厘米。（图 5 - 30）

467】13 金村 YA3 - 17TG1③：19，碗。口径 13、足径 5、高 5.7 厘米。（图 5 - 30；彩版 5 - 60）

468】13 金村 YA3 - 17TG1③：20，碗。灰黄胎，胎质较粗。口径 12.6、足径 5、高 5.8 厘米。（图 5 - 30）

469】13 金村 YA3 - 17TG1③：21，碗。灰白胎，胎质较粗。青釉微泛黄，较多开片。口径 13.2、足径 5、高 6.3 厘米。（图 5 - 30；彩版 5 - 61）

470】13 金村 YA3 - 17TG1③：22，碗。灰白胎。较多开片。口径 13、足径 5.2、高 6.2 厘米。（图 5 - 30；彩版 5 - 61）

471】13 金村 YA3 - 17TG1③：23，碗与匣钵粘连标本。匣钵残，完整器应为 M 形。碗灰白胎，胎质较细。青釉泛黄，较多开片。外底部粘连垫饼。碗口径 13.2、足径 5 厘米，通高 9.5 厘米。（图 5 - 30；彩版 5 - 61）

不明型式碗

共 29 件。失口部，斜曲腹，圈足。外腹饰折扇纹或莲瓣纹填以直条状篦纹；内腹饰花卉纹饰或蕉叶纹，填以篦划纹；内心弦纹一圈，内素面或饰花卉纹，大多填以篦纹。灰胎，胎质较细。青釉，全器满施釉，唯外底部露胎无釉。

472】13 金村 YA3 - 17TG1⑤d：12，碗。外腹饰折扇纹，内腹饰花卉纹，内心饰花卉纹。灰黄胎。青釉泛黄。外底部粘连垫饼。足径 6.4、残高 5.7 厘米。（图 5 - 31；彩版 5 - 62）

473】13 金村 YA3 - 17TG1⑤d：13，碗。外腹饰折扇纹，内腹饰花卉纹，内心饰花卉纹。灰黄胎。青釉泛黄。足径 6.2、残高 5.1 厘米。（图 5 - 31；彩版 5 - 62）

474】13 金村 YA3 - 17TG1⑤d：14，碗。外腹饰折扇纹，内腹饰花卉纹，内心饰花卉纹。灰白胎。足径 6.2、残高 5.5 厘米。（图 5 - 31）

475】13 金村 YA3 - 17TG1⑤d：15，碗。外腹饰折扇纹，内腹饰花卉纹，内心饰花卉纹。灰白胎。较多开片。足径 6、残高 7.5 厘米。（图 5 - 31；彩版 5 - 62）

476】13 金村 YA3 - 17TG1⑤d：16，碗。外腹饰折扇纹，内腹饰花卉纹，内心饰花卉纹。灰黄胎。青釉泛黄，布满开片。足径 6.4、残高 6.7 厘米。（图 5 - 32；彩版 5 - 62）

477】13 金村 YA3 - 17TG1⑤d：17，碗。外腹饰折扇纹，内腹饰花卉纹，内心饰花卉纹。灰

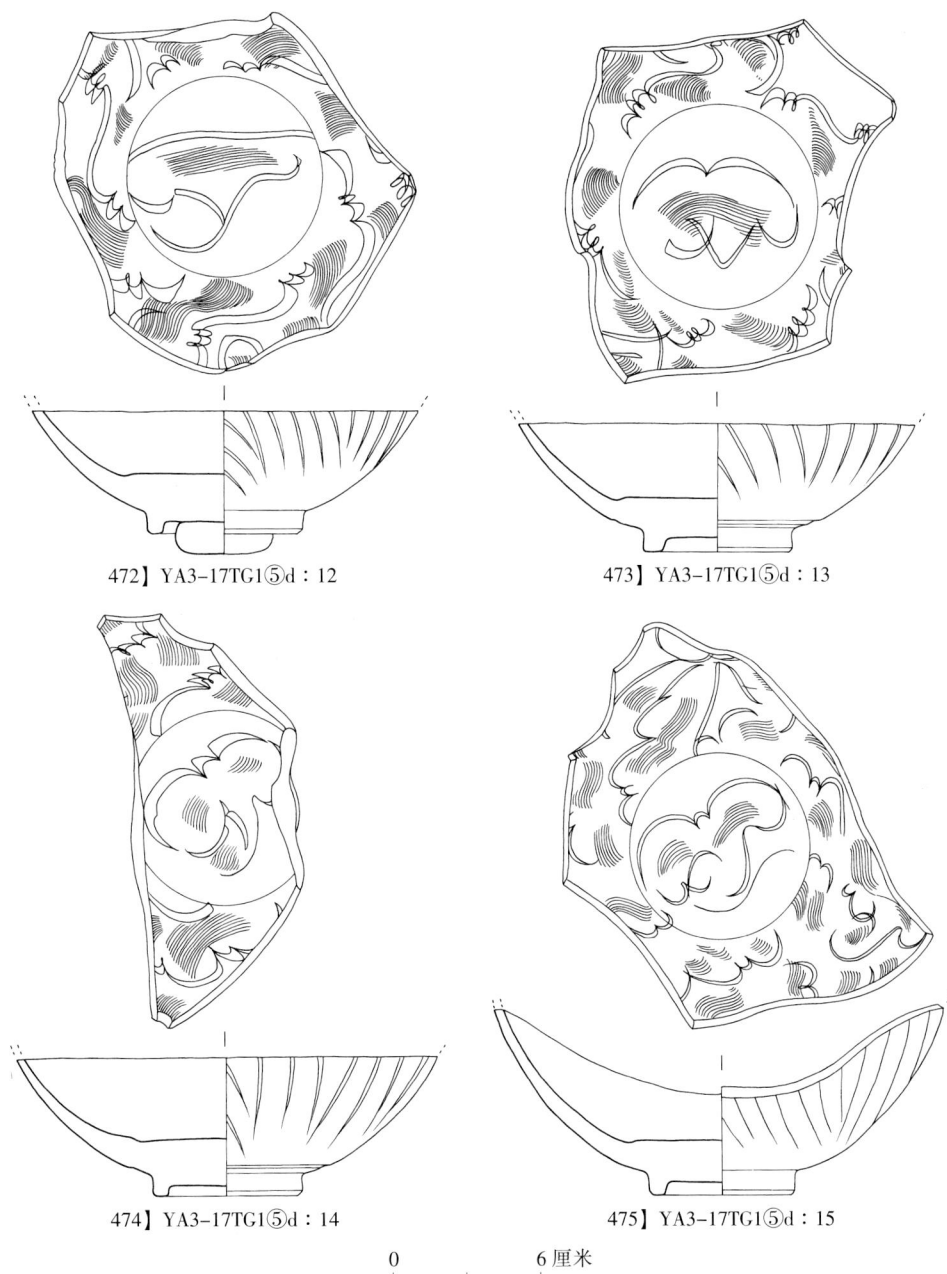

472】YA3-17TG1⑤d：12

473】YA3-17TG1⑤d：13

474】YA3-17TG1⑤d：14

475】YA3-17TG1⑤d：15

0   6厘米

图 5-31   YA3-17 出土南宋早期双面刻划花青瓷不明型式碗

黄胎。青黄釉，布满开片。足径6.4、残高5.9厘米。（图5-32；彩版5-62）

478】13金村 YA3-17TG1⑤d：18，碗。外腹饰折扇纹，内腹饰花卉纹，内心饰花卉纹。灰黄胎。青黄釉，布满开片。足径6.2、残高5.5厘米。（图5-32；彩版5-63）

479】13金村 YA3-17TG1⑤d：19，碗。外腹饰折扇纹，内腹饰花卉纹，内心饰花卉纹。灰黄胎。青釉泛黄。足径6.2、残高4.5厘米。（图5-32；彩版5-63）

480】13金村 YA3-17TG1⑤d：20，碗。外腹饰折扇纹，内腹饰花卉纹，内心饰花卉纹。灰白胎。足径6.4、残高4.2厘米。（图5-32；彩版5-63）

481】13金村 YA3-17TG1⑤d：21，碗。外腹饰折扇纹，内腹饰花卉纹，内心饰花卉纹。灰

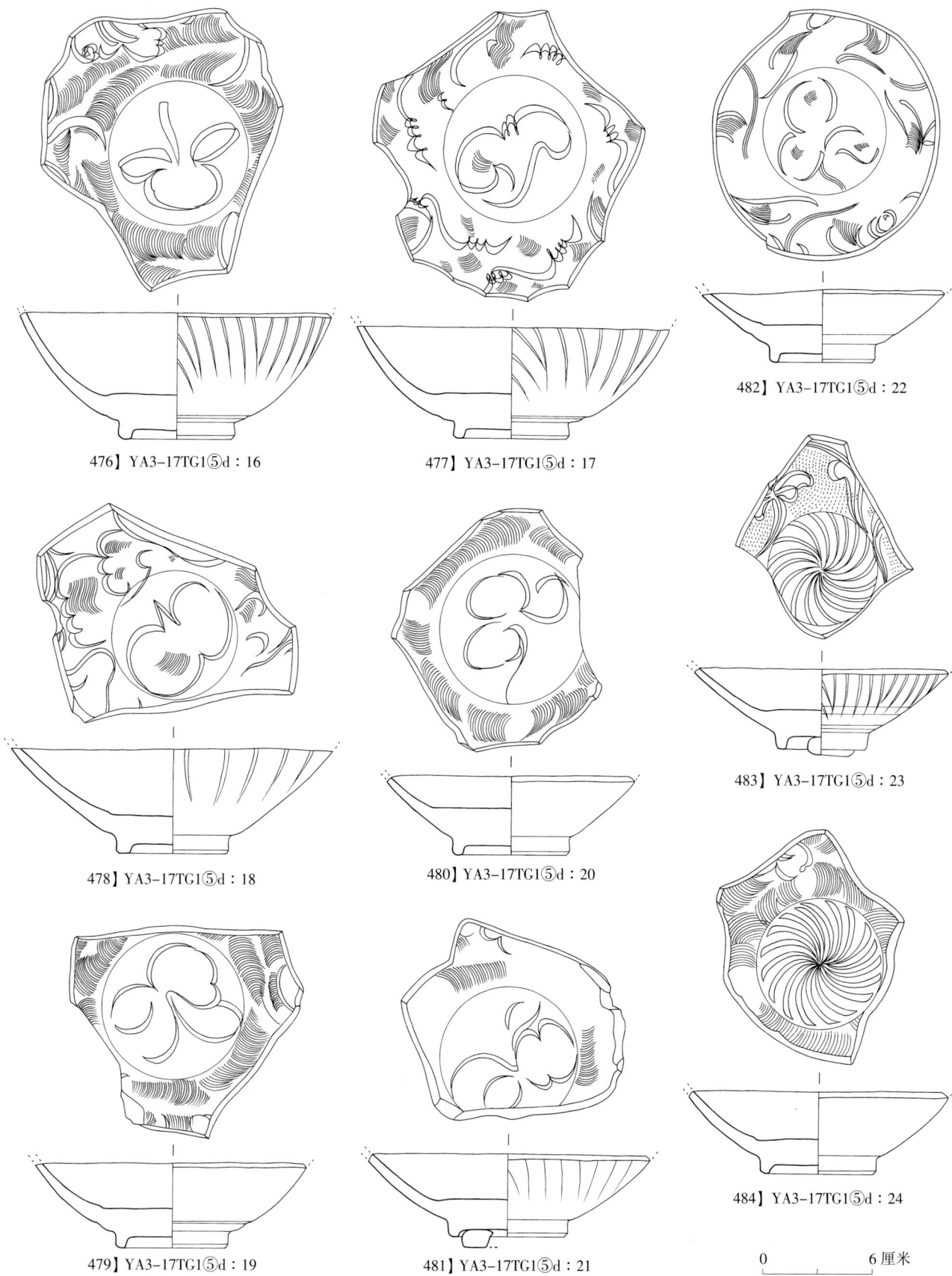

476】YA3-17TG1⑤d：16

477】YA3-17TG1⑤d：17

482】YA3-17TG1⑤d：22

478】YA3-17TG1⑤d：18

480】YA3-17TG1⑤d：20

483】YA3-17TG1⑤d：23

479】YA3-17TG1⑤d：19

481】YA3-17TG1⑤d：21

484】YA3-17TG1⑤d：24

0　　　　　　6厘米

图 5-32　YA3-17 出土南宋早期双面刻划花青瓷不明型式碗

黄胎，胎质较粗。青黄釉，布满开片。足径6.5、残高5厘米。（图5-32；彩版5-63）

482】13金村YA3-17TG1⑤d：22，碗。外腹饰折扇纹，内腹饰花卉纹，内心饰花卉纹。黄胎，胎质较粗。黄釉，布满开片。足径5.8、残高3.9厘米。（图5-32；彩版5-63）

483】13金村YA3-17TG1⑤d：23，碗。外腹饰折扇纹，内腹饰荷花荷叶纹饰，填以篦点纹；内心饰花卉纹。灰白胎。外底部粘连垫饼。足径5.2、残高4.7厘米。（图5-32；彩版5-63）

484】13金村YA3-17TG1⑤d：24，碗。外腹饰折扇纹，内腹饰花卉纹，内心饰花卉纹。黄胎。黄釉，布满开片。足径6.4、残高4.4厘米。（图5-32；彩版5-64）

485】13金村YA3-17TG1⑤d：25，碗。外腹饰折扇纹，内腹饰花卉纹，内心饰花卉纹。黄胎。黄釉，布满开片。足径6.4、残高4.2厘米。（图5-33；彩版5-64）

486】13金村YA3-17TG1⑤d：26，碗。外腹饰折扇纹，内腹饰花卉纹，内心饰花卉纹。黄胎。黄釉，布满开片。外底部粘连垫饼残块。足径5.8、残高4.5厘米。（图5-33；彩版5-64）

487】13金村YA3-17TG1⑤d：27，碗。外腹饰折扇纹，内腹饰花卉纹，内心饰花卉纹。黄胎。黄釉，布满开片。足径6.4、残高5.9厘米。（图5-33；彩版5-64）

488】13金村YA3-17TG1⑤c：1，碗。外腹饰折扇纹，内腹饰花卉纹，内心饰花卉纹。胎质较粗。足径6、残高7.2厘米。（图5-33；彩版5-64）

489】13金村YA3-17TG1⑤c：2，碗。外腹饰折扇纹，内腹饰花卉纹，内心素面。黄胎，胎质较粗。黄釉。足径5、残高4.2厘米。（图5-33；彩版5-65）

490】13金村YA3-17TG1⑤b：2，碗。外腹饰折扇纹，内腹饰荷花荷叶纹饰，填以篦点纹；内心饰花卉纹。釉面有较多开片。足径5.2、残高4.4厘米。（图5-33；彩版5-65）

491】13金村YA3-17TG1④：12，碗。外腹饰折扇纹，内腹饰花卉纹。黄胎，胎质较粗。黄釉。足径4.2、残高4.5厘米。（图5-33；彩版5-65）

492】13金村YA3-17TG1③：11，碗。外腹饰折扇纹，内腹饰花卉纹饰，内心饰花卉纹。灰黄胎，胎质较粗。青黄釉，布满开片。足径6.4、残高4.3厘米。（图5-33；彩版5-65）

493】13金村YA3-17TG1③：12，碗。外腹饰折扇纹，内腹饰花卉纹饰，内心饰花卉纹。胎质较粗。青釉微泛黄，布满开片。足径6.4、残高5厘米。（图5-33；彩版5-65）

494】13金村YA3-17TG1③：13，碗。外腹饰折扇纹，内腹饰花卉纹饰，内心饰花卉纹。胎质较粗。青釉微泛黄。足径5.4、残高4.6厘米。（图5-34；彩版5-65）

495】13金村YA3-17TG1③：15，碗。外腹饰折扇纹，内腹饰花卉纹饰，填以篦点纹；内心素面。灰白胎。足径4.4、残高5.8厘米。（图5-34）

496】13金村YA3-17TG1③：16，碗。外腹饰折扇纹，内腹饰花卉纹饰，内心饰花卉纹。黄胎，胎质较粗。黄釉，布满开片。足径6.5、残高3.8厘米。（图5-34；彩版5-66）

497】13金村YA3-17TG1⑤c：14，碗。外腹饰莲瓣纹，填以直条状篦纹；内腹饰蕉叶纹；内心素面。灰白胎。青釉。足径5、残高6.6厘米。（图5-34）

498】13金村YA3-17TG1⑤c：16，碗。外腹饰莲瓣纹，填以直条状篦纹；内腹饰蕉叶纹；内心素面。灰白胎。布满开片。足径4.4、残高3.5厘米。（图5-34）

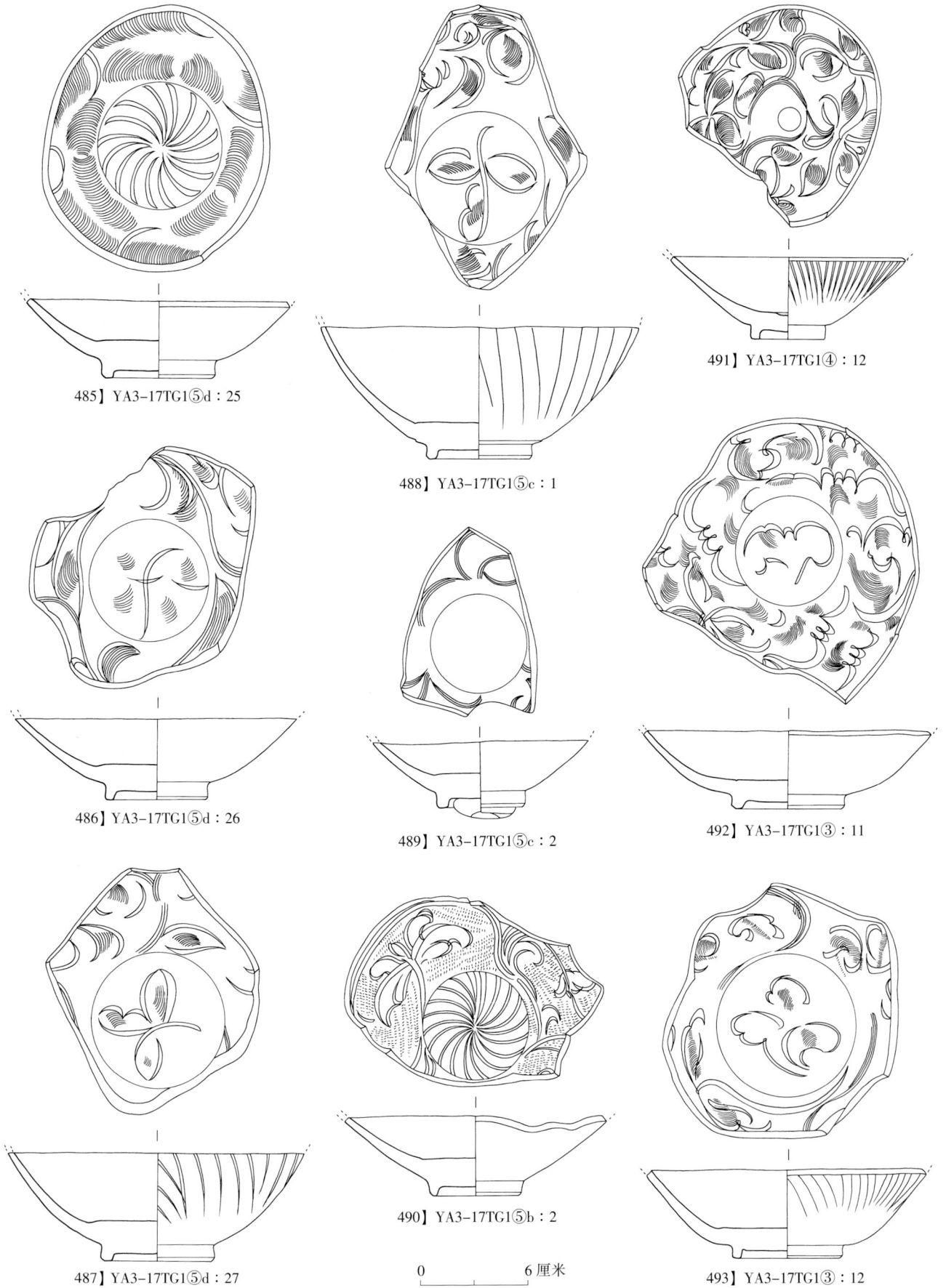

485〗YA3-17TG1⑤d: 25

486〗YA3-17TG1⑤d: 26

487〗YA3-17TG1⑤d: 27

488〗YA3-17TG1⑤c: 1

489〗YA3-17TG1⑤c: 2

490〗YA3-17TG1⑤b: 2

491〗YA3-17TG1④: 12

492〗YA3-17TG1③: 11

493〗YA3-17TG1③: 12

0   6厘米

图 5-33   YA3-17 出土南宋早期双面刻划花青瓷不明型式碗

494】YA3-17TG1③：13

495】YA3-17TG1③：15

496】YA3-17TG1③：16

499】YA3-17TG1⑤c：17

498】YA3-17TG1⑤c：16

500】YA3-17TG1⑤c：13

497】YA3-17TG1⑤c：14

0　　　　　6 厘米

图 5-34　YA3-17 出土南宋早期双面刻划花青瓷不明型式碗

499】13 金村 YA3-17TG1⑤c：17，碗。外腹饰莲瓣纹，填以直条状篦纹；内腹饰蕉叶纹；内心素面。灰黄胎。青釉泛黄，布满开片。足径 5、残高 4.6 厘米。（图 5-34）

500】13 金村 YA3-17TG1⑤c：13，碗。外腹饰莲瓣纹，填以直条状篦纹；内腹饰蕉叶纹；内心弦纹一圈，内心素面。灰白胎。足径 4.2、残高 3.8 厘米。（图 5-34）

敞口盘

共 4 件。圆唇，敞口，斜曲腹，圈足。外腹饰折扇纹；内腹饰花卉纹，填以篦划纹；内心弦纹一圈，内饰花卉纹或素面。灰白胎，胎质较细。青釉，全器满施釉，唯外底部露胎无釉。

501】13 金村 YA3-17TG1⑤d：28，盘。外口沿下弦纹一圈，内口沿下弦纹一圈，内心饰花卉纹。口径 19、足径 6.4、高 6 厘米。（图 5-35；彩版 5-66）

502】13 金村 YA3-17TG1⑤d：29，盘。外口沿下弦纹一圈，内口沿下弦纹一圈，内心饰花卉纹。青釉泛黄，布满开片。口径 19.4、足径 6.4、高 5.3 厘米。（图 5-35；彩版 5-66）

503】13 金村 YA3-17TG1⑤d：30，盘。内口沿下弦纹一圈，内心素面。口径 19.6、足径 6.4、高 5.6 厘米。（图 5-35；彩版 5-67）

504】13 金村 YA3-17TG1⑤b：54，盘与匣钵粘连标本。匣钵为 M 形。盘灰白胎。外底部粘连垫饼。通残高 4.3 厘米。（图 5-35）

侈口盘

505】13 金村 YA3-17TG1⑤c：7，盘。圆唇，侈口，斜曲腹，圈足。外口沿下弦纹一圈，下

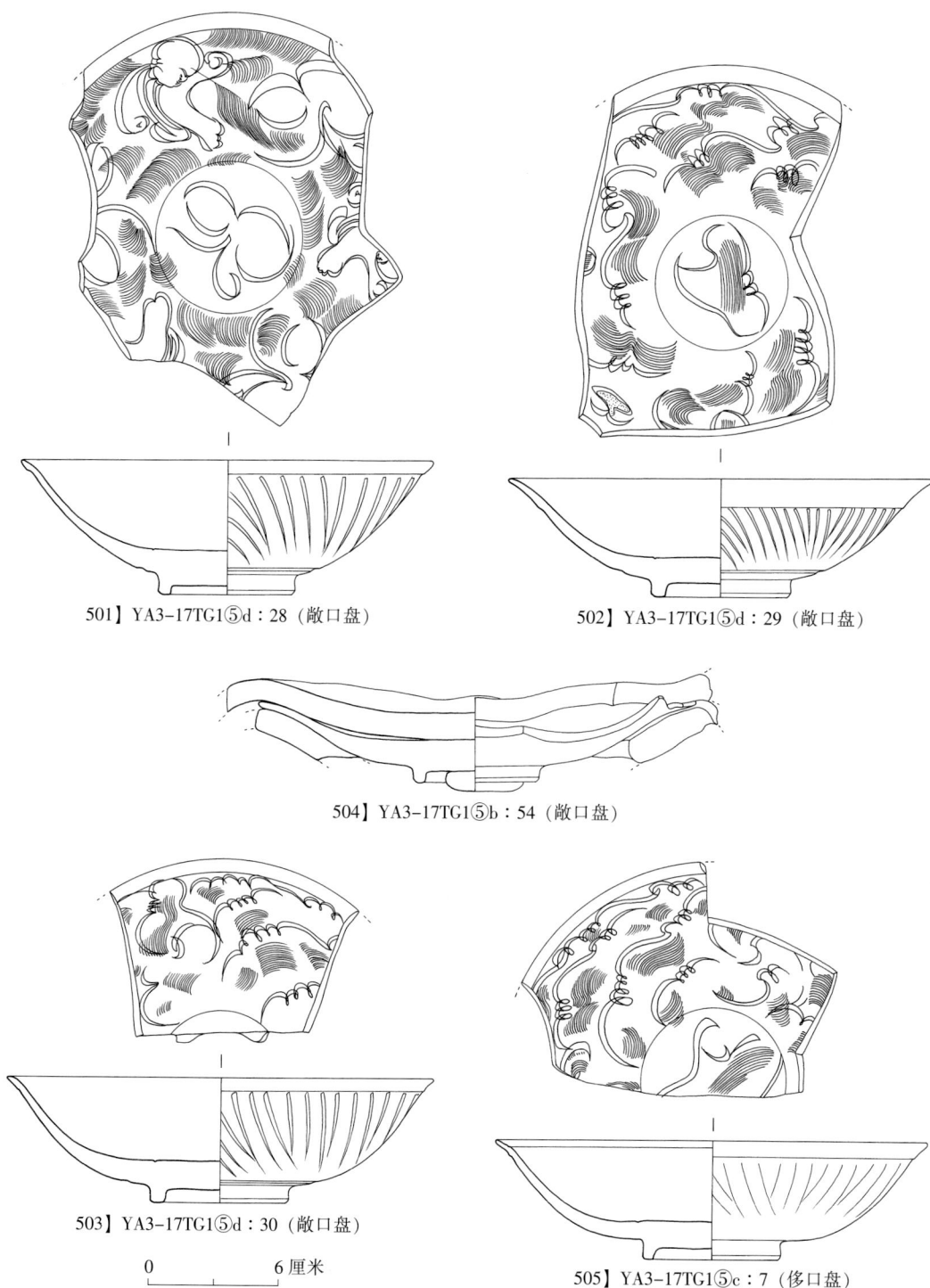

501】YA3-17TG1⑤d：28（敞口盘）　　　502】YA3-17TG1⑤d：29（敞口盘）

504】YA3-17TG1⑤b：54（敞口盘）

503】YA3-17TG1⑤d：30（敞口盘）

0　　　　　6 厘米

505】YA3-17TG1⑤c：7（侈口盘）

图 5-35　YA3-17 出土南宋早期双面刻划花青瓷盘

饰折扇纹；内口沿下弦纹一圈，下饰花卉纹饰，填以篦纹；内心弦纹一圈，内饰花卉纹，填以篦纹。灰白胎，胎质较细。青釉微泛黄，全器满施釉，唯外底部露胎无釉。口径 19.8、足径 6.3、高 5.3 厘米。（图 5-35；彩版 5-67）

不明型式盘

共8件。失口部，斜曲腹，圈足。外腹饰折扇纹；内腹及内心饰花卉纹，填以篦划纹。灰白胎，胎质较细。青釉，全器满施釉，唯外底部露胎无釉。

506】13 金村 YA3－17TG1⑤d：31，盘。内心弦纹一圈。足径6.2、残高4.2厘米。（图5－36；彩版5－67）

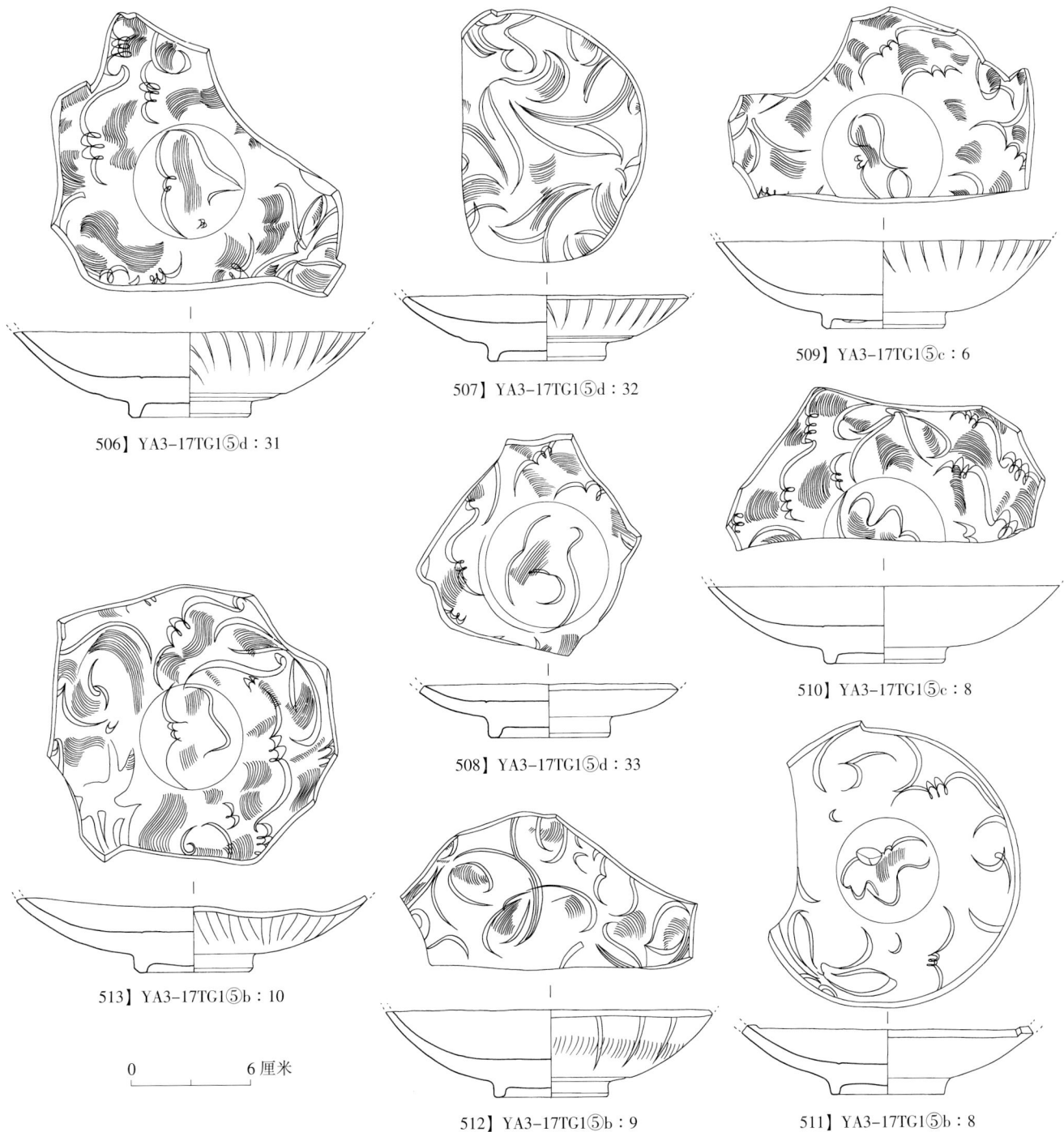

506】YA3–17TG1⑤d：31

507】YA3–17TG1⑤d：32

509】YA3–17TG1⑤c：6

508】YA3–17TG1⑤d：33

510】YA3–17TG1⑤c：8

513】YA3–17TG1⑤b：10

0　　　　　6厘米

512】YA3–17TG1⑤b：9

511】YA3–17TG1⑤b：8

图5－36　YA3－17出土南宋早期双面刻划花青瓷不明型式盘

507】13 金村 YA3 - 17TG1⑤d：32，盘。黄胎，胎质较粗。黄釉，布满开片。足径6、残高3.2厘米。（图5-36；彩版5-67）

508】13 金村 YA3 - 17TG1⑤d：33，盘。内心弦纹双圈。足径6.2、残高2.5厘米。（图5-36；彩版5-68）

509】13 金村 YA3 - 17TG1⑤c：6，盘。内心弦纹一圈。足径6.3、残高4.3厘米。（图5-36；彩版5-68）

510】13 金村 YA3 - 17TG1⑤c：8，盘。内心弦纹一圈。足径6.2、残高3.8厘米。（图5-36；彩版5-68）

511】13 金村 YA3 - 17TG1⑤b：8，盘。黄胎。黄釉，布满开片。足径5.8、残高3.4厘米。（图5-36；彩版5-68）

512】13 金村 YA3 - 17TG1⑤b：9，盘。灰胎。有开片。足径5.8、残高4.3厘米。（图5-36）

513】13 金村 YA3 - 17TG1⑤b：10，盘。内心弦纹一圈。青釉微泛黄。足径6、残高3.7厘米。（图5-36；彩版5-68）

孔明碗

共17件。由内外两层碗构成。外层碗圆唇，敞口近直，斜曲腹，平底中空。外腹饰莲瓣纹，填以直条状篦纹。内层碗圆唇，敞口，曲腹，圜底。内口沿下弦纹双圈，内饰条带状纹饰，下饰荷花荷叶纹饰，填以篦划纹。灰胎，胎质较细。青釉，全器满施釉，唯外底部露胎无釉。

514】13 金村 YA3 - 17TG1⑤c：12，孔明碗。仅余外层碗。灰白胎。足径8、孔径4、残高4.6厘米。（图5-37；彩版5-68）

515】13 金村 YA3 - 17TG1⑤c：15，孔明碗。仅余外层碗。失口部。黄胎，胎质较粗。青黄釉。足径11、孔径5、残高5.9厘米。（图5-37；彩版5-69）

516】13 金村 YA3 - 17TG1⑤b：14，孔明碗。仅余外层碗。灰胎。较多开片。口径13.2、足径8.2、孔径4、高5厘米。（图5-37；彩版5-69）

517】13 金村 YA3 - 17TG1⑤a：13，孔明碗。仅余外层碗。灰黄胎。青黄釉，较多开片。口径12.8、足径8、孔径3.5、高4.6厘米。（图5-37；彩版5-69）

518】13 金村 YA3 - 17TG1④：60，孔明碗。仅余内层碗。胎质较粗。青釉微泛黄。口径19、高4.5厘米。（图5-37；彩版5-69）

519】13 金村 YA3 - 17TG1④：61，孔明碗。仅余内层碗。黄胎，胎质较粗。黄釉，布满开片。口径14.2、高3.4厘米。（图5-37；彩版5-69）

520】13 金村 YA3 - 17TG1④：62，孔明碗。仅余内层碗。胎质较粗。口径18、高4.4厘米。（图5-37）

521】13 金村 YA3 - 17TG1④：63，孔明碗。仅余内层碗。黄胎，胎质较粗。黄釉，布满开片。口径14.2、高3.4厘米。（图5-37；彩版5-69）

522】13 金村 YA3 - 17TG1④：65，孔明碗。仅余外层碗。外口沿下弦纹一圈。口径14、足径8、孔径3.4、高5厘米。（图5-37；彩版5-70）

514〗YA3-17TG1⑤c：12

516〗YA3-17TG1⑤b：14

517〗YA3-17TG1⑤a：13

515〗YA3-17TG1⑤c：15

518〗YA3-17TG1④：60

520〗YA3-17TG1④：62

519〗YA3-17TG1④：61

521〗YA3-17TG1④：63

522〗YA3-17TG1④：65

523〗YA3-17TG1④：66

524〗YA3-17TG1④：67

0　　　　　6厘米

525〗YA3-17TG1③：148

526〗YA3-17TG1③：151

527〗YA3-17TG1③：152

528〗YA3-17TG1③：153

529〗YA3-17TG1③：149

530〗YA3-17TG1③：150

图 5-37　YA3-17 出土南宋早期双面刻划花青瓷孔明碗

523】13 金村 YA3－17TG1④：66，孔明碗。仅余外层碗。口径 12、足径 6.8、孔径 2.4、高 4.5 厘米。（图 5－37；彩版 5－70）

524】13 金村 YA3－17TG1④：67，孔明碗。仅余外层碗。口径 13、足径 7.4、孔径 2.2、高 4.5 厘米。（图 5－37；彩版 5－70）

525】13 金村 YA3－17TG1③：148，孔明碗。仅余外层碗。失口部。足径 10.2、孔径 4.1、高 3.5 厘米。（图 5－37）

526】13 金村 YA3－17TG1③：151，孔明碗。仅余外层碗。失口部。外口沿下弦纹一圈。青釉泛黄，较多开片。口径 17.2、足径 11.2、孔径 5.6、高 5.8 厘米。（图 5－37；彩版 5－70）

527】13 金村 YA3－17TG1③：152，孔明碗。仅余外层碗。外口沿下弦纹一圈。口径 13、足径 8、孔径 3.6、高 5.4 厘米。（图 5－37；彩版 5－70）

528】13 金村 YA3－17TG1③：153，孔明碗。仅余外层碗。外口沿下弦纹一圈。黄胎，胎质较粗。青黄釉。口径 14、高 3.8 厘米。（图 5－37；彩版 5－70）

529】13 金村 YA3－17TG1③：149，孔明碗。仅余内层碗。圆唇，斜曲腹，圜底。灰白胎。青釉，布满开片。口径 13.6、高 2.7 厘米。（图 5－37；彩版 5－71）

530】13 金村 YA3－17TG1③：150，孔明碗。仅余内层碗。胎质较粗。青釉微泛黄，有开片。残高 2 厘米。（图 5－37；彩版 5－71）

2. 单面刻划花：外腹素面，内腹饰花卉纹

敞口碗

共 53 件。根据腹部特征分为三小类。

第一小类，3 件。斗笠碗。圆唇，敞口，斜直腹，圈足。外腹素面；内腹饰花卉纹，填以篦划纹。灰白胎，胎质较细。青釉，全器满施釉，唯外底部露胎无釉。

531】13 金村 YA3－17TG1⑤d：42，碗。内腹饰团状花卉纹饰；内心弦纹一圈，内素面。口径 11.4、足径 3.8、高 4.7 厘米。（图 5－38；彩版 5－71）

532】13 金村 YA3－17TG1⑤b：24，碗。内腹满饰海水纹。口径 11、足径 3.5、高 4 厘米。（图 5－38；彩版 5－72）

533】13 金村 YA3－17TG1③：86，碗。内口沿下弦纹一圈。灰红胎，胎质较粗。青釉泛白，

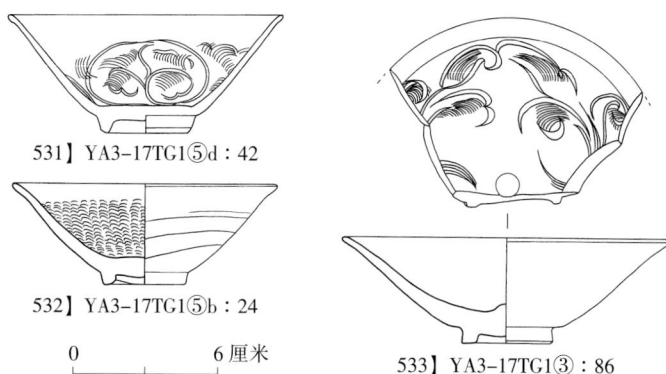

531】YA3-17TG1⑤d：42

532】YA3-17TG1⑤b：24

0   6 厘米

533】YA3-17TG1③：86

图 5－38　YA3－17 出土南宋早期单面刻划花（内腹）青瓷敞口碗

较多开片。口径13.4、足径3.8、高4.2厘米。（图5-38；彩版5-72）

第二小类，41件。圆唇，敞口，斜曲腹，圈足。外腹素面；内腹饰花卉纹，少量填以篦纹；内心弦纹一圈，内素面或饰花卉纹，填以篦纹。灰白胎，胎质较细。青釉，全器满施釉，唯外底部露胎无釉。

535】13金村YA3-17TG1⑤a：2，碗。内心饰花卉纹。灰黄胎。青釉泛黄。口径18.8、足径6、高8.4厘米。（图5-39；彩版5-72）

536】13金村YA3-17TG1⑤a：3，碗。花口。内口沿下弦纹一圈，内心饰花卉纹。口径19、足径6、高8厘米。（图5-39；彩版5-72）

537】13金村YA3-17TG1⑤a：4，碗。花口。外腹素面，内心素面。口径18.4、足径6.4、高7.9厘米。（图5-39）

538】13金村YA3-17TG1④：25，碗。内心素面。灰胎，胎质较粗。青釉泛黄，布满开片。口径15.2、足径5.8、高7厘米。（图5-39）

539】13金村YA3-17TG1④：26，碗。内口沿下弦纹一圈，内心素面。胎质较粗。青釉泛黄，较多开片。口径16、足径6.2、高6.7厘米。（图5-39）

540】13金村YA3-17TG1④：27，碗。内心饰花卉纹饰。灰胎，胎质粗。青釉，有开片。口径18、足径6、高6厘米。（图5-39）

541】13金村YA3-17TG1④：31，碗。失足。内口沿下弦纹一圈，下饰荷花纹饰，填以篦纹。口径19、残高6.4厘米。（图5-39；彩版5-73）

542】13金村YA3-17TG1④：32，碗。内口沿下弦纹一圈灰胎，胎质较粗。青釉微泛黄。口径15.6、足径5.6、高6.6厘米。（图5-39；彩版5-73）

545】13金村YA3-17TG1④：35，碗。内心饰花卉纹饰，填以篦纹。灰胎。青釉微泛黄。口径16.4、足径5.3、高6.7厘米。（图5-39；彩版5-73）

546】13金村YA3-17TG1④：43，碗。内心素面。灰黄胎，胎质较粗。青釉微泛黄，较多开片。口径19.4、足径6.5、高8.2厘米。（图5-40；彩版5-74）

547】13金村YA3-17TG1③：24，碗。内心饰花卉纹。口径19、足径6.2、高7.8厘米。（图5-40；彩版5-73）

548】13金村YA3-17TG1③：25，碗。内心饰花卉纹。口径16、足径5.8、高6.7厘米。（图5-40；彩版5-74）

549】13金村YA3-17TG1③：26，碗。内心素面。黄胎，胎质较粗。黄釉，布满开片。口径16.2、足径5.8、高7.2厘米。（图5-40；彩版5-74）

550】13金村YA3-17TG1③：28，碗。内心素面。胎质较粗。青釉泛黄。口径15.8、足径4.8、高6.4厘米。（图5-40；彩版5-74）

551】13金村YA3-17TG1③：30，碗。黄胎，胎质较粗。青釉泛白，较多开片。口径15.8、足径5.4、高6.6厘米。（图5-40）

552】13金村YA3-17TG1③：31，碗。内心饰花卉纹。黄胎，胎质较粗。青釉泛白，较多开片。口径19.4、足径6.6、高9厘米。（图5-40；彩版5-74）

535】YA3–17TG1⑤a：2

537】YA3–17TG1⑤a：4

538】YA3–17TG1④：25

542】YA3–17TG1④：32

539】YA3–17TG1④：26

540】YA3–17TG1④：27

545】YA3–17TG1④：35

536】YA3–17TG1⑤a：3

541】YA3–17TG1④：31

0   6厘米

图5–39　YA3–17出土南宋早期单面刻划花（内腹）青瓷敞口碗

553】13金村YA3–17TG1③：32，碗。灰黄胎，胎质较粗。青釉泛白，较多开片。口径15.6、足径5.6、高7厘米。（图5–40）

554】13金村YA3–17TG1③：33，碗。内心饰花卉纹。灰胎。口径16.2、足径5.4、高6.4厘米。（图5–41）

555】13金村YA3–17TG1③：34，碗。内腹饰荷花荷叶纹饰，内心饰花卉纹。灰胎。口径15.8、足径5.8、高6.5厘米。（图5–41；彩版5–75）

546】YA3-17TG1④：43

547】YA3-17TG1③：24

548】YA3-17TG1③：25

549】YA3-17TG1③：26

550】YA3-17TG1③：28

551】YA3-17TG1③：30

552】YA3-17TG1③：31

553】YA3-17TG1③：32

0　　　　　　6厘米

图5-40　YA3-17出土南宋早期单面刻划花（内腹）青瓷敞口碗

556】13金村 YA3-17TG1③：35，碗。内腹饰荷花荷叶纹饰，内心饰花卉纹。灰胎。口径15.8、足径5.4、高6.6厘米。（图5-41）

554】YA3-17TG1③：33

557】YA3-17TG1③：36

561】YA3-17TG1③：41

559】YA3-17TG1③：39

555】YA3-17TG1③：34

563】YA3-17TG1③：43

556】YA3-17TG1③：35

560】YA3-17TG1③：40

0　　　　　6 厘米

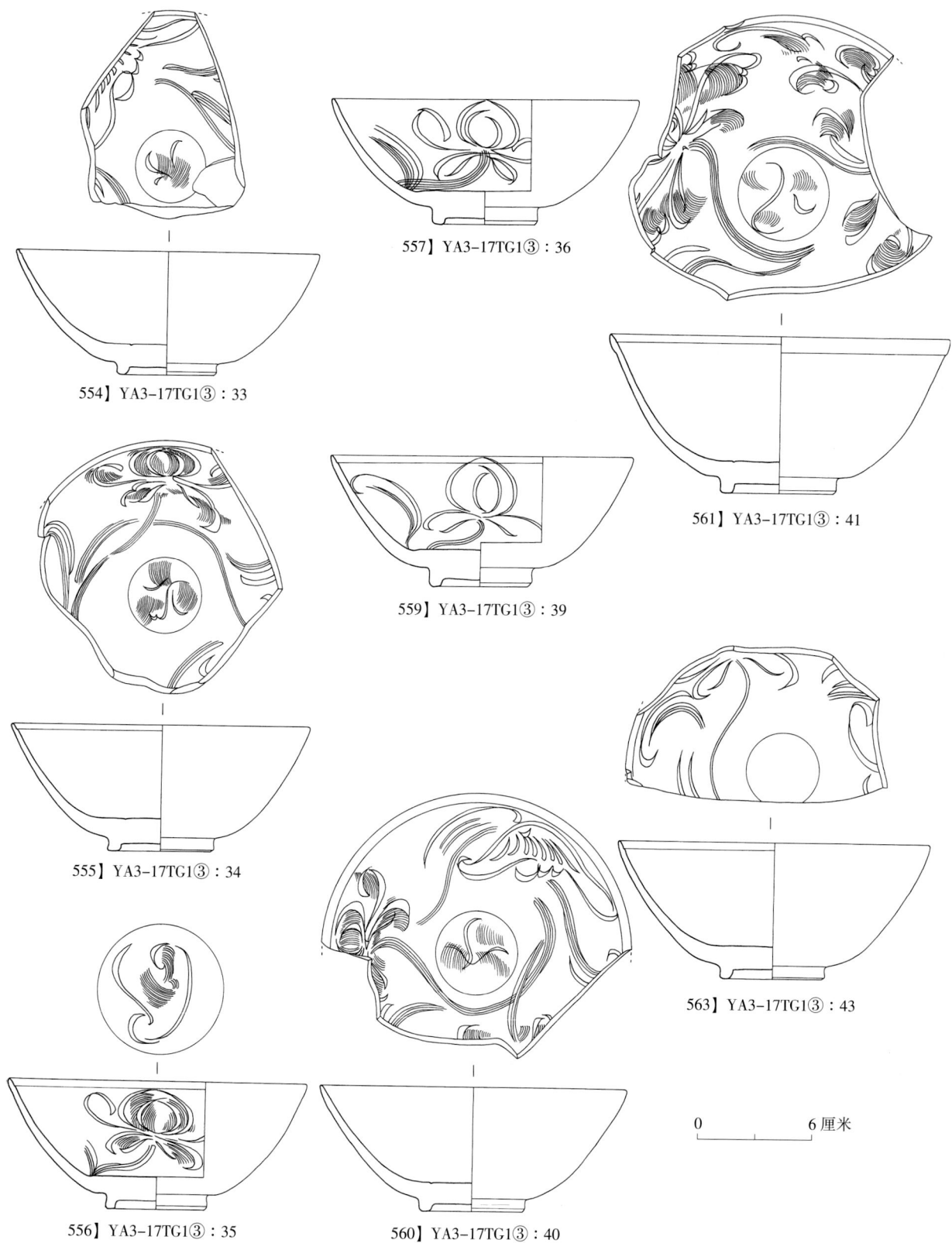

图 5-41　YA3-17 出土南宋早期单面刻划花（内腹）青瓷敞口碗

557】13 金村 YA3－17TG1③：36，碗。内腹饰荷花荷叶纹饰；内心饰花卉纹，填以篦纹。灰胎。青釉泛黄。口径 16.2、足径 5.5、高 6.4 厘米。（图 5－41）

559】13 金村 YA3－17TG1③：39，碗。内腹饰荷花荷叶纹饰，内心素面。口径 16、足径 5.4、高 6.7 厘米。（图 5－41）

560】13 金村 YA3－17TG1③：40，碗。内腹饰荷花荷叶纹饰，内心饰花卉纹。口径 16.2、足径 5.4、高 6.4 厘米。（图 5－41；彩版 5－75）

561】13 金村 YA3－17TG1③：41，碗。内腹饰荷花荷叶纹饰，内心饰花卉纹。灰胎。青釉微泛黄。口径 18、足径 6.2、高 8.2 厘米。（图 5－41；彩版 5－75）

563】13 金村 YA3－17TG1③：43，碗。内心素面。灰黄胎，胎质较粗。黄釉，布满开片。口径 16.5、足径 5.6、高 7 厘米。（图 5－41）

564】13 金村 YA3－17TG1③：45，碗。内腹饰荷花荷叶纹饰。灰黄胎，胎质较粗。口径 15.8、足径 5.6、高 6.7 厘米。（图 5－42）

565】13 金村 YA3－17TG1③：46，碗。内心饰花卉纹。灰胎。青釉微泛黄。口径 18.2、足径 5.8、高 8.3 厘米。（图 5－42）

566】13 金村 YA3－17TG1③：49，碗。内心素面。灰黄胎。青黄釉。口径 16.4、足径 5.4、高 6.2 厘米。（图 5－42）

567】13 金村 YA3－17TG1③：50，碗。黄胎，胎质较粗。黄釉。口径 19、足径 6.8、高 8.3 厘米。（图 5－42；彩版 5－75）

568】13 金村 YA3－17TG1③：51，碗。内腹饰荷花荷叶纹饰，内心饰花卉纹。灰黄胎，胎质较粗。较多开片。口径 15.8、足径 5.8、高 7 厘米。（图 5－42）

569】13 金村 YA3－17TG1③：53，碗。内腹饰荷花荷叶纹饰，内心素面。灰胎，胎质较粗。青釉微泛黄，布满开片。口径 17、足径 5.4、高 6.6 厘米。（图 5－42）

570】13 金村 YA3－17TG1③：55，碗。内腹饰荷花荷叶纹饰，内心素面。灰胎。口径 15.8、足径 5.2、高 6.5 厘米。（图 5－42）

571】13 金村 YA3－17TG1③：56，碗。内心饰花卉纹。灰胎。青釉泛黄，较多开片。口径 19.8、足径 7.6、高 8.2 厘米。（图 5－42）

572】13 金村 YA3－17TG1③：57，碗。内腹饰荷花荷叶纹饰。灰黄胎，胎质较粗。口径 18、足径 6.2、高 8 厘米。（图 5－42）

573】13 金村 YA3－17TG1③：58，碗。内口沿下弦纹一圈，下饰荷花荷叶纹饰；内心素面。灰胎。口径 15、足径 5.3、高 7 厘米。（图 5－43）

574】13 金村 YA3－17TG1③：59，碗。内口沿下弦纹一圈，下饰荷花荷叶纹饰；内心素面。口径 15.6、足径 5.5、高 6.5 厘米。（图 5－43）

575】13 金村 YA3－17TG1③：37，碗。内口沿下弦纹一圈，下饰条带状花卉纹饰，下弦纹双圈，下素面；内心饰花卉纹。口径 16.2、足径 5、高 7.6 厘米。（图 5－43）

576】13 金村 YA3－17TG1③：54，碗。内口沿下弦纹一圈，下饰条带状花卉纹饰，下弦纹双圈，下素面；内心饰花卉纹。青黄釉。口径 17.6、足径 5.8、高 7.1 厘米。（图 5－43）

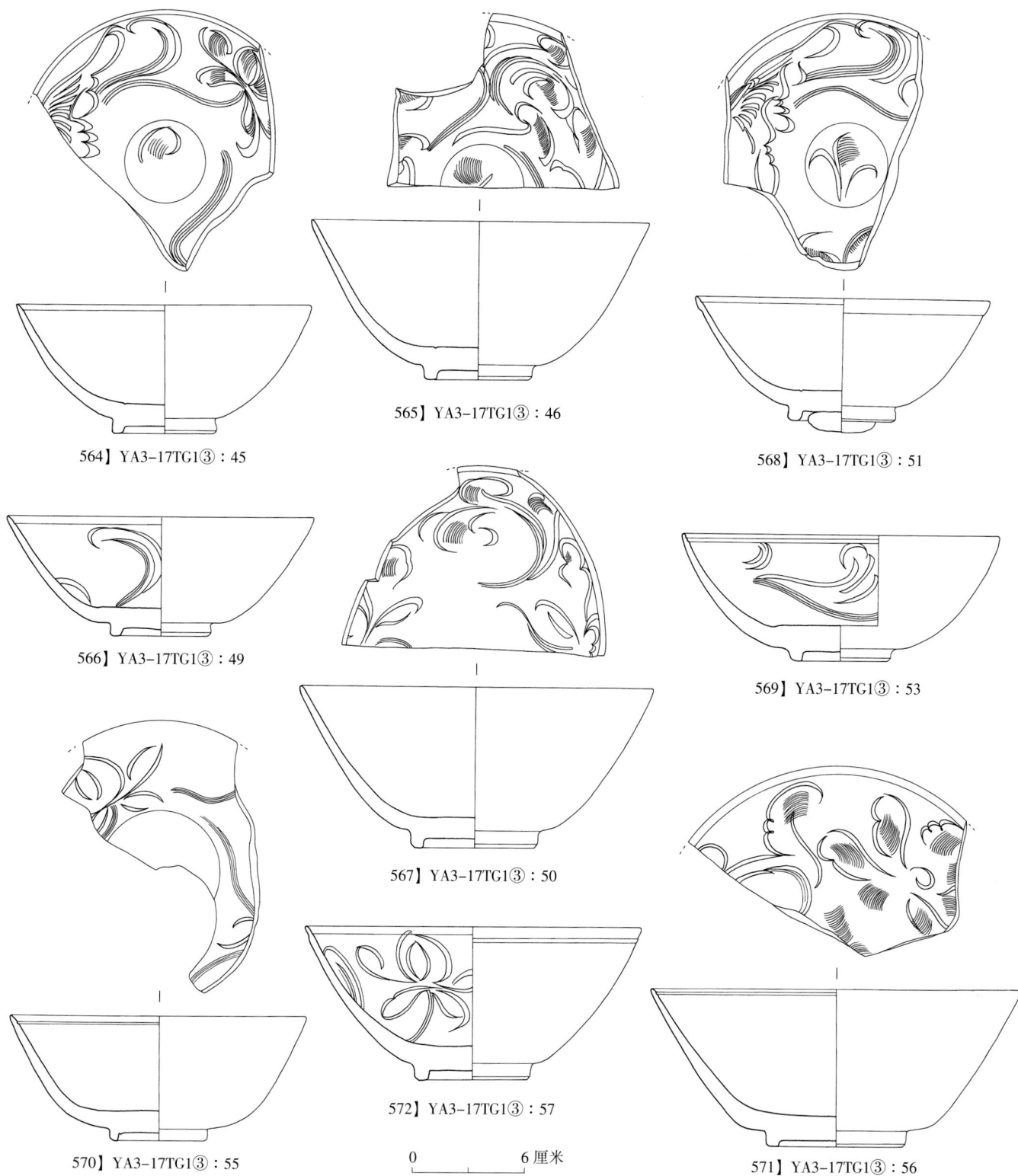

564〗YA3-17TG1③：45

565〗YA3-17TG1③：46

568〗YA3-17TG1③：51

566〗YA3-17TG1③：49

569〗YA3-17TG1③：53

567〗YA3-17TG1③：50

570〗YA3-17TG1③：55

572〗YA3-17TG1③：57

0　　　　　　6 厘米

571〗YA3-17TG1③：56

图 5-42　YA3-17 出土南宋早期单面刻划花（内腹）青瓷敞口碗

577】13 金村 YA3 – 17TG1④：56，碗。花口，内腹对应花口处白痕出筋，内心弦纹一圈。灰黄胎，胎质较细。青黄釉，布满开片。口径16.8、足径5.4、高6.3厘米。（图5 – 43）

578】13 金村 YA3 – 17TG1③：115，碗。花口，内腹对应花口处白痕出筋，内心弦纹一圈。灰胎，胎质较细。青釉泛黄，较多开片。口径19、足径6.6、高8厘米。（图5 – 43；彩版5 – 76）

579】13 金村 YA3 – 17TG1③：119，碗。花口，内腹对应花口处白痕出筋。灰胎，胎质较细。口径12.4、足径5.2、高6厘米。（图5 – 43；彩版5 – 76）

第三小类，9件。圆唇，敞口，花口，上腹斜直，下腹斜曲，圈足。外腹素面；内口沿下双线圆弧形纹饰一圈，下对应花口处连以双线 S 形纹将内腹分隔成若干个等大的区域，内素面或饰一朵呈缭绕状的云彩；内心弦纹一圈，内素面或饰花卉纹。灰胎，胎质较细。青釉，全器满施釉，唯外底部露胎无釉。

581】13 金村 YA3 – 17TG1④：48，碗。内腹各区内均有一朵呈缭绕状的云彩，内心素面。胎质较粗。较多开片。口径10.2、足径4.2、高5.9厘米。（图5 – 44；彩版5 – 77）

582】13 金村 YA3 – 17TG1④：49，碗。失口部。内腹各区内均饰一朵呈缭绕状的云彩，内心饰一朵花卉纹饰。灰黄胎。青釉泛黄。足径7.7、残高5.2厘米。（图5 – 44；彩版5 – 77）

584】13 金村 YA3 – 17TG1④：51，碗。内腹各区内均饰一朵呈缭绕状的云彩；内心弦纹双圈，内素面。胎质较粗。口径18.6、足径6、高8.5厘米。（图5 – 44）

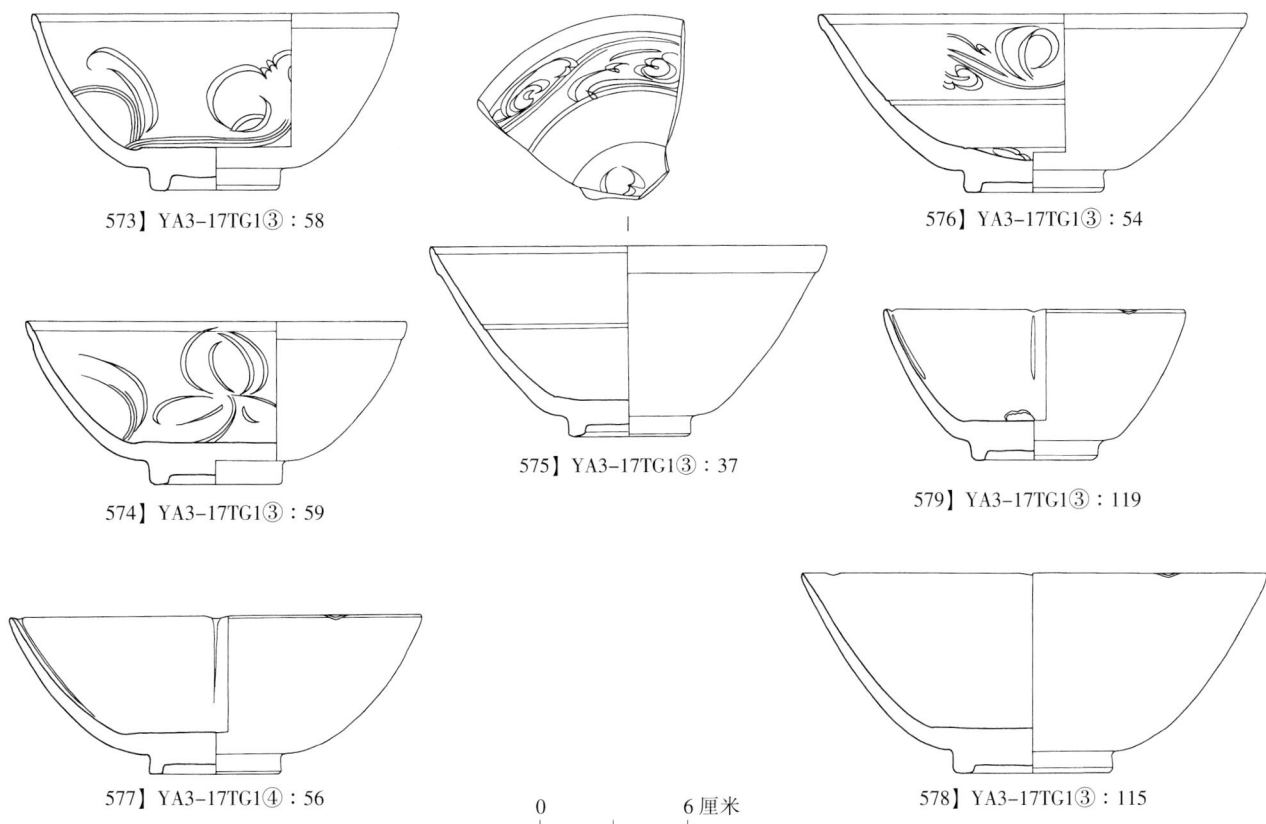

573】YA3–17TG1③：58　　576】YA3–17TG1③：54
574】YA3–17TG1③：59　575】YA3–17TG1③：37　579】YA3–17TG1③：119
577】YA3–17TG1④：56　0　6厘米　578】YA3–17TG1③：115

图5 – 43　YA3 – 17 出土南宋早期单面刻划花（内腹）青瓷敞口碗

585】YA3-17TG1④：52

587】YA3-17TG1④：44

582】YA3-17TG1④：49

584】YA3-17TG1④：51

589】YA3-17TG1④：46

588】YA3-17TG1④：45

590】YA3-17TG1③：123

581】YA3-17TG1④：48

591】YA3-17TG1③：124

0   6厘米

图 5-44　YA3-17 出土南宋早期单面刻划花（内腹）青瓷敞口碗

585】13 金村 YA3-17TG1④：52，碗。内腹各区内素面，内心素面。灰黄胎，胎质较粗。釉面布满开片。口径 12、足径 4.2、高 6 厘米。（图 5-44；彩版 5-77）

587】13 金村 YA3-17TG1④：44，碗。失口部。内腹各区内均饰一朵呈缭绕状的云彩，内心饰多瓣花卉纹饰。胎质较细。较多开片。足径 6.8、残高 4.8 厘米。（图 5-44；彩版 5-77）

588】13 金村 YA3-17TG1④：45，碗。失口部。内腹单线 S 形纹将内腹分隔成若干个等大的区域，内素面；内心饰五瓣花卉纹饰。灰白胎。足径 6.8、残高 3.1 厘米。（图 5-44；彩版 5-78）

589】13 金村 YA3-17TG1④：46，碗。失口部。内腹各区内素面，内心饰多瓣花卉纹饰。灰黄胎，胎质较粗。足径 6.8、残高 3.1 厘米。（图 5-44；彩版 5-78）

590】13 金村 YA3-17TG1③：123，碗。失足。内腹各区内素面。口径 12、残高 4.9 厘米。（图 5-44）

591】13 金村 YA3-17TG1③：124，碗。失足。内腹各区内素面。口径 12、残高 3.6 厘米。（图 5-44）

不明型式碗

共31件。失口部，斜曲腹，圈足。外腹素面；内腹饰花卉纹，填以篦划纹；内心弦纹一圈，内大多饰花卉纹，填以篦纹。灰胎，胎质较细。青釉，全器满施釉，唯外底部露胎无釉。

592】13金村YA3－17TG1⑤d：34，碗。内腹饰海水纹、鱼纹。足径6.2、残高6.5厘米。（图5－45；彩版5－78）

593】13金村YA3－17TG1⑤d：35，碗。内腹饰海水纹、鱼纹。足径6.4、残高5.5厘米。（图5－45；彩版5－78）

594】13金村YA3－17TG1⑤d：36，碗。青釉泛黄。足径6.2、残高5.1厘米。（图5－45；彩版5－79）

595】13金村YA3－17TG1⑤d：37，碗。灰白胎，胎质较粗。青釉泛黄，布满开片，玻璃质感强。足径5.4、残高4.8厘米。（图5－45；彩版5－79）

596】13金村YA3－17TG1⑤d：38，碗。灰白胎，胎质较粗。布满开片。足径6.3、残高4.6厘米。（图5－45；彩版5－79）

597】13金村YA3－17TG1⑤d：39，碗。内心弦纹双圈。灰白胎，胎质较粗。青釉微泛黄。足径5.4、残高4.5厘米。（图5－45；彩版5－79）

598】13金村YA3－17TG1⑤d：40，碗。黄胎，胎质较粗。黄釉，布满开片。足径6、残高3.6厘米。（图5－45；彩版5－79）

599】13金村YA3－17TG1⑤d：41，碗。灰白胎，胎质较粗。足径5.3、残高3.9厘米。（图5－45；彩版5－79）

600】13金村YA3－17TG1⑤c：25，碗。内腹饰荷花荷叶纹饰。黄胎，胎质较粗。黄釉。足径5.7、残高5.2厘米。（图5－45；彩版5－80）

601】13金村YA3－17TG1⑤c：26，碗。内腹饰海水纹、鱼纹。灰白胎。足径6.2、残高5.9厘米。（图5－46；彩版5－80）

602】13金村YA3－17TG1⑤c：27，碗。内腹及内心满饰花卉纹饰。黄胎，胎质较粗。黄釉。足径6、残高3.3厘米。（图5－46；彩版5－80）

603】13金村YA3－17TG1⑤c：28，碗。青釉微泛黄，较多开片。足径6.2、残高4.7厘米。（图5－46；彩版5－80）

604】13金村YA3－17TG1⑤c：29，碗。黄胎，胎质较粗。黄釉。足径6.4、残高4厘米。（图5－46；彩版5－80）

605】13金村YA3－17TG1⑤c：30，碗。黄胎，胎质较粗。黄釉。足径6、残高4.7厘米。（图5－46；彩版5－80）

606】13金村YA3－17TG1⑤c：31，碗。灰黄胎，胎质较粗。青釉微泛黄，满布开片。足径5.8、残高4.5厘米。（图5－46；彩版5－81）

607】13金村YA3－17TG1⑤c：32，碗。黄胎，胎质较粗。黄釉，满布开片。足径5.4、残高2厘米。（图5－46；彩版5－81）

608】13金村YA3－17TG1⑤c：33，碗。黄胎，胎质较粗。黄釉，满布开片。足径5.6、残高

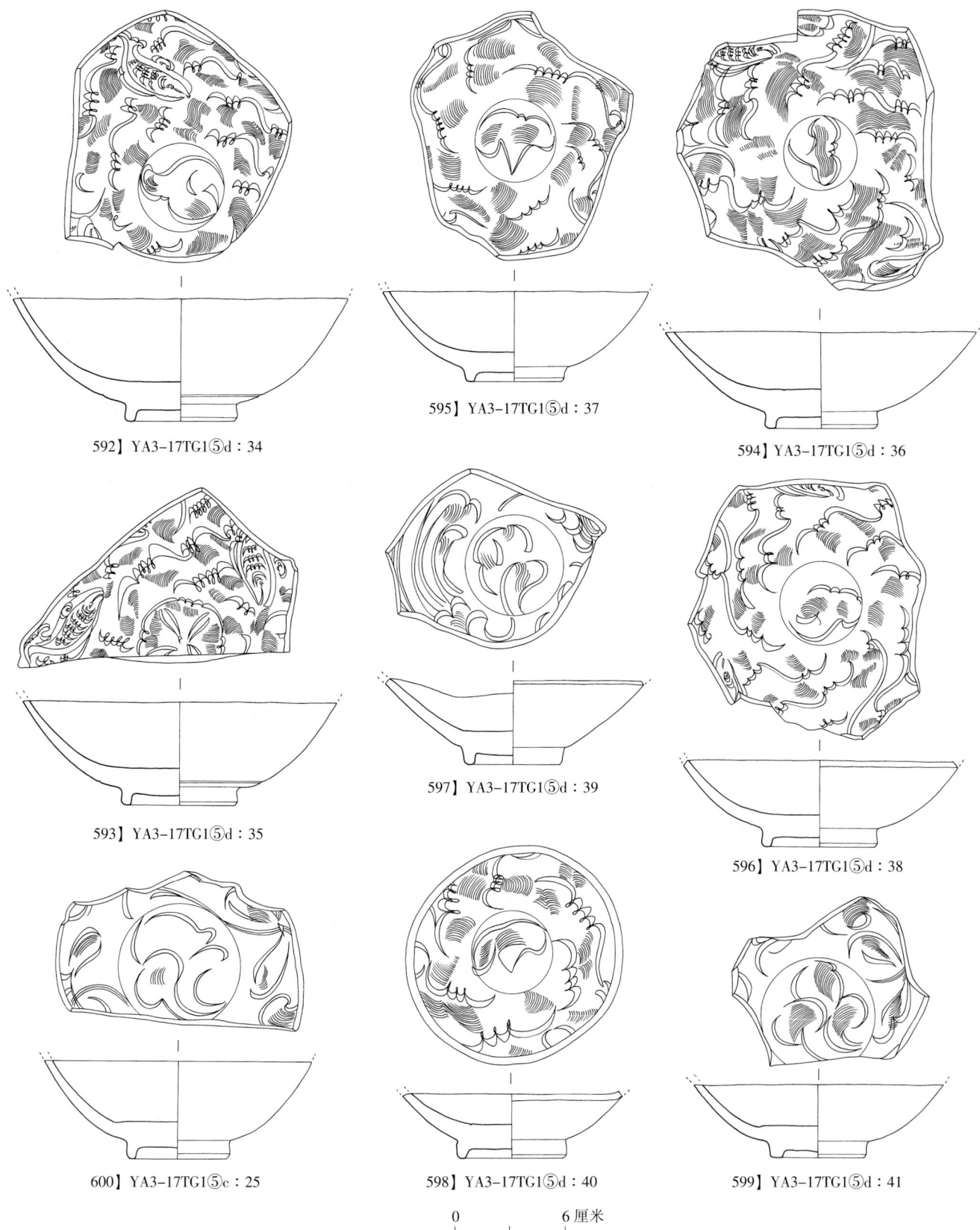

592】YA3-17TG1⑤d：34

595】YA3-17TG1⑤d：37

594】YA3-17TG1⑤d：36

593】YA3-17TG1⑤d：35

597】YA3-17TG1⑤d：39

596】YA3-17TG1⑤d：38

600】YA3-17TG1⑤c：25

598】YA3-17TG1⑤d：40

599】YA3-17TG1⑤d：41

0   6厘米

图 5-45 YA3-17 出土南宋早期单面刻划花（内腹）青瓷不明型式碗

601〗YA3-17TG1⑤c：26

605〗YA3-17TG1⑤c：30

603〗YA3-17TG1⑤c：28

602〗YA3-17TG1⑤c：27

606〗YA3-17TG1⑤c：31

608〗YA3-17TG1⑤c：33

604〗YA3-17TG1⑤c：9

607〗YA3-17TG1⑤c：32

0　　　　　6厘米

609〗YA3-17TG1⑤b：27

图5-46　YA3-17出土南宋早期单面刻划花（内腹）青瓷不明型式碗

2.6厘米。（图5-46；彩版5-81）

609】13金村YA3-17TG1⑤b：27，碗。内心弦纹双圈。外底部粘连垫饼。足径6、残高5.4厘米。（图5-46；彩版5-81）

610】13金村YA3-17TG1⑤b：28，碗。青釉微泛黄。足径6.4、残高5.3厘米。（图5-47；彩版5-81）

611】13金村YA3-17TG1⑤b：29，碗。足径5.4、残高4.6厘米。（图5-47；彩版5-81）

613】13金村YA3-17TG1⑤b：31，碗。黄胎。黄釉，布满开片。足径5.7、残高4.4厘米。（图5-47；彩版5-82）

614】13金村YA3-17TG1⑤b：32，碗。内腹饰荷花荷叶纹饰。黄胎。黄釉，布满开片。足径6.7、残高5.4厘米。（图5-47；彩版5-82）

615】13金村YA3-17TG1④：28，碗。内腹及内心满饰荷花荷叶纹饰。胎质较粗。青釉泛黄，有开片。口径16.6、足径5、高7.6厘米。（图5-47）

616】13金村YA3-17TG1④：29，碗。内心饰多瓣花卉纹饰。胎质较粗。青釉，较多开片。足径6、残高4.2厘米。（图5-47；彩版5-82）

617】13金村YA3-17TG1④：30，碗。内心饰多瓣花卉纹饰。胎质较粗。青釉，较多开片。足径6、残高4.1厘米。（图5-47；彩版5-82）

618】13金村YA3-17TG1③：27，碗。内心弦纹双圈。胎质较粗。足径6.2、残高6.6厘米。（图5-47；彩版5-82）

619】13金村YA3-17TG1③：47，碗。内心弦纹双圈。胎质较粗。足径5.7、残高3.6厘米。（图5-48；彩版5-83）

620】13金村YA3-17TG1③：48，碗。内心弦纹双圈。灰白胎，胎质较粗。足径6、残高3.4厘米。（图5-48；彩版5-83）

621】13金村YA3-17TG1③：52，碗。内心弦纹双圈。灰白胎，胎质较粗。足径6、残高4.3厘米。（图5-48；彩版5-83）

622】13金村YA3-17TG1③：29，碗。内腹饰海水、鱼纹。胎质较粗。口径18.2、足径6.6、残高7.6厘米。（图5-48；彩版5-83）

623】13金村YA3-17TG1③：44，碗。内腹饰海水、鱼纹。胎质较粗。足径6.4、残高6.9厘米。（图5-48；彩版5-83）

敞口盘

共21件。根据口部特征分为两小类。

第一小类，14件。圆唇，敞口，斜曲腹，圈足。外腹素面；内口沿下弦纹一圈，下内腹及内心满饰花卉纹，填以篦划纹；内心弦纹一圈。灰胎，胎质较细。青釉，全器满施釉，唯外底部露胎无釉。

624】13金村YA3-17TG1④：75，盘。外底部粘连垫饼。口径16、足径5.6、高4厘米，通高4.8厘米。（图5-49；彩版5-84）

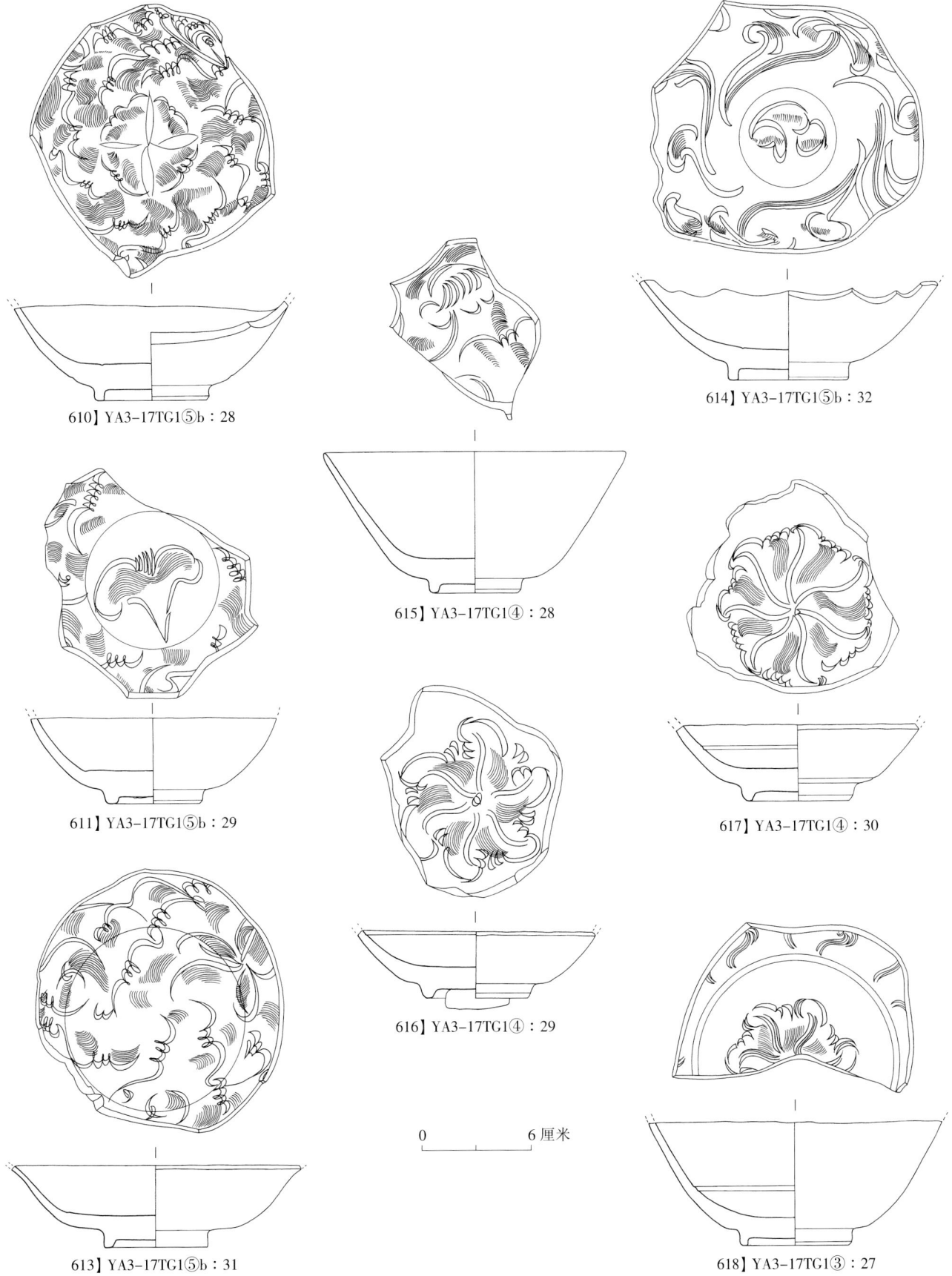

610〕YA3-17TG1⑤b：28

614〕YA3-17TG1⑤b：32

611〕YA3-17TG1⑤b：29

615〕YA3-17TG1④：28

617〕YA3-17TG1④：30

616〕YA3-17TG1④：29

0   6厘米

613〕YA3-17TG1⑤b：31

618〕YA3-17TG1③：27

图 5-47　YA3-17 出土南宋早期单面刻划花（内腹）青瓷不明型式碗

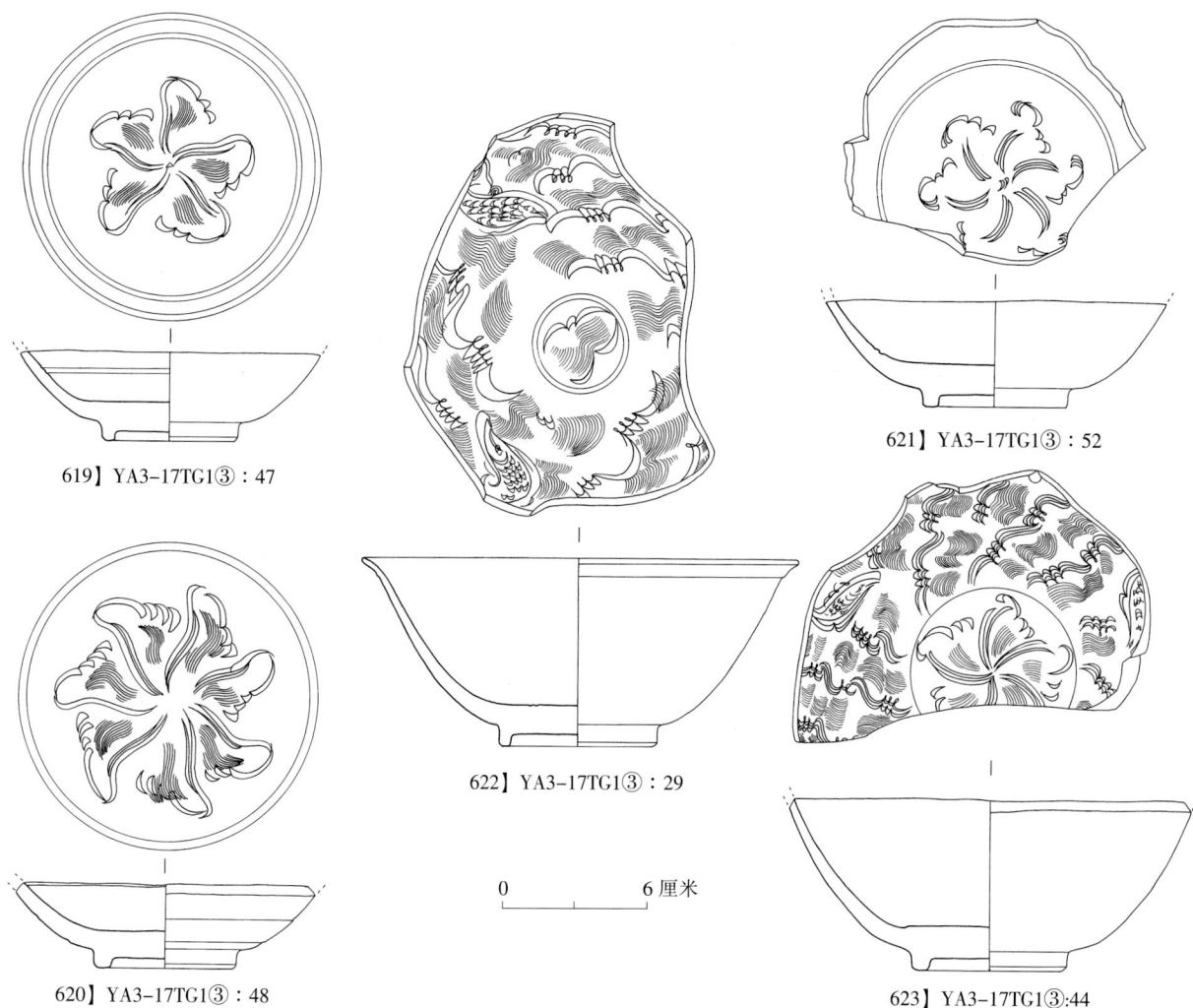

619】YA3-17TG1③：47

621】YA3-17TG1③：52

622】YA3-17TG1③：29

0   6 厘米

620】YA3-17TG1③：48

623】YA3-17TG1③：44

图 5 - 48　YA3 - 17 出土南宋早期单面刻划花（内腹）青瓷不明型式碗

625】13 金村 YA3 - 17TG1④：76，盘。口径 15.6、足径 5.4、高 4.4 厘米。（图 5 - 49；彩版 5 - 83）

626】13 金村 YA3 - 17TG1④：77，盘。布满开片。口径 15.6、足径 5.4、高 3.6 厘米。（图 5 - 49；彩版 5 - 84）

627】13 金村 YA3 - 17TG1④：78，盘。灰红胎，胎质较粗。青釉泛黄，布满开片。口径 16、足径 5.6、高 4.2 厘米。（图 5 - 49）

628】13 金村 YA3 - 17TG1④：79，盘。黄胎，胎质较粗。黄釉，布满开片。口径 15.8、足径 6、高 4 厘米。（图 5 - 49；彩版 5 - 84）

629】13 金村 YA3 - 17TG1④：80，盘。黄胎，胎质较粗。黄釉，布满开片。口径 15.6、足径 5.8、高 4 厘米。（图 5 - 49；彩版 5 - 84）

630】13 金村 YA3 - 17TG1④：81，盘。圆唇，敞口，斜曲腹，圈足。外口沿下弦纹一圈。青釉微泛黄。口径 15.6、足径 5.4、高 4.1 厘米。（图 5 - 49；彩版 5 - 85）

624】YA3-17TG1④: 75

626】YA3-17TG1④: 77

628】YA3-17TG1④: 79

625】YA3-17TG1④: 76

627】YA3-17TG1④: 78

629】YA3-17TG1④: 80

630】YA3-17TG1④: 81

632】YA3-17TG1③: 60

631】YA3-17TG1④: 83

0   6厘米

图5-49   YA3-17出土南宋早期单面刻划花（内腹）青瓷敞口盘

631】13 金村 YA3 - 17TG1④：83，盘。外口沿下弦纹一圈。青釉泛黄。口径15.2、足径5.4、高4.1 厘米。（图5 - 49；彩版5 - 85）

632】13 金村 YA3 - 17TG1③：60，盘。黄胎，胎质较粗。黄釉，布满开片。口径15.2、足径5.6、高4.7 厘米。（图5 - 49；彩版5 - 85）

633】13 金村 YA3 - 17TG1③：62，盘。有开片。口径19、足径6、高5.2 厘米。（图5 - 50；彩版5 - 85）

634】13 金村 YA3 - 17TG1③：63，盘。灰黄胎，胎质较粗。青釉泛黄，有开片。口径15、足径5.6、高4.2 厘米。（图5 - 50）

635】13 金村 YA3 - 17TG1③：71，盘。口径15.6、足径5.6、高4.1 厘米。（图5 - 50）

636】13 金村 YA3 - 17TG1③：88，盘。内腹及内心饰荷花纹饰。口径15.6、足径6、高4.1 厘米。（图5 - 50；彩版5 - 85）

637】13 金村 YA3 - 17TG1③：89，盘。黄胎，胎质较粗。黄釉，布满开片。口径15.6、足径5.6、高4.3 厘米。（图5 - 50；彩版5 - 85）

第二小类，7 件。圆唇，敞口，花口，斜曲腹，圈足。外腹素面；内口沿下双线圆弧形纹饰一圈，下对应花口处连以双线 S 形纹将内腹分隔成若干个等大的区域，内素面或饰一朵呈缭绕状的云彩纹；内心弦纹一圈，内饰花卉纹。灰黄胎，胎质较粗。青黄釉，布满开片。全器满施釉，唯外底部露胎无釉。

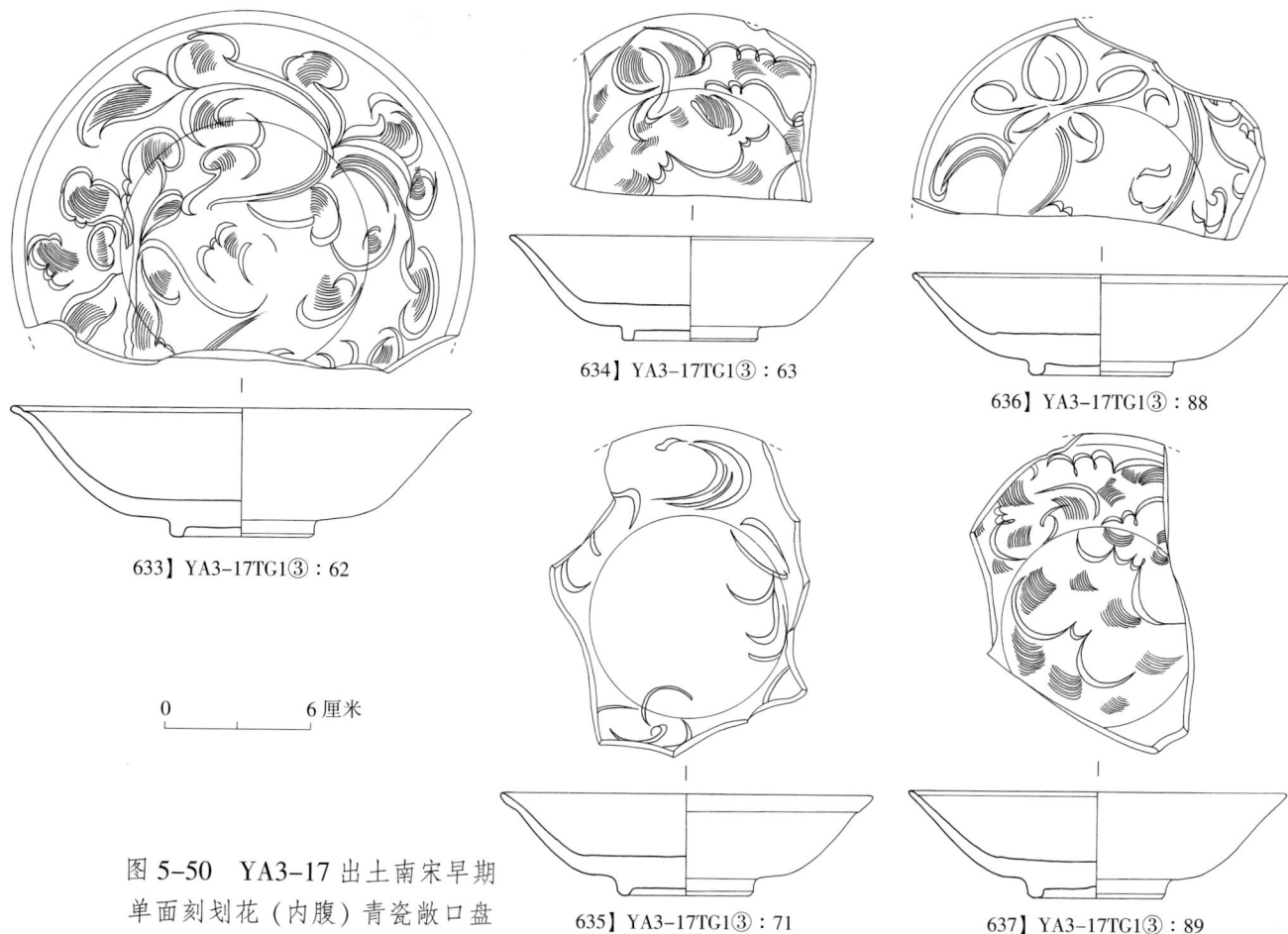

633】YA3-17TG1③：62

0   6厘米

634】YA3-17TG1③：63

636】YA3-17TG1③：88

635】YA3-17TG1③：71

637】YA3-17TG1③：89

图5-50　YA3-17 出土南宋早期
单面刻划花（内腹）青瓷敞口盘

638】13 金村 YA3－17TG1④：84，盘。内腹各区内饰一朵呈缭绕状的云彩。口径 16.8、足径 6.8、高 5.8 厘米。（图 5－51；彩版 5－86）

639】13 金村 YA3－17TG1③：69，盘。内腹各区内饰一朵呈缭绕状的云彩。口径 14.6、足径 5.4、高 4 厘米。（图 5－51；彩版 5－86）

640】13 金村 YA3－17TG1③：82，盘。内腹各区内素面。口径 14.8、足径 5.1、高 4.2 厘米。（图 5－51；彩版 5－86）

641】13 金村 YA3－17TG1③：125，盘。内腹各区内饰一朵呈缭绕状的云彩。黄胎。口径 15、足径 6、高 4.3 厘米。（图 5－51）

642】13 金村 YA3－17TG1③：126，盘。内腹各区内饰一朵呈缭绕状的云彩。黄胎。口径 15.6、足径 5.6、高 4.2 厘米。（图 5－51；彩版 5－86）

638】YA3-17TG1④：84

639】YA3-17TG1③：69

642】YA3-17TG1③：126

640】YA3-17TG1③：82

641】YA3-17TG1③：125

644】YA3-17TG1③：128

643】YA3-17TG1③：127

图 5-51　YA3-17 出土南宋早期单面刻划花（内腹）青瓷敞口盘

643】13金村YA3－17TG1③：127，盘。内腹各区内饰一朵呈缭绕状的云彩。灰白胎，胎质较细。青釉微泛黄，布满开片。口径17.3、足径6.6、高4.7厘米。（图5－51；彩版5－87）

644】13金村YA3－17TG1③：128，盘。内腹各区内饰一朵呈缭绕状的云彩。灰白胎，胎质较细。青釉微泛黄。口径18、足径6.6、高4.2厘米。（图5－51；彩版5－87）

侈口盘

共28件。圆唇，侈口，上腹斜直，下腹斜收，圈足。外腹素面；内腹及内心饰花卉纹，填以篦纹。灰白胎，胎质较细。青釉。全器满施釉，唯外底部露胎无釉。

645】13金村YA3－17TG1⑤d：51，盘。失足。外口沿下弦纹一圈，内口沿下弦纹一圈，内心弦纹一圈。口径16、残高3.5厘米。（图5－52；彩版5－87）

646】13金村YA3－17TG1⑤c：37，盘。口径15、足径5、高4.3厘米。（图5－52；彩版5－87）

647】13金村YA3－17TG1⑤b：33，盘。胎质较粗。青釉泛黄，釉层斑驳。口径15.8、足径5.4、高4.3厘米。（图5－52；彩版5－87）

648】13金村YA3－17TG1⑤b：34，盘。口径15.2、足径5.4、高4.1厘米。（图5－52；彩版5－87）

649】13金村YA3－17TG1⑤b：45，盘。灰胎。口径15.8、足径5.2、高4.1厘米。（图5－52；彩版5－88）

650】13金村YA3－17TG1⑤b：44，盘。失足。黄胎。黄釉，布满开片。口径15.9、残高3.9厘米。（图5－52）

651】13金村YA3－17TG1④：82，盘。外口沿下弦纹一圈，内口沿下弦纹一圈。灰胎，胎质较细。口径16、足径5.8、高3.5厘米。（图5－52；彩版5－88）

652】13金村YA3－17TG1③：61，盘。内心弦纹一圈。灰胎，胎质较粗。口径15.6、足径5.5、高3.9厘米。（图5－52；彩版5－88）

653】13金村YA3－17TG1③：64，盘。白胎，胎质细。有开片。口径19、足径6、高4.5厘米。（图5－53；彩版5－88）

654】13金村YA3－17TG1③：65，盘。灰黄胎，胎质较粗。青黄釉，有开片。口径16.2、足径5.4、高3.3厘米。（图5－53；彩版5－88）

655】13金村YA3－17TG1③：66，盘。内口沿下弦纹一圈。灰胎。口径18.4、足径6、高4.3厘米。（图5－53；彩版5－88）

656】13金村YA3－17TG1③：67，盘。黄胎，胎质较粗。青黄釉，有开片。口径16、足径6、高3.9厘米。（图5－53；彩版5－89）

657】13金村YA3－17TG1③：68，盘。黄胎，胎质较粗。青黄釉，有开片。外底部粘连垫饼。口径16.4、足径5.4、高3.5厘米，通高4.1厘米。（图5－53）

658】13金村YA3－17TG1③：70，盘。内腹及内心饰荷花荷叶纹饰。灰黄胎，胎质较粗。青釉泛黄，布满开片。口径16、足径5.6、高4厘米。（图5－53；彩版5－89）

659】13金村YA3－17TG1③：72，盘。黄胎，胎质较粗。青黄釉，布满开片。口径16.2、足

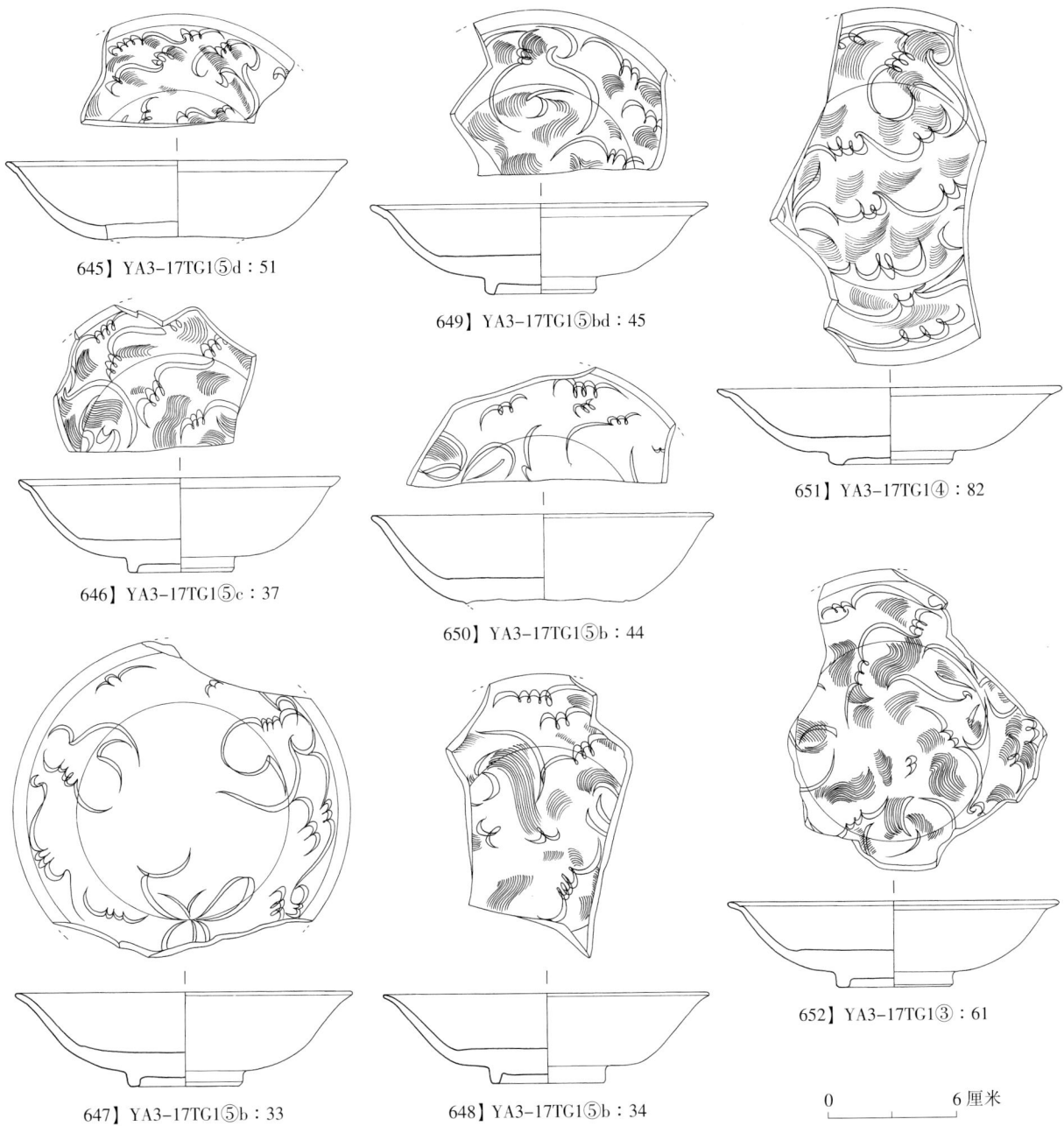

645】YA3-17TG1⑤d：51

649】YA3-17TG1⑤bd：45

646】YA3-17TG1⑤c：37

651】YA3-17TG1④：82

650】YA3-17TG1⑤b：44

647】YA3-17TG1⑤b：33

648】YA3-17TG1⑤b：34

652】YA3-17TG1③：61

0　　　　　6厘米

图5-52　YA3-17出土南宋早期单面刻划花（内腹）青瓷侈口盘

径5.6、高4.4厘米。（图5-53）

660】13金村YA3-17TG1③：73，盘。内腹及内心饰荷花荷叶纹饰。胎质较粗。口径18.2、足径6.2、高4.5厘米。（图5-53；彩版5-89）

661】13金村YA3-17TG1③：74，盘。胎质较粗。口径19、足径6.4、高4.3厘米。（图5-53；彩版5-89）

662】13金村YA3-17TG1③：75，盘。胎质较粗。青釉泛黄，布满开片。口径16.6、足径6、高4厘米。（图5-53）

653】YA3-17TG1③：64

654】YA3-17TG1③：65

655】YA3-17TG1③：66

656】YA3-17TG1③：67

657】YA3-17TG1③：68

658】YA3-17TG1③：70

659】YA3-17TG1③：72

660】YA3-17TG1③：73

661】YA3-17TG1③：74

662】YA3-17TG1③：75

0　　　　　6厘米

图 5-53　YA3-17 出土南宋早期单面刻划花（内腹）青瓷侈口盘

663】13金村YA3-17TG1③：76，盘。内心弦纹一圈。灰胎，胎质较粗。青釉泛黄，布满开片。口径16.2、足径5.6、高3.8厘米。（图5-54；彩版5-89）

664】13金村YA3-17TG1③：77，盘。内腹及内心饰荷花纹饰，内心弦纹一圈。口径15.4、足径5.8、高3.8厘米。（图5-54；彩版5-89）

665】13金村YA3-17TG1③：78，盘。内心弦纹一圈。布满开片。口径16、足径5.4、高4.3厘米。（图5-54；彩版5-90）

666】13金村YA3-17TG1③：79，盘。内腹及内心饰荷花纹饰，内心弦纹一圈。灰胎，胎质较粗。较多开片。口径15.2、足径6、高4.1厘米。（图5-54；彩版5-90）

667】13金村YA3-17TG1③：80，盘。内心弦纹一圈。灰胎，胎质较粗。较多开片。口径16、足径5.8、高4.1厘米。（图5-54；彩版5-90）

668】13金村YA3-17TG1③：81，盘。内口沿下弦纹一圈，内腹及内心饰荷花纹饰。青釉微泛黄。口径15.4、足径5.4、高3.6~3.9厘米。（图5-54；彩版5-90）

669】13金村YA3-17TG1③：83，盘。内口沿下弦纹一圈，内腹及内心饰花卉纹饰。布满开片。口径15、足径5.4、高3.6厘米。（图5-54；彩版5-90）

670】13金村YA3-17TG1③：84，盘。内心弦纹一圈。灰黄胎，胎质较粗。布满开片。口径16、足径6.6、高4.3厘米。（图5-54；彩版5-90）

671】13金村YA3-17TG1③：85，盘。内口沿下弦纹一圈，内心弦纹一圈。较多开片。口径16、足径5.6、高3.6厘米。（图5-54）

672】13金村YA3-17TG1③：87，盘。内口沿下弦纹一圈。黄胎，胎质较粗。黄釉，布满开片。口径18.6、足径6、高4.6厘米。（图5-54）

不明型式盘

共17件。失口部，上腹斜直，下腹斜收，圈足。外腹素面；内腹及内心饰花卉纹，大多填以篦纹。灰白胎，胎质较细。青釉，全器满施釉，唯外底部露胎无釉。

673】13金村YA3-17TG1⑤d：43，盘。青釉泛黄。足径6.6、残高2厘米。（图5-55；彩版5-91）

674】13金村YA3-17TG1⑤d：44，盘。内心弦纹一圈。灰黄胎，胎质较粗。青釉微泛黄，布满开片。外底部粘连垫饼。足径6.8、残高2.6厘米。（图5-55；彩版5-91）

675】13金村YA3-17TG1⑤d：45，盘。内心弦纹一圈。足径5.4、残高3.7厘米。（图5-55；彩版5-91）

676】13金村YA3-17TG1⑤d：46，盘。内心弦纹一圈。布满开片。外底部粘连泥质垫饼。足径5、残高1.9厘米。（图5-55；彩版5-91）

677】13金村YA3-17TG1⑤d：47，盘。内心弦纹一圈。灰黄胎。较多开片。外底部粘连一泥质垫饼。足径5.6、残高3.5厘米。（图5-55；彩版5-91）

678】13金村YA3-17TG1⑤d：48，盘。内心弦纹一圈。青釉泛黄。足径5.4、残高2.6厘米。（图5-55；彩版5-91）

679】13金村YA3-17TG1⑤d：49，盘。内心弦纹一圈。黄胎，胎质较粗。黄釉。足径5.4、

663〗YA3-17TG1③：76

665〗YA3-17TG1③：78

668〗YA3-17TG1③：81

664〗YA3-17TG1③：77

666〗YA3-17TG1③：79

669〗YA3-17TG1③：83

671〗YA3-17TG1③：85

667〗YA3-17TG1③：80

670〗YA3-17TG1③：84

672〗YA3-17TG1③：87

0　　　　6厘米

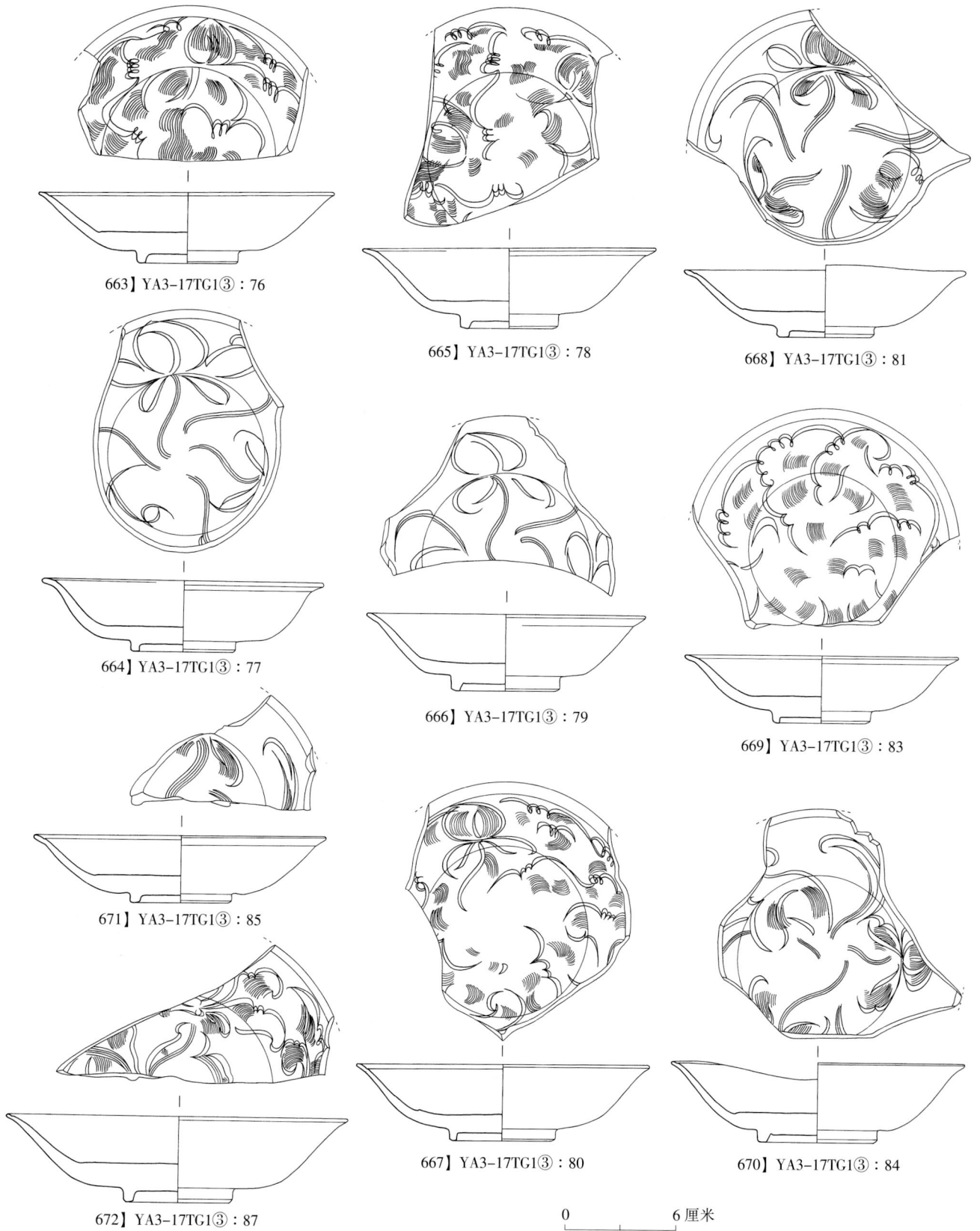

图5-54　YA3-17出土南宋早期单面刻划花（内腹）青瓷侈口盘

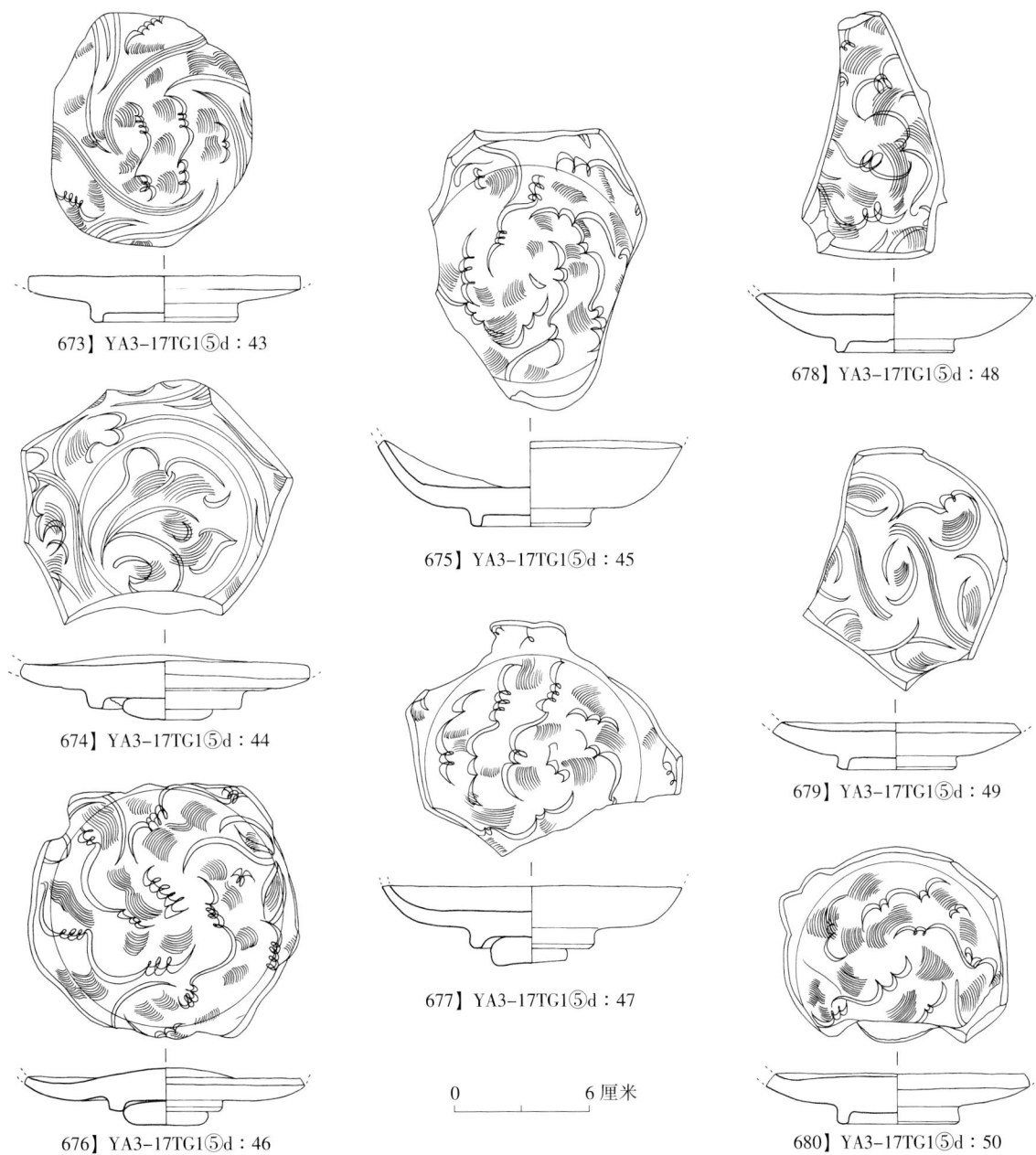

673】YA3–17TG1⑤d：43

678】YA3–17TG1⑤d：48

675】YA3–17TG1⑤d：45

674】YA3–17TG1⑤d：44

679】YA3–17TG1⑤d：49

677】YA3–17TG1⑤d：47

0   6 厘米

676】YA3–17TG1⑤d：46

680】YA3–17TG1⑤d：50

图 5 – 55　YA3 – 17 出土南宋早期单面刻划花（内腹）青瓷不明型式盘

残高 2 厘米。（图 5 – 55；彩版 5 – 92）

　　680】13 金村 YA3 – 17TG1⑤d：50，盘。内心弦纹一圈。较多开片。足径 5.5、残高 2.2 厘米。（图 5 – 55；彩版 5 – 92）

　　681】13 金村 YA3 – 17TG1⑤c：34，盘。灰胎。足径 5.4、残高 2 厘米。（图 5 – 56；彩版 5 – 92）

　　682】13 金村 YA3 – 17TG1⑤c：35，盘。较多开片。足径 5.6、残高 4 厘米。（图 5 – 56；彩版 5 – 92）

　　683】13 金村 YA3 – 17TG1⑤c：36，盘。较多开片。足径 5.1、残高 2.2 厘米。（图 5 – 56；彩

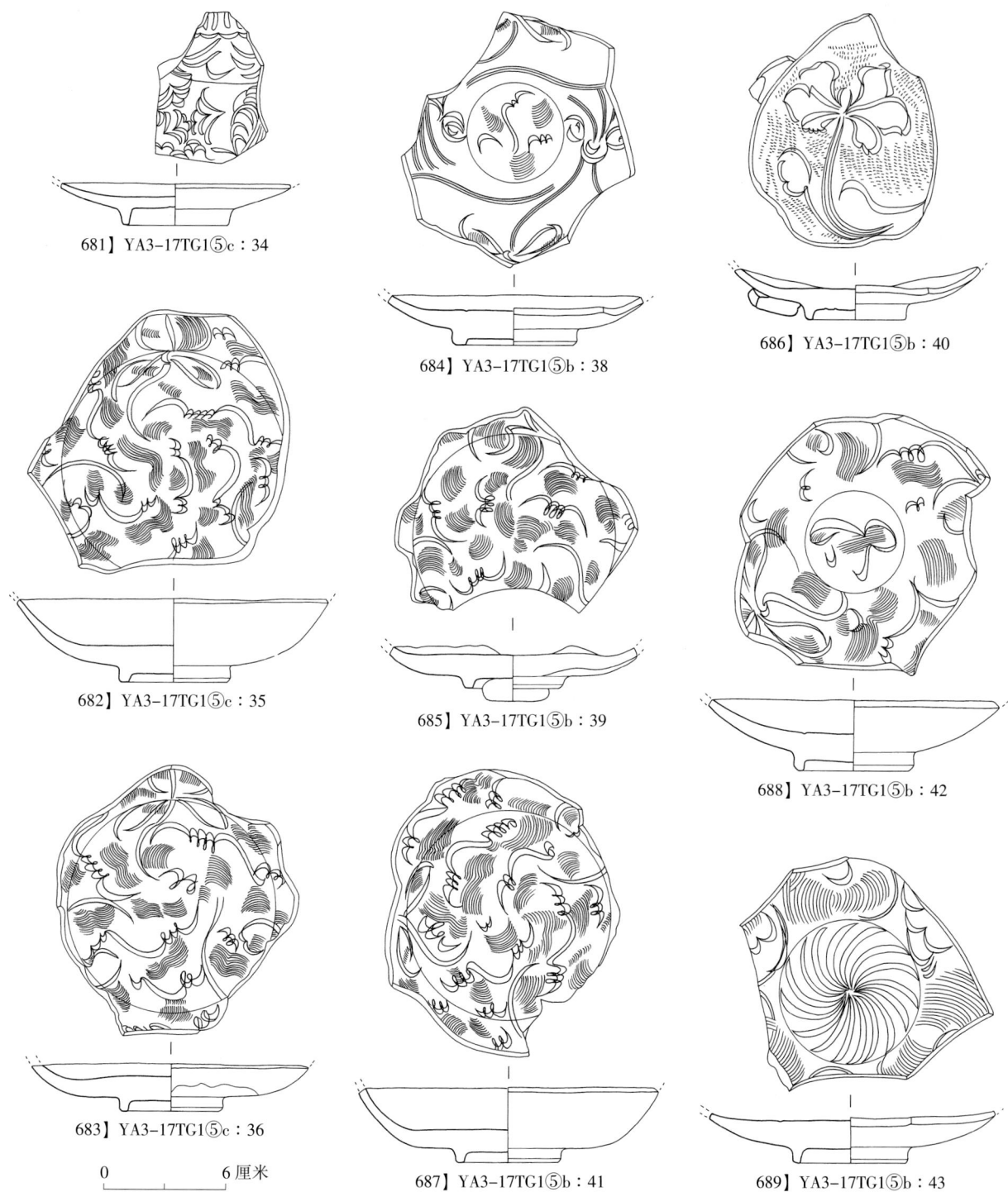

681】YA3-17TG1⑤c：34

684】YA3-17TG1⑤b：38

686】YA3-17TG1⑤b：40

682】YA3-17TG1⑤c：35

685】YA3-17TG1⑤b：39

688】YA3-17TG1⑤b：42

683】YA3-17TG1⑤c：36

0   6厘米

687】YA3-17TG1⑤b：41

689】YA3-17TG1⑤b：43

图5-56　YA3-17出土南宋早期单面刻划花（内腹）青瓷不明型式盘

版5-92）

684】13金村YA3-17TG1⑤b：38，盘。内心弦纹一圈。青釉微泛黄。足径6.2、残高2.4厘米。（图5-56；彩版5-92）

685】13金村YA3-17TG1⑤b：39，盘。内心弦纹一圈。灰黄胎，胎质较粗。青釉微泛黄。外底部粘连垫饼。足径5、残高2.6厘米。（图5-56；彩版5-93）

686】13 金村 YA3－17TG1⑤b：40，盘。内心弦纹一圈，内心饰荷花纹，填以篦点纹。足径5、残高2.4 厘米。（图5－56；彩版5－93）

687】13 金村 YA3－17TG1⑤b：41，盘。内心弦纹一圈。灰黄胎，胎质较粗。青釉泛黄，布满开片。足径5.2、残高3.6 厘米。（图5－56；彩版5－93）

688】13 金村 YA3－17TG1⑤b：42，盘。内心弦纹一圈。足径6、残高3.4 厘米。（图5－56；彩版5－93）

689】13 金村 YA3－17TG1⑤b：43，盘。内心弦纹一圈。灰黄胎。青釉泛黄。足径5.7、残高2.5 厘米。（图5－56；彩版5－93）

碟

共18件。圆唇，敞口，折腹，上腹斜直，下腹斜收，平底微内凹。外腹素面；内腹素面；内心弦纹一圈，内饰花卉纹，填以篦划纹。灰胎，胎质较细。青釉，全器满施釉，唯外底部露胎无釉。

690】13 金村 YA3－17TG1⑤b：35，碟。仅余足部。内心饰荷花纹。灰黄胎，胎质较粗。青釉泛黄，布满开片。底径4.2、残高1.6 厘米。（图5－57；彩版5－93）

691】13 金村 YA3－17TG1⑤b：36，碟。内心饰花卉纹饰，填以篦纹。口径13.4、底径4、高3.2 厘米。（图5－57；彩版5－94）

692】13 金村 YA3－17TG1⑤b：37，碟。灰黄胎。青黄釉。口径14.3、底径4.4、高3.3 厘米。（图5－57）

693】13 金村 YA3－17TG1⑤a：6，碟。灰白胎。口径11、底径4.2、高2.5 厘米。（图5－57；彩版5－94）

694】13 金村 YA3－17TG1④：70，碟。口径13、底径4.4、高3.1 厘米。（图5－57；彩版5－94）

695】13 金村 YA3－17TG1④：71，碟。内心饰单鱼纹。较多开片。口径13.4、底径4、高1.9 厘米。（图5－57；彩版5－94）

696】13 金村 YA3－17TG1④：72，碟。胎质较粗。口径12.6、底径4.2、高2.8 厘米。（图5－58）

697】13 金村 YA3－17TG1④：74，碟。胎质较粗。内心粘连垫饼。口径10、底径3.8、高2.4 厘米。（图5－58；彩版5－94）

698】13 金村 YA3－17TG1③：90，碟。灰白胎。口径12.8、底径4.2、高2.7 厘米。（图5－58；彩版5－94）

699】13 金村 YA3－17TG1③：91，碟。胎质较粗。口径12.8、底径4、高3.6 厘米。（图5－58；彩版5－95）

700】13 金村 YA3－17TG1③：92，碟。灰白胎。口径13.3、底径4.8、高3 厘米。（图5－58）

701】13 金村 YA3－17TG1③：93，碟。口径12.3、底径4.2、高3 厘米。（图5－58）

702】13 金村 YA3－17TG1③：94，碟。布满开片。口径11、底径3.6、高2.2 厘米。（图5－58；彩版5－95）

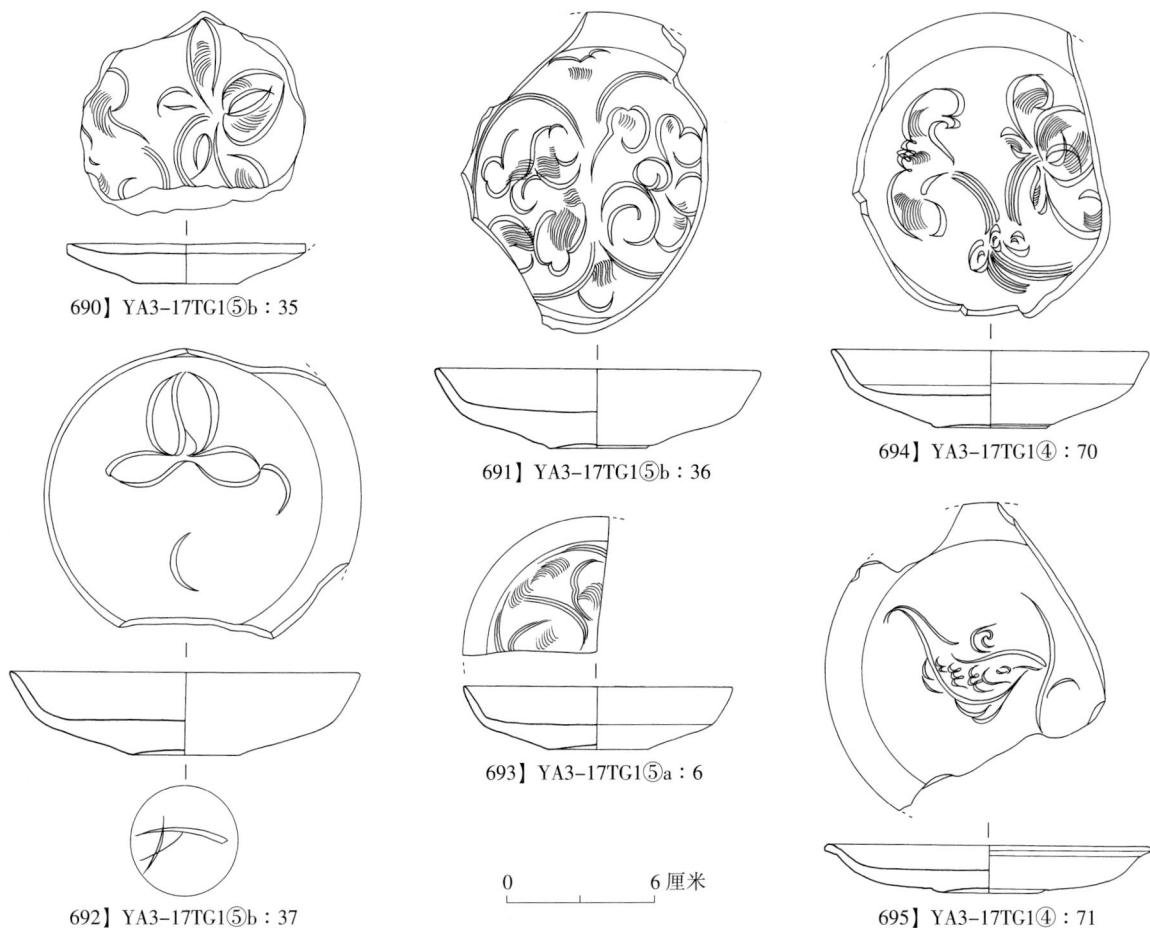

690】YA3-17TG1⑤b：35

691】YA3-17TG1⑤b：36

694】YA3-17TG1④：70

692】YA3-17TG1⑤b：37

693】YA3-17TG1⑤a：6

0   6 厘米

695】YA3-17TG1④：71

图 5-57　YA3-17 出土南宋早期单面刻划花（内腹）青瓷碟

703】13 金村 YA3-17TG1③：95，碟。灰黄胎，胎质较粗。口径 13.8、底径 4.2、高 3.1 厘米。（图 5-58）

704】13 金村 YA3-17TG1③：97，碟。内心饰荷花卉纹。灰白胎。布满开片。口径 12.6、底径 4.2、高 3.1 厘米。（图 5-58；彩版 5-95）

705】13 金村 YA3-17TG1③：98，碟。胎质较粗。青釉微泛黄，布满开片。口径 13、底径 4.4、高 3.1 厘米。（图 5-58；彩版 5-95）

706】13 金村 YA3-17TG1③：99，碟。灰白胎，胎质较粗。较多开片。口径 9、底径 3.4、高 2.1 厘米。（图 5-58；彩版 5-96）

707】13 金村 YA3-17TG1③：96，碟。敞口微侈，花口。灰白胎。布满开片。口径 13、底径 4、高 2.1 厘米。（图 5-58）

3. 通体素面：外腹素面，内腹素面

敞口碗

共 21 件。根据腹部特征的不同，分为三小类。

第一小类，9 件。圆唇，敞口，斜曲腹，圈足。外腹素面，内腹素面，内心素面。灰白胎或灰红胎。青釉，全器满施釉，唯外底部露胎无釉。

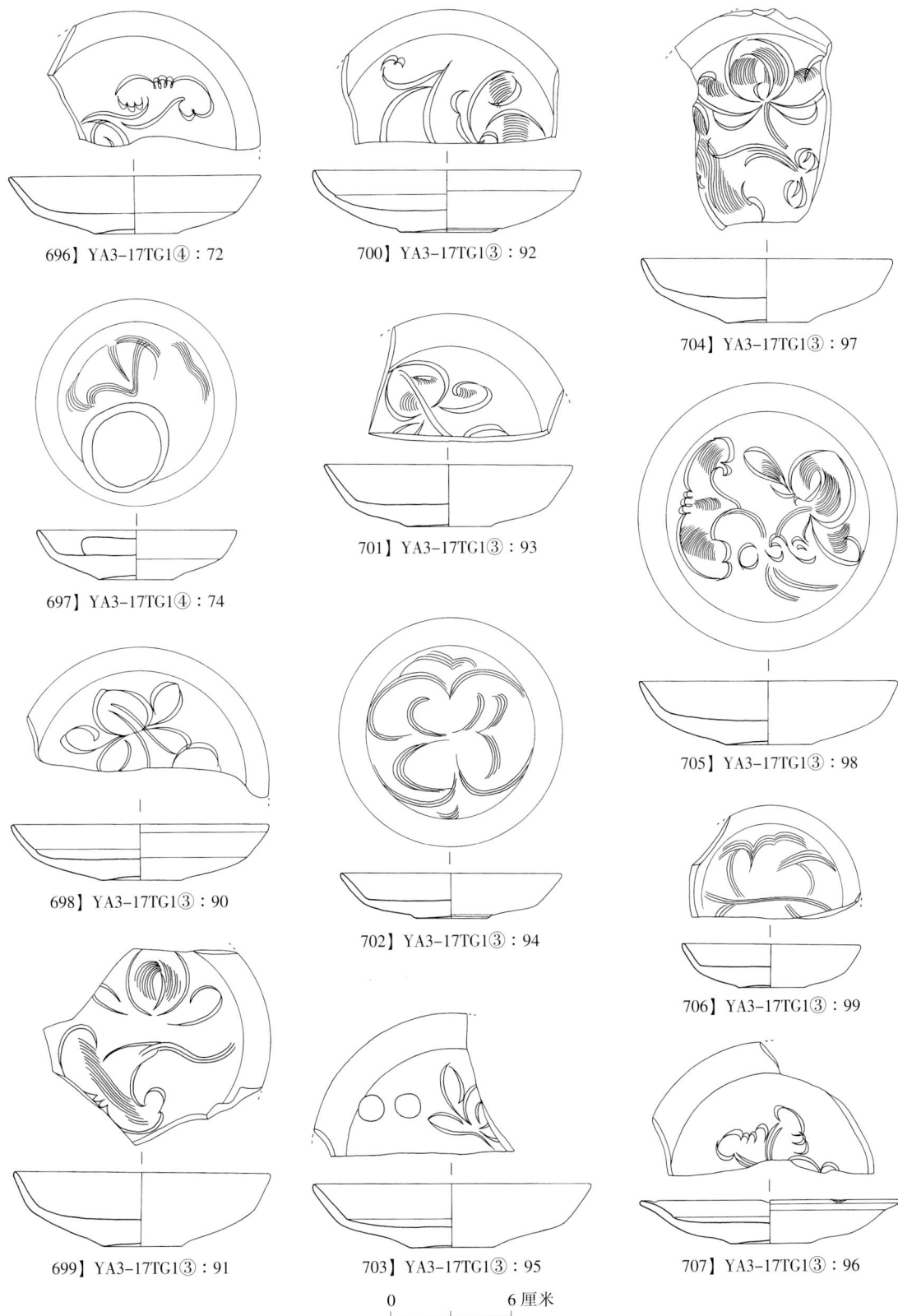

696】YA3-17TG1④：72

700】YA3-17TG1③：92

704】YA3-17TG1③：97

697】YA3-17TG1④：74

701】YA3-17TG1③：93

698】YA3-17TG1③：90

702】YA3-17TG1③：94

705】YA3-17TG1③：98

706】YA3-17TG1③：99

699】YA3-17TG1③：91

703】YA3-17TG1③：95

707】YA3-17TG1③：96

0   6厘米

图 5-58 YA3-17 出土南宋早期单面刻划花（内腹）青瓷碟

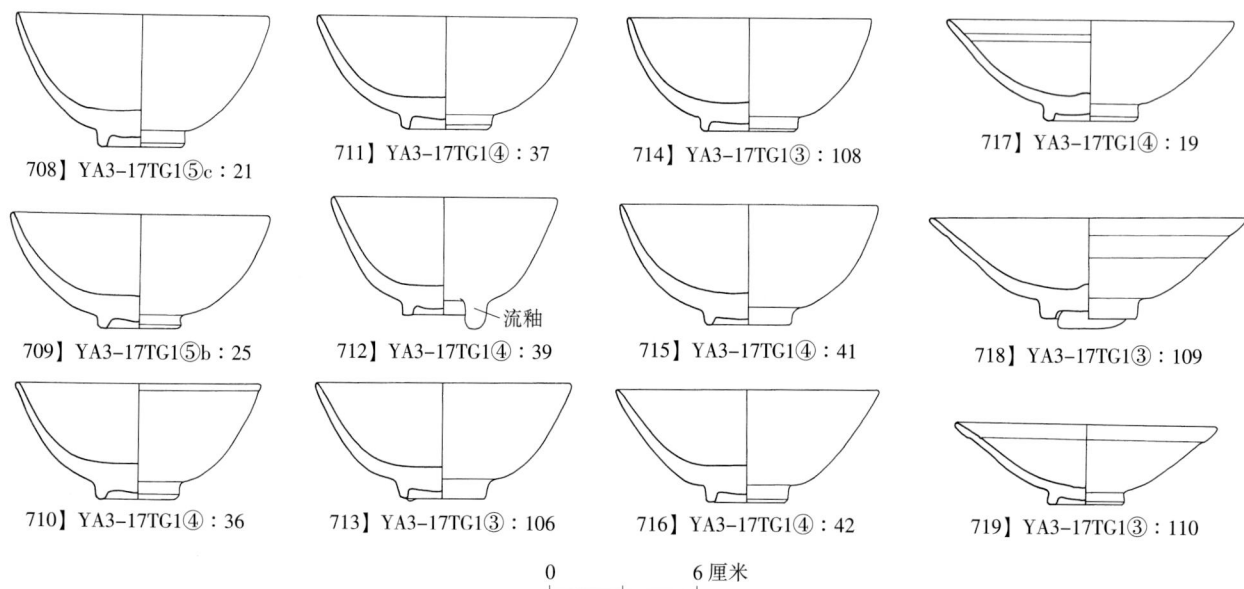

708】YA3-17TG1⑤c：21　　711】YA3-17TG1④：37　　714】YA3-17TG1③：108　　717】YA3-17TG1④：19

709】YA3-17TG1⑤b：25　　712】YA3-17TG1④：39　　715】YA3-17TG1④：41　　718】YA3-17TG1③：109

流釉

710】YA3-17TG1④：36　　713】YA3-17TG1③：106　　716】YA3-17TG1④：42　　719】YA3-17TG1③：110

0　　　　　6厘米

图 5-59　YA3-17 出土南宋早期通体素面青瓷敞口碗

708】13 金村 YA3-17TG1⑤c：21，碗。器形小。生烧。灰红胎，胎质较粗。青釉泛白。口径 10.4、足径 3.6、高 5.3 厘米。（图 5-59）

709】13 金村 YA3-17TG1⑤b：25，碗。器形小。灰白胎，胎质较细。口径 10.6、足径 3.4、高 4.6 厘米。（图 5-59；彩版 5-96）

710】13 金村 YA3-17TG1④：36，碗。器形小。灰胎，胎质较粗。青釉泛黄。口径 10、足径 3.4、高 4.6 厘米。（图 5-59）

711】13 金村 YA3-17TG1④：37，碗。器形小。灰胎，胎质较细。有开片。口径 10.6、足径 3.7、高 4.5 厘米。（图 5-59）

712】13 金村 YA3-17TG1④：39，碗。器形小。灰胎，胎质较细。有开片，有积釉现象。口径 9.4、足径 3.4、高 4.7 厘米。（图 5-59；彩版 5-96）

713】13 金村 YA3-17TG1③：106，碗。器形小。灰白胎，胎质较细。较多开片。口径 10.6、足径 3.6、高 4.6 厘米。（图 5-59）

714】13 金村 YA3-17TG1③：108，碗。器形小。灰白胎，胎质较细。青釉微泛黄。口径 10、足径 4、高 4.5 厘米。（图 5-59；彩版 5-96）

715】13 金村 YA3-17TG1④：41，碗。灰黄胎，胎质较粗。口径 10.5、足径 3.5、高 4.8 厘米。（图 5-59）

716】13 金村 YA3-17TG1④：42，碗。较多开片。灰黄胎，胎质较粗。口径 10.8、足径 3.4、高 4.5 厘米。（图 5-59）

第二小类，3 件。斗笠碗。圆唇，敞口，斜直腹，圈足。外腹素面，内腹素面。灰胎，胎质较细。青釉，全器满施釉，唯外底部露胎无釉。

717】13 金村 YA3-17TG1④：19，碗。内口沿下弦纹双圈。口径 11.8、足径 3.9、高 4 厘米。（图 5-59；彩版 5-96）

718】13 金村 YA3 - 17TG1③：109，碗。灰黄胎。青釉泛黄。外底部粘连垫饼。口径 13、足径 4、高 4 厘米，通高 4.4 厘米。（图 5 - 59）

719】13 金村 YA3 - 17TG1③：110，碗。外口沿下弦纹一圈，内口沿下弦纹一圈。胎质较粗。青釉微泛黄，布满开片。口径 10.8、足径 3.2、高 3.2 厘米。（图 5 - 59；彩版 5 - 96）

第三小类，9 件。圆唇，敞口，上腹斜直，下腹斜曲，圈足。外腹素面；内腹素面；内心弦纹一圈，内素面。灰胎，胎质较粗。青釉，全器满施釉，唯外底部露胎无釉。

720】13 金村 YA3 - 17TG1④：38，碗。青釉泛黄，有开片。口径 14.8、足径 4.8、高 5.1 厘米。（图 5 - 60；彩版 5 - 96）

721】13 金村 YA3 - 17TG1④：40，碗。灰黄胎，胎质较粗。青釉，较多开片。口径 15、足径 5.1、高 5 厘米。（图 5 - 60）

722】13 金村 YA3 - 17TG1④：68，碗。失足。青釉微泛黄。口径 9、残高 4.8 厘米。（图 5 - 60）

723】13 金村 YA3 - 17TG1③：100，碗。青釉微泛黄。口径 16、足径 5.6、高 5.7 厘米。（图 5 - 60）

724】13 金村 YA3 - 17TG1③：101，碗。花口。青釉微泛黄，布满开片。口径 14.8、足径 5.2、高 5.6 厘米。（图 5 - 60；彩版 5 - 96）

725】13 金村 YA3 - 17TG1③：102，碗。敞口微侈，花口。灰白胎，胎质较细。口径 18.8、足径 6、高 6.7 厘米。（图 5 - 60；彩版 5 - 97）

726】13 金村 YA3 - 17TG1③：103，碗。黄胎，胎质较粗。黄釉，布满开片。口径 16、足径

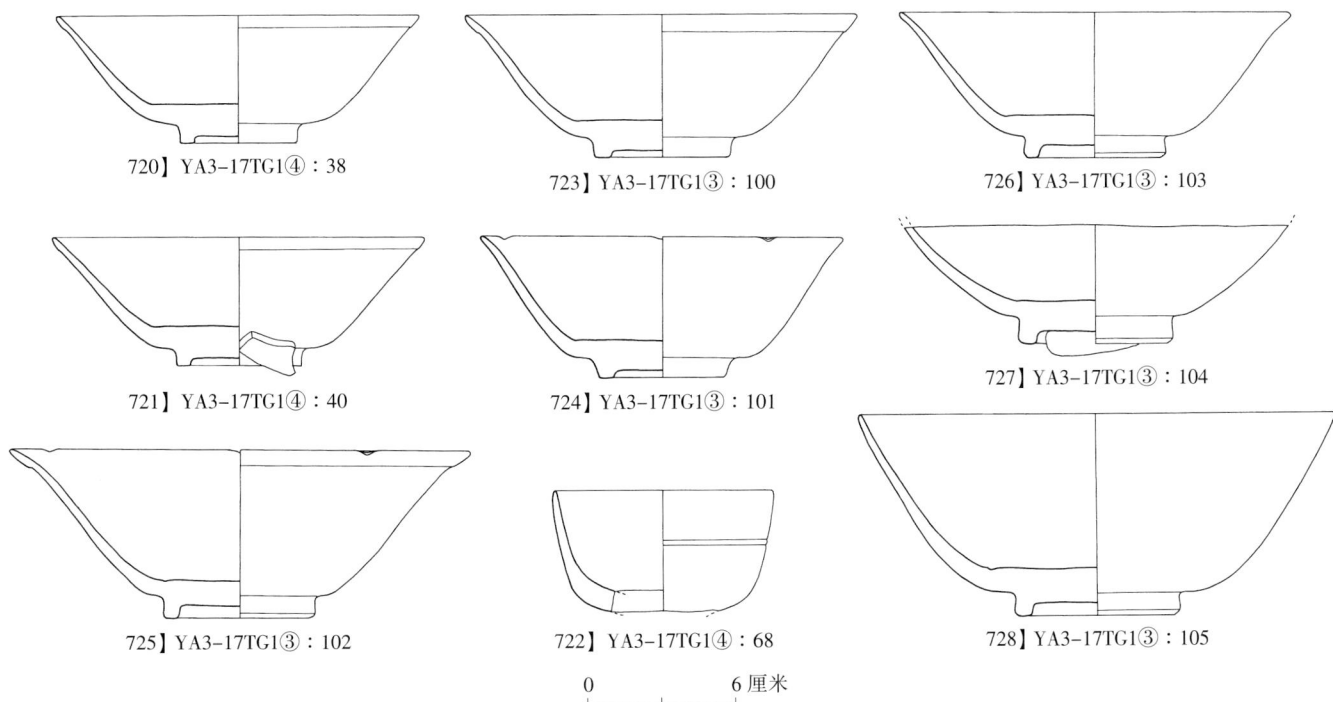

720】YA3-17TG1④：38　　723】YA3-17TG1③：100　　726】YA3-17TG1③：103

721】YA3-17TG1④：40　　724】YA3-17TG1③：101　　727】YA3-17TG1③：104

725】YA3-17TG1③：102　　722】YA3-17TG1④：68　　728】YA3-17TG1③：105

0　　　　　6厘米

图 5 - 60　YA3 - 17 出土南宋早期通体素面青瓷敞口碗

5.8、高5.8厘米。（图5-60；彩版5-97）

　　727】13金村YA3-17TG1③：104，碗。灰白胎，胎质较细。有开片。外底部粘连垫饼。足径6.4、残高5.1厘米。（图5-60）

　　728】13金村YA3-17TG1③：105，碗。灰白胎，胎质较细。较多开片。口径19.4、足径6.8、高8厘米。（图5-60）

侈口碗

　　共15件。根据口部特征分为两小类。

　　第一小类，13件。圆唇，侈口，花口，上腹斜直，下腹斜曲，圈足。外腹素面；内腹素面或对应花口处凹弦纹、白痕出筋；内心弦纹一圈，内素面。灰胎，胎质较细。青釉。

　　729】13金村YA3-17TG1⑤d：57，碗。仅余口及上腹部。内腹对应花口处凹陷纹。青釉微泛黄。口径12、残高5厘米。（图5-61）

　　730】13金村YA3-17TG1⑤d：59，碗。仅余口及上腹部。内腹对应花口处白痕出筋。灰黄胎。青釉微泛黄，有开片。口径11.7、残高4.3厘米。（图5-61）

　　731】13金村YA3-17TG1⑤b：46，碗。仅余口及上腹部。内腹对应花口处白痕出筋。口径12、残高4.2厘米。（图5-61）

　　732】13金村YA3-17TG1⑤a：1，碗。内腹素面。青黄釉，布满开片。口径13、足径5.2、高5.9厘米。（图5-61；彩版5-97）

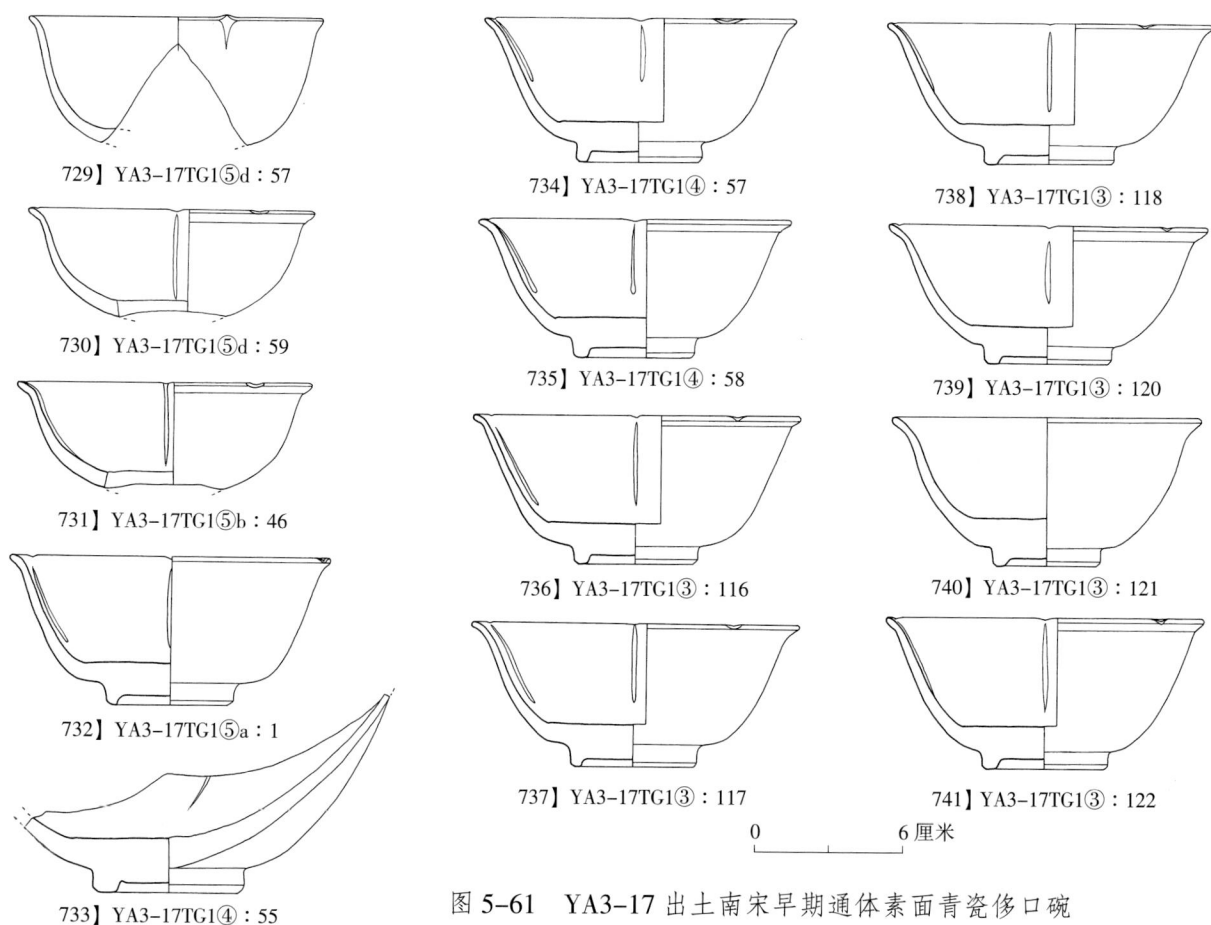

729】YA3-17TG1⑤d：57
730】YA3-17TG1⑤d：59
731】YA3-17TG1⑤b：46
732】YA3-17TG1⑤a：1
733】YA3-17TG1④：55
734】YA3-17TG1④：57
735】YA3-17TG1④：58
736】YA3-17TG1③：116
737】YA3-17TG1③：117
738】YA3-17TG1③：118
739】YA3-17TG1③：120
740】YA3-17TG1③：121
741】YA3-17TG1③：122

0　　　　6厘米

图5-61　YA3-17出土南宋早期通体素面青瓷侈口碗

733】13 金村 YA3 – 17TG1④：55，碗。失口部。内腹白痕出筋。灰黄胎。青黄釉，布满开片。足径 6.2、残高 7.8 厘米。（图 5 – 61）

734】13 金村 YA3 – 17TG1④：57，碗。内腹对应花口处白痕出筋。胎质较粗。青釉微泛黄。口径 12.8、足径 5.2、高 5.7 厘米。（图 5 – 61；彩版 5 – 97）

735】13 金村 YA3 – 17TG1④：58，碗。内腹对应花口处白痕出筋。胎质较粗。口径 12.8、足径 5、高 5.5 厘米。（图 5 – 61；彩版 5 – 97）

736】13 金村 YA3 – 17TG1③：116，碗。内腹对应花口处白痕出筋。口径 13.4、足径 5、高 5.9 厘米。（图 5 – 61）

737】13 金村 YA3 – 17TG1③：117，碗。内腹对应花口处白痕出筋。口径 13.2、足径 5.2、高 6 厘米。（图 5 – 61；彩版 5 – 98）

738】13 金村 YA3 – 17TG1③：118，碗。内腹对应花口处白痕出筋。灰黄胎。口径 13.4、足径 5.2、高 5.7 厘米。（图 5 – 61；彩版 5 – 98）

739】13 金村 YA3 – 17TG1③：120，碗。内腹对应花口处白痕出筋。灰白胎。较多开片。口径 13、足径 5.2、高 5.5 厘米。（图 5 – 61；彩版 5 – 97）

740】13 金村 YA3 – 17TG1③：121，碗。内腹素面。灰白胎，胎质较粗。青釉泛白。口径 12.6、足径 4.4、高 5.9 厘米。（图 5 – 61）

741】13 金村 YA3 – 17TG1③：122，碗。外口沿下弦纹一圈，内腹对应花口处白痕出筋。灰白胎，胎质较粗。口径 13、足径 5.2、高 6 厘米。（图 5 – 61）

第二小类，2 件。圆唇，侈口，上腹斜直，下腹斜曲，圈足。外腹素面；内腹素面；内心弦纹一圈，内素面。灰胎，胎质较粗。青釉，较多开片。全器满施釉，唯外底部露胎无釉。

742】13 金村 YA3 – 17TG1④：54，碗。口径 13.1、足径 5、高 6 厘米。（图 5 – 62；彩版 5 – 98）

743】13 金村 YA3 – 17TG1④：59，碗。青黄釉。口径 13.2、足径 5、高 6 厘米。（图 5 – 62）

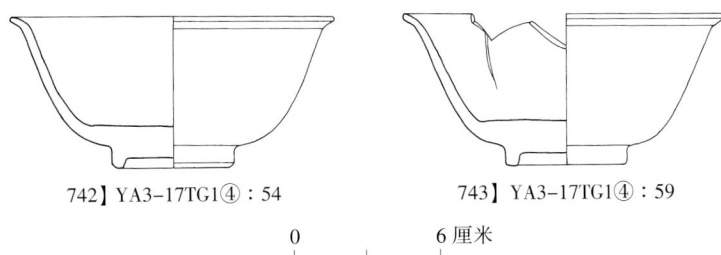

742】YA3-17TG1④：54   743】YA3-17TG1④：59

0   6 厘米

图 5 – 62 YA3 – 17 出土南宋早期通体素面青瓷侈口碗

不明型式碗

共 4 件。失口部，斜曲腹，圈足。外腹素面，内腹素面，内心素面。黄胎或灰白胎，胎质较细。黄釉或青釉，全器满施釉，唯外底部露胎无釉。

744】13 金村 YA3 – 17TG1⑤c：18，碗。内心弦纹一圈。黄胎。黄釉。足径 5.4、残高 3.5 厘米。（图 5 – 63）

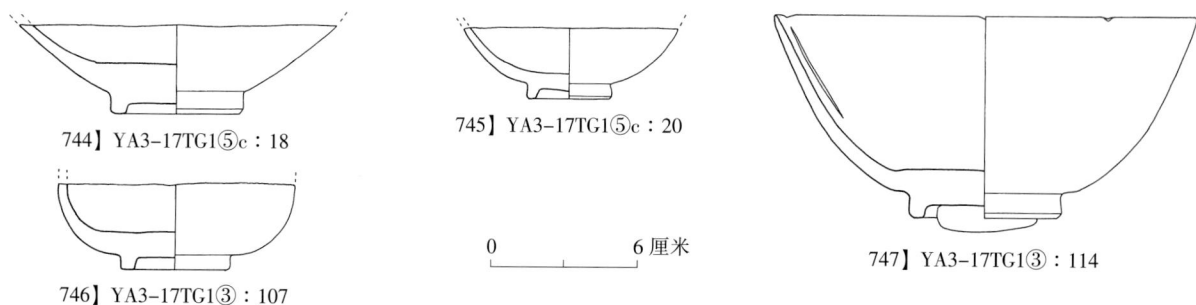

744】YA3-17TG1⑤c：18

745】YA3-17TG1⑤c：20

746】YA3-17TG1③：107

0　　　　　6 厘米

747】YA3-17TG1③：114

图 5-63　YA3-17 出土南宋早期通体素面青瓷不明型式碗

745】13 金村 YA3-17TG1⑤c：20，碗。器形较小。灰白胎，胎质较细。青釉。足径 3.5、残高 2.8 厘米。（图 5-63）

746】13 金村 YA3-17TG1③：107，碗。足径 4.4、残高 3.4 厘米。（图 5-63）

747】13 金村 YA3-17TG1③：114，碗。内腹白痕出筋，内心弦纹一圈。灰胎。青釉微泛黄。外底部粘连垫饼。口径 17.2、足径 6.1、高 8 厘米，通高 8.6 厘米。（图 5-63）

敞口盘

共 3 件。根据口部特征分为两小类。

第一小类，2 件。圆唇，侈口，花口，斜曲腹，圈足。外腹素面；内腹对应花口处白痕出筋；内心弦纹一圈，内素面。灰胎，胎质较粗。青釉泛黄，布满开片，全器满施釉，唯外底部露胎无釉。

748】13 金村 YA3-17TG1④：85，盘。口径 15、足径 5.2、高 4.2 厘米。（图 5-64）

749】13 金村 YA3-17TG1④：86，盘。口径 14.6、足径 4.8、高 3.6 厘米。（图 5-64）

第二小类，1 件。圆唇，敞口，上腹斜直，下腹斜曲，圈足。外口沿下弦纹一圈，下素面；内腹素面；内心弦纹一圈，内素面。灰白胎，胎质较细。青釉，全器满施釉，唯外底部露胎无釉。

750】13 金村 YA3-17TG1③：111，盘。口径 18.4、足径 6.4、高 5.1 厘米。（图 5-64；彩版 5-99）

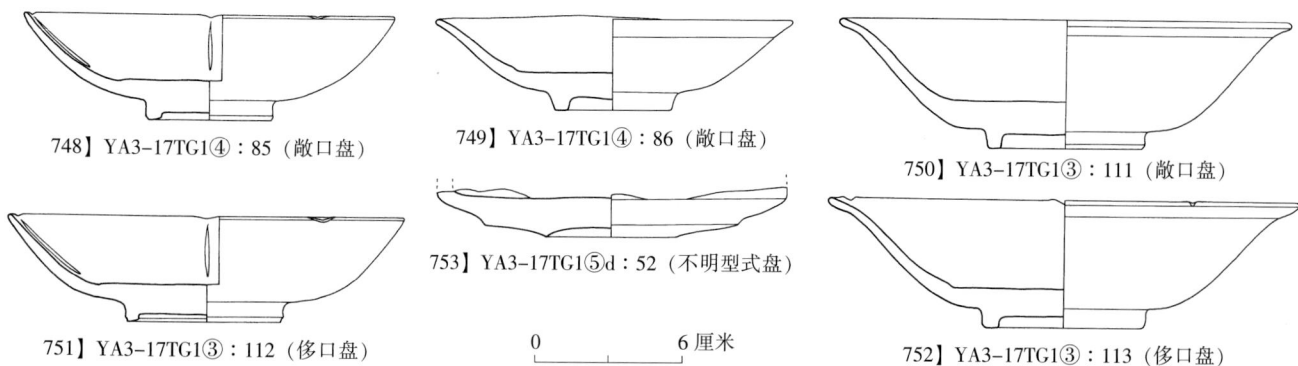

748】YA3-17TG1④：85（敞口盘）

749】YA3-17TG1④：86（敞口盘）

750】YA3-17TG1③：111（敞口盘）

751】YA3-17TG1③：112（侈口盘）

753】YA3-17TG1⑤d：52（不明型式盘）

0　　　　　6 厘米

752】YA3-17TG1③：113（侈口盘）

图 5-64　YA3-17 出土南宋早期通体素面青瓷盘

侈口盘

共 2 件。圆唇，侈口，花口，上腹斜直，下腹斜曲，圈足。外腹素面，内腹素面，内心素面。黄胎，胎质较粗。青黄釉，布满细小开片，全器满施釉，唯外底部露胎无釉。

751】13 金村 YA3 – 17TG1③：112，盘。口径 16、足径 6.2、高 4.2 厘米。（图 5 – 64；彩版 5 – 98）

752】13 金村 YA3 – 17TG1③：113，盘。口径 19.2、足径 6.6、高 5.1 厘米。（图 5 – 64；彩版 5 – 98）

不明型式盘

753】13 金村 YA3 – 17TG1⑤d：52，盘。仅余下腹部及足部，下腹斜收，隐圈足。外腹素面，内心素面。灰白胎，胎质较细。青釉，布满开片，全器满施釉，唯外底部露胎无釉。足径 5.4、残高 2 厘米。（图 5 – 64）

盏托

共 3 件。圆唇，平折沿，折腹，上腹斜直，下腹斜收，圈足。外腹素面，内腹素面，内心素面。灰胎或灰白胎，胎质较细。青釉，全器满施釉，唯外底部露胎无釉。

754】13 金村 YA3 – 17TG1⑤d：58，盏托。仅余口及上腹部。灰胎。较多开片。口径 16、残高 2.7 厘米。（图 5 – 65）

755】13 金村 YA3 – 17TG1⑤c：19，盏托。灰白胎。口径 16、足径 7.4、高 3.6 厘米。（图 5 – 65；彩版 5 – 99）

756】13 金村 YA3 – 17TG1③：154，盏托。灰白胎。口径 16.8、足径 7.3、高 2.9 厘米。（图 5 – 65；彩版 5 – 99）

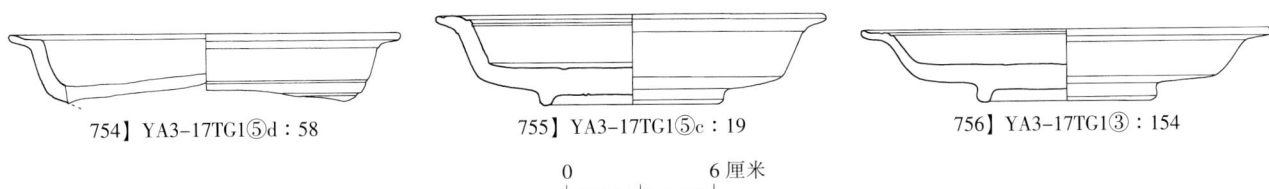

754】YA3–17TG1⑤d：58　　　755】YA3–17TG1⑤c：19　　　756】YA3–17TG1③：154

0　　　　　　6 厘米

图 5 – 65　YA3 – 17 出土南宋早期通体素面青瓷盏托

盖

共 7 件。圆唇，直口，平沿，盖面鼓，盖面中心处置一纽。外腹素面，内腹素面。生烧，灰红或红胎，胎质较粗。青釉泛白。

757】13 金村 YA3 – 17TG1⑤c：22，盖。残。灰红胎。直径 9.6 ~ 12、残高 3 厘米。（图 5 – 66）

758】13 金村 YA3 – 17TG1⑤c：23，盖。残。灰红胎。直径 11.8 ~ 15、残高 3.4 厘米。（图 5 – 66）

759】13 金村 YA3 – 17TG1⑤b：18，盖。纽残。灰红色胎。直径 8.1 ~ 10.1、高 2.4 厘米。（图 5 – 66）

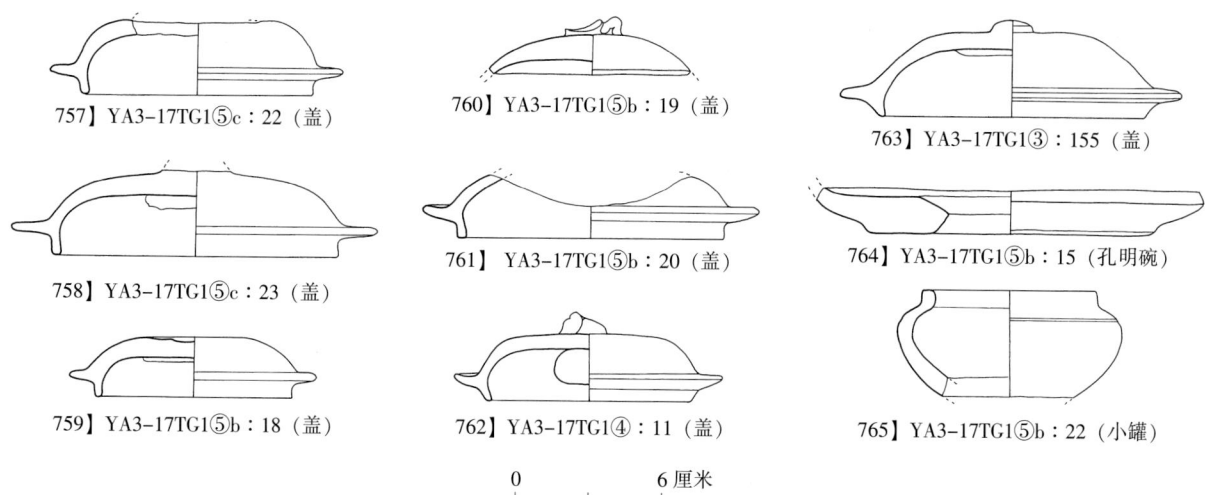

757】YA3-17TG1⑤c：22（盖）

760】YA3-17TG1⑤b：19（盖）

763】YA3-17TG1③：155（盖）

758】YA3-17TG1⑤c：23（盖）

761】YA3-17TG1⑤b：20（盖）

764】YA3-17TG1⑤b：15（孔明碗）

759】YA3-17TG1⑤b：18（盖）

762】YA3-17TG1④：11（盖）

765】YA3-17TG1⑤b：22（小罐）

0　　　　　　6 厘米

图 5-66　YA3-17 出土南宋早期通体素面青瓷盖、孔明碗、小罐

760】13 金村 YA3-17TG1⑤b：19，盖。残。灰白胎，胎质细。青釉。残高 2.3 厘米。（图 5-66；彩版 5-100）

761】13 金村 YA3-17TG1⑤b：20，盖。残。黄胎，胎质较粗。直径 11~13.8、残高 2.5 厘米。（图 5-66）

762】13 金村 YA3-17TG1④：11，盖。灰胎，胎质较细。青釉。内心粘连一垫饼。直径 8.4~11、高 3.6 厘米。（图 5-66；彩版 5-100）

763】13 金村 YA3-17TG1③：155，盖。灰黄胎，胎质细。青釉，较多开片。直径 10.6~14、高 3.9 厘米。（图 5-66；彩版 5-100）

孔明碗

764】13 金村 YA3-17TG1⑤b：15，孔明碗。仅余外层碗。失口部，斜曲腹，平底中空。黄胎，胎质较粗。黄釉，剥釉现象严重。全器满施釉，唯外底部露胎无釉。底径 12、孔径 5、残高 1.8 厘米。（图 5-66）

小罐

765】13 金村 YA3-17TG1⑤b：22，小罐。仅余罐身。方唇，直口，丰肩，折腹，圆腹，失下部。外腹、内腹皆素面。灰黄胎，胎质较细。青黄釉，布满开片。口径 7.2、残高 4.2 厘米。（图 5-66）

炉

共 21 件。圆唇，平沿，沿部贴耳，扁圆腹，下承小足。灰胎，胎质细。青釉，全器满施釉，唯外底部露胎无釉。

766】13 金村 YA3-17TG1⑤b：23，炉。折肩，失足。黄胎，胎质较粗。青黄釉，布满开片。口径 10、残高 4.5 厘米。（图 5-67；彩版 5-101）

767】13 金村 YA3-17TG1⑤a：9，炉。直口，束颈。黄胎。青黄釉，布满开片。口径 6.8、底径 3.2、高 4.9 厘米。（图 5-67；彩版 5-101）

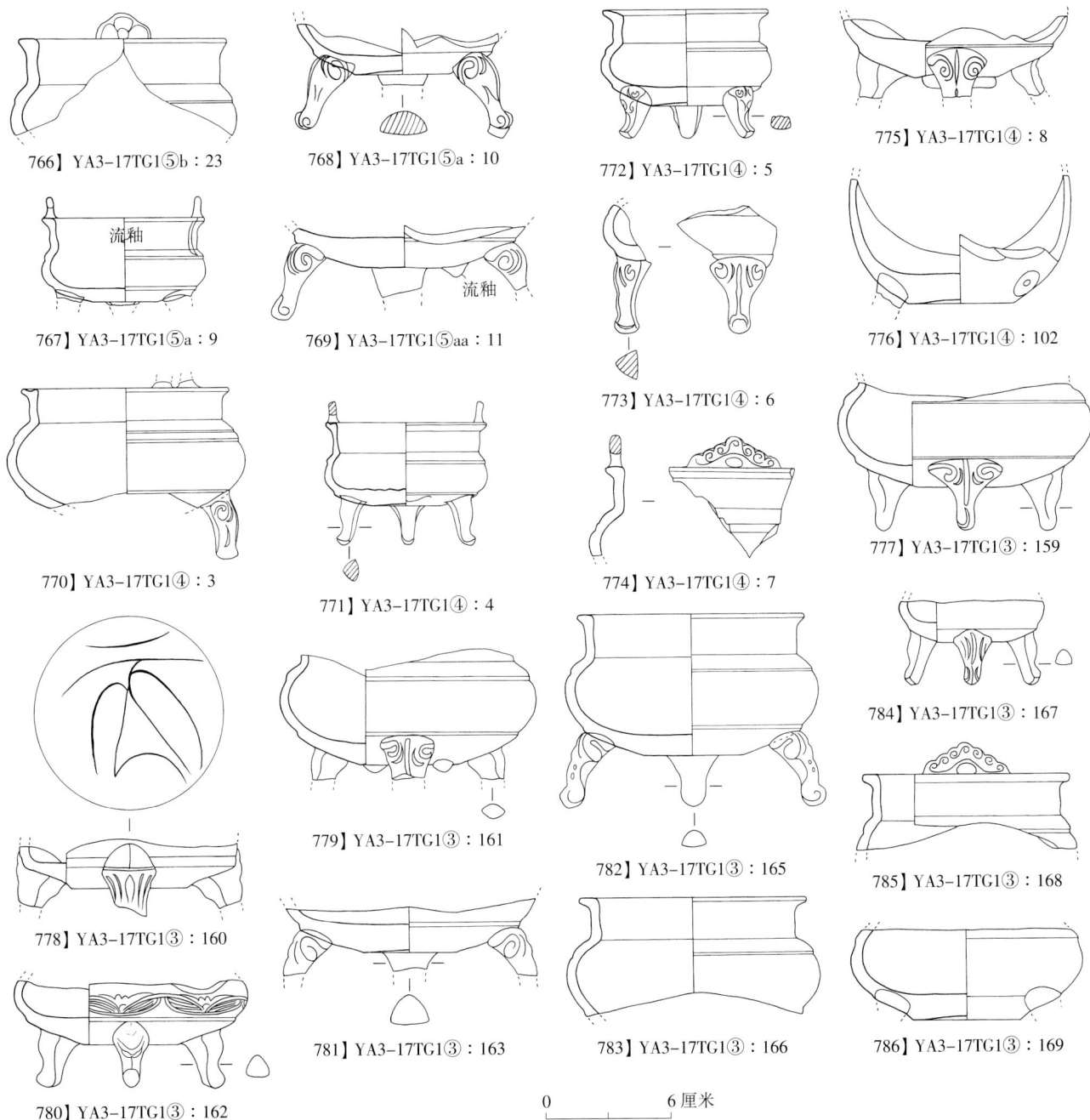

766】YA3–17TG1⑤b：23

768】YA3–17TG1⑤a：10

772】YA3–17TG1④：5

775】YA3–17TG1④：8

流釉

767】YA3–17TG1⑤a：9

流釉

769】YA3–17TG1⑤aa：11

776】YA3–17TG1④：102

773】YA3–17TG1④：6

770】YA3–17TG1④：3

771】YA3–17TG1④：4

774】YA3–17TG1④：7

777】YA3–17TG1③：159

779】YA3–17TG1③：161

782】YA3–17TG1③：165

784】YA3–17TG1③：167

778】YA3–17TG1③：160

785】YA3–17TG1③：168

780】YA3–17TG1③：162

781】YA3–17TG1③：163

783】YA3–17TG1③：166

786】YA3–17TG1③：169

0   6厘米

图 5–67　YA3–17 出土南宋早期通体素面青瓷炉

768】13 金村 YA3–17TG1⑤a：10，炉。仅余底部，下残留二兽形足。底径 4.6、残高 5.4 厘米。（图 5–67；彩版 5–101）

769】13 金村 YA3–17TG1⑤a：11，炉。仅余底部，下承三兽形足。底径 4.6、残高 4.2 厘米。（图 5–67；彩版 5–101）

770】13 金村 YA3–17TG1④：3，炉。直口，短束颈，兽形足。较多开片。口径 10、高 8 厘米。（图 5–67；彩版 5–101）

771】13 金村 YA3–17TG1④：4，炉。直口，短束颈，底部残留二兽形足。口径 7.7、底径 3、

高6.7厘米。（图5-67；彩版5-101）

772】13金村YA3-17TG1④：5，炉。直口，短束颈，兽形足。灰红胎。青釉泛白。口径8、底径3.6、高6厘米。（图5-67；彩版5-101）

773】13金村YA3-17TG1④：6，炉。仅余兽形足。残高6厘米。（图5-67；彩版5-101）

774】13金村YA3-17TG1④：7，炉。仅余如意形耳。残高5.7厘米。（图5-67；彩版5-101）

775】13金村YA3-17TG1④：8，炉。仅余底部，兽形足。有开片，有积釉现象。残高3.7厘米。（图5-67）

776】13金村YA3-17TG1④：102，炉。仅余底部，下残留三处足痕。底径5.2、残高6厘米。（图5-67）

777】13金村YA3-17TG1③：159，炉。仅余下腹部及底部，下残留一兽形足。灰黄胎。青黄釉，布满开片。底径4.6、残高6.8厘米。（图5-67；彩版5-102）

778】13金村YA3-17TG1③：160，炉。仅余下腹部及底部，下残留三兽形足。灰白胎。布满开片。底径5.4、残高3.3厘米。（图5-67；彩版5-102）

779】13金村YA3-17TG1③：161，炉。仅余下腹部及底部，下残留二兽形足。有开片。底径4.6、残高5.9厘米。（图5-67；彩版5-102）

780】13金村YA3-17TG1③：162，炉。仅余下腹部及底部，下残留二兽形足。黄胎。黄釉，布满开片。底径4.6、残高5厘米。（图5-67；彩版5-102）

781】13金村YA3-17TG1③：163，炉。仅余下腹部及底部，下残留一兽形足。灰白胎。黄釉。底径4.5、残高3.4厘米。（图5-67；彩版5-102）

782】13金村YA3-17TG1③：165，炉。兽形足。黄胎，胎质较粗。黄釉，布满开片。口径11、底径4.8、高9厘米。（图5-67；彩版5-102）

783】13金村YA3-17TG1③：166，炉。失足。黄胎，胎质较粗。黄釉，布满开片。口径11、残高5.6厘米。（图5-67）

784】13金村YA3-17TG1③：167，炉。仅余下腹部及底部，下残留一兽形足。灰黄胎，胎质较粗。黄釉微泛黄，布满开片。底径3.2、残高3.9厘米。（图5-67）

785】13金村YA3-17TG1③：168，炉。直口，扁圆腹，失足。灰白胎。口径10、残高5厘米。（图5-67；彩版5-102）

786】13金村YA3-17TG1③：169，炉。仅余下腹部及底部。灰白胎，胎质较粗。有开片。底径5.2、残高4.2厘米。（图5-67）

瓶

共6件。圆唇，平沿，束颈较长，扁圆腹，圈足。外腹素面。灰胎，胎质较细。青釉，全器满施釉，唯外底部露胎无釉。

787】13金村YA3-17TG1④：1，瓶。青釉泛黄。口径3.4、足径4.9、高14.5厘米。（图5-68；彩版5-103）

788】13金村YA3-17TG1④：2，瓶。颈腹部残片。灰黄胎，胎质较细。青黄釉，布满细小

开片。口径3.2、残高9.5厘米。（图5-68；彩版5-103）

789】13金村 YA3-17TG1④：104，瓶。仅余下腹部及圈足。青釉泛黄，布满开片。足径5、高3.9厘米。（图5-68）

790】13金村 YA3-17TG1③：156，瓶。仅余颈腹部。灰黄胎。青黄釉，有开片。残高9.6厘米。（图5-68；彩版5-103）

791】13金村 YA3-17TG1③：157，瓶。仅余下腹部及圈足。灰黄胎。青黄釉，有开片。足径4.8、残高3.5厘米。（图5-68）

792】13金村 YA3-17TG1③：158，瓶。仅余下腹部及圈足。灰黄胎。青黄釉，有开片。足径5.4、高3.4厘米。（图5-68）

盒

793】13金村 YA3-17TG1④：9，盒。仅余盒身。方唇，直口，直腹，平底微内凹。外腹素面，内腹素面。灰胎，胎质较细。青釉，全器满施釉，唯外底部露胎无釉。口径10.6~12、底径4.6、高2.3厘米。（图5-68；彩版5-103）

碟

共2件。圆唇，敞口，折腹，上腹斜直，下腹斜收，平底。外腹素面；内腹素面；内心弦纹一圈，内素面。灰胎，胎质较粗。青釉，全器满施釉，唯外底部露胎无釉。

794】13金村 YA3-17TG1④：69，碟。口径12.4、底径4、高3.3厘米。（图5-68）

795】13金村 YA3-17TG1④：73，碟。布满开片。口径9.8、底径3.6、高2.2厘米。（图5-68）

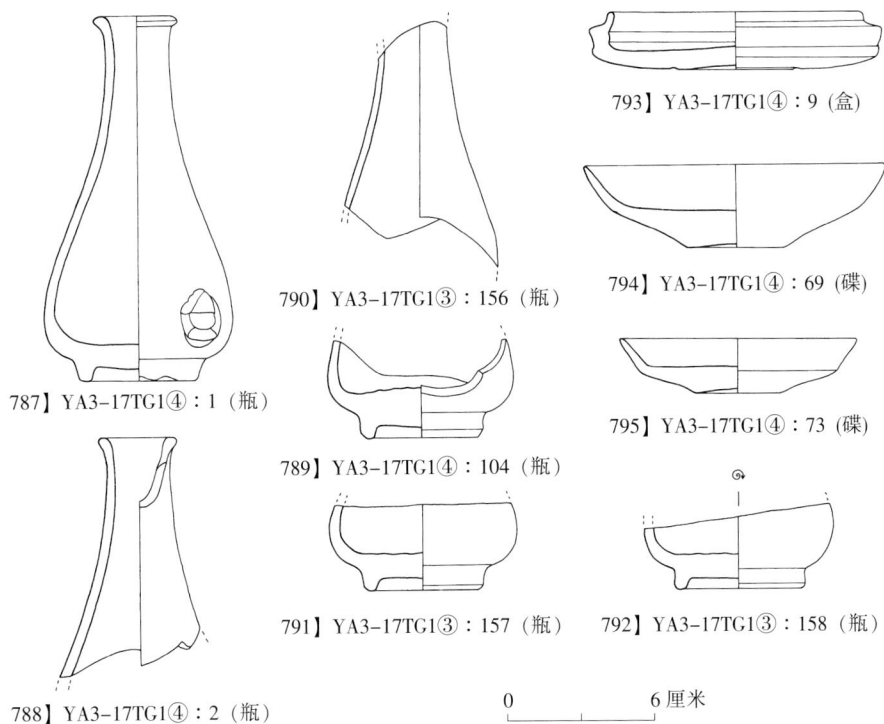

787】YA3-17TG1④：1（瓶）

788】YA3-17TG1④：2（瓶）

790】YA3-17TG1③：156（瓶）

789】YA3-17TG1④：104（瓶）

791】YA3-17TG1④：157（瓶）

792】YA3-17TG1③：158（瓶）

793】YA3-17TG1④：9（盒）

794】YA3-17TG1④：69（碟）

795】YA3-17TG1④：73（碟）

0　　　　　6厘米

图5-68　YA3-17出土南宋早期通体素面青瓷瓶、盒、碟

4. 单面刻划花：外腹饰花卉纹，内腹素面

杯

共3件。圆唇，直口，折腹，上腹竖直，下腹平收，圈足。外腹饰莲瓣纹或多层蕉叶纹，内腹及内心素面。灰胎，胎质较粗。青釉，全器满施釉，唯内心及外底部露胎无釉。

797】13金村YA3-17TG1⑤d：53，杯。失口部。外腹饰莲瓣纹，填以直条状篦纹。灰红胎。青釉泛白。足径6.5、残高4.1厘米。（图5-69）

798】13金村YA3-17TG1⑤d：56，杯。仅余口及上腹部。外腹饰莲瓣纹，填以直条状篦纹。青釉泛白。残高5.3厘米。（图5-69）

799】13金村YA3-17TG1④：98，杯。外腹饰多层蕉叶纹，填以篦纹。灰白胎，胎质较细。口径17.8、足径9、高8.5厘米。（图5-69；彩版5-104）

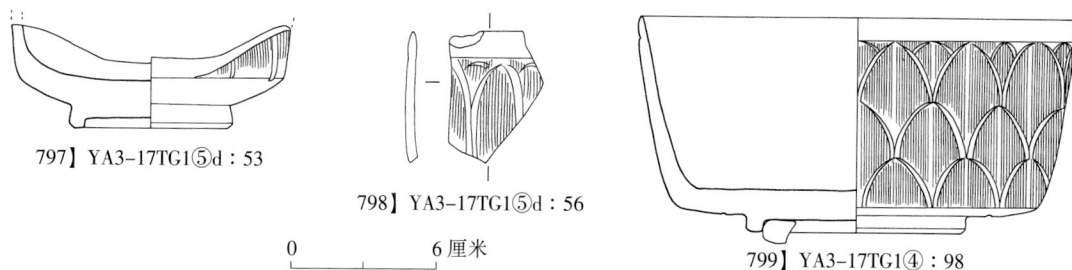

797】YA3-17TG1⑤d：53   798】YA3-17TG1⑤d：56   799】YA3-17TG1④：98

0   6厘米

图5-69　YA3-17出土南宋早期单面刻划花（外腹）青瓷杯

擂钵

共29件。根据口部特征分为两小类。

第一小类，26件。方唇，平沿，敞口，斜曲腹，平底。外腹饰多层莲瓣纹或交错折扇纹，内腹素面，内心素面。灰胎，胎质较细。青釉，内腹及外底部露胎无釉。

800】13金村YA3-17TG1⑤a：7，擂钵。外腹饰交错折扇纹，形成多组菱形纹。青黄釉。口径14、底径4.8、高5.7厘米。（图5-70；彩版5-104）

801】13金村YA3-17TG1⑤a：8，擂钵。外腹饰交错折扇纹，形成多组菱形纹。口径9、底径3.4、高4厘米。（图5-70）

802】13金村YA3-17TG1④：88，擂钵。外腹饰交错折扇纹，形成多组菱形纹。胎质较粗。口径13、底径4、高5.6厘米。（图5-70）

803】13金村YA3-17TG1④：89，擂钵。外口沿下弦纹一圈，下饰交错折扇纹，形成多组菱形纹。黄胎，胎质较粗。青黄釉，布满开片。口径10.2、底径3.2、高4.3厘米。（图5-70；彩版5-104）

804】13金村YA3-17TG1④：90，擂钵。外口沿下弦纹一圈，下饰交错折扇纹，形成多组菱形纹。口径13.6、底径4.8、高5.9厘米。（图5-70；彩版5-104）

805】13金村YA3-17TG1④：92，擂钵。外口沿下弦纹一圈，下饰交错折扇纹，形成多组菱形纹。口径9、底径3、高4.3厘米。（图5-70；彩版5-105）

806】13金村YA3-17TG1④：93，擂钵。外口沿下弦纹一圈，下饰交错折扇纹，形成多组菱

800】YA3-17TG1⑤a：7

802】YA3-17TG1④：88

804】YA3-17TG1④：90

809】YA3-17TG1③：129

810】YA3-17TG1③：131

811】YA3-17TG1③：132

801】YA3-17TG1⑤a：8

803】YA3-17TG1④：89

805】YA3-17TG1④：92

806】YA3-17TG1④：93　流釉

807】YA3-17TG1④：94

808】YA3-17TG1④：95

816】YA3-17TG1③：140

812】YA3-17TG1③：134

813】YA3-17TG1③：136

814】YA3-17TG1③：138

815】YA3-17TG1③：139

817】YA3-17TG1⑤d：55

818】YA3-17TG1④：91

0 _____ 6 厘米

图 5 - 70　YA3 - 17 出土南宋早期单面刻划花（外腹）青瓷擂钵

形纹。青釉泛黄。口径 9.6、底径 3.4、高 4.3 厘米。（图 5 - 70；彩版 5 - 105）

807】13 金村 YA3 - 17TG1④：94，擂钵。外口沿下弦纹一圈，下饰交错折扇纹，形成多组菱形纹。口径 9.2、底径 3、高 4.3 厘米。（图 5 - 70；彩版 5 - 105）

808】13 金村 YA3 - 17TG1④：95，擂钵。外口沿下弦纹一圈，下饰交错折扇纹，形成多组菱形纹。口径 9、底径 3、高 4.3 厘米。（图 5 - 70；彩版 5 - 105）

809】13 金村 YA3 - 17TG1③：129，擂钵。外口沿下弦纹一圈，下饰交错折扇纹，形成多组菱形纹。青釉微泛黄。口径 12.4、底径 4.2、高 5.3 厘米。（图 5 - 70；彩版 5 - 105）

810】13 金村 YA3 - 17TG1③：131，擂钵。外口沿下弦纹一圈，下饰交错折扇纹，形成多组菱形纹。灰白胎。口径 13、底径 4.2、高 5.8 厘米。（图 5 - 70；彩版 5 - 105）

811】13 金村 YA3 - 17TG1③：132，擂钵。外口沿下弦纹一圈，下饰交错折扇纹，形成多组

菱形纹。灰白胎。口径13.4、底径4.4、高5.6厘米。（图5-70；彩版5-106）

812】13金村YA3-17TG1③：134，擂钵。外口沿下弦纹一圈，下饰交错折扇纹，形成多组菱形纹。青釉泛黄。口径12.3、底径4.2、高5.2厘米。（图5-70；彩版5-106）

813】13金村YA3-17TG1③：136，擂钵。外口沿下弦纹一圈，下饰交错折扇纹，形成多组菱形纹。口径9.7、底径2.7、高4.4厘米。（图5-70；彩版5-106）

814】13金村YA3-17TG1③：138，擂钵。外口沿下弦纹一圈，下饰交错折扇纹，形成多组菱形纹。灰白胎。口径9.4、底径3.3、高4厘米。（图5-70）

815】13金村YA3-17TG1③：139，擂钵。外口沿下弦纹一圈，下饰交错折扇纹，形成多组菱形纹。口径9.6、底径3.4、高4.2厘米。（图5-70）

816】13金村YA3-17TG1③：140，擂钵与擂钵叠烧粘连标本。失口部。外饰交错折扇纹，形成多组菱形纹。布满开片。下面一件底径4.4厘米，残通高3.4厘米。（图5-70；彩版5-106）

817】13金村YA3-17TG1⑤d：55，擂钵。失足。外腹饰莲瓣纹，填以直条状篦纹。灰红胎，胎质较粗。青釉微泛黄，布满开片。口径14.6、底径5.4、高5.7厘米。（图5-70）

818】13金村YA3-17TG1④：91，擂钵。外口沿下弦纹一圈，下饰莲瓣纹，填以直条状篦纹。灰红胎，胎质较粗。青釉微泛黄，布满开片。口径12.8、底径4、高5.5厘米。（图5-70；彩版5-106）

819】13金村YA3-17TG1④：96，擂钵。外口沿下弦纹一圈，下饰莲瓣纹，填以直条状篦纹。口径13、底径4.6、高6.1厘米。（图5-71；彩版5-106）

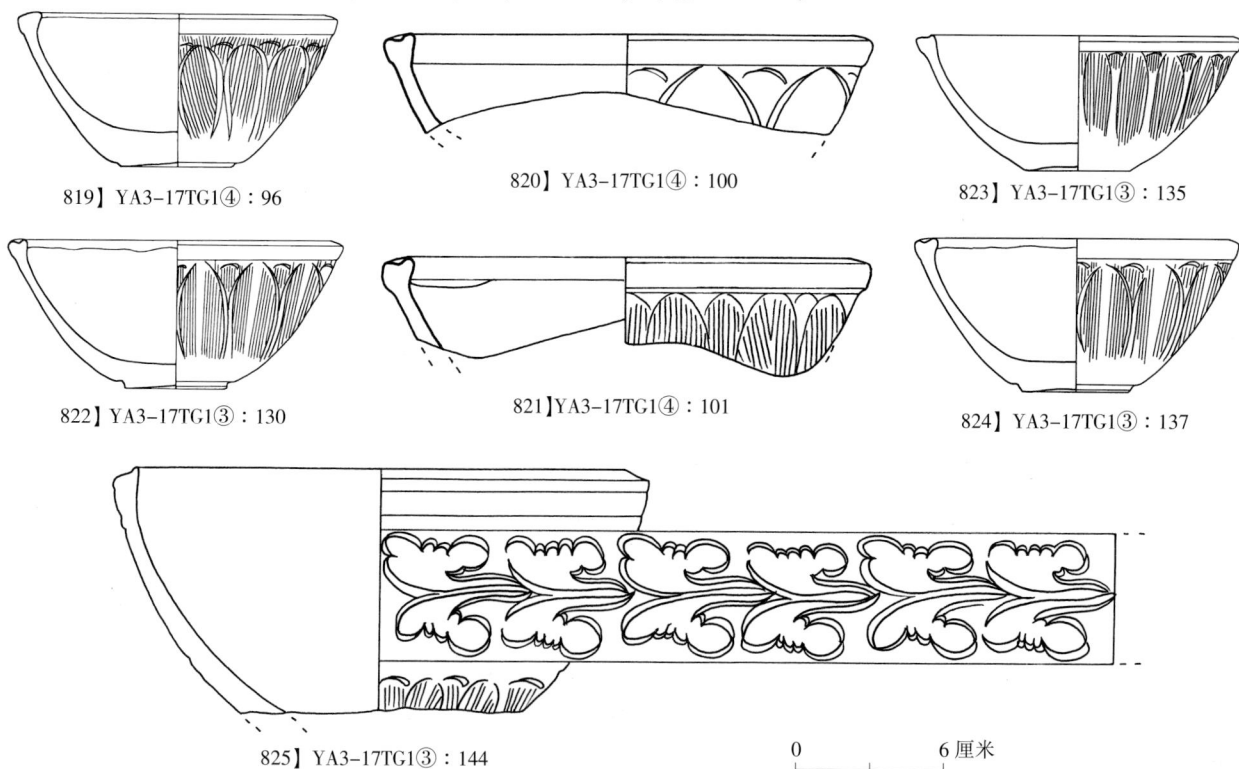

819】YA3-17TG1④：96　　　820】YA3-17TG1④：100　　　823】YA3-17TG1③：135

822】YA3-17TG1③：130　　　821】YA3-17TG1④：101　　　824】YA3-17TG1③：137

825】YA3-17TG1③：144　　　　　　0　　　　6厘米

图5-71　YA3-17出土南宋早期单面刻划花（外腹）青瓷擂钵

820】13 金村 YA3 - 17TG1④：100，擂钵。失足。外口沿下弦纹一圈，下饰莲瓣纹，填以直条状篦纹。灰红胎，胎质较粗。青黄釉，布满开片。口径20、残高4厘米。（图5－71）

821】13 金村 YA3 - 17TG1④：101，擂钵。失足。外口沿下弦纹一圈，下饰莲瓣纹，填以直条状篦纹。口径20、残高4.6厘米。（图5－71）

822】13 金村 YA3 - 17TG1③：130，擂钵。外口沿下弦纹一圈，下饰莲瓣纹，填以直条状篦纹。生烧。灰红胎。口径13.6、底径4.2、高5.9厘米。（图5－71；彩版5－106）

823】13 金村 YA3 - 17TG1③：135，擂钵。外口沿下弦纹一圈，下饰莲瓣纹，填以直条状篦纹。灰黄胎，胎质较粗。较多开片。外底部粘连垫饼。口径13.4、底径4.4、高5.4厘米。（图5－71；彩版5－107）

824】13 金村 YA3 - 17TG1③：137，擂钵。外口沿下弦纹一圈，下饰莲瓣纹，填以直条状篦纹。灰白胎。口径13.2、底径4.2、高6.1厘米。（图5－71）

825】13 金村 YA3 - 17TG1③：144，擂钵。器形较大。仅余口及上腹部。外口沿下弦纹双圈，下饰花卉纹带，下弦纹双圈，下饰莲瓣纹，填以直条状篦纹。黄胎。青黄釉，布满开片。口径22、残高9.6厘米。（图5－71；彩版5－107）

第二小类，共3件。圆唇，敛口，斜直腹，平底。外腹饰莲瓣纹，填以直条状篦纹；内腹及内心素面。灰黄胎，胎质较粗。青釉，全器满施釉，唯外底部露胎无釉。

826】13 金村 YA3 - 17TG1③：146，擂钵。布满开片。口径11.5、底径4、高5.4厘米。（图5－72；彩版5－107）

827】13 金村 YA3 - 17TG1③：147，擂钵。青黄釉。口径10.6、底径4、高4.7厘米。（图5－72；彩版5－107）

828】13 金村 YA3 - 17TG1③：133，擂钵。失口部。灰白胎，胎质较细。有开片。底径5.1、残高4.2厘米。（图5－72；彩版5－107）

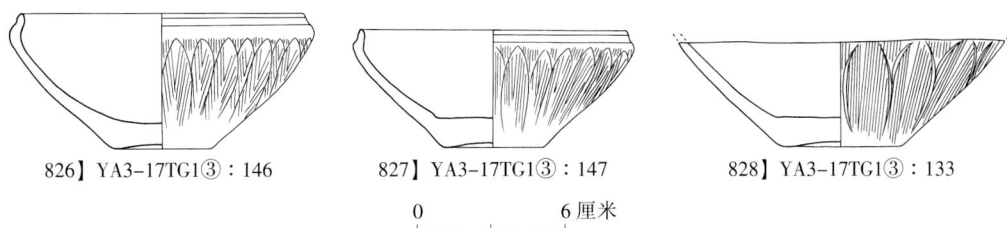

826】YA3-17TG1③：146　827】YA3-17TG1③：147　828】YA3-17TG1③：133

0　　　　6厘米

图5－72　YA3－17 出土南宋早期单面刻划花（外腹）青瓷擂钵

杵

共4件。青釉，施半釉。

829】13 金村 YA3 - 17TG1④：97，杵。红胎，胎质粗。残长6厘米。（图5－73）

830】13 金村 YA3 - 17TG1③：141，杵。灰白胎，胎质较细。残长8厘米。（图5－73）

831】13 金村 YA3 - 17TG1③：142，杵。灰白胎，胎质较细。残长9.3厘米。（图5－73；彩版5－108）

832】13 金村 YA3 - 17TG1③：143，杵。灰白胎，胎质较细。残长6厘米。（图5－73）

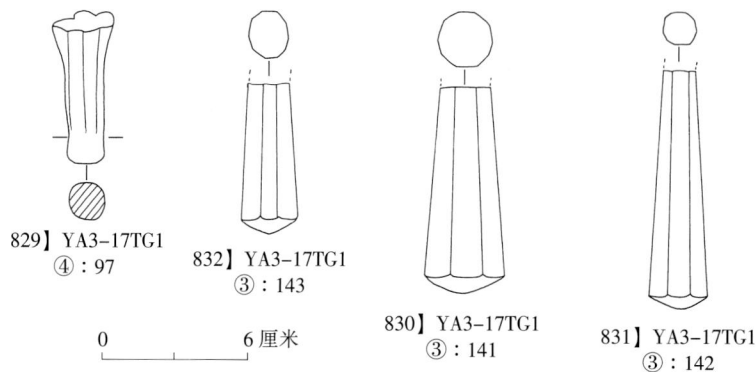

829】YA3-17TG1
④：97

832】YA3-17TG1
③：143

830】YA3-17TG1
③：141

831】YA3-17TG1
③：142

0　　　　　　6 厘米

图 5-73　YA3-17 出土南宋早期单面刻划花（外腹）青瓷杵

钵

833】13 金村 YA3-17TG1④：99，钵。圆唇，敛口，斜曲腹，圈足。外腹饰莲瓣纹，填以直条状篦纹；内腹素面；内心弦纹一圈，内素面。灰胎，胎质较粗。青釉泛黄，布满开片，全器满施釉，唯外底部露胎无釉。口径 12.6、底径 4.8、高 6.5 厘米。（图 5-74；彩版 5-108）

盒

共 2 件。

834】13 金村 YA3-17TG1⑤b：16，盒。仅余盒身。圆唇，直口，上腹竖直，下腹平收，平底微内凹。外下腹饰莲瓣纹，填以直条状篦纹。灰白胎，胎质细。青釉，全器满施釉，唯外底部露胎无釉。口径 11.2、底径 4.6、高 2.2 厘米。（图 5-74；彩版 5-108）

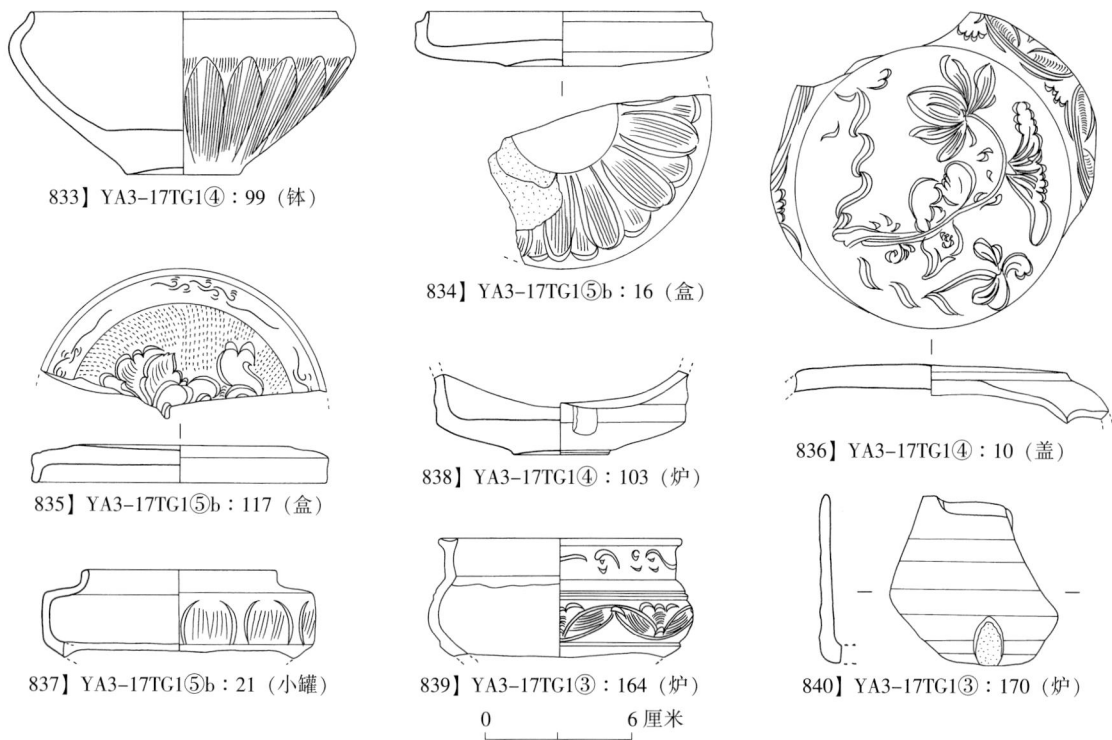

833】YA3-17TG1④：99（钵）

834】YA3-17TG1⑤b：16（盒）

835】YA3-17TG1⑤b：117（盒）

838】YA3-17TG1④：103（炉）

836】YA3-17TG1④：10（盖）

837】YA3-17TG1⑤b：21（小罐）

839】YA3-17TG1③：164（炉）

840】YA3-17TG1③：170（炉）

0　　　　　　6 厘米

图 5-74　YA3-17 出土南宋早期单面刻划花（外腹）青瓷钵、盒、盖等

835】13 金村 YA3 - 17TG1⑤b：17，盒。仅余盒盖。方唇，直口，折沿，盖面平。盖面边缘弦纹一圈，以外饰条带状纹饰，以内饰花卉纹并填以篦点纹。口径 12.2、高 1.5 厘米。（图 5 - 74；彩版 5 - 108）

盖

836】13 金村 YA3 - 17TG1④：10，盖。仅余盖面。盖面平。外腹饰花卉纹饰。黄胎，胎质较细。黄釉，布满开片，全器满施釉，唯外底部露胎无釉。残高 2.3 厘米。（图 5 - 74；彩版 5 - 108）

小罐

837】13 金村 YA3 - 17TG1⑤b：21，小罐。仅余罐身。方唇，直口，丰肩，折腹，扁圆腹，失下部。外腹饰莲瓣纹，填以直条状篦纹。灰白胎，胎质细。青釉，布满开片。口径 8、残高 3.5 厘米。（图 5 - 74；彩版 5 - 108）

炉

共 3 件。

838】13 金村 YA3 - 17TG1④：103，奁式炉。仅余下腹部及底部。底部残留足痕。外腹饰多圈平行弦纹，内腹素面。黄胎，胎质较细。黄釉，全器满施釉，唯外底部露胎无釉。底径 4、高 3.3 厘米。（图 5 - 74）

839】13 金村 YA3 - 17TG1③：164，炉。圆唇，平沿，直口，扁圆腹，失下部。外腹饰花卉纹，内腹素面。灰白胎，胎质较细。青釉。口径 10、残高 4.8 厘米。（图 5 - 74；彩版 5 - 108）

840】13 金村 YA3 - 17TG1③：170，奁式炉腹部残片。外腹饰多圈平行凸弦纹。黄胎，胎质较粗。黄釉。残高 6.7 厘米。（图 5 - 74）

贰：其他瓷器

黑釉瓷盏

共 2 件。圆唇，敞口，直腹，失下部。外腹素面，内腹素面。外施釉至下腹。黑胎，胎质粗。黑釉。

841】13 金村 YA3 - 17TG1③：172，盏。残高 4.7 厘米。（图 5 - 75）

842】13 金村 YA3 - 17TG1③：173，盏。口径 11、残高 4.7 厘米。（图 5 - 75）

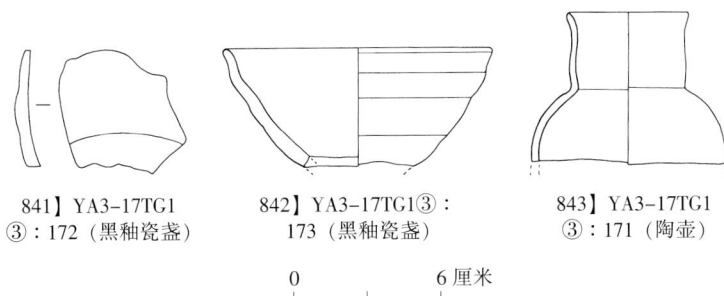

841】YA3-17TG1
③：172（黑釉瓷盏）

842】YA3-17TG1③：
173（黑釉瓷盏）

843】YA3-17TG1
③：171（陶壶）

0   6 厘米

图 5 - 75　YA3 - 17 出土南宋早期黑釉瓷盏、陶壶

（二）陶器

壶

843】13 金村 YA3 - 17TG1③：171，壶。方唇，直口，直颈，溜肩，圆鼓腹，失下部。外腹

素面，内腹素面。口径5、残高6厘米。（图5-75）

（三）窑具

匣钵

共8件。均为M形。

844】13金村YA3-17TG1⑤d：61，匣钵。残。直径18、高8.8厘米。（图5-76；彩版5-109）

845】13金村YA3-17TG1⑤d：62，匣钵。残，粘连一垫饼及淡青釉残片。残高3.4厘米。（图5-76；彩版5-109）

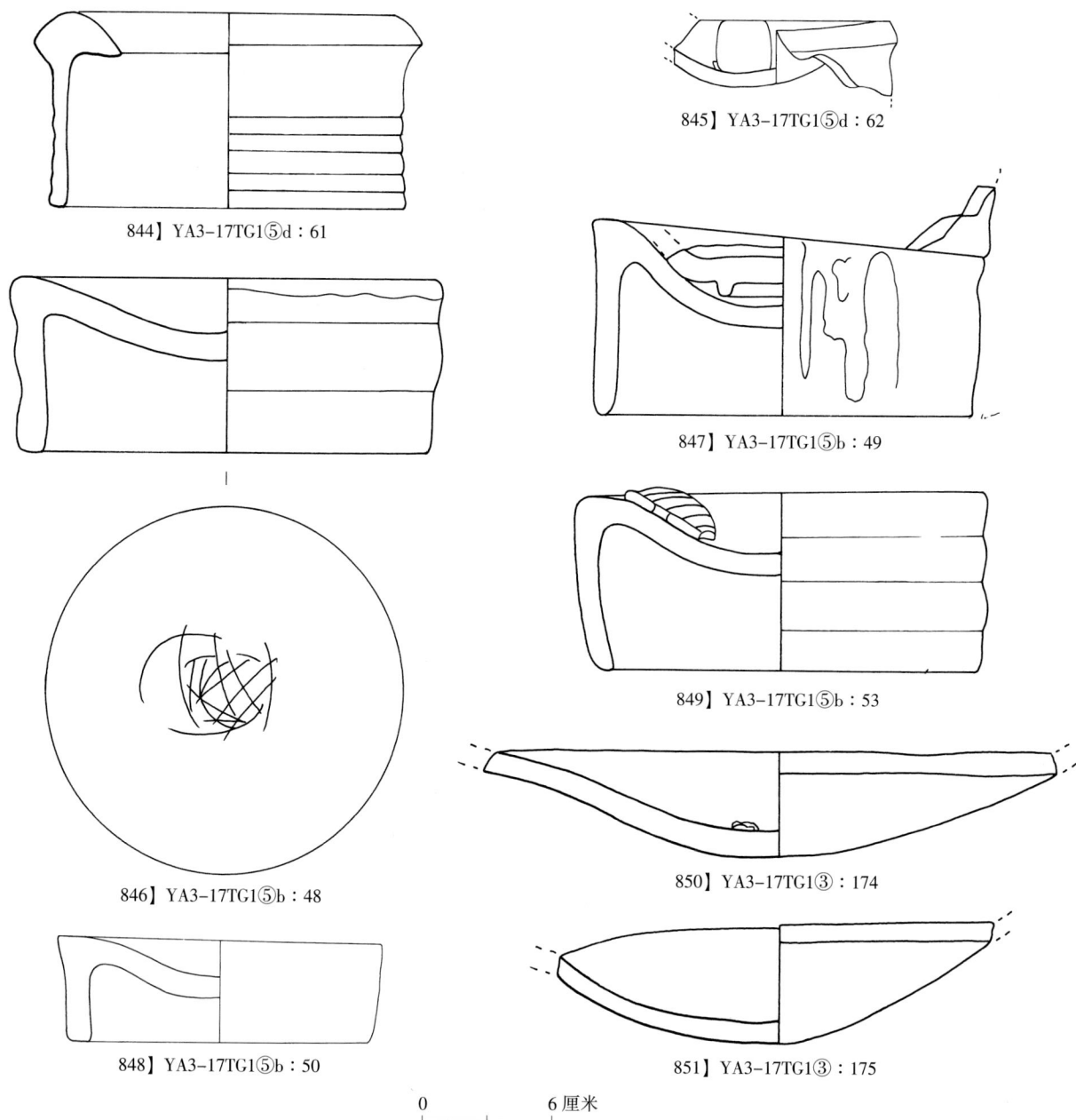

844】YA3-17TG1⑤d：61

845】YA3-17TG1⑤d：62

847】YA3-17TG1⑤b：49

846】YA3-17TG1⑤b：48

849】YA3-17TG1⑤b：53

848】YA3-17TG1⑤b：50

850】YA3-17TG1③：174

851】YA3-17TG1③：175

0   6厘米

图5-76 YA3-17出土南宋早期匣钵

846】13 金村 YA3 – 17TG1⑤b：48，匣钵。残。直径 19、高 7.8 厘米。（图 5 – 76；彩版 5 – 109）

847】13 金村 YA3 – 17TG1⑤b：49，匣钵。粘连一青釉瓷片。直径 17.8、高 10.4 厘米。（图 5 – 76；彩版 5 – 109）

848】13 金村 YA3 – 17TG1⑤b：50，匣钵。直径 14 ~ 15、高 4.4 ~ 4.7 厘米。（图 5 – 76；彩版 5 – 109）

849】13 金村 YA3 – 17TG1⑤b：53，匣钵。粘连一不规则形火照。直径 17.3、高 8 厘米。（图 5 – 76；彩版 5 – 109）

850】13 金村 YA3 – 17TG1③：174，匣钵。残。粘连四处支烧痕迹。残高 4.8 厘米。（图 5 – 76；彩版 5 – 110）

851】13 金村 YA3 – 17TG1③：175，匣钵。残。内刻"二"字款。残高 5.4 厘米。（图 5 – 76）

垫柱

852】13 金村 YA3 – 17TG1⑤d：63，垫柱。残，直筒形，腰部有一镂孔及较多手捏痕迹。直径 7.8、残高 11.4 厘米。（图 5 – 77；彩版 5 – 110）

853】13 金村 YA3 – 17TG1⑤b：51，垫柱。圆筒形。直径 7.8、高 5.7 厘米。（图 5 – 77；彩版 5 – 110）

854】13 金村 YA3 – 17TG1④：107，垫柱。圆筒形。直径 6.8、高 7 厘米。（图 5 – 77；彩版 5 – 110）

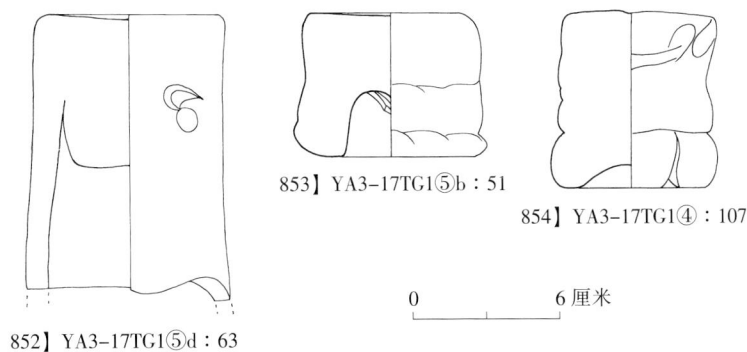

853】YA3–17TG1⑤b：51

854】YA3–17TG1④：107

852】YA3–17TG1⑤d：63

0　　　　　6 厘米

图 5 – 77　YA3 – 17 出土南宋早期垫柱

火照

共 11 件。杯形，底部有一镂孔。

855】13 金村 YA3 – 17TG1⑤d：64，火照。残。口径 4.4、底径 2.2、高 2.7 厘米。（图 5 – 78；彩版 5 – 110）

856】13 金村 YA3 – 17TG1⑤c：38，火照。口径 6.8、底径 2.5、高 3.1 厘米。（图 5 – 78；彩版 5 – 110）

857】13 金村 YA3 – 17TG1⑤a：5，火照。内釉下有"大"字款。口径 4、底径 1.8、高 3.1

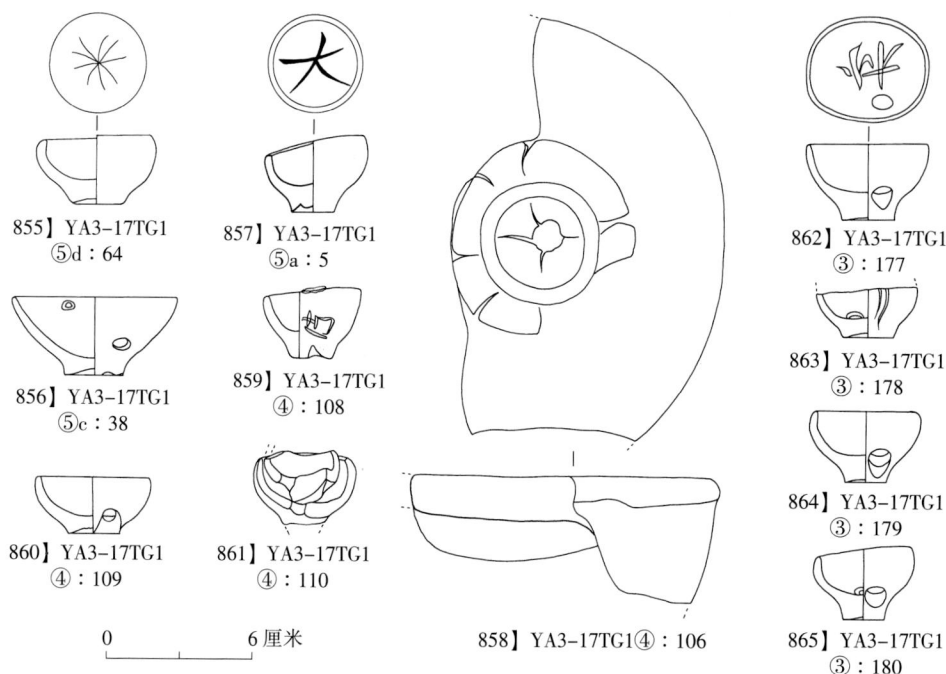

图5-78　YA3-17出土南宋早期火照

厘米。（图5-78；彩版5-110）

858】13金村YA3-17TG1④：106，火照与匣钵粘连标本。残高5厘米。（图5-78；彩版5-111）

859】13金村YA3-17TG1④：108，火照。口径4、底径1.8、高2.8厘米。（图5-78；彩版5-111）

860】13金村YA3-17TG1④：109，火照。口径4.8、底径2.2、高2.2厘米。（图5-78；彩版5-111）

861】13金村YA3-17TG1④：110，火照。上下两个粘连。通残高2.9厘米。（图5-78；彩版5-111）

862】13金村YA3-17TG1③：177，火照。内釉下有"林"字款。口径5、底径2.2、高3厘米。（图5-78；彩版5-111）

863】13金村YA3-17TG1③：178，火照。底径2、高2厘米。（图5-78；彩版5-111）

864】13金村YA3-17TG1③：179，火照。口径4、底径1.7、高2.8厘米。（图5-78；彩版5-111）

865】13金村YA3-17TG1③：180，火照。口径4.1、底径1.7、高2.9厘米。（图5-78；彩版5-111）

盘与匣钵粘连标本

共2件。匣钵残，完整器应为M形。盘圆唇，敞口，斜曲腹，圈足。灰胎，胎质较细。青釉。全器满施釉，唯外底部露胎无釉。

866】13金村YA3-17TG1⑤b：47，盘与匣钵粘连标本。盘失口部。内腹饰花卉纹饰，填以篦纹；内心弦纹双圈，内饰花卉纹，填以篦纹。青釉泛黄，较多开片。外底部粘连垫饼。通残高 4.3 厘米。（图 5 - 79；彩版 5 - 111）

867】13 金村 YA3 - 17TG1④：105，盘与匣钵粘连标本。盘内腹及内心满饰花卉纹，填以篦纹。灰白胎。青釉微泛黄，布满开片。（彩版 5 - 111）

866】YA3–17TG1⑤b：47

0　　　　　6 厘米

图 5 - 79　YA3 - 17
出土南宋早期青瓷盘与匣钵粘连标本

四　南宋中期

（一）瓷器

根据装饰方法的不同分为两类。

1. 通体素面：外腹素面，内腹素面

敞口碗

869】13 金村 YA3 - 22TG2②b：1，碗。圆唇，敞口，上腹斜直，下腹斜曲，圈足。外腹素面；内腹素面；内心弦纹一圈，内素面。灰白胎，胎质较粗。青釉泛黄，布满开片，全器满施釉，唯外底部露胎无釉。口径 15.4、足径 4.8、高 6.6 厘米。（图 5 - 80；彩版 5 - 112）

不明型式碗

共 2 件。失口部，斜曲腹，圈足。外腹素面；内腹素面；内心弦纹一圈，内素面。灰胎或灰白胎，胎质较细。青釉，较多开片，全器满施釉，唯外底部露胎无釉。

870】13 金村 YA3 - 22TG2②b：2，碗。灰白胎。足径 5.8、残高 4.4 厘米。（图 5 - 80；彩版

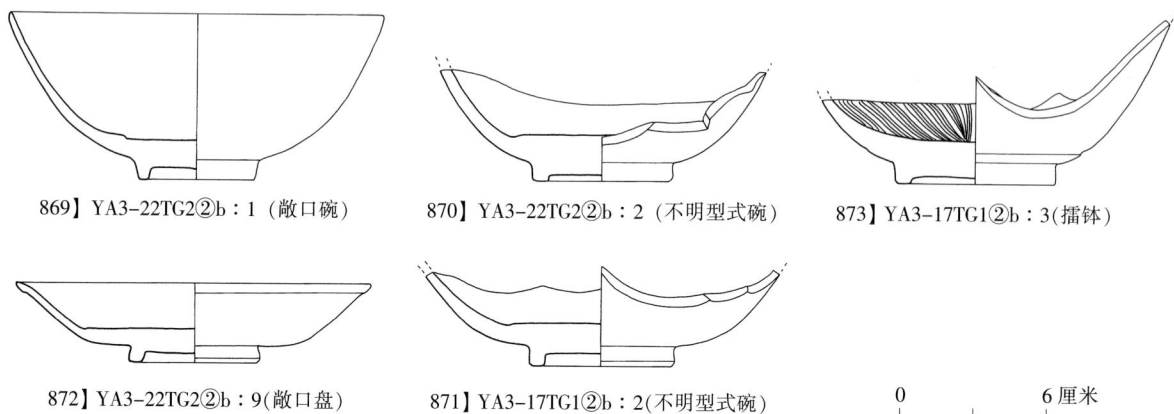

869】YA3－22TG2②b：1（敞口碗）　　870】YA3－22TG2②b：2（不明型式碗）　　873】YA3－17TG1②b：3（擂钵）

872】YA3－22TG2②b：9(敞口盘)　　871】YA3－17TG1②b：2(不明型式碗)　　0　　6厘米

图 5－80　YA3－17、YA3－22 出土南宋中期通体素面青瓷碗、盘、擂钵

5－112）

871】13 金村 YA3－17TG1②b：2，碗。灰胎。足径6、残高3.9厘米。（图5－80）

敞口盘

872】13 金村 YA3－22TG2②b：9，盘。圆唇，敞口，上腹斜直，下腹斜收，圈足。外腹素面；内腹素面；内心弦纹一圈，内素面。灰胎，胎质较细。青釉，全器满施釉，唯外底部露胎无釉。口径14.6、足径5.4、高3.2厘米。（图5－80）

擂钵

873】13 金村 YA3－17TG1②b：3，擂钵。失口部，斜曲腹，圈足。灰胎，胎质粗。通体无釉。内腹满刻交错斜线纹。足径6.6、残高6.6厘米。（图5－80）

2. 单面刻划花：外腹素面，内腹饰花卉纹

敞口碗

共4件。圆唇，敞口，上腹斜直，下腹斜曲，圈足。外腹素面；内腹饰花卉纹；内心弦纹一圈，内素面或饰花卉纹。灰胎，胎质较细。青釉，全器满施釉，唯外底部露胎无釉。

874】13 金村 YA3－22TG2②b：3，碗。内腹饰荷花纹饰，内心素面。灰白胎。口径19、足径6.8、高8.5厘米。（图5－81；彩版5－112）

875】13 金村 YA3－22TG2②b：10，碗。内腹饰荷花荷叶纹饰，内心素面。灰黄胎，胎质较粗。青黄釉，布满开片。口径16.6、足径5.6、高8厘米，通高8.5厘米。（图5－81；彩版5－112）

876】13 金村 YA3－22TG2②b：4，碗。外腹饰多圈弦纹；内口沿下双线圆弧形纹饰一圈，下连以双线S形纹将内腹分隔成若干个等大的区域，内均刻划一朵呈缭绕状的云彩；内心饰刻划花叶纹。胎质较粗。口径19.4、足径6.6、高8厘米。（图5－81；彩版5－113）

877】13 金村 YA3－22TG2②b：6，碗。内腹饰荷花荷叶纹饰，内心饰花卉纹饰。口径16、足径6、高6.6厘米。（图5－81；彩版5－113）

874】YA3-22TG2②b：3

876】YA3-22TG2②b：4

875】YA3-22TG2②b：10

877】YA3-22TG2②b：6

0   6厘米

图5-81 YA3-22出土南宋中期单面刻划花（内腹）青瓷敞口碗

不明型式碗

共2件。失口部，斜曲腹，圈足。外腹素面，内腹饰花卉纹，内心饰花卉纹。灰胎或黄胎，胎质较粗。青釉，全器满施釉，唯外底部露胎无釉。

878】13金村YA3-22TG2②b：7，碗。内腹饰荷花荷叶纹饰，内心弦纹一圈。黄胎。青黄釉，布满开片。足径7、残高6.1厘米。（图5-82；彩版5-113）

879】13金村YA3-22TG2②b：8，碗。内腹饰荷花荷叶纹饰，内心弦纹一圈。黄胎。黄釉，布满开片。足径6.1、残高3.7厘米。（图5-82；彩版5-113）

敞口盘

共3件。圆唇，敞口，斜曲腹，圈足。外腹素面；内腹饰花卉纹；内心弦纹一圈，内饰花卉纹或素面。灰白胎或灰黄胎。青釉，全器满施釉，唯外底部露胎无釉。

880】13金村YA3-17TG1②b：1，盘。内口沿下弦纹双圈，内饰花卉纹带；内心饰花卉

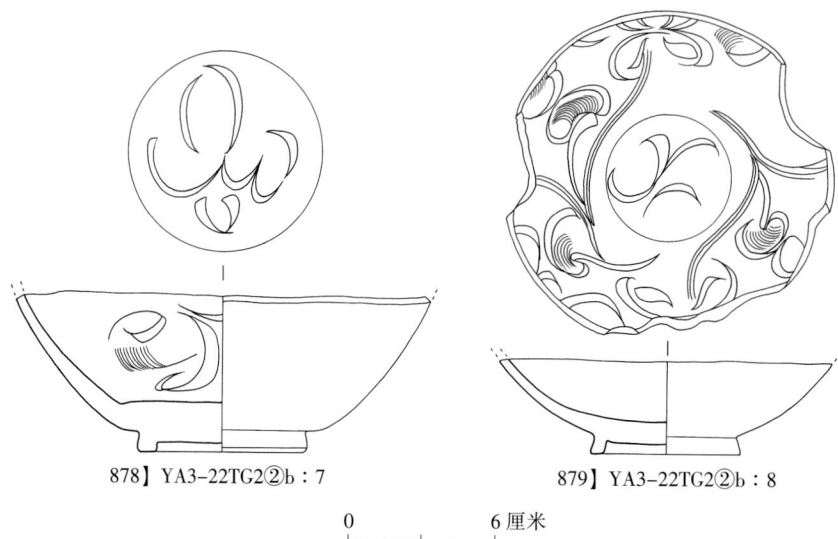

878】YA3-22TG2②b：7　　　　879】YA3-22TG2②b：8

0　　　　6厘米

图5-82　YA3-22出土南宋中期单面刻划花（内腹）青瓷不明型式碗

纹。灰白胎，胎质较细。布满开片。口径17.6、足径6.6、高4.5厘米。（图5-83；彩版5-114）

881】13金村YA3-17TG1②a：1，盘。内口沿下弦纹一圈，下饰花卉纹；内心素面。灰黄胎，胎质较粗。口径15.6、足径5.3、高3.8厘米。（图5-83；彩版5-114）

882】13金村YA3-17TG1②a：2，盘。内口沿下双线圆弧形纹饰一圈，下对应花口处连以双线S形纹将内腹分隔成若干个等大的区域，内均饰一朵呈缭绕状的云彩；内心饰花卉纹。灰胎，胎质较细。青釉微泛黄。口径18、足径6、高4厘米。（图5-83；彩版5-114）

碟

883】13金村YA3-17TG1②a：3，碟。圆唇，敞口，折腹，上腹斜直，下腹斜收，平底微内凹。外腹素面；内腹素面；内心弦纹一圈，内饰花卉纹。灰胎，胎质较细。青釉，布满开片，全器满施釉，唯外底部露胎无釉。口径12.5、底径4.3、高2.7厘米。（图5-83；彩版5-114）

五　南宋晚期

（一）瓷器

根据装烧方法的不同分为两大类。

1. 第一大类：泥质垫饼垫烧

敞口碗

共7件。圆唇，敞口，斜曲腹，圈足。外腹素面或饰瓣面较宽、瓣脊清晰的莲瓣纹，内腹及内心素面。灰胎。青釉，全器满施釉，唯外底部露胎无釉。

884】14金村YA3-22TG4④：14，碗。外腹饰瓣面较宽、瓣脊清晰的莲瓣纹。灰黄胎，胎质较粗。青黄釉。口径19、足径6.8、高7.6厘米。（图5-84；彩版5-115）

885】14金村YA3-22TG4④：15，碗与匣钵粘连标本。匣钵残，完整器应为M形。碗外腹饰

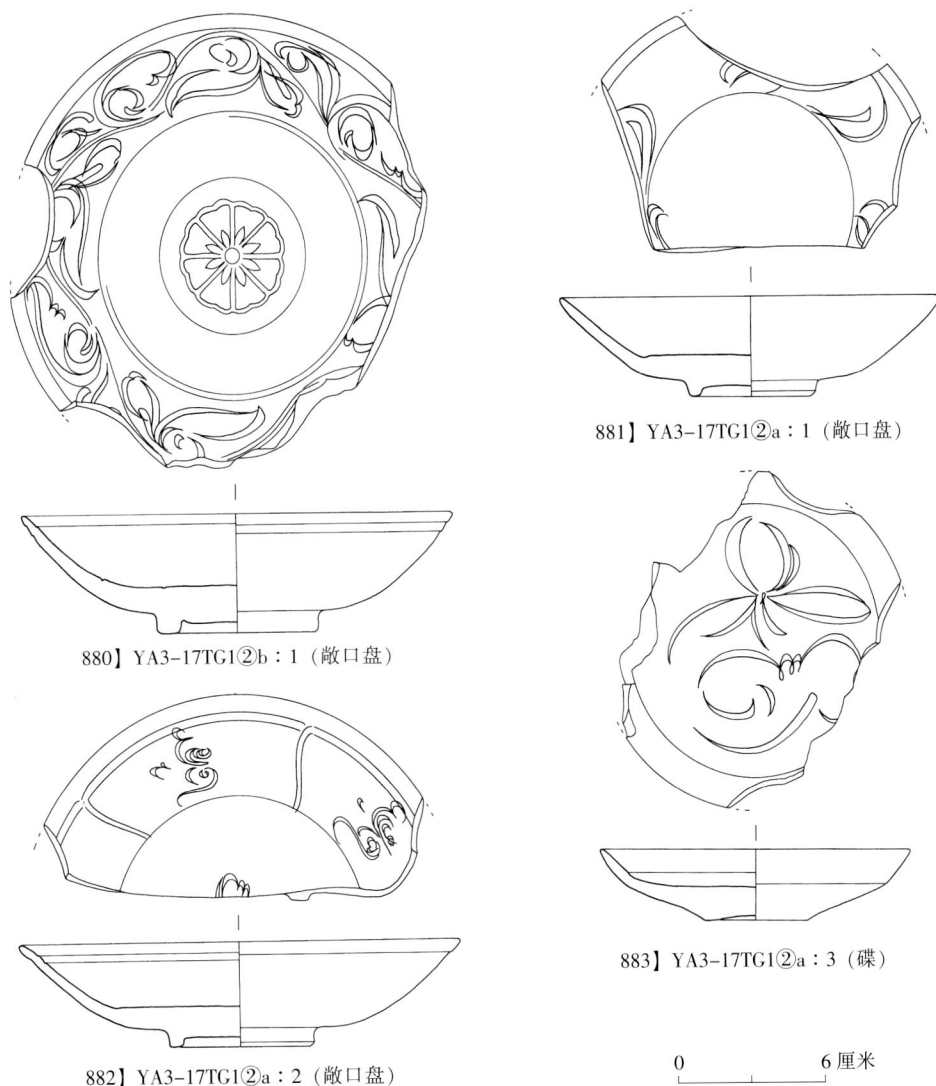

881】YA3-17TG1②a：1（敞口盘）

880】YA3-17TG1②b：1（敞口盘）

883】YA3-17TG1②a：3（碟）

882】YA3-17TG1②a：2（敞口盘）

0　　　　　　6厘米

图 5 - 83　　YA3 - 17 出土南宋中期单面刻划花（内腹）青瓷盘、碟

瓣面较宽、瓣脊清晰的莲瓣纹。灰白胎，胎质较细。较多开片。外底部粘连泥质垫饼。碗口径 17.6、足径 6.4、高 6.5 厘米，通高 10 厘米。（图 5 - 84；彩版 5 - 115）

886】14 金村 YA3 - 22TG4③：1，碗。胎质较粗。布满开片。口径 17.5、足径 5.4、高 6.3 厘米。（图 5 - 84；彩版 5 - 116）

887】14 金村 YA3 - 22TG4④：7，碗。花口。外腹素面，内心弦纹一圈。灰白胎，胎质较粗。青黄釉，布满细小开片。口径 14.8、足径 5、高 4.6 厘米。（图 5 - 84；彩版 5 - 116）

888】14 金村 YA3 - 22TG4④：8，碗。花口。外腹素面；内心弦纹一圈。胎质较粗。外底部粘连泥质垫饼。口径 14.6、足径 4.8、高 4.5 厘米，通高 5.3 厘米。（图 5 - 84；彩版 5 - 117）

889】14 金村 YA3 - 22TG4④：16，碗与匣钵粘连标本。匣钵残，完整器应为 M 形。碗外腹饰瓣面较宽、瓣脊清晰的莲瓣纹。胎质较细。口径 15.8、足径 6、高 6 厘米。（图 5 - 84；彩版 5 - 117）

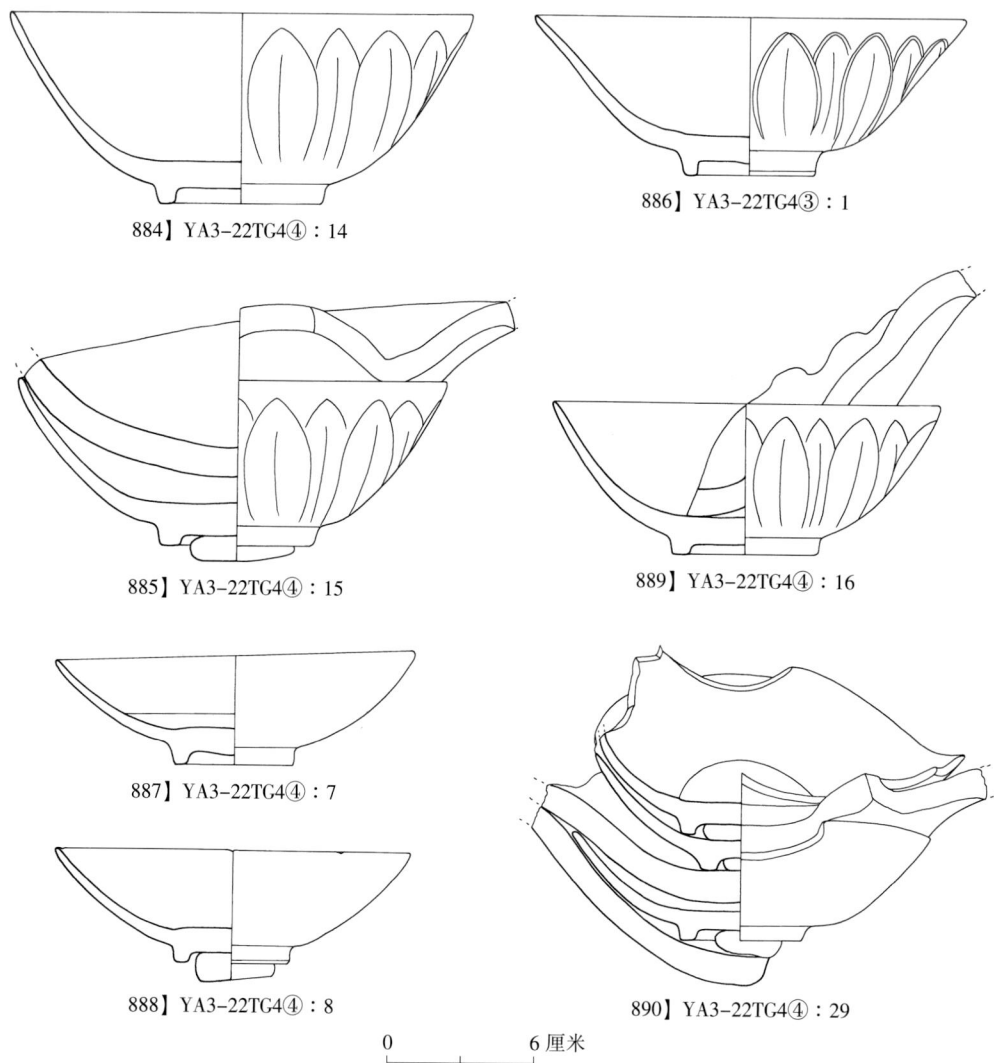

884】YA3-22TG4④：14

886】YA3-22TG4③：1

885】YA3-22TG4④：15

889】YA3-22TG4④：16

887】YA3-22TG4④：7

888】YA3-22TG4④：8

890】YA3-22TG4④：29

0　　　　　6 厘米

图 5-84　YA3-22 出土南宋晚期泥质垫饼垫烧青瓷敞口碗

890】14 金村 YA3-22TG4④：29，碗与匣钵粘连标本。匣钵残，完整器应为 M 形。碗有两种：第一种外腹饰瓣面较宽、瓣脊清晰的莲瓣纹。灰胎，胎质较粗，青釉，布满开片。第二种为花口。外腹素面，内心弦纹一圈。灰白胎，胎质较细。釉面较多开片。外底部粘连泥质垫饼。通残高 13.5 厘米。（图5-84；彩版 5-118）

敞口盘

共 2 件。圆唇，敞口，斜曲腹，圈足。外腹饰瓣面较宽、瓣脊清晰的莲瓣纹；内腹素面；内心弦纹一圈，内素面。灰胎。青釉，全器满施釉，唯外底部露胎无釉。

891】14 金村 YA3-22TG4④：9，盘。胎质较粗。青黄釉。口径 14.8、足径 6、高 4 厘米。（图 5-85；彩版 5-119）

892】14 金村 YA3-22TG4③：2，盘。胎质较粗。口径 14.6、足径 6、高 4 厘米。（图 5-85；彩版 5-119）

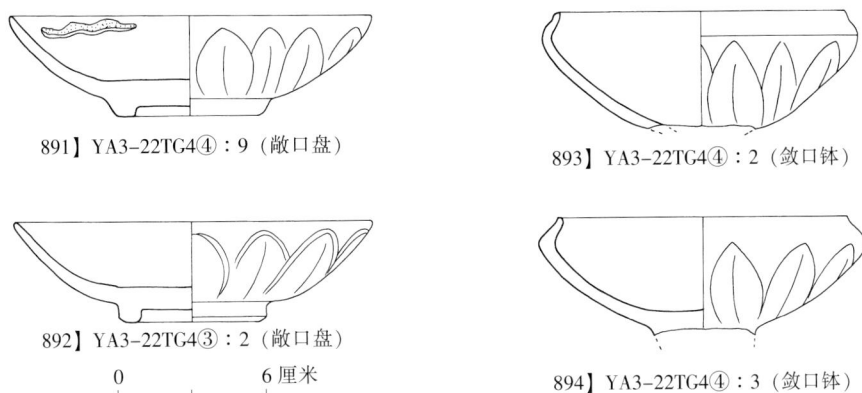

891】YA3-22TG4④：9（敞口盘）

893】YA3-22TG4④：2（敛口钵）

892】YA3-22TG4③：2（敞口盘）

0　　　　　　6厘米

894】YA3-22TG4④：3（敛口钵）

图 5-85　YA3-22 出土南宋晚期瓷质垫饼垫烧青瓷盘、钵

敛口钵

共 2 件。圆唇，敛口，斜曲腹，失下部。外腹饰瓣面较宽的莲瓣纹，内腹素面。灰白胎，胎质较细。青釉。

893】14 金村 YA3-22TG4④：2，钵。粉青釉，有开片。口径 12、残高 4.7 厘米。（图 5-85；彩版 5-120）

894】14 金村 YA3-22TG4④：3，钵。口径 11.7、残高 4.7 厘米。（图 5-85；彩版 5-120）

2. 第二大类：瓷质垫饼垫烧

敞口碗

895】14 金村 YA3-22TG4④：17，碗。圆唇，敞口，斜曲腹，圈足。外腹饰瓣面较宽、瓣脊清晰的莲瓣纹；内腹素面；内心弦纹一圈，内素面。灰白胎，胎质较细。青釉，全器满施釉，唯外底足端露胎无釉。口径 16.6、足径 5、高 6.2 厘米。（图 5-86；彩版 5-121）

敞口盘

共 3 件。圆唇，敞口，斜曲腹，圈足。外腹饰瓣面较宽、瓣脊清晰的莲瓣纹；内腹素面；内心弦纹一圈，内素面。灰白胎，胎质较细。青釉，全器满施釉，唯外底足端露胎无釉。

896】14 金村 YA3-22TG4④：22，盘。口径 16、足径 7.8、高 4.2 厘米。（图 5-86；彩版 5-121）

897】14 金村 YA3-22TG4③：3，盘。胎质较粗。口径 16、足径 6、高 4.5 厘米。（图 5-86；彩版 5-122）

898】14 金村 YA3-22TG4③：4，盘。有开片。口径 13.2、足径 7、高 4 厘米。（图 5-86；彩版 5-122）

洗

共 10 件。根据口部特征分为两小类。

第一小类，6 件。尖圆唇，侈口，宽折沿，沿部微上翘，斜曲腹，圈足。外腹、内腹素面；内心弦纹一圈，内素面。灰白胎，胎质较细。青釉，全器满施釉，唯外底足端露胎无釉。

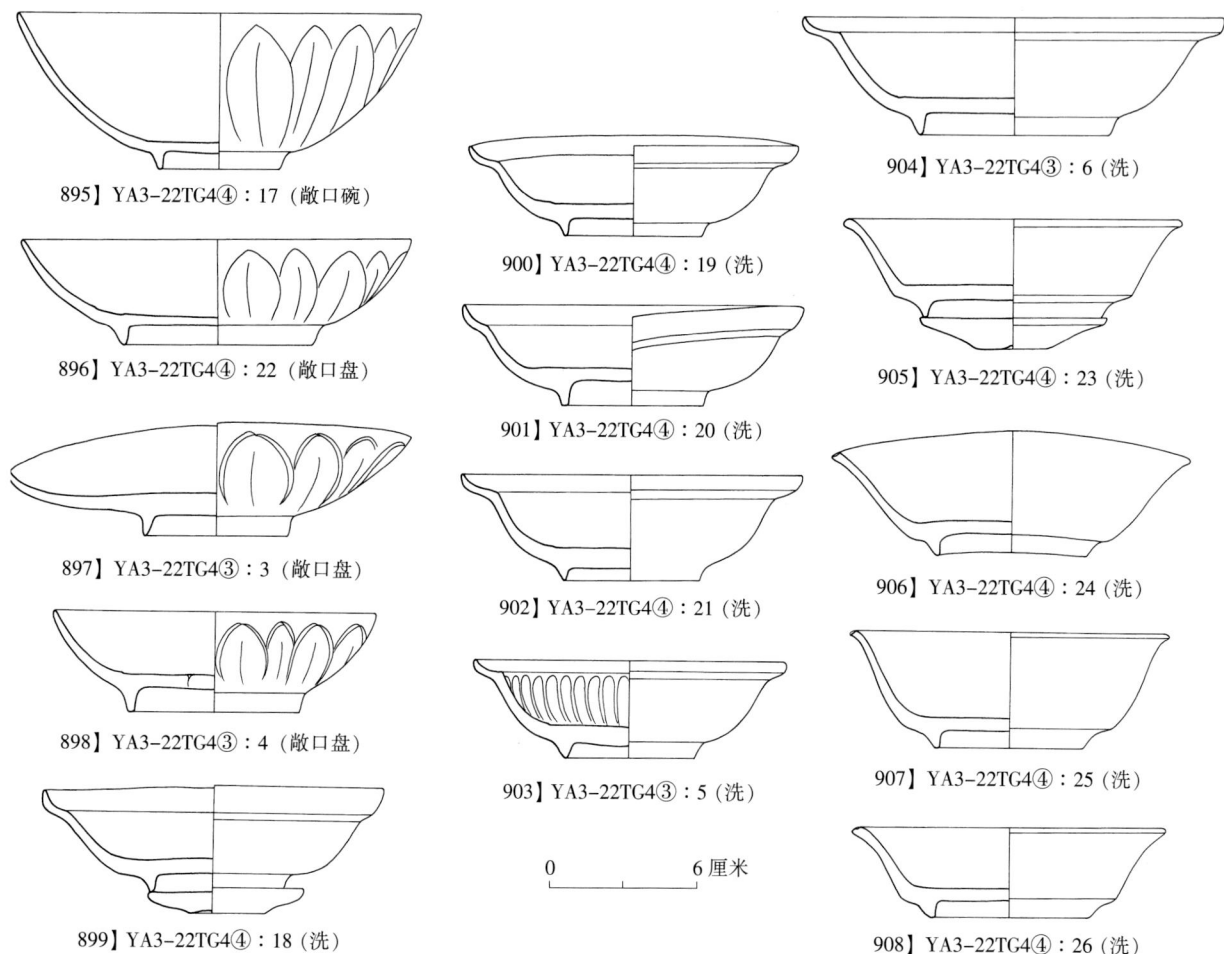

895】YA3-22TG4④：17（敞口碗）

896】YA3-22TG4④：22（敞口盘）

897】YA3-22TG4③：3（敞口盘）

898】YA3-22TG4③：4（敞口盘）

899】YA3-22TG4④：18（洗）

900】YA3-22TG4④：19（洗）

901】YA3-22TG4④：20（洗）

902】YA3-22TG4④：21（洗）

903】YA3-22TG4③：5（洗）

0   6厘米

904】YA3-22TG4③：6（洗）

905】YA3-22TG4④：23（洗）

906】YA3-22TG4④：24（洗）

907】YA3-22TG4④：25（洗）

908】YA3-22TG4④：26（洗）

图 5-86　YA3-22 出土南宋晚期瓷质垫饼垫烧青瓷碗、盘、洗

899】14 金村 YA3-22TG4④：18，洗。青釉微泛黄。外底部粘连瓷质垫饼。口径 14、足径 5.6、高 4.1 厘米，通高 5.1 厘米。（图 5-86；彩版 5-123）

900】14 金村 YA3-22TG4④：19，洗。口径 13.6、足径 5.7、高 4 厘米。（图 5-86；彩版 5-123）

901】14 金村 YA3-22TG4④：20，洗。灰黄胎，胎质较粗。青黄釉，布满开片。口径 14、足径 5.8、高 4 厘米。（图 5-86；彩版 5-124）

902】14 金村 YA3-22TG4④：21，洗。黄胎，胎质较粗。布满开片。口径 14、足径 5.6、高 4.2 厘米。（图 5-86；彩版 5-124）

903】14 金村 YA3-22TG4③：5，洗。内腹有模压印痕。灰胎，胎质较粗。口径 12.8、足径 5.4、高 3.9 厘米。（图 5-86；彩版 5-125）

904】14 金村 YA3-22TG4③：6，洗。灰黄胎，胎质较粗。青黄釉。口径 17.2、足径 7.8、高 4.7 厘米。（图 5-86；彩版 5-125）

第二小类，4 件。圆唇，敞口微侈，折腹，上腹斜直，下腹平坦，圈足。外腹、内腹素面；内心弦纹一圈，内素面。灰白胎，胎质较细。青釉，全器满施釉，唯外底足端露胎无釉。

905】14 金村 YA3 – 22TG4④：23，洗。布满开片。外底部粘连垫饼。口径 13.8、足径 7.2、高 3.9 厘米，通高 5.2 厘米。（图 5 – 86；彩版 5 – 126）

906】14 金村 YA3 – 22TG4④：24，洗。粉青釉。口径 14.6、足径 6、高 5 厘米。（图 5 – 86；彩版 5 – 126）

907】14 金村 YA3 – 22TG4④：25，洗。口径 13、足径 6、高 4.6 厘米。（图 5 – 86；彩版 5 – 127）

908】14 金村 YA3 – 22TG4④：26，洗。较多开片。口径 12.8、足径 6.6、高 3.6 厘米。（图 5 – 86；彩版 5 – 127）

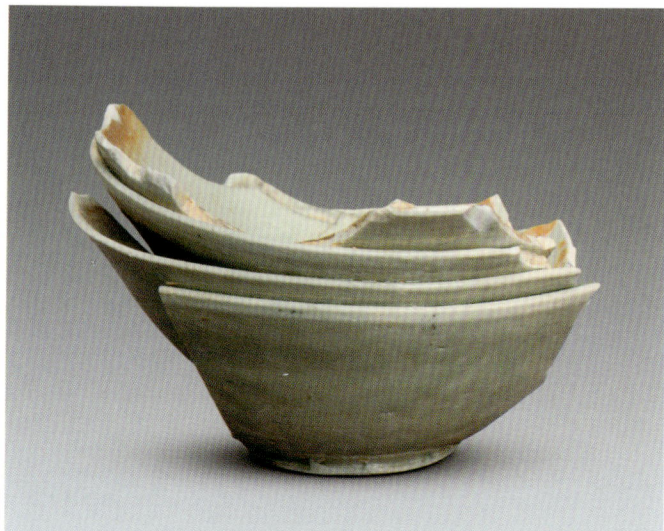

彩版5-1　YA3-22出土北宋早中期第一阶段叠烧青瓷碗、盘

彩版5-2　YA3-22出土北宋早中期第一阶段叠烧青瓷盘、盏

210】YA3-22TG2⑨：9（敞口盏）

212】YA3-22TG2⑩：3（敞口碗）

213】YA3-22TG2⑨：24（敞口碗）

彩版5-3　YA3-22出土北宋早中期第一阶段叠烧青瓷盏、碗

215】YA3-22TG2⑨：26（敞口碗）

214】YA3-22TG2⑨：25（敞口碗）

216】YA3-22TG2⑩：1（侈口碗）

彩版5-4　YA3-22出土北宋早中期第一阶段叠烧青瓷碗

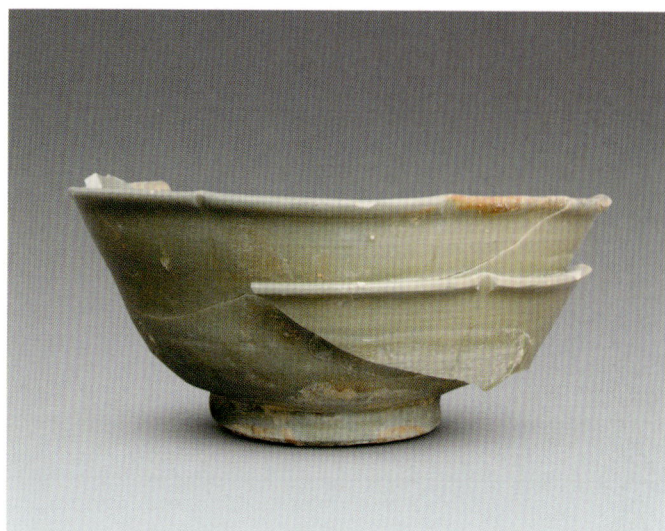

彩版5-5 YA3-22出土北宋早中期第一阶段叠烧青瓷侈口碗

219】YA3-22TG2⑨：14（敞口盏）

220】YA3-22TG2⑨：2（碗+盘）

彩版5-6　YA3-22出土北宋早中期第一阶段叠烧青瓷盏、碗、盘

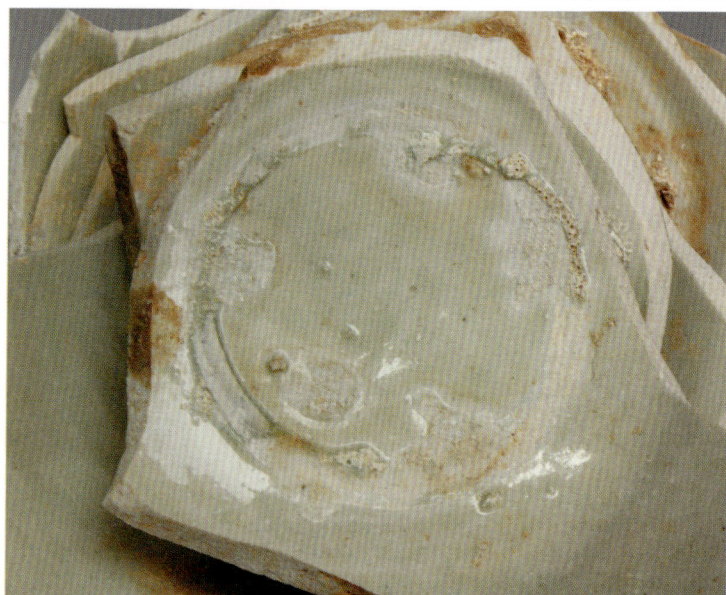

221 】YA3-22TG2⑨：5

彩版5-7　YA3-22出土北宋早中期第一阶段叠烧青瓷杯、碗

彩版5-8　YA3-22出土北宋早中期第一阶段满釉垫圈垫烧青瓷敞口碗

224】YA3-22TG2⑨：59

225】YA3-22TG2⑨：18

227】YA3-22TG2⑨：19

彩版5-9　YA3-22出土北宋早中期第一阶段满釉垫圈垫烧青瓷敞口碗

228 】YA3-22TG2⑨：21

229 】YA3-22TG2⑨：22

230 】YA3-22TG2⑨：23

彩版5-10　YA3-22出土北宋早中期第一阶段满釉垫圈垫烧青瓷敞口碗

彩版5-11　YA3-22出土北宋早中期第一阶段满釉垫圈垫烧青瓷敞口碗

233 ⟫ YA3-22TG2⑨：6   235 ⟫ YA3-22TG2⑩：2

彩版5-12　YA3-22出土北宋早中期第一阶段满釉垫圈垫烧青瓷侈口碗

236】YA3-22TG2⑨：8

237】YA3-22TG2⑩：10

彩版5-13　YA3-22出土北宋早中期第一阶段满釉垫圈垫烧青瓷侈口碗

238】YA3-22TG2⑩：11（直口碗）

239】YA3-22TG2⑨：57（不明型式碗）

彩版5-14 YA3-22出土北宋早中期第一阶段满釉垫圈垫烧青瓷碗

240】YA3-22TG2⑨：20

241】YA3-22TG2⑨：39

242】YA3-22TG2⑩：4

彩版5-15　YA3-22出土北宋早中期第一阶段满釉垫圈垫烧青瓷敞口盘

243 ﹜ YA3-22TG2⑨：32

245 ﹜ YA3-22TG2⑨：41

244 ﹜ YA3-22TG2⑨：38

彩版5-16　YA3-22出土北宋早中期第一阶段满釉垫圈垫烧青瓷敞口盘

247】YA3-22TG2⑨：37

246】YA3-22TG2⑨：36

彩版5-17　YA3-22出土北宋早中期第一阶段满釉垫圈垫烧青瓷敞口盘

248〗YA3-22TG2⑨：33

249〗YA3-22TG2⑨：34

251〗YA3-22TG2⑨：40

彩版5-18　YA3-22出土北宋早中期第一阶段满釉垫圈垫烧青瓷侈口盘

250】YA3-22TG2⑨：35

252】YA3-22TG2⑧：1

彩版5-19　YA3-22出土北宋早中期第一阶段满釉垫圈垫烧青瓷侈口盘

彩版5-20 YA3-22出土北宋早中期第一阶段满釉垫圈垫烧青瓷敞口盏

YA3-22出土北宋早中期第一阶段满釉垫圈垫烧青瓷敞口盏

254 】YA3-22TG2⑨：11

253 】YA3-22TG2⑨：10

256 】YA3-22TG2⑧：2

257】YA3-22TG2⑨：12（敞口盏）

258】YA3-22TG2⑩：9（盏托）

彩版5-21　YA3-22出土北宋早中期第一阶段满釉垫圈垫烧青瓷盏、盏托

彩版5-22　YA3-22出土北宋早中期第一阶段满釉垫圈垫烧青瓷盏托、熏

262】YA3-22TG2⑧：7（熏座）

265】YA3-22TG2⑨：47（执壶）

264】YA3-22TG2⑧：6（盖）

彩版5-23　YA3-22出土北宋早中期第一阶段满釉垫圈垫烧青瓷熏座、盖、执壶

266】YA3-22TG2⑨：48（执壶/满釉垫圈垫烧）

268】YA3-22TG2⑦b：1（敞口碗/不明装烧方法）

267】YA3-22TG2⑦b：2（执壶/满釉垫圈垫烧）

彩版5-24　YA3-22出土北宋早中期第一阶段青瓷执壶、碗

270 】YA3-22TG2⑧：3（盒）

271 】YA3-22TG2⑨：83（盖）

272 】YA3-22TG2⑧：5（盖）

273 】YA3-22TG2⑩：6（执壶）

274 】YA3-22TG2⑨：49（执壶）

275 】YA3-22TG2⑨：50（执壶）

彩版5-25　YA3-22出土北宋早中期第一阶段不明装烧方法青瓷盒、盖、执壶

277 】YA3–22TG2⑨：53（执壶）

278 】YA3–22TG2⑧：10（执壶）

279 】YA3–22TG2⑨：46（炉）

280 】YA3–22TG2⑨：84（罐）

281 】YA3–22TG2⑨：85（罐）

282 】YA3–22TG2⑨：51（罐）

彩版5-26　YA3–22出土北宋早中期第一阶段不明装烧方法青瓷执壶、炉、罐

283】YA3-22TG2⑩：5（罐）

284】YA3-22TG2⑩：8（罐）

285】YA3-22TG2⑧：8（瓶）

286】YA3-22TG2⑧：9（瓶）

287】YA3-22TG2⑧：11（钵）

288】YA3-22TG2⑧：12（钵）

彩版5-27　YA3-22出土北宋早中期第一阶段不明装烧方法青瓷罐、瓶、钵

289 》YA3-22TG2⑩：13

290 》YA3-22TG2⑨：56

291 》YA3-22TG2⑨：60

292 》YA3-22TG2⑨：61

294 》YA3-22TG2⑨：54

295 》YA3-22TG2⑨：55

彩版5-28　YA3-22出土北宋早中期第一阶段匣钵

296】YA3-22TG2⑩：12（垫具）

297】YA3-22TG2⑨：58（垫柱）

298】YA3-22TG2⑨：62（垫柱）

299】YA3-22TG2⑨：63（垫柱）

300】YA3-22TG2⑨：64（垫柱）

301】YA3-22TG2⑨：65（垫柱）

彩版5-29　YA3-22出土北宋早中期第一阶段垫具、垫柱

302 〗YA3-22TG2⑨：66

303 〗YA3-22TG2⑨：67

305 〗YA3-22TG2⑨：69

306 〗YA3-22TG2⑨：71

307 〗YA3-22TG2⑨：72

彩版5-30　YA3-22出土北宋早中期第一阶段垫柱

308〕YA3-22TG2⑨：70

309〕YA3-22TG2⑨：73

310〕YA3-22TG2⑨：74

311〕YA3-22TG2⑨：75

312〕YA3-22TG2⑨：76

313〕YA3-22TG2⑨：77

314〕YA3-22TG2⑨：78

316〕YA3-22TG2⑨：80

317〕YA3-22TG2⑨：81

318〕YA3-22TG2⑨：82

彩版5-31　YA3-22出土北宋早中期第一阶段垫圈

321 〕YA3-22TG2⑦a：12（敞口碗）

319 〕YA3-22TG2⑦a：4（敞口碗）

322 〕YA3-22TG2⑦a：6（侈口碗）

320 〕YA3-22TG2⑦a：5（敞口碗）

325 〕YA3-22TG2⑦a：27（不明型式盘）

彩版5-32　YA3-22出土北宋早中期第二阶段半釉叠烧青瓷碗、盘

326】YA3-22TG2⑦a：1

327】YA3-22TG2⑦a：7

328】YA3-22TG2⑦a：10

彩版5-33　YA3-22出土北宋早中期第二阶段满釉垫圈垫烧青瓷不明型式碗

329】YA3-22TG2⑦a：13（不明型式盘）

330】YA3-22TG2⑦a：2（敞口盏）

331】YA3-22TG2⑦a：16（执壶）

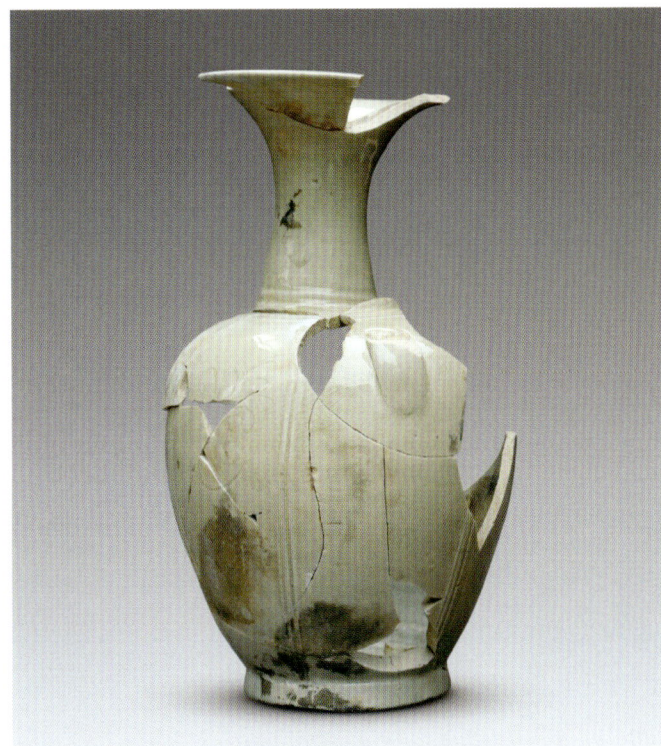

332】YA3-22TG2⑦a：29（执壶）

彩版5-34　YA3-22出土北宋早中期第二阶段满釉垫圈垫烧青瓷盘、盏、执壶

333】YA3-22TG2⑦a：3（敞口碗）

335】YA3-22TG2⑦a：21（侈口碗）

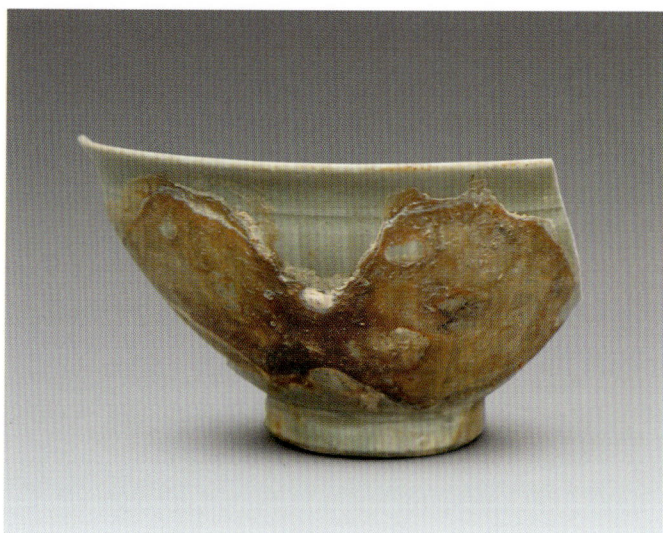

334】YA3-22TG2⑦a：20（侈口碗）

340】YA3-22TG2⑦a：25（不明型式碗）

彩版5-35　YA3-22出土北宋早中期第二阶段外底部露胎无釉泥质垫饼垫烧青瓷碗

342 】YA3-22TG2⑦a：11（侈口碗）

345 】YA3-22TG2⑦a：18（罐）

344 】YA3-22TG2⑦a：17（罐）

346 】YA3-22TG2⑦a：19（匣钵）

347 】YA3-22TG2⑦a：28（匣钵）

彩版5-36　YA3-22出土北宋早中期第二阶段不明装烧方法青瓷碗、罐及匣钵

348 】YA3-22TG2⑤：6（敞口碗）

350 】YA3-22TG2⑤：13（敞口碗）

351 】YA3-22TG2⑤：10（侈口碗）

349 】YA3-22TG2⑤：12（敞口碗）

彩版5-37　YA3-22出土北宋晚期第一阶段青瓷碗

352 】YA3-22TG2⑤：1

353 】YA3-22TG2⑤：3

354 】YA3-22TG2⑤：4

355 】YA3-22TG2⑤：5

彩版5-38 YA3-22出土北宋晚期第一阶段青瓷不明型式碗

356】YA3-22TG2⑤：7（不明型式碗）

357】YA3-22TG2⑤：9（不明型式碗）

359】YA3-22TG2⑤：19（敞口盘）

彩版5-39　YA3-22出土北宋晚期第一阶段青瓷碗、盘

360〕YA3-22TG2⑤：16（不明型式盘）

361〕YA3-22TG2⑤：17（不明型式盘）

362〕YA3-22T2⑤：21（盒）

358〕YA3-22TG2⑤：18（敞口盘）

363〕YA3-22TG2⑤：20（罐）

彩版5-40　YA3-22出土北宋晚期第一阶段青瓷盘、盒、罐

365】YA3-22TG2④：7

366】YA3-22TG2④：8

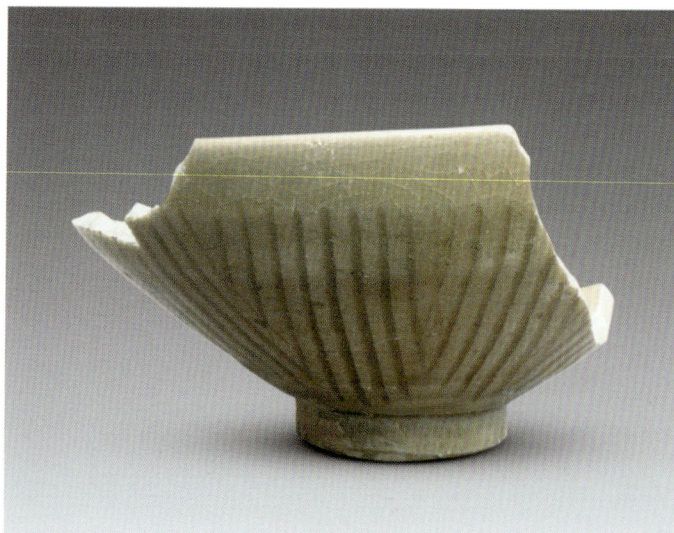

367】YA3-22TG2④：9

彩版5-41　YA3-22出土北宋晚期第二阶段青瓷敞口碗

369】YA3-22TG2③：3

368】YA3-22TG2④：10

彩版5-42　YA3-22出土北宋晚期第二阶段青瓷敞口碗

370】YA3-22TG2③：5

371】YA3-22TG2③：9

372】YA3-22TG2③：10

彩版5-43　YA3-22出土北宋晚期第二阶段青瓷敞口碗

373】YA3-22TG2③：11

374】YA3-22TG2③：12

375】YA3-22TG2③：13

彩版5-44　YA3-22出土北宋晚期第二阶段青瓷敞口碗

376】YA3-22TG2④：24（敞口碗）

378】YA3-22TG2④：1（不明型式碗）

379】YA3-22TG2④：2（不明型式碗）

377】YA3-22TG2③：14（敞口碗）

380】YA3-22TG2④：4（不明型式碗）

彩版5-45　YA3-22出土北宋晚期第二阶段青瓷碗

381〕YA3-22TG2④：5

382〕YA3-22TG2④：12

383〕YA3-22TG2③：1

384〕YA3-22TG2③：2

385〕YA3-22TG2③：4

彩版5-46　YA3-22出土北宋晚期第二阶段青瓷不明型式碗

386】YA3-22TG2③：6（不明型式碗）

389】YA3-22TG2④：18（敞口盘）

387】YA3-22TG2③：7（不明型式碗）

388】YA3-22TG2③：8（不明型式碗）

392】YA3-22TG2④：13（不明型式盘）

彩版5-47　YA3-22出土北宋晚期第二阶段青瓷碗、盘

393】YA3-22TG2④：14（不明型式盘）

390】YA3-22TG2③：17（敞口盘）

394】YA3-22TG2④：15（不明型式盘）

391】YA3-22TG2④：3（不明型式盘）

395】YA3-22TG2④：16（不明型式盘）

彩版5-48　YA3-22出土北宋晚期第二阶段青瓷盘

396 】YA3-22TG2④：17（不明型式盘）

397 】YA3-22TG2④：19（不明型式盘）

399 】YA3-22TG2③：16（不明型式盘）

400 】YA3-22TG2④：21（杯）

彩版5-49　YA3-22出土北宋晚期第二阶段青瓷盘、杯

403】YA3-22TG2④：23（执壶）

401】YA3-22TG2④：22（钵）

404】YA3-22TG2③：19（炉）

402】YA3-22TG2③：18（钵）

405】YA3-22TG2③：20（熏炉盖）

彩版5-50　YA3-22出土北宋晚期第二阶段青瓷钵、执壶、炉等

406】YA3-22TG2③：21（盒）

409】YA3-22TG2③：24（瓶）

410】YA3-22TG2③：28（罐）

411】YA3-22TG2③：25（垫饼）

412】YA3-22TG2③：26（垫圈）

彩版5-51　YA3-22出土北宋晚期第二阶段青瓷盒、瓶、罐及垫饼、垫圈

413】YA3-17TG1⑤d：5

414】YA3-17TG1⑤d：6

415】YA3-17TG1⑤c：3

彩版5-52　YA3-17出土南宋早期双面刻划花青瓷敞口碗

417】YA3-17TG1⑤b：52

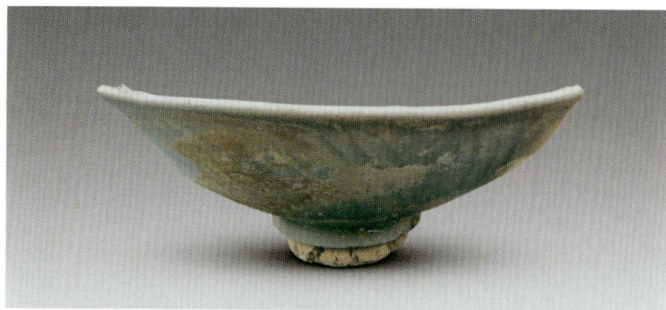

419】YA3-17TG1⑤d：7

418】YA3-17TG1③：10

421】YA3-17TG1⑤d：9

彩版5-53　YA3-17出土南宋早期双面刻划花青瓷敞口碗

422 》YA3-17TG1⑤d：10

423 》YA3-17TG1⑤d：11

424 》YA3-17TG1⑤c：9

425 》YA3-17TG1⑤b：1

428 》YA3-17TG1⑤b：5

427 》YA3-17TG1⑤b：4

431 》YA3-17TG1⑤a：14

彩版5-54　YA3-17出土南宋早期双面刻划花青瓷敞口碗

432 》YA3-17TG1④：13

433 》YA3-17TG1④：14

435 》YA3-17TG1④：16

444 》YA3-17TG1③：7

446 》YA3-17TG1③：9

彩版5-55　YA3-17出土南宋早期双面刻划花青瓷敞口碗

447 ］ YA3-17TG1⑤d：1

448 ］ YA3-17TG1⑤d：2

449 ］ YA3-17TG1⑤d：3

彩版5-56　YA3-17出土南宋早期双面刻划花青瓷侈口碗

451〉YA3-17TG1③：14

454〉YA3-17TG1⑤c：10

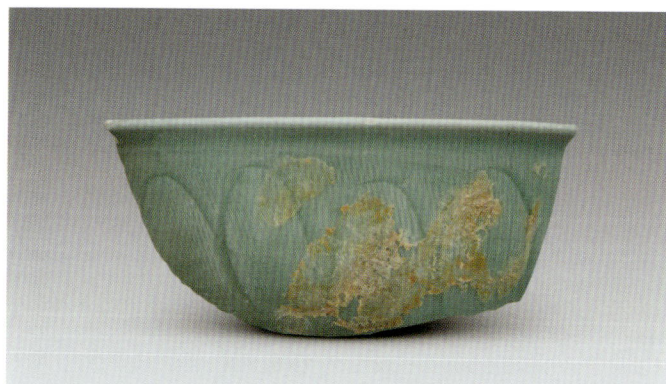

452〉YA3-17TG1⑤d：54

455〉YA3-17TG1⑤c：11

彩版5-57　YA3-17出土南宋早期双面刻划花青瓷侈口碗

456】YA3-17TG1⑤b：11

460】YA3-17TG1⑤a：15

459】YA3-17TG1⑤a：12

彩版5-58　YA3-17出土南宋早期双面刻划花青瓷侈口碗

461 】YA3-17TG1④：20

462 】YA3-17TG1④：21

463 】YA3-17TG1④：22

彩版5-59　YA3-17出土南宋早期双面刻划花青瓷侈口碗

465 〗YA3-17TG1④：24

467 〗YA3-17TG1③：19

彩版5-60　YA3-17出土南宋早期双面刻划花青瓷侈口碗

469】YA3-17TG1③：21

471】YA3-17TG1③：23

470】YA3-17TG1③：22

彩版5-61　YA3-17出土南宋早期双面刻划花青瓷侈口碗

475 】YA3-17TG1⑤d：15

472 】YA3-17TG1⑤d：12

476 】YA3-17TG1⑤d：16

473 】YA3-17TG1⑤d：13

477 】YA3-17TG1⑤d：17

彩版5-62　YA3-17出土南宋早期双面刻划花青瓷不明型式碗

478 》YA3–17TG1⑤d：18

479 》YA3–17TG1⑤d：19

480 》YA3–17TG1⑤d：20

481 》YA3–17TG1⑤d：21

482 》YA3–17TG1⑤d：22

483 》YA3–17TG1⑤d：23

彩版5–63　YA3–17出土南宋早期双面刻划花青瓷不明型式碗

484 》YA3-17TG1⑤d：24

487 》YA3-17TG1⑤d：27

485 》YA3-17TG1⑤d：25

486 》YA3-17TG1⑤d：26

488 》YA3-17TG1⑤c：1

彩版5-64　　YA3-17出土南宋早期双面刻划花青瓷不明型式碗

489〗YA3–17TG1⑤c：2

490〗YA3–17TG1⑤b：2

491〗YA3–17TG1④：12

492〗YA3–17TG1③：11

493〗YA3–17TG1③：12

494〗YA3–17TG1③：13

彩版5–65　　YA3–17出土南宋早期双面刻划花青瓷不明型式碗

496】YA3-17TG1③：16（不明型式碗）

502】YA3-17TG1⑤d：29（敞口盘）

501】YA3-17TG1⑤d：28（敞口盘）

彩版5-66　YA3-17出土南宋早期双面刻划花青瓷碗、盘

503】YA3-17TG1⑤d：30（敞口盘）

505】YA3-17TG1⑤c：7（侈口盘）

506】YA3-17TG1⑤d：31（不明型式盘）

507】YA3-17TG1⑤d：32（不明型式盘）

彩版5-67　YA3-17出土南宋早期双面刻划花青瓷盘

508 』YA3-17TG1⑤d：33（不明型式盘）

509 』YA3-17TG1⑤c：6（不明型式盘）

510 』YA3-17TG1⑤c：8（不明型式盘）

511 』YA3-17TG1⑤b：8（不明型式盘）

513 』YA3-17TG1⑤b：10（（不明型式盘）

514 』YA3-17TG1⑤c：12（孔明碗）

彩版5-68　YA3-17出土南宋早期双面刻划花青瓷盘、碗

515 》YA3-17TG1⑤c：15

516 》YA3-17TG1⑤b：14

517 》YA3-17TG1⑤a：13

518 》YA3-17TG1④：60

519 》YA3-17TG1④：61

521 》YA3-17TG1④：63

彩版5-69　YA3-17出土南宋早期双面刻划花青瓷孔明碗

526 〗YA3-17TG1③：151

522 〗YA3-17TG1④：65

527 〗YA3-17TG1③：152

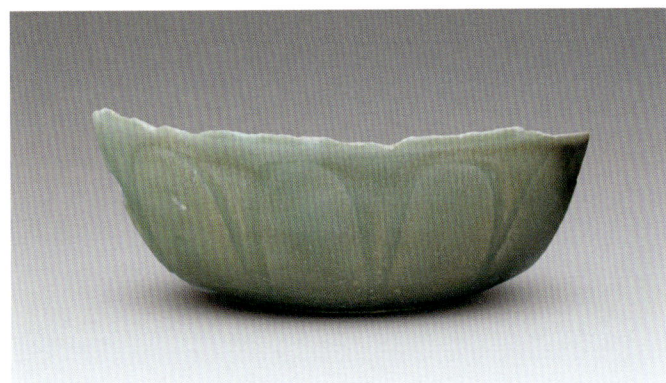

523 〗YA3-17TG1④：66

528 〗YA3-17TG1③：153

524 〗YA3-17TG1④：67

彩版5-70　YA3-17出土南宋早期双面刻划花青瓷孔明碗

529】YA3-17TG1③：149（孔明碗/双面刻划花）

530】YA3-17TG1③：150（孔明碗/双面刻划花）

531】YA3-17TG1⑤d：42（敞口碗/单面刻划花）

彩版5-71　YA3-17出土南宋早期青瓷碗

532 】YA3-17TG1⑤b：24

533 】YA3-17TG1③：86

535 】YA3-17TG1⑤a：2

536 】YA3-17TG1⑤a：3

彩版5-72　YA3-17出土南宋早期单面刻划花（内腹）青瓷敞口碗

541〕YA3–17TG1④：31

545〕YA3–17TG1④：35

547〕YA3–17TG1③：24

542〕YA3–17TG1④：32

彩版5–73　YA3–17出土南宋早期单面刻划花（内腹）青瓷敞口碗

549 〗YA3-17TG1③：26

546 〗YA3-17TG1④：43

550 〗YA3-17TG1③：28

548 〗YA3-17TG1③：25

552 〗YA3-17TG1③：31

彩版5-74　YA3-17出土南宋早期单面刻划花（内腹）青瓷敞口碗

555 》YA3-17TG1③：34

560 》YA3-17TG1③：40

561 》YA3-17TG1③：41

567 》YA3-17TG1③：50

彩版5-75　YA3-17出土南宋早期单面刻划花（内腹）青瓷敞口碗

578 ▶ YA3-17TG1③：115

579 ▶ YA3-17TG1③：119

彩版5-76　YA3-17出土南宋早期单面刻划花（内腹）青瓷敞口碗

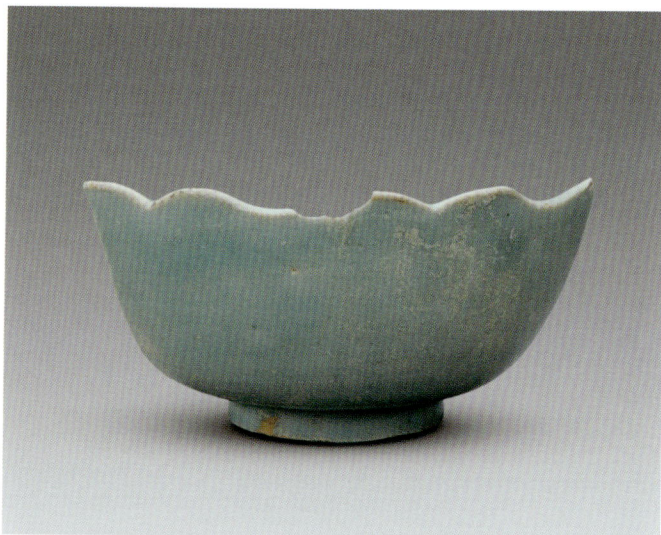

585 】YA3-17TG1④：52

581 】YA3-17TG1④：48

587 】YA3-17TG1④：44

582 】YA3-17TG1④：49

彩版5-77　YA3-17出土南宋早期单面刻划花（内腹）青瓷敞口碗

588】YA3-17TG1④：45（敞口碗）

589】YA3-17TG1④：46（敞口碗）

592】YA3-17TG1⑤d：34（不明型式碗）

593】YA3-17TG1⑤d：35（不明型式碗）

彩版5-78　YA3-17出土南宋早期单面刻划花（内腹）青瓷碗

594〗YA3-17TG1⑤d：36

595〗YA3-17TG1⑤d：37

596〗YA3-17TG1⑤d：38

597〗YA3-17TG1⑤d：39

598〗YA3-17TG1⑤d：40

599〗YA3-17TG1⑤d：41

彩版5-79　YA3-17出土南宋早期单面刻划花（内腹）青瓷不明型式碗

600〗YA3-17TG1⑤c：25

601〗YA3-17TG1⑤c：26

602〗YA3-17TG1⑤c：27

603〗YA3-17TG1⑤c：28

604〗YA3-17TG1⑤c：29

605〗YA3-17TG1⑤c：30

彩版5-80　YA3-17出土南宋早期单面刻划花（内腹）青瓷不明型式碗

606 〗YA3-17TG1⑤c：31

607 〗YA3-17TG1⑤c：32

608〗YA3-17TG1⑤c：33

609〗YA3-17TG1⑤b：27

610〗YA3-17TG1⑤b：28

611〗YA3-17TG1⑤b：29

彩版5-81　YA3-17出土南宋早期单面刻划花（内腹）青瓷不明型式碗

613〕YA3-17TG1⑤b：31

614〕YA3-17TG1⑤b：32

616〕YA3-17TG1④：29

617〕YA3-17TG1④：30

618〕YA3-17TG1③：27

彩版5-82　YA3-17出土南宋早期单面刻划花（内腹）青瓷不明型式碗

619】YA3-17TG1③：47（不明型式碗）

620】YA3-17TG1③：48（不明型式碗）

621】YA3-17TG1③：52（不明型式碗）

622】YA3-17TG1③：29（不明型式碗）

623】YA3-17TG1③：44（不明型式碗）

625】YA3-17TG1④：76（敞口盘）

彩版5-83　YA3-17出土南宋早期单面刻划花（内腹）青瓷碗、盘

626〗YA3-17TG1④：77

628〗YA3-17TG1④：79

624〗YA3-17TG1④：75

629〗YA3-17TG1④：80

彩版5-84　YA3-17出土南宋早期单面刻划花（内腹）青瓷敞口盘

630〗YA3-17TG1④：81

631〗YA3-17TG1④：83

632〗YA3-17TG1③：60

633〗YA3-17TG1③：62

636〗YA3-17TG1③：88

637〗YA3-17TG1③：89

彩版5-85　YA3-17出土南宋早期单面刻划花（内腹）青瓷敞口盘

638〕YA3-17TG1④：84

640〕YA3-17TG1③：82

639〕YA3-17TG1③：69

642〕YA3-17TG1③：126

彩版5-86　YA3-17出土南宋早期单面刻划花（内腹）青瓷敞口盘

643 〗YA3-17TG1③：127（敞口盘）

644 〗YA3-17TG1③：128（敞口盘）

645 〗YA3-17TG1⑤d：51（侈口盘）

646 〗YA3-17TG1⑤c：37（侈口盘）

647 〗YA3-17TG1⑤b：33（侈口盘）

648 〗YA3-17TG1⑤b：34（侈口盘）

彩版5-87　YA3-17出土南宋早期单面刻划花（内腹）青瓷盘

649 】YA3-17TG1⑤b：45

651 】YA3-17TG1④：82

652 】YA3-17TG1③：61

653 】YA3-17TG1③：64

654 】YA3-17TG1③：65

655 】YA3-17TG1③：66

彩版5-88　YA3-17出土南宋早期单面刻划花（内腹）青瓷侈口盘

656〗YA3-17TG1③：67

658〗YA3-17TG1③：70

660〗YA3-17TG1③：73

661〗YA3-17TG1③：74

663〗YA3-17TG1③：76

664〗YA3-17TG1③：77

彩版5-89　YA3-17出土南宋早期单面刻划花（内腹）青瓷侈口盘

665 〗YA3-17TG1③：78

666 〗YA3-17TG1③：79

667 〗YA3-17TG1③：80

668 〗YA3-17TG1③：81

669 〗YA3-17TG1③：83

670 〗YA3-17TG1③：84

彩版5-90　YA3-17出土南宋早期单面刻划花（内腹）青瓷侈口盘

673】YA3-17TG1⑤d：43

674】YA3-17TG1⑤d：44

675】YA3-17TG1⑤d：45

676】YA3-17TG1⑤d：46

677】YA3-17TG1⑤d：47

678】YA3-17TG1⑤d：48

彩版5-91　YA3-17出土南宋早期单面刻划花（内腹）青瓷不明型式盘

679 〕YA3-17TG1⑤d：49

680 〕YA3-17TG1⑤d：50

681 〕YA3-17TG1⑤c：34

682 〕YA3-17TG1⑤c：35

683 〕YA3-17TG1⑤c：36

684 〕YA3-17TG1⑤b：38

彩版5-92　YA3-17出土南宋早期单面刻划花（内腹）青瓷不明型式盘

685〕YA3-17TG1⑤b：39（不明型式盘）

686〕YA3-17TG1⑤b：40（不明型式盘）

687〕YA3-17TG1⑤b：41（不明型式盘）

688〕YA3-17TG1⑤b：42（不明型式盘）

689〕YA3-17TG1⑤b：43（不明型式盘）

690〕YA3-17TG1⑤b：35（碟）

彩版5-93　YA3-17出土南宋早期单面刻划花（内腹）青瓷盘、碟

691〕YA3-17TG1⑤b：36

693〕YA3-17TG1⑤a：6

694〕YA3-17TG1④：70

695〕YA3-17TG1④：71

697〕YA3-17TG1④：74

698〕YA3-17TG1③：90

彩版5-94 YA3-17出土南宋早期单面刻划花（内腹）青瓷碟

699】YA3-17TG1③：91

702】YA3-17TG1③：94

704】YA3-17TG1③：97

705】YA3-17TG1③：98

彩版5-95　YA3-17出土南宋早期单面刻划花（内腹）青瓷碟

706〗YA3-17TG1③：99（碟/单面刻划花）

709〗YA3-17TG1⑤b：25（敞口碗/通体素面）

712〗YA3-17TG1④：39（敞口碗/通体素面）

714〗YA3-17TG1③：108（敞口碗/通体素面）

717〗YA3-17TG1④：19（敞口碗/通体素面）

719〗YA3-17TG1③：110（敞口碗/通体素面）

720〗YA3-17TG1④：38（敞口碗/通体素面）

724〗YA3-17TG1③：101（敞口碗/通体素面）

彩版5-96　YA3-17出土南宋早期青瓷碟、碗

725〗YA3-17TG1③：102（敞口碗）

726〗YA3-17TG1③：103（敞口碗）

732〗YA3-17TG1⑤a：1（侈口碗）

735〗YA3-17TG1④：58（侈口碗）

734〗YA3-17TG1④：57（侈口碗）

739〗YA3-17TG1③：120（侈口碗）

彩版5-97　YA3-17出土南宋早期通体素面青瓷碗

742】YA3-17TG1④：54（侈口碗）

737】YA3-17TG1③：117（侈口碗）

751】YA3-17TG1③：112（侈口盘）

738】YA3-17TG1③：118（侈口碗）

752】YA3-17TG1③：113（侈口盘）

彩版5-98　YA3-17出土南宋早期通体素面青瓷碗、盘

755〕YA3-17TG1⑤c：19（盏托）

750〕YA3-17TG1③：111（敞口盘）

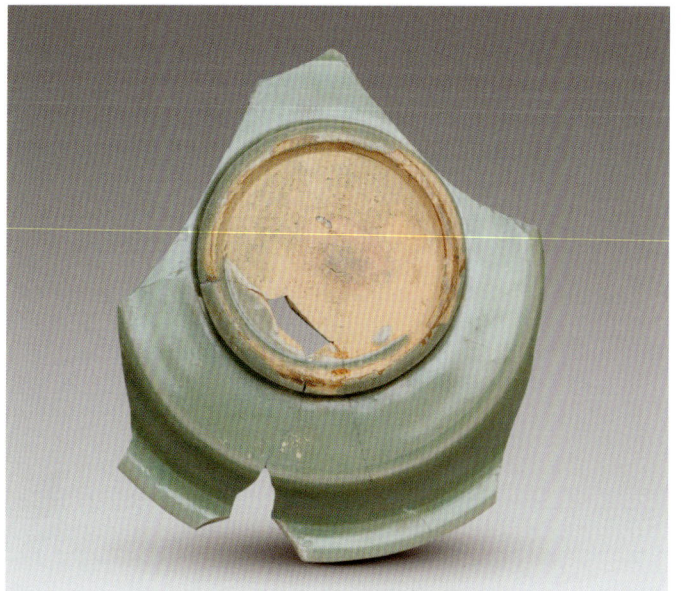

756〕YA3-17TG1③：154（盏托）

彩版5-99　YA3-17出土南宋早期通体素面青瓷盘、盏托

760 ⦊ YA3-17TG1⑤b：19

763 ⦊ YA3-17TG1③：155

762 ⦊ YA3-17TG1④：11

彩版5-100　YA3-17出土南宋早期通体素面青瓷盖

766 】YA3–17TG1⑤b：23

767 】YA3–17TG1⑤a：9

768 】YA3–17TG1⑤a：10

769 】YA3–17TG1⑤a：11

770 】YA3–17TG1④：3

771 】YA3–17TG1④：4

772 】YA3–17TG1④：5

773 】YA3–17TG1④：6

774 】YA3–17TG1④：7

彩版5-101　　YA3-17出土南宋早期通体素面青瓷炉

777 〕YA3-17TG1③：159

780 〕YA3-17TG1③：162

778 〕YA3-17TG1③：160

781 〕YA3-17TG1③：163

782 〕YA3-17TG1③：165

779 〕YA3-17TG1③：161

785 〕YA3-17TG1③：168

彩版5-102　YA3-17出土南宋早期通体素面青瓷炉

788 】YA3-17TG1④：2（瓶）

787 】YA3-17TG1④：1（瓶）

790 】YA3-17TG1③：156（瓶）

793 】YA3-17TG1④：9（盒）

彩版5-103　YA3-17出土南宋早期通体素面青瓷瓶、盒

799 〗YA3–17TG1④：98（杯）

800 〗YA3–17TG1⑤a：7（擂钵）

803 〗YA3–17TG1④：89（擂钵）

804 〗YA3–17TG1④：90（擂钵）

彩版5–104 YA3–17出土南宋早期单面刻划花（外腹）青瓷杯、擂钵

805 〕YA3-17TG1④：92

806 〕YA3-17TG1④：93

807 〕YA3-17TG1④：94

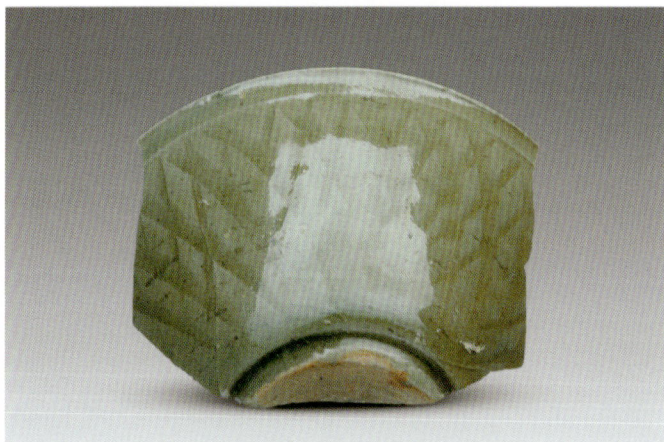

809 〕YA3-17TG1③：129

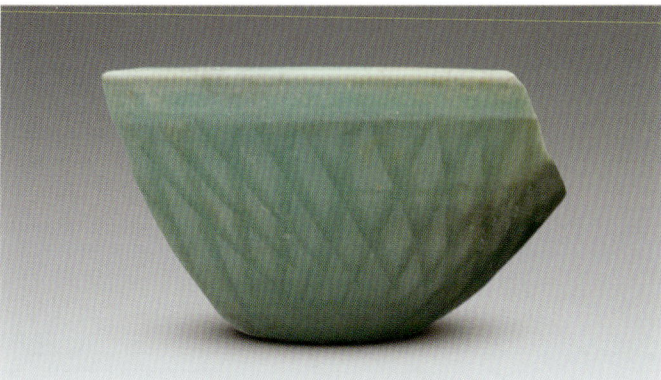

808 〕YA3-17TG1④：95

810 〕YA3-17TG1③：131

彩版5-105　　YA3-17出土南宋早期单面刻划花（外腹）青瓷擂钵

816〕YA3-17TG1③：140

811〕YA3-17TG1③：132

818〕YA3-17TG1④：91

812〕YA3-17TG1③：134

819〕YA3-17TG1④：96

813〕YA3-17TG1③：136

822〕YA3-17TG1③：130

彩版5-106　YA3-17出土南宋早期单面刻划花（外腹）青瓷擂钵

823 》YA3-17TG1③：135

825 》YA3-17TG1③：144

826 》YA3-17TG1③：146

828 》YA3-17TG1③：133

827 》YA3-17TG1③：147

彩版5-107　YA3-17出土南宋早期单面刻划花（外腹）青瓷擂钵

831 〗YA3-17TG1③：142（杵）

835 〗YA3-17TG1⑤b：17（盒）

833 〗YA3-17TG1④：99（钵）

836 〗YA3-17TG1④：10（盖）

834 〗YA3-17TG1⑤b：16（盒）

837 〗YA3-17TG1⑤b：21（小罐）

839 〗YA3-17TG1③：164（炉）

彩版5-108　YA3-17出土南宋早期单面刻划花（外腹）青瓷杵、钵、盒等

844 〕YA3-17TG1⑤d：61

845 〕YA3-17TG1⑤d：62

846 〕YA3-17TG1⑤b：48

847 〕YA3-17TG1⑤b：49

848 〕YA3-17TG1⑤b：50

849 〕YA3-17TG1⑤b：53

彩版5-109　YA3-17出土南宋早期匣钵

850〗YA3-17TG1③：174（匣钵）

852〗YA3-17TG1⑤d：63（垫柱）

853〗YA3-17TG1⑤b：51（垫柱）

854〗YA3-17TG1④：107（垫柱）

855〗YA3-17TG1⑤d：64（火照）

856〗YA3-17TG1⑤c：38（火照）

857〗YA3-17TG1⑤a：5（火照）

彩版5-110　YA3-17出土南宋早期匣钵、垫柱、火照

858】YA3-17TG1④：106（火照）

866】YA3-17TG1⑤b：47（盘与匣钵粘连标本）

859~861】YA3-17TG1④：108、109、110（火照）

867】YA3-17TG1④：105（盘与匣钵粘连标本）

862~865】YA3-17TG1③：177、178、179、180（火照）

彩版5-111　YA3-17出土南宋早期火照及青瓷盘与匣钵粘连标本

869】YA3-22TG2②b：1（敞口碗/通体素面）

870】YA3-22TG2②b：2（不明型式碗/通体素面）

874】YA3-22TG2②b：3（敞口碗/单面刻划花）

875】YA3-22TG2②b：10（敞口碗/单面刻划花）

彩版5-112　YA3-22出土南宋中期青瓷碗

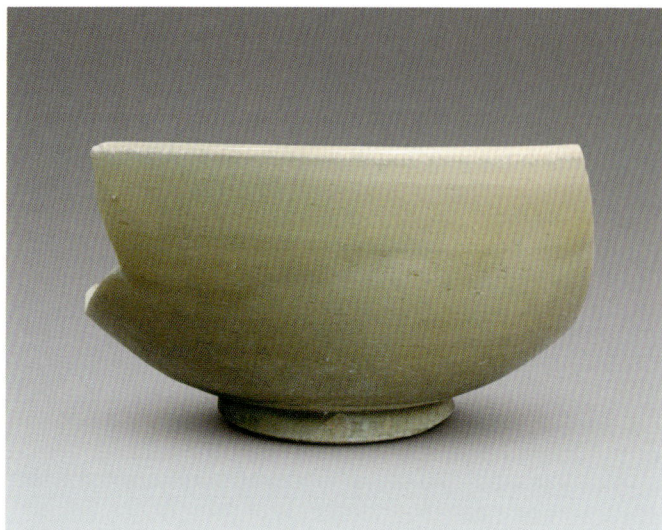

876】YA3-22TG2②b：4（敞口碗）

877】YA3-22TG2②b：6（敞口碗）

878】YA3-22TG2②b：7（不明型式碗）

879】YA3-22TG2②b：8（不明型式碗）

彩版5-113　YA3-22出土南宋中期单面刻划花（内腹）青瓷碗

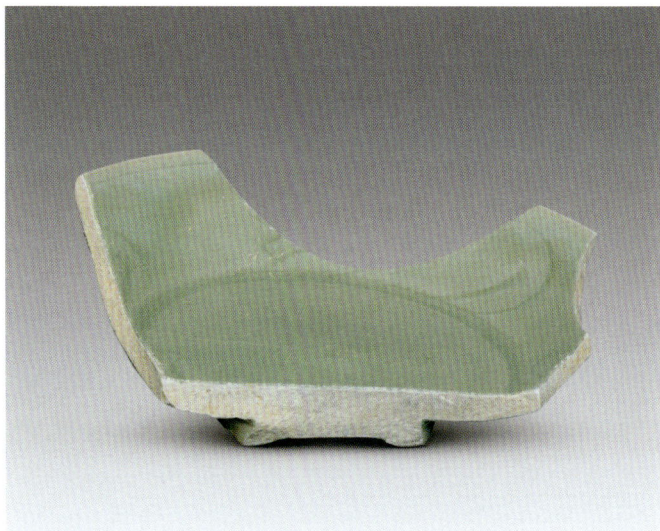

881〕YA3-17TG1②a：1

882〕YA3-17TG1②a：2

880〕YA3-17TG1②b：1

彩版5-114　YA3-17出土南宋中期单面刻划花（内腹）青瓷敞口盘

彩版5-115　YA3-22出土南宋晚期泥质垫饼垫烧青瓷敞口碗

彩版5-116　YA3-22出土南宋晚期泥质垫饼垫烧青瓷敞口碗

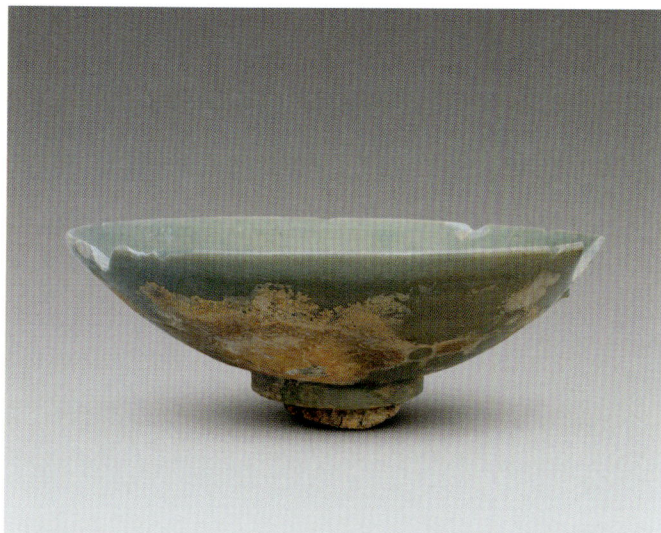

彩版5-117　YA3-22出土南宋晚期泥质垫饼垫烧青瓷敞口碗

890】YA3-22TG4④：29

彩版5-118　YA3-22出土南宋晚期泥质垫饼垫烧青瓷敞口碗

891】YA3-22TG4④：9

892】YA3-22TG4③：2

彩版5-119　YA3-22出土南宋晚期泥质垫饼垫烧青瓷敞口盘

彩版5-120　YA3-22出土南宋晚期泥质垫饼垫烧青瓷敛口钵

895〉YA3-22TG4④：17（敞口碗）

896〉YA3-22TG4④：22（敞口盘）

彩版5-121　YA3-22出土南宋晚期瓷质垫饼垫烧青瓷碗、盘

897 】YA3-22TG4③：3   898 】YA3-22TG4③：4

彩版5-122　YA3-22出土南宋晚期瓷质垫饼垫烧青瓷敞口盘

彩版5-123　YA3-22出土南宋晚期瓷质垫饼垫烧青瓷洗

彩版5-124　YA3-22出土南宋晚期瓷质垫饼垫烧青瓷洗

903】YA3-22TG4③：5

904】YA3-22TG4③：6

彩版5-125　YA3-22出土南宋晚期瓷质垫饼垫烧青瓷洗

彩版5-126　YA3-22出土南宋晚期瓷质垫饼垫烧青瓷洗

彩版5-127　YA3-22出土南宋晚期瓷质垫饼垫烧青瓷洗

第六章　结　语

一　淡青釉产品的来源及其年代

北宋时期的龙泉窑与越窑有着密切的关系，因此在谈论其来源时，不可避免地要理清越窑在北宋时期的发展轨迹。

（一）北宋时期越窑的发展轨迹

越窑青瓷在晚唐五代时期以秘色瓷闻名，并迎来了其发展的顶峰，后随着吴越国的灭亡，这一青瓷产品亦逐渐走向衰亡。北宋时期越窑的发展大致可划分成早、中、晚三期。

1. 北宋早期越窑

吴越国于公元 978 年才纳土归宋，因此北宋早期的越窑实际上包括吴越国晚期与北宋早期偏晚两个阶段。秘色瓷的出现和发展当与钱氏吴越国政权密切相关，因此吴越国的灭亡可作为越窑由盛转衰的一个重要转折点。北宋早期尤其是吴越国灭亡后的北宋早期偏晚阶段，正好处于越窑发展第二大高峰的尾声阶段。

这一时期，从产品种类来看，主要有碗、盘、盒、盂、执壶、罐、盏、盏托、套盒、钵、熏等（图 6-1~6-3）。部分器形发生了较大变化。

碗基本为侈口或敞口的矮圈足形，圈足壁较直而薄。此外新出现一种直口碗，器形与晚期的盖碗接近，但不能确定其是否带盖。

盘圈足外撇幅度较大，并出现隐圈足盘。

盏托沿用五代时期高内圈的做法，但普遍见有纹样装饰。

图 6-1　北宋早期越窑青瓷盒　　图 6-2　北宋早期越窑青瓷盏托　　图 6-3　北宋早期越窑青瓷套盒

图 6-4　北宋早期越窑划花装
饰——凤凰纹

图 6-5　北宋早期越窑划花装
饰——白鹭纹

图 6-6　北宋早期越窑划花装
饰——花卉纹

图 6-7　北宋早期越窑划花装
饰——对蝶纹

图 6-8　北宋早期越窑划花装饰

图 6-9　北宋早期越窑划花装饰

盏多敞口，斜直腹略曲，细圈足外撇，器形较小。也有一部分花口盏。

新出现夹层碗，上层腹仍较深，几乎与下底黏结在一起，也有底部不见孔而一侧带小孔的。

这一时期器物的胎釉与五代时期接近，胎色青灰，釉色以青绿或天青为主。

流行复杂的纹饰装饰。纹饰多位于大口类器物如碗、盘、钵、盆等的内腹、内底或内外腹，小口类器物如执壶等的外腹，器物的盖面，唾壶与盏托等宽沿器物的沿面等。以细划花为主，纹饰纤细工整，线条清晰有力，细巧而不失力度，刚柔结合（图 6-4~6-9）。北宋早期后段在部分器物的外腹出现凸莲瓣纹与凸蕉叶纹，叶瓣均较宽短而有力，刻划的刀法洗练、遒劲有力，外轮廓线粗而清晰，蕉叶内常见填以细的茎络状纹理，而莲瓣内则为素面，在碗类器物内底则以多个小重圈纹构成莲蓬状组合出现（图 6-10）。细划花的题材主要是虫鸟与花卉，有凤凰、白鹭、孔雀、鸿雁、鹦鹉、蝴蝶、鸳鸯、缠枝花卉、莲荷等，一批顶级的窑场中还有龙纹（图6-11）。飞鸟多成对出现，凤凰、孔雀、鹦鹉首尾相接呈盘曲状，回首顾盼凝视，眉目含情，双翅微张作欲迎还羞状，长尾飘逸灵动；鸿雁与蝴蝶则两两相对出现，蝴蝶几乎完全对称，鸿雁则引颈对视，两者均作振翅疾飞状；鸳鸯多与荷叶共同出现，一般四张侧视荷叶对称构图，叶面

图 6-10 北宋早期越窑划花装饰——莲蓬纹

图 6-11 北宋早期越窑划花装饰——龙纹

茎络清晰，荷茎相连，四叶中心有单只鸳鸯作昂首张翅雀跃状，鸳鸯也有在盖面等位置多只出现的，造型基本与单只的一致；白鹭多在器物外腹三只等距分布，张翅引吭振飞高歌，细长腿后掠。龙多作团龙形，龙首在中部，圆眼外凸，一对角高耸，张嘴长舌外卷，三爪长而尖锐，威严但不失柔和。花卉多为缠枝牡丹花，也有莲荷。缠枝牡丹一般呈多团花状布局，另外一种是连续的布局。海涛纹出现，一种是纯海涛纹，见于器物的内底及钵类中型器物的肩部；另外一种是与龙结合，团龙几乎仅剩龙首，隐藏在汹涌的海浪中。镂空装饰极少，一些大型熏类器物的盖作镂空的缠枝花卉状，更多是兼具实用功能而非限于装饰性。极少量执壶类器物上有人物故事题材的装饰。总体上看，所有的纹饰均动感十足，张力外扬，禽鸟类多作振翅欲动状，花卉类则茎枝蜿蜒盘曲、遒劲有力。

这一时期的越窑产品无论是器形还是纹饰均与金银器关系密切。除沿袭五代时期对造型的仿制外，在细节及装饰上亦模仿得惟妙惟肖，如对蝶纹、凤凰纹、团花纹等与金银器上的纹饰如出一辙，而盏、盒、壶、唾壶等器物的造型亦与金银器几乎一致。这一时期是越窑青瓷与金银器关系极密切的时期。

高档越窑青瓷仍发现于高等级墓葬中，重要的有北宋元德李后陵[1]、辽祖陵[2]、辽韩佚墓[3]、阜新关山辽墓[4]、辽陈国公主墓[5]等。这些墓葬中出土的越窑青瓷不仅器形硕大、胎釉质量特别精美，而且见有一些特殊的器形（如套盒）以及龙凤等装饰。这类器物代表了越窑青瓷的最高制作水平。

生产中心仍在以上林湖为中心的慈溪地区，窑址数量与规模庞大，分布密集。分布上的一个重大变化是生产高质量产品的窑址开始扩展到上林湖以外的上虞窑寺前地区，但窑址数量并不多，仅发现数处。产品质量总体上属于上乘，造型、胎、釉、装饰等与上林湖核心地区几乎完全一致，

〔1〕 河南省文物研究所、巩县文物保管所:《宋太宗元德李后陵发掘报告》,《华夏考古》1988年第3期; 河南省文物考古研究所:《北宋皇陵》, 中州古籍出版社, 1997年。
〔2〕 中国社会科学院考古研究所等:《内蒙古巴林左旗辽代祖陵考古发掘的新收获》,《考古》2008年第2期。
〔3〕 北京市文物工作队:《辽韩佚墓发掘报告》,《考古学报》1959年第3期。
〔4〕 万雄飞:《阜新关山辽墓出土瓷器的窑口与年代》, 载《边疆考古研究·第8辑》, 科学出版社, 2010年。
〔5〕 内蒙古文物考古研究所:《辽陈国公主驸马合葬墓发掘简报》,《文物》1987年第11期。

图6-12　北宋时期越窑窑寺前窑场

仅在细部上略有差异，在艺术造诣上不如上林湖地区炉火纯青而略显生硬。（图6-12、6-13）

装烧方面较唐五代发生重大的变化，窑具主要是各种匣钵与垫圈，喇叭形的支烧具使用较少（图6-14）。筒形匣钵较少，一般仅用于较高大的执壶类器物或多件叠烧器物；M形匣钵流行，匣钵的深浅因器物的高矮而异。一般一匣一器，器物与匣钵之间使用的垫具多为呈环形的垫圈，器物的垫烧位置从圈足几乎完全移至外底部，垫圈与器物之间使用长泥点间隔以防粘连。部分匣钵内侧施釉，以防止落砂等现象的发生。早期夹细砂的细质或瓷质匣钵这一时期仍然存在，但胎质较五代时期明显变粗，内腹不仅施釉，且用釉封口。[1]（图6-15、6-16）

2. 北宋中期越窑

本期是越窑由盛转衰的时期，前段胎釉质量虽已明显不如北宋早期，但仍不失为青瓷中的精品。主要器形沿袭北宋早期，以碗、盘、盒、盂、执壶、罐、盏、盏托、钵等为主，除新出现五管灯、斗笠碗等器形外，执壶、夹层碗、盏与盏托、熏、盒等器物的比例也明显增加（图6-17~6-23）。部分器物器形变化较大。

碗类器物除侈口与敞口矮圈足碗外，新出现较多数量的斗笠碗：敞口，近斜直腹略曲，小圈底，

---

[1] 从近年考古新材料来看，目前对窑址的分期均过于简单化，许多窑口可能是几个类型多线同时发展的，如龙泉窑除大窑类型这一主线外，至少存在着金村与东区两条线的发展，产品有粗精之别。越窑可能也存在着这一现象，除精致的类型外，同时存在的还有一路较为粗率的产品，如在荷花芯窑址发掘中发现的北宋时期产品普遍较粗，直接明火叠烧，仅少量器物用垫圈和匣钵装烧，胎釉质量较高。目前的分期与对各时期的产品总结基本集中在高质量的一个类型上是不全面的，这是以后分期中要着重解决的问题，需要在分类型的基础上再进行分期。本章有关越窑的发展，仍然按其精品类型的脉络进行梳理。

图 6-13　北宋早期越窑的地层堆积

图 6-14　北宋早期越窑各种窑具

图 6-15　北宋早期越窑用釉封
口匣钵

图 6-16　北宋早期越窑用釉封口
匣钵内部涂釉层

图 6-17　北宋中期越窑花口碗

图 6-18　北宋中期越窑多联盒

图 6-19　北宋中期越窑仿生盒盖

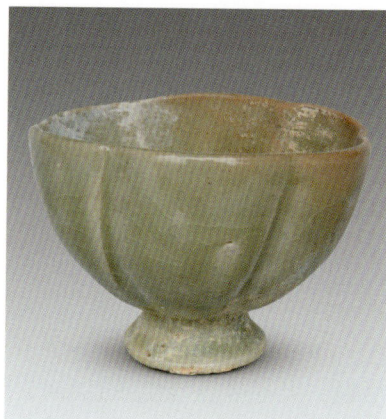

图 6-20　北宋中期越窑花口盏

图 6-21　北宋中期越窑盏托

图 6-22　北宋中期越窑熏

图 6-23　北宋中期越窑枕

矮圈足。斗笠碗内底常见有花卉、摩羯等纹饰。花口碗除口沿略带凹缺的做法外，亦出现弧形凸
起的形式。

盘类器物流行敞口、浅曲腹、圈足外撇的器物，且出现器形与纹饰固定的组合，如龟心荷叶盘。

北宋早期的圆鼓腹带盖执壶在这一时期仍然可见，但腹部较前一期更加瘦长，数量亦有所减少。主要流行深腹出筋执壶：大喇叭形敞口，细长颈，圆肩，深曲腹，平底，矮圈足。肩部的流细长而弧曲，与流相对的宽泥条形柄拱曲，两侧或设有耳，耳面通常模印有纹饰。腹部装饰细划花或粗刻花。出现所谓屏风式布局，即在出筋壶上装饰花卉，以一道出筋线为轴对称布局团花。

夹层碗的形态基本固定：上层浅坦腹，外腹较直而略弧收，底平且中心有圆形镂孔，孔径一般较大。内底与外腹一般有纹饰，内底多作线划花，外腹多为粗刻花装饰。

五管灯不限于五管，一般外圈作五管，加中心一管共计六管，也有作七管者。灯管常作仿生的莲花与花苞形，底部一侧有孔与盆形灯盘相通。外腹多作莲瓣状粗刻花装饰，部分器物内腹堆贴背部带有"王"字的小龟。

盏托内圈的高圈形做法极其少见，代之以覆浅圈足形为主，托面下凹较浅，托柱的外圈多饰以莲瓣形纹，盘部则多作宽沿的折腹盘形，圈足高矮不一。

盏流行直口深腹，有花口形，细圈足外撇较甚。

盒形态相当丰富，仿生流行，多做成瓜果的形状，尤其是蒂及盖，亦出现多个连体的造型。

熏的造型一部分沿用早期带镂孔盖的盆形或盒形，亦出现大量的多层结构形态：上层为喇叭口或直口的倒钟形，中层为栏杆形的护栏，下层则为多层台阶状的高圈足，到晚段也有简化成上下两部分的。

胎釉变化极大，无论是胎还是釉均不甚稳定。胎除青灰色外，还有灰白、土黄、浅灰等颜色，并且越到后段胎色变化越大、胎质越粗，出现大量气孔等废品的比例也越高，说明在胎质的处理上已远远不及之前越窑发展的高峰期。天青釉的比例极低，釉色开始变深、泛灰、泛黄，尤其是后段，几乎不见莹润的釉面，青灰、青黄色釉死气沉沉，质感不强。前段基本为满釉，后段出现外腹施釉不及底的现象。

装饰较为复杂，除沿用前一时期大量流行的细划花外，出现大量的刻花、堆塑、镂孔以及少量的印花等技法，以刻花技法及其纹饰最为流行。

细划花的纹饰主要是花卉，海涛纹的数量亦不在少数，此外还有少量的禽鸟等纹饰。总体上看，这一时期的细划花呈衰落的趋势，线条细而不流畅。花卉纹饰布局上除沿用团花与缠枝两种格局外，出现大量简化的较简单纹饰，不仅造型简单，而且技法粗率，但使用的广度仍旧较大，几乎涉及所有的器物种类。海涛纹在器物内腹常与摩羯等纹饰组合出现。虫鸟纹减少，可见的主要有鹦鹉与蝴蝶等少量几种，鹦鹉极其简化，形态呆滞，蝴蝶出现侧视状。

粗刻花大量流行，题材主要是各种花卉纹饰，其次是摩羯与海涛纹，以及少量的禽鸟、人物等，与细划花近似。刻花一般作单侧斜坡状的阴线刻划外轮廓线，内填以极细的茎络纹，整体纹饰清晰，线条明快，主体花卉之间填以茎叶。前段粗刻划线的轮廓内常填以细的茎络状纹理，后段则明显更加草率，不仅花瓣片纹交代不清，内部的细填线纹亦不再使用。花卉纹有牡丹、莲瓣、蕉叶以及缠枝花卉等。牡丹作盛开的造型，构图多类似于团花状，花瓣左右对称，近圆形多个布局。莲瓣纹早期凸起的半浮雕状做法基本消失，代之以线刻划的纹饰，造型较前期更加瘦长，外腹带莲瓣纹的碗内底仍有由多个重圈纹构成的莲蓬状纹饰，但也出现仅内腹为莲蓬而外腹不见莲瓣纹的做法。蕉叶与莲瓣纹一致，造型拉长，出现中心呈茎状凸起的做法。禽鸟有孔雀、鹦鹉、雁、仙鹤等，一般作花间飞翔状，鸟的比例不甚协调，鹦鹉的头甚至大于身子，有头重脚轻之感，

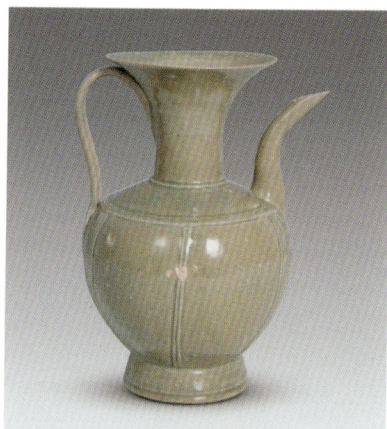
图 6-24　北宋中期越窑细划花
装饰

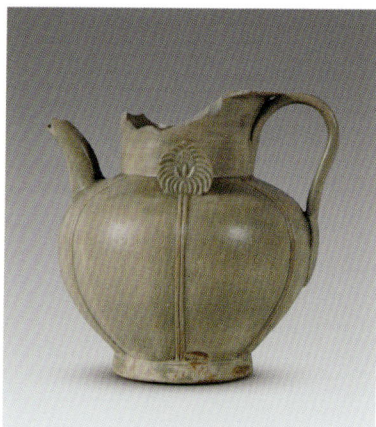
图 6-25　北宋中期越窑细划花
装饰

图 6-26　北宋中期越窑细划花
装饰

图 6-27　北宋中期越窑细划花
装饰——侧视蝴蝶纹

图 6-28　北宋中期越窑粗刻花
装饰

图 6-29　北宋中期越窑粗刻花
装饰

图 6-30　北宋中期越窑粗刻花
装饰

图 6-31　北宋中期越窑粗刻花
装饰

图 6-32　北宋中期越窑刻划组
合装饰

孔雀亦相貌丑陋，很少见有祥和、端庄的形象。（图 6-24~6-32）

少量印花为凸起的阳纹，多见于粉盒盖面、执壶的耳面上。粉盒盖面上的纹饰内容与刻划纹饰基本一致；耳面上的纹饰有花卉、兽首等，并常带有可能是姓氏的文字。（图 6-33、6-34）

图 6-33 北宋中期越窑印花装饰

图 6-34 北宋中期越窑模印划花装饰

晚期后段的刻划花明显更加草率，仅刻划较粗放的轮廓，而轮廓中间增加质感的填加细线基本不见，装饰图案的轮廓亦不甚明了。

装烧工艺上，前段仍流行匣钵装饰，主要是 M 形匣钵，也有少量筒形匣钵。一般一匣一器，器物内底用垫圈与匣钵分开，垫圈与器物之间、垫圈与匣钵之间均使用长的泥条间隔。亦有匣钵内多件叠烧的现象，器物之间直接使用泥条间隔而不使用间隔具。后段逐渐不再使用匣钵而直接用明火叠烧，底部用较高大的喇叭形支烧具支烧。在一些窑址中不见匣钵，完全是明火叠烧。（图 6-35~6-38）

图 6-35 北宋中期越窑瓷质带釉匣钵与粗陶质匣钵

图 6-36 北宋中期越窑各种窑具

图 6-37　北宋中期越窑叠烧标本

图 6-38　北宋中期越窑 M 形匣钵内叠烧标本

图 6-39　北宋晚期越窑的器形与釉色

　　这一时期是越窑的大扩张时期。中心仍旧是上林湖窑场，但几乎扩张到了整个宁绍平原地区，除上虞的窑寺前与凌湖地区外，重要的还有宁波东钱湖窑场等。除宁绍平原传统越窑分布区外，浙江其他的窑场亦开始烧造越窑系的器物，如浙江台州地区的黄岩、路桥，金华婺州窑地区的东阳、义乌、武义、永康、兰溪，温州瓯窑地区的永嘉、瓯海、瑞安，龙泉窑地区的金村等。这些传统越窑产区之外的越窑系产品不仅在器形、装饰上几乎完全模仿越窑，在装烧工艺上亦十分接近。器物种类以碗、盘类为主，包括罐、熏、五管灯、盏、盏托、执壶、夹层碗、盒等。纹饰主要是各种花卉，如牡丹纹等，技法上细划花与粗刻划并存。因各地胎土的不同而造成胎釉呈色略有区别，如温州地区胎土较浅而使釉青中泛白，婺州窑地区胎土颜色较深相应的其釉色呈青灰色，龙泉地区釉色则淡青中泛乳白色。装烧上使用匣钵与垫圈组合，主要是M形匣钵，器物外底用垫圈垫烧，使用长泥条间隔。

3.北宋晚期越窑

这一时期的越窑已处于衰落阶段，胎质明显较粗而夹杂有细砂，釉色青黄，不见早期的天青色釉，釉面干枯，失去莹润的感觉。晚期前段的主要器形沿袭北宋中期，较为丰富多样，除大量的碗外，尚有盒、执壶、罐、盏、盏托、钵、五管灯、斗笠碗、执壶、夹层碗、熏、盒等，后段则以碗、盘、韩瓶类器物占绝大多数，除器类外，器形亦更为单一。（图6-39）

晚期前段尚流行一定数量的刻划花装饰，但技法更加粗放草率，粗刻花仅用粗线条刻划器物的轮廓，不再以细腻的细线表现茎络等细部，布局更加杂乱而层次不明，主次不分；细划花则更为简化，多以细线表示大致的轮廓。晚期后段则基本不再使用纹饰装饰，多为素面。（图6-40~6-44）

装烧方面，前段仍使用匣钵、垫圈垫烧，除一匣一器外亦常见有一匣多器的现象，同时出现

图6-40 北宋晚期越窑粗刻花装饰　　图6-41 北宋晚期越窑粗刻花装饰　　图6-42 北宋晚期越窑粗刻花装饰

图6-43 北宋晚期越窑粗刻花装饰　　图6-44 北宋晚期越窑细划花装饰

使用明火直接叠烧的现象。后段则出现纯明火直接叠烧的窑址, 釉色亦转向青灰色。

（二） 龙泉窑淡青釉产品与越窑青瓷的比较

从越窑在北宋时期的基本发展轨迹来看, 龙泉窑淡青釉与北宋早中期的越窑在器类、器形、装饰、装烧等方面均有相当大的相似性。（图 6-45）

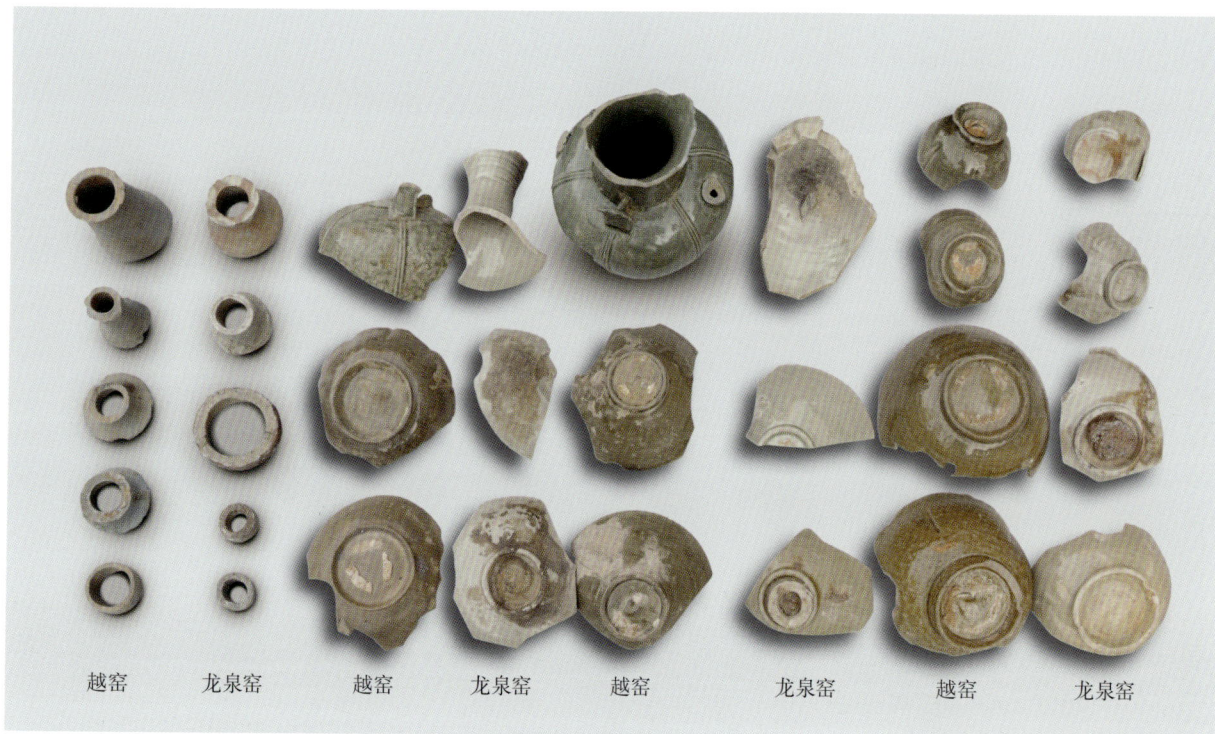

越窑　　龙泉窑　　　越窑　　龙泉窑　　　越窑　　　龙泉窑　　　越窑　　龙泉窑

图 6-45　越窑与龙泉窑产品比较

1. 器类与器形的相似性

两者均有的器类包括碗、盘、罐、钵、五管灯、熏、盏、盏托、执壶、盒等, 尤其是五管灯、熏等器物, 为越窑北宋早中期独具特色的器物, 亦被龙泉窑所吸收。（图 6-46~6-55）

从器形上看, 碗包括敞口碗、侈口碗、斗笠碗、夹层碗等多种类型; 盘包括圈足盘与隐圈足盘; 盏则有花口与圆口盏; 五管灯作盆形, 内作五管, 亦有七管; 盒有圈足盒, 也有隐圈足盒; 盏托托圈均较矮; 执壶出筋; 夹层碗浅腹底带孔; 熏作多层高足, 大喇叭形腹。以上器物的相似程度当在 80% 以上。值得注意的一点是, 龙泉窑器物胎体略厚, 尤其是底部与圈足, 这也是龙泉窑产品的传统。

许多器物, 如隐圈足盘、斗笠碗、夹层碗、五管灯、熏等, 无论是器形、装饰还是制作上, 均为越窑较具特色的器物, 少见于其他窑口。在这些器物上的高度相似性, 体

图 6-46　越窑（右）与龙泉窑（左）敞口碗

图 6-47 越窑（左）与龙泉窑（右）敞口盏

图 6-48 越窑（右）与龙泉窑（左）斗笠碗

图 6-49 越窑（右）与龙泉窑（左）斗笠碗

图 6-50　越窑（右）与龙泉窑（左）花口盘

图 6-51　越窑（左）与龙泉窑（右）花口碗

图 6-52　越窑（右）与龙泉窑（左）花口盏

图 6-53 越窑(左)与龙泉窑(右)执壶

图 6-55 越窑(左)与龙泉窑(右)卧足盘

图 6-54 越窑(左)与龙泉窑(右)盘

图 6-56 龙泉窑粗刻花装饰

现了两者关系的密切。

龙泉窑在吸收越窑器形的基础上，又形成了独具特色的器形组合，最主要的有五管瓶、盘口壶等。

从目前的考古材料来看，越窑的五管瓶数量极少，且不成序列，应该是龙泉窑极具特色的器物，并且延续了很长时间，发展序列清晰，从最初的圆肩上设置五管或多管，发展成多层级的瓶上设置五管，再演变成多层级的瓶身上堆塑龙虎而多管消失的所谓龙虎瓶。多管瓶序列的器物成为龙泉窑两宋时期最具特色的器物之一。

盘口壶在越窑出现的时间相当早，从成熟青瓷出现以后开始算起，则在东汉最早的成熟青瓷中即已出现，并在两晋时期迎来发展的鼎盛时期，成为早期越窑最具特色的器物之一，到了唐及五代，数量急剧减少，盘口壶退居次要地位，到了北宋时期几乎绝迹。目前所见较为明确的北宋时期盘口壶在上海博物馆，但其肩颈部带有四个大的桥形拱系的造型已与以盘口为主要特征的造型完全不同，辅助的特征几乎超过了主体特征。而在越窑的中心窑址群上林湖地区，据长期从事野外工作的谢纯龙先生介绍，至今未发现北宋时期的盘口壶。

目前发现时代最早、保存最完整的龙泉窑盘口壶是茶丰乡墓葬出土的淡青釉盘口壶[1]。该墓葬共发现三件淡青釉器物，除盘口壶外，还有一件执壶与一件五管瓶，这三件器物一般被认为是龙泉窑最早期的典型代表。其盘口壶造型修长，盘口折棱清晰，细长颈，圆肩修长腹，足端外撇。盖面与肩部均有花边形堆塑，肩颈之间有双桥形耳，肩部有细划花。此种长颈的风格依稀有越窑唐五代盘口壶的影子，但造型、装饰等已完全不同。

2. 装饰的相似性

两者在装饰技法、题材以及装饰的部位等方面存在着高度的相似性。

均流行刻划花装饰技法，粗刻花分成两种风格：一种是单侧斜坡状的阴线刻划外轮廓线，内填以极细的茎络纹，整体纹饰清晰，线条明快，主体花卉之间填以叶；另外一种仅以粗线条刻划。题材均主要是各种花卉纹饰，其次是摩羯与海涛纹，以及少量的禽鸟、人物等。花卉纹有牡丹、莲瓣、蕉叶以及缠枝花卉等，除刻划技法外，构图亦几乎完全相同。细划花装饰除简化的草叶纹外，更多的是呈云气状的纹饰，前者主要见于碗、盘类器物的内底，后者则多见于壶类器物的外腹部。（图6-56）

3. 装烧方法的相似性

均有两种装烧方式：匣钵装烧与明火裸烧。匣钵装烧又分成单件装烧与多件装烧。碗、盘类圆器使用 M 形匣钵，瓶、壶类琢器则使用平底匣钵。器物与匣钵之间使用垫圈垫烧，垫圈与器物之间有泥条间隔。叠烧的器物有施满釉的，也有施半釉的，器物之间使用小泥点间隔。明火裸烧的器物最底下使用低矮的喇叭形支烧具。装烧越窑高端器物的匣钵用釉封口，以达到完全密封的强还原效果，龙泉窑亦发现了少量此类匣钵标本。（图6-57、6-58）

4. 发展趋势的相似性

北宋中期的越窑有一个明显衰落的趋势：胎质从细腻坚致变得粗而疏松；釉色从青绿色变成

---

[1] 浙江龙泉县图书馆文物管理小组：《龙泉新出土的三件北宋早期青瓷器》，《文物》1979 年第 11 期。

图 6-57 越窑（上）与龙泉窑（下）垫圈比较

青黄色，天青色的高端釉色逐渐消失，釉面莹
润饱满趋向干枯无光泽；除满釉器物外，出现
施釉不及底的现象；器类、器形均趋于减少，
许多大型且制作复杂的器物消失，以小型且制
作简单的器物为主，同一种器物多种器形的现
象少见；装饰上从精细趋向草率，以粗线条为
轮廓、细线刻划细部的多层次图案不见，代之
以粗线刻划的层次不清的图案，细划花则更加
粗率潦草；装烧上从一匣一器到一匣多器，再
到明火裸烧。

图 6-58 龙泉窑垫圈单件装烧标本

　　而龙泉窑的淡青釉产品亦可划分成前后两
期，其发展趋势与越窑相似，无论是胎、釉、器形、
装饰、装烧等均存在一个不断衰落的趋势：器类与器形减少；大量的器物施以半釉，以明火叠烧；
装饰不仅草率，且比例大量减少，内外满饰的现象消失，多为单面装饰简单的纹饰；出现垫饼垫
烧的现象，这是之后龙泉窑最具特色也最流行的垫烧方式。

　　综上所述，龙泉窑的淡青釉产品与北宋中期前后的越窑产品具有高度的一致性。

（三）龙泉窑淡青釉产品的来源问题

　　从金村淡青釉产品与越窑产品的比较来看，龙泉窑的主体应该来源于越窑，两者在器形、成
型工艺、装饰、装烧方式、窑具等方面具有高度一致性，很可能是越窑窑工到龙泉地区建窑烧造

图 6-59　北宋时期的瓯窑瓶

图 6-60　青田越窑系产品

图 6-61　青田龙泉窑系产品

的，这与北宋中期前后越窑的大规模扩张有直接的关系。除了大量的越窑因素外，这一时期龙泉窑的釉色与越窑几乎完全不同，应该是另有来源。

1. 越窑在北宋时期的大规模扩张及向龙泉传播的路线

越窑在五代前后最为兴盛，产品质量最高，这一过程上起晚唐，下延至北宋早期。而从窑场的分布来看，北宋中期或早期偏晚阶段是越窑大规模向外扩张的时期，其从原来的中心区域上林湖沿海边扩展到宁波东钱湖、台州黄岩沙埠、温州西山等地，沿内陆则扩展到上虞的窑寺前、凌湖，东阳的歌山与葛府，武义的水碓周等地区，广布于浙江东部、中部与东南部的瓯窑（图 6-59）、婺州窑产区。

这些窑场生产规模庞大，产量高，质量佳，产品的器类、器形、成型、装饰、胎釉、装烧等与越窑十分接近，除某些地区因当地胎土与越窑有别导致胎釉上略有差异外，许多器物与越窑产品很难区别，被许多学者称为越窑系器物。

其中瓯江流域是窑业传播最重要的通道，也是越窑向龙泉传播的主要路线。在龙泉与温州之间的青田一带，我们发现了两种类型的窑址，分别属于越窑类型与早期龙泉窑类型。（图 6-60、6-61）

青田越窑类型的窑址产品包括碗、盘、碟、盏、盏托、执壶、盒、瓶等，均为越窑常见的器形，仅倒流壶等器物目前未见于越窑。从器形上看，碗包括敞口碗、侈口碗、花口碗、斗笠碗等，盏亦有花口与圆口之分，执壶出筋，均为越窑主要的器形。装饰主要是细划花，题材相对较为单一，主要是花卉，亦为越窑常见。胎色泛灰，釉色青黄或青灰色，呈色与质感与越窑北宋中晚期产品极为接近，几乎难以区别。装烧上使用 M 形匣钵装烧、垫圈支垫，亦有目前仅见于越窑遗址的"山"字形垫圈。该窑址在产品类型、器形、装饰、胎釉以及装烧等方面均与越窑十分接近，其时代在北宋早中期前后。

青田龙泉窑类型的窑址从采集的标本来看，主要为碗、盘、碟、小洗类器物，从残存的器盖来看，应该有罐类琢器。胎色灰白，胎质较细。釉色青黄。造型上总体较厚重，尤其是底部较厚实。流行刻划装饰，碗、盘类大口器物内腹或内外腹均有，以粗线条结合篦划纹刻划花卉，风格较为粗放。该窑址的产品类型、器形、胎釉特征、装饰等与龙泉窑北宋晚期的产品几近一致。

青田处于瓯江中游地区，在龙泉与温州之间，本地区宋代窑业的变化，一方面体现了越窑与龙泉窑的消长，另一方面也清晰地反映了这里是古代窑业交流的通道，越窑经过此地区向龙泉传播，而龙泉窑亦从此地向外辐射。

2. 北宋早期影响龙泉窑的其他因素

北宋早中期前后的龙泉窑，其器形、装饰、装烧等与越窑非常接近，然而在胎釉特征上差别却比较大。越窑的胎色普遍较深，为灰胎，龙泉窑则主要为灰白色的胎。釉的呈色上，越窑主要是青黄色，龙泉窑则是一种习称为"淡青釉"的釉色，这种釉是传统的玻璃薄釉，釉色青中泛白，部分器物青中泛绿，尤其是积釉较厚处近乎湖绿色。龙泉窑的淡青釉传统上认为是受瓯窑的影响而出现的。瓯窑的浅青色釉在东汉时已初露端倪，东晋南朝时形成风格，唐宋时期面貌基本一致，从整体上看，此种釉色仍以青色调为主，青中泛黄，与龙泉窑的青中泛湖绿色有较大的差别。瓯窑釉的呈色是胎色较浅所造成，是受制于材料所形成的一种地方特色。从瓯窑发展史上对越窑亦步亦趋几近完全的模仿，以及唐宋时期以越窑之青为美的审美情趣来看，瓯窑的浅青釉可能是无奈之举，并非刻意所追求。

再从龙泉地区唐宋时期的窑业来看，胎釉的呈色面貌完全不同。

唐代的黄坛窑址产品的胎有浅灰、灰白、灰黑、灰褐等色，青黄色釉泛灰或泛浅青，因胎色不同而有所差异，其中浅颜色的胎呈现的釉颜色亦浅，隐约已具有北宋淡青釉的影子。

继北宋淡青釉青瓷之后的是一大批青绿色釉产品，釉色有浅青绿、青绿、深青绿、青灰色等，变化多端，部分浅青绿色的器物完全具备高质量青瓷的特征。

进入南宋时期，因乳浊釉的传入迎来了粉青厚釉青瓷的大发展，并迎来青瓷发展的巅峰时期。元代则"梅子初青"，以一种苍翠欲滴的嫩青完成了又一次釉色上的转变。

从整个龙泉窑发展来看，胎从近白色至黑色均有，其青釉变化极大。北宋时期的淡青釉与浅色胎的映衬有密切的关系，但这种浅色胎并非是受资源限制的无奈之举，在各种瓷土资源蕴藏均十分丰富的龙泉，更可能是有意识的一种选择，其所追求的即为湖绿色的青釉。

此种青釉，在整个中国以湖田窑为最胜，尤其在两宋之际越窑衰落、龙泉窑兴起之前，南方地区的湖田窑一枝独秀，其产品流布大半个中国并远销海外。除产品外，其窑业影响辐射至包括浙江、安徽、福建等省在内的整个东南地区。从浙江地区来看，两宋时期的影青瓷窑业分布于温州、衢州等浙江的西、南部地区，在江山的碗窑、泰顺的玉塔及下垟一带形成了规模化生产的窑群，部分窑址的产品质量相当高。甚至在大窑地区，我们亦发现了生产青白瓷的窑址。

在湖田窑青白瓷窑业席卷而来并深入到龙泉大窑的情况下，龙泉窑不可能对其视而不见，很可能在胎釉的呈色上借鉴了湖田窑的技术。

（四）淡青釉产品的年代

1. 越窑北宋各期的年代

1069~1085年的王安石变法改变了采购制度，给越窑制瓷业带来了致命的打击，是越窑转向衰亡的重要转折点。因此王安石变法是划分北宋中晚期越窑的重要分界线。考虑到窑场的生产有一定的后延性，我们将这一时间点定在1080年前后。

北宋早期的越窑以天青釉及精细的细划花以及粗凸的莲瓣纹装饰为主要特征，广泛见于这一时期的高等级墓葬与佛塔地宫中，如苏州虎丘寺塔[1]、北京韩佚墓、黄岩灵石寺塔[2]、宋太宗元德李后陵、辽陈国公主墓、辽祖陵等。这批材料多有纪年，时代最晚的是辽陈国公主夫妇墓，为1018年，因此越窑北宋早期的年代定在1020年前后应该问题不大。

综上，越窑北宋时期三个期别的年代大致可以定在北宋早期（960~1020年）、北宋中期（1021~1080年）、北宋晚期（1081~1127年）。

2. 淡青釉自身材料的年代判定

英国阿什莫林博物馆馆藏一件龙泉窑淡青釉斗笠碗，内腹有"天圣□□□□"字款。该碗敞口，斜腹微曲，圈足。外口沿下弦纹多圈；内心弦纹一圈，内刻划花卉纹，纹样潦草。通体施釉，外底部有垫圈支烧痕迹。"天圣"为北宋天圣年间（1023~1031年）。

此件带"天圣"款的斗笠碗纹饰较为潦草，时代较精细类细线划花产品略晚。综合以上两方面的材料，我们认为龙泉窑早期淡青釉产品的年代当在北宋中期的1020~1080年前后，其中第一期属于中期早段，第二期属于中期晚段。

（五）小结

北宋早中期前后的龙泉窑产品，无论是器物种类、器形、装饰内容、装饰技法还是装烧工艺、发展趋势，均与越窑有着密切的联系，可能是越窑的窑工通过瓯江进入龙泉地区直接建窑烧造的。从整个南方地区来看，这一时期除越窑外，湖田窑亦处于上升时期，其产品流布极广，窑业亦开始向外扩张到浙闽赣三省交界处，龙泉窑的胎釉特征很可能是受其影响而呈现出一种极淡的青色，此种淡青釉与浙江传统的青釉有较大的差别。

进入北宋晚期后段，越窑趋向衰落，龙泉窑产品亦向粗劣发展，胎质较粗、釉面干枯、器类减少、器形趋向单一，并且从垫圈垫烧转向用泥饼垫烧，这是龙泉窑此后最主要的垫烧方法之一。

为摆脱与越窑一样走向衰亡的命运，北宋晚期的龙泉窑转而更多地吸收定窑、耀州窑等当时国内影响大、产品质量高的窑场的窑业技术，并逐渐形成自己的风格，从而开启了其辉煌的发展历程。

二 北宋早中期之前丽水地区的窑业

北宋早中期在龙泉金村一带形成了规模化的窑业生产，自此窑火一直延续至明代。而之前的

---

〔1〕 苏州市文物保管委员会：《苏州虎丘云岩寺塔发现文物内容简报》，《文物参考资料》1957年第11期。
〔2〕 浙江省博物馆：《浙江纪年瓷》，文物出版社，2000年。

窑业仅有一些零星的发现，并且多数分布于龙泉窑核心分布区龙泉南区之外，重要的有丽水吕步坑窑址、庆元黄坛窑址、松阳水井岭头窑址、龙泉安福窑址等。

1. 丽水吕步坑窑址[1]

吕步坑窑址位于丽水市城关镇吕步坑村西侧社山，东距丽水市区 3 千米。窑址北濒瓯江，其东有横跨大溪的桃山大桥。大桥之北层峦叠嶂，为桃山一景。大溪之南沿江一带多为低山丘陵，错落相间。便利的水路交通、充足的燃料资源是建窑的天然条件。1959 年曾发掘过。

2000 年 10~11 月，浙江省文物考古研究所等单位曾对该窑址进行了抢救性发掘。此次发掘布方 3 处，清理窑床 1 条，出土大量瓷片和窑具标本。出土器物类型有碗、盏、盆、罐、盘口壶、执壶、灯盏、缸、碾轮、碾槽、砚等，都为生活用瓷。多数为灰胎瓷器，少数为陶质器皿。瓷器主要为青瓷，也有酱釉瓷。发掘者将其产品划分成三期。第一期产品以折腹碗为主，且以平底居多；多为紫胎，胎厚釉薄。有各式瓷盅、敞口罐、多足瓷砚、盘口壶、灯盏等，明火叠烧，以泥点间隔，碗底一般有 3~4 个垫烧痕。产品与江山唐高宗上元三年（676 年）墓[2]的碗、砚、盘口壶有相似之处，时代当为隋至初唐。第二期折腹碗继续烧造，出现撇口折腹碗（折腹部位也有所下移）、敞口斜腹碗、撇口弧腹碗，盅、罐、砚、盘口壶、灯盏仍继续生产，兼烧钵、盘、执壶等，器形多样。釉色有青釉和酱釉两种。仍采用明火叠烧技术，碗底泥点痕 4~6 个不等。罐与江山唐天宝八年（749 年）墓[3]所出相似，时代当为唐代中期。第三期不见折腹碗，平底碗也消失，仅见撇口或敞口斜腹假圈足碗，碗内外底有 5~8 个椭圆形泥点痕。以生产大型产品如缸、盆等为主，胎质粗糙。装烧方式除明火叠烧外，还有大小件器物对口套烧。时代约为唐代中晚期。

2. 松阳水井岭头窑址

水井岭头窑址位于松阳县赤寿乡界首村东首，这里北通遂昌、衢州，南连温州，处于重要的商道上。窑址坐落在界首村大岗山山脚水井岭头山坡上，前临松阴溪，水源、燃料、瓷土资源都很充足。采集的标本至少可分成两个时期，第一个时期主要是直腹、平底、内外施半釉的碗类器物；第二个时期以饼形底的碗为主要特征，内外满釉，外腹施釉不及底。前者时代当在隋至唐代早期，后者则约在唐代中晚期，与吕步坑窑址较为接近。（图 6-62）

产品胎色普遍较深，呈灰色或深灰色，胎质较粗，釉为土黄、青灰色，玻璃质感不强，釉面干枯而不够莹润。基本为素面。第二期出现褐斑装饰，于碗的口沿上以大块斑对称设置。明火直接叠烧，不见有匣钵，器物之间以泥点间隔，泥点痕较为细小密集。支烧具为粗矮的喇叭形。常见因窑变而局部呈乳浊化的现象。

窑址所处区域在地理环境上接近于婺州窑，是进出金华与衢州地区的重要通道，窑址产品面貌亦与婺州窑接近，可以说是婺州窑向外辐射的一个地方类型。

3. 庆元黄坛窑址

黄坛窑址位于庆元县竹口镇黄坛村。1957 年 2 月，浙江省文物管理委员会曾派人对庆元竹口、

---

〔1〕 浙江省文物考古研究所等：《浙江省丽水县吕步坑窑址发掘简报》，载《浙江省文物考古研究所学刊·第七辑》，杭州出版社，2005 年。
〔2〕 江山县文物管理委员会：《浙江江山隋唐墓清理简报》，载《考古学集刊·第 3 集》，中国社会科学出版社，1983 年。
〔3〕 江山县文物管理委员会：《浙江江山隋唐墓清理简报》，载《考古学集刊·第 3 集》，中国社会科学出版社，1983 年。

图6-62　水井岭头窑址采集标本

新窑一线的窑址进行过调查，于黄坦（坛）南公路边的地面发现瓷片堆积[1]。2014年10~11月，浙江省文物考古研究所等单位对黄坛窑址进行了抢救性考古发掘。出土器物包括瓷器和窑具。瓷器产品有碗、盘、盏、灯盏、盏托、钵、盘口壶、罐、多角罐、器盖、高足杯、执壶、碾轮、砚台、擂钵等，其中以碗类为主。窑具有垫柱、匣钵和火照三种。碗类器物基本为饼形底，盘口壶则盘口较大。该窑址时代当在唐代中晚期。胎有浅灰、灰白、灰黑、灰褐等色，青黄色釉或泛灰或泛浅青，因胎色不同而有所差异。其中浅颜色的胎呈现的釉颜色亦浅，隐约已有北宋淡青釉的影子，可能与龙泉窑有渊源关系，对于研究龙泉窑瓷器的演变与发展具有重要的意义。（图6-63）

4. 安福大栗山窑址

大栗山窑址位于龙泉东区的安福大栗山一带。在修建丽水至龙泉的高速公路时，当地文物部门曾对该窑址进行简单清理并取回部分标本。现在所能看到的主要是四系罐、执壶等。四系罐尖唇外凸形成窄平沿，直口短直颈，圆肩，深曲腹斜收，平底，肩部带有四个小泥条形的系。执壶造型与四系罐接近，亦为尖唇外凸形成窄平沿，直口短直颈，圆肩，深弧腹斜收，平底，肩部有较长而弧形的流，与流对称的另外一侧有较宽的弧形把手。均为素面。胎色灰白，胎质较为细腻。釉色亦呈灰白色，较北宋时期金村淡青釉产品更白，但质感不如淡青釉，比较干枯。这类罐与执壶和五代时期的越窑产品极为接近，因此时代当在五代前后。（图6-64、6-65）

---

〔1〕　浙江省文物管理委员会：《龙泉调查散记》，载《浙江省文物考古研究所学刊·第七辑》，杭州出版社，2005年。

图 6-63 黄坛窑址出土标本

图 6-64 安福窑址出土标本

从丽水地区窑业的发展情况来看，唐代丽水地区的窑业更多是受外来窑场的影响，可能主要受婺州窑的影响，尤其在胎釉的呈色方面。进入五代时期，丽水地区仿越窑的同时在胎釉上亦有所创新，安福大栗山窑址的灰白色釉不见于浙江其他窑场，应该是原创的一种釉色，其与淡青釉最为接近，因此该窑址是龙泉窑淡青釉创烧的一个重要促成因素，拉开了北宋龙泉窑大发展的序幕。

三　北宋晚期龙泉窑与其他窑场之间的交流与影响

北宋晚期越窑逐渐走向衰落，产品种类单一，胎釉质量差，几可用"质粗色恶"来形容，停烧只是迟早的事情。龙泉窑在经历了对越窑全面的模仿而迎来初步发展后，如再亦步亦趋的话，其命运是可想而知的，因此，在北宋晚期，龙泉窑面临着产品的转型与新出路问题。这其中有

图 6-65　安福窑址出土四系瓶

闭门造车式的创新，但更大的可能是在与国内其他著名窑口的交流中寻求突破。这一时期国内比较著名且影响较大的窑口有湖田窑、耀州窑和定窑等。

湖田窑创烧于五代，发展于北宋早期，兴盛于北宋晚期至南宋早期。北宋中、晚期到南宋早期的青白瓷胎质精细，胎壁薄腻，体薄透光，釉色莹润亮丽，釉质如玉，釉面晶莹碧透，造型秀美精巧。装饰以刻花、划花为主，印花装饰渐趋流行，纹饰以莲荷、牡丹、菊花等为主，手法简练，技巧娴熟。在装烧方法方面，以仰烧法为主，垫钵覆烧法所烧芒口瓷亦不鲜见，器物品种日渐丰富。[1] 从 11 世纪开始至 12 世纪前期，碗、盘流行刻划花，纹饰多牡丹、卷草、莲荷、潮水、婴戏等；12 世纪后半期到 13 世纪，则大量使用印花装饰，纹饰以飞凤、莲池游鱼为多。湖田窑的刻划花受越窑影响较大，但比越窑花纹更流畅；印花则模仿定窑，却不如定窑花纹清晰。[2]

耀州窑创烧于唐代，五代成熟创新，宋代鼎盛繁荣，金代延续发展，金末蒙元日渐衰落，明中期停烧。唐代耀州窑先烧黑、白、茶叶末釉和唐三彩、低温单彩等，后又烧黄褐釉瓷和青瓷，水平逐步提高。五代则以青瓷为主，水平迅速提高。宋金耀州窑繁盛时期的青瓷以刻花和印花工

---

[1]　陈雨前：《宋代景德镇青白瓷的历史分期及其特征》，《中国陶瓷》2007 年第 6 期。
[2]　李一平：《宋代的湖田窑》，《南方文物》2003 年第 1 期。

艺的大量使用而独具特色，装饰纹样达上百种，其中植物纹样以牡丹、菊、莲为主，动物纹样以鱼、鸭、鹅等为主，人物纹样则以体胖态憨的婴孩为最多。[1]

定窑创烧于唐代中期，初创期的定窑产品较粗，包括黄釉、青釉及少量的白釉瓷器。晚唐五代迎来一个较大的发展时期，北宋中晚期逐渐成熟并形成自己的风格，宋金之际是其发展的鼎盛期，金代中期以后逐渐衰落，元代虽然保持了一定的规模，但质量迅速下降。宋金之际的鼎盛时期，定窑白瓷形成了独具特色、高度成熟的装饰艺术风格，大量使用刻划花与印花，图案繁缛、布局严谨、题材丰富，包括花卉、鱼水、婴戏人物等。

以上三个窑口具有一定的共性：第一，兴盛的时间均集中在北宋晚期至南宋早期的两宋之际或宋金之际。这一时期是浙江窑业发展的一个相对衰落期，越窑从北宋中期以来持续衰落，到北宋晚期已无可取之处，南宋初年朝廷的南迁仅给其带来了回光返照式的最后荣光；龙泉窑在仿越窑的基础上创烧后正逐渐失去目标而走向与越窑相似的衰亡之路，创新与突破是改变其命运的强烈需求。第二，这三个窑口均流行大量的纹饰装饰，在布局上几乎布满整个器物，甚至内外腹均有；技法上先以刻花为主，后流行印花或印花与刻花并行，并辅以篦划纹、篦点纹等作为地纹；题材则有包括菊花在内的各种花卉及鱼水、禽鸟、婴戏等。这些要素，可以说在北宋晚期的龙泉窑上均得到了体现：北宋中期越窑风格的龙泉窑流行刻花与划花结合的技法，构图以对称的屏风式为主，题材则以牡丹为母题。北宋晚期从对称布局的牡丹纹变成满布器物内外腹的缠枝菊花，粗线条刻划轮廓，篦划纹为地纹；碗、盘类大口器物外腹流行使用折扇纹，这类题材至少在耀州窑中亦极为常见。第三，这些窑口均规模庞大、产量极高、影响很广，并且已经深入到龙泉地区。我们在作为龙泉窑核心的大窑地区采集到了定窑、湖田窑的标本。至于耀州窑，由于其与龙泉窑的高度相似性，较难区分确定。甚至在一个窑址采集到多个窑口产品的标本，时代主要集中在北宋晚期，质量普遍较高。这一时期龙泉窑自身规模已比较大，这些高质量的器物为窑工所使用的可能性很低，较大的可能是作为窑业交流的样品而输入的。

通过与北宋晚期的耀州窑、定窑、湖田窑对比，我们发现这一时期的龙泉窑与这些窑口在产品器形、装饰技法、装饰风格、装饰题材等方面有着许多相似性。虽然我们不能完全确定它们的交流途径以及相互关系，但可以肯定龙泉窑与它们有着大量的交集，并且在技法与风格上吸收了大量的"营养"，从而扭转了与晚期越窑相似的命运，一个因南北窑业技术的激荡而成就的青瓷业集大成者就此喷薄而出。

四 北宋晚期龙泉窑"制样须索"与"质颇粗厚"问题

关于早期龙泉窑有两条重要的文献，一条是约成书于绍兴三年（1133 年）的庄绰《鸡肋编》："处州龙泉县多佳树……又出青瓷器，谓之秘色，钱氏所贡，盖取于此。宣和中，禁廷制样须索，益加工巧。"另外一条是成书于南宋前期的叶寘《坦斋笔衡》："本朝以定州白瓷器有芒，不堪用，遂命汝州造青窑器，故河北唐、邓、耀州悉有之，汝窑为魁。江南则处州龙泉县窑，质颇粗厚。"

这两条文献都是南宋早期的人写当朝事，史料价值是比较高的。

---

[1] 禚振西：《中国耀州窑·前言》，载北京艺术博物馆编《中国耀州窑》，中国华侨出版社，2014 年。

第一条文献至少透露出三个信息：第一，龙泉出青瓷器，叫作秘色瓷；第二，五代钱氏吴越国政权向中原王朝所进贡的秘色瓷可能就是在龙泉烧造的；第三，北宋晚期的宣和年间，宫廷曾经在这里通过"制样须索"方式订制瓷器，而龙泉窑的青瓷产品因此更加精致。第一条与第三条是肯定的语气，即作者认为这两条是可信的，而第二条则用一种推测的语气，并不确定其事的真实与可靠性。

现在来检讨《鸡肋编》所记的这三条信息。

秘色瓷是越窑在晚唐时创烧的一个新品种，在五代时期达到鼎盛，北宋以后逐渐衰落。这类产品质量极高，代表了越窑生产的最高水平。在北宋以后，"秘色瓷"成了高质量青瓷的代名词，如宋释居简《北磵集》卷六称"陶之精者曰秘色"，金赵秉文《闲闲老人滏水文集》卷六《汝瓷酒尊》云"秘色创尊形，中泓贮醽醁"，清查慎行《敬业堂诗集》卷十一《酬别许旸谷》云"秘色汝州瓷"，而明陶宗仪《说郛》、清厉鹗《辽史拾遗》均称高丽青瓷为高丽秘色。除青瓷外，甚至其他釉色的瓷器亦有称秘色的，如清《御制诗集》四集卷十一《定窑瓷枕》称"冶成邵局几百年，火色尽泯秘色全"。称龙泉青瓷为秘色瓷的亦不乏其人，如蒋祈《陶记》形容龙泉青瓷即谓"龙泉青秘"。因此第一条信息，即南宋时期称龙泉窑为秘色瓷应该是可靠的。

第二条信息，钱氏所贡的秘色瓷产地，目前是没有争议的，即唐宋时期越窑的中心产区——慈溪上林湖地区。这里集中了大量唐宋时期的越窑青瓷窑址，规模庞大，且产品质量高、种类丰富、器形复杂多样，代表了越窑在唐宋时期的最高制作与生产水平。相关的秘色瓷窑址在上林湖地区亦有一定数量的发现，因此可以确定钱氏秘色瓷的产地主要在上林湖地区。龙泉窑成系统的出现是在北宋中期前后，从目前的考古材料来看是没有可能在五代前后生产秘色瓷的。但需要注意的是，作者在提到这一条信息时使用的是推测的语气，说秘色瓷"可能"是在龙泉生产的。可以说作者的认知是相当正确的，即作者认为确定无疑的信息得到了考古材料的证实，而使用推测语气记录的信息则存在不确定性。

第三条信息，在讨论之前，我们先来看《坦斋笔衡》记载的"江南则处州龙泉县窑，质颇粗厚"的问题，因为许多学者正是用这一条记载否定北宋晚期龙泉窑"制样须索"的可能性。

首先，《坦斋笔衡》中所记与龙泉窑相比较的窑口，能确定的至少有两个，即汝窑与耀州窑。汝窑持续时间不长，北宋晚期是其鼎盛时期。从窑址发掘情况来看，产品分为宫廷用瓷与民用瓷两种，但一般提到的汝窑多专指宫廷用瓷这一类精致的产品。此类产品种类齐全，既有日用品，又有陈设用品及文房用品等。胎质坚硬细密，呈香灰色。釉色莹润，细小开片密布。底足满釉支烧。釉色呈天青、粉青、卵青、天蓝、月白等，称为汝官窑。[1]汝官窑将青瓷生产工艺提升到了一个极高的水平。

耀州窑宋代晚期以青瓷为主，主要器形有碗、盘、瓶、罐、壶、香炉、香熏、盏托、注子温碗、钵等。器形端庄，胎壁细薄，质地细腻纯净而坚致，釉面光洁匀润，色泽青幽淡雅。流行纹饰装饰，技法主要是刻花与印花，题材包括各种花卉与禽鸟，纹饰多满布器内外，构图严谨，线条流畅。耀州窑规模庞大，产品种类丰富，行销国内大部分地区，影响深远。

---

〔1〕 赵文军等：《汝窑》，文汇出版社，2002年。

　　无论是汝窑还是耀州窑，均是北宋晚期或两宋之际的国内著名窑口，产品种类多、质量精、影响大，执当时青瓷制造之牛耳。龙泉窑能与之相提并论，至少从侧面说明其制瓷技术已达到了相当的水平。

　　从窑址发掘材料来看，北宋晚期的龙泉窑不仅较北宋中期面貌大变，而且制瓷技术亦有了相当的发展。首先窑场的规模迅速扩大，从金村地区的不足 10 个窑场到遍及金村、大窑、石隆、溪口以及龙泉东区的整个龙泉全境，甚至龙泉之外的金（华）衢（州）、台（州）温（州）以及福建的闽北地区亦有一定的规模；且单个窑址的规模更加庞大，堆积更加丰厚。其次产品从淡青釉转变为翠青釉，釉面莹润饱满，在以青为美的时代背景下，翠青釉较淡青釉更符合时代的审美取向；装饰繁缛华丽；部分器物体量巨大、器形规整，除碗、盘类日用器外，出现一定数量的炉、瓶、壶等庙堂之器。龙泉窑在北宋晚期已经达到了极高的生产制作水平，远远摆脱了"粗劣"的阶段，开始向全国性的著名窑口迈进。

　　但囿于胎土等区域性原料的限制，龙泉窑青瓷产品的胎体整体较厚，这一特征从北宋创烧一直延续至明清时期。北宋晚期的龙泉窑，无论是碗、盘类日用品还是炉、瓶类礼仪用瓷，胎体均较厚重，尤其以底足为甚。

　　据此，我们认为《坦斋笔衡》对龙泉窑"质颇粗厚"的记载并不是一个贬义词，而只是一个对龙泉窑胎体描述的中性词，这里的"粗厚"不是"粗劣"，而是指其胎体厚重。文献记载中北宋晚期或两宋之际的龙泉窑已与盛极一时的汝窑、耀州窑相提并论，说明其质量已达到了相当的水平。

　　因此，以"质颇粗厚"来否定龙泉窑在北宋晚期"制样须索"的可能性在逻辑上是行不通的，而《鸡肋编》前两条信息通过上面的讨论我们认为是严谨的，第三个信息也应该具有相当的可信性。

　　经过近几年在龙泉地区持续、系统的调查，我们在岙底地区窑址发现了一批可能属于北宋晚期、面貌与传统翠青釉不同、特别精致的产品。其胎色普遍较翠青釉器物更白、质地更加细腻；釉色青中泛白，与越窑秘色瓷釉色更为接近，釉面莹润饱满，外底不施釉，施釉线极其整齐；器形既有盘类日用器，也有炉类庙堂之器；装饰的纹饰有龙、凤、牡丹等，其中龙纹为细长的螭龙，盘曲于盘类器物的底部，线条流畅而苍劲有力，隐约有宋徽宗瘦金体的艺术韵味。此类器物无论是胎釉质地、施釉工艺、装饰内容、装饰技法还是器物造型，均与这一时期大量烧造的翠青釉器物迥然有别，质量更加上乘、档次更高，应该不是普通的商品用瓷，而可能是通过"制样须索"方式烧造的宫廷用瓷器。

　　该窑址所处的大窑岙底地区，不仅是大窑最早烧造瓷器的地区，同时也是宋元明时期龙泉窑瓷器生产的最中心与最核心区域，无论是白胎青瓷还是黑胎青瓷，最高质量的产品均集中于此。

五　龙泉窑的金村类型问题

　　北宋时期最早的龙泉窑产品一般称为"淡青釉"产品，是龙泉窑早期产品的特定称谓。它大致可以划分成前后两个时期：前一期胎釉质量普遍较高，以满釉为主，匣钵中垫圈垫烧，装饰繁缛细腻，釉色青绿莹润；后一期质量明显下降，以施釉不及底为主，满釉器物极少见，匣钵中垫饼垫烧或明火裸烧，釉色浑浊而干枯，装饰少而粗率。

淡青釉器物之后，代之以一批釉色青绿的"翠青釉"产品，其面貌与淡青釉产品发生了极大的变化，主要体现在几个方面：器类从以碗、盘、盒、盂、执壶、罐、盏、盏托、钵、五管灯、熏、盘口壶、五管瓶等为主变为以碗、盘、碟、执壶、五管灯、盒等为主，部分器形如执壶、盘等发生较大变化；胎色变深，从以白胎为主变成以灰白胎为主；釉由浅颜色的淡青转变成青绿色，由干涩转向莹润；纹饰从刻划花转向粗刻花填以篦划纹、篦点纹等作为地纹，题材从以牡丹纹为主转向以菊花为主。但两者又有相当的延续性：主要的器形碗、盘、盒、五管灯、五管瓶等均得到延续，尤其是颇具本地特色的五管瓶类器物在这一时期得到较大的发展；胎体均较为厚重；装烧上使用垫饼加 M 形匣钵的方法在淡青釉产品阶段的晚期即已出现，应该是本地装烧技术的延续。总体上看，翠青釉产品在金村地区一直延续到南宋早期，在装饰上有一个逐渐简化的过程。

翠青釉产品在北宋晚期开始传播到大窑地区，在北宋末至南宋初扩散到石隆、溪口与龙泉东区，从而开始迎来龙泉窑的大发展时期。部分产品胎釉质量极高，装饰华丽，器形端庄，符合文献记载的"制样须索"特征。北宋晚期的翠青釉产品使龙泉窑从地方性窑口成为全国性大窑口、从仅限于地方使用到进入宫廷使用。

从目前的考古材料来看，金村地区应该是北宋时期龙泉窑的生产中心。北宋中期前后，龙泉窑在学习越窑等窑口技术的基础上逐渐形成自己的风格；北宋晚期的翠青釉产品，无论是装烧工艺、胎釉特征还是基本的器形，与越窑相比均有很大的差异，形成了独具特色的窑口特征，但与南宋以后以乳浊釉闻名的龙泉青瓷也面貌迥异。

进入南宋早期，北宋晚期以刻划花为基本特征的翠青釉产品得到延续，装饰纹饰日益趋简，透明玻璃薄釉不变。南宋中期，刻划花图案更加简洁，主要是莲荷与云气纹等，各种地纹与内填的细篦划纹等增加效果的技法不再使用；开始出现少量的乳浊釉产品，产品胎体较厚，釉层较薄，外底不施釉，粗刻装饰技法在此类青瓷上转变成外凸的浅浮雕状，主要是粗凸的莲瓣纹，比例相当大，乳浊釉产品整体质量较为一般。南宋晚期，南宋中期流行的外腹饰粗凸莲瓣纹的较粗厚乳浊釉类产品仍旧大量烧造，同时开始出现一定数量厚釉、足端刮釉且以瓷质垫饼垫烧的精致青瓷，以素面为主。

从目前的考古材料来看，龙泉窑乳浊釉产品应该起源于大窑地区，至少在南宋的绍兴年间已有，南宋中期规模迅速扩大、质量极大提高，出现多层施釉的厚釉产品，并在南宋晚期至元代早期迎来发展的高峰。这类产品以造型与釉色取胜，较少装饰。从金村乳浊釉产品的发展过程来看，其烧造时代明显晚于大窑地区，质量上亦相差很多，即使是南宋晚期较为精致的厚釉产品，与大窑相比亦略逊一筹。

因此金村地区乳浊釉产品应该是从大窑地区输入的一种外来技术，而本地区最基本的特征是刻划花技法而非乳浊厚釉技术。这种刻划花技法在北宋的淡青釉产品中即已大量使用，北宋晚期至南宋早期是最兴盛时期，南宋中晚期简洁化，出现浅浮雕的变体。元明时期，尤其是元代晚期至明代，刻划花技法又大量使用，但这一时期的特征与大窑等地区龙泉窑的风格基本融为一体了。

六　金村南宋晚期地层的启示

我们在金村南宋晚期地层中发现了两种类型的产品共存的现象：一种是乳浊厚釉类产品，胎体较为轻薄，胎质较为细腻，多次施釉，釉层厚，釉面匀净莹润，釉色多呈粉青色，足端刮釉，以瓷质垫饼垫烧；另外一种胎体较厚重，尤其是底足特别厚重，胎质较粗而有小气孔，一般为单次施釉，釉层较薄，质感略差，釉色多青中泛灰，外底不施釉，以陶质垫饼垫烧。

这是南宋时期粗、精不同的产品首次在同一地层中出土。这两种产品传统上认为是不同时期的器物，其中较粗一类的产品时代较早，较精致的产品时代则较晚。金村这一考古地层的发现至少有以下几个方面的价值：

首先是龙泉窑的分期。龙泉地区的龙泉窑，从目前的材料来看，至少可以划分成三个区域：大窑区、金村区与龙泉东区，溪口和石隆可归入大窑区。三个区域的窑业分别代表了三个不同的类型。其中金村类型如前文所总结，具有自身鲜明的特征。在三个类型的分区基础上再进行分期研究，可能意义会更大。

其次是对一些包括窖藏、沉船等独立遗迹单位出土器物时代的分析，如四川金鱼村窖藏与新安沉船出土的龙泉窑青瓷年代的分析。按照传统的分期方法，这两个遗迹单位出土的器物均有粗、精之分，许多学者认为是不同时期的器物，特别是新安沉船上的较精致类器物，有学者认为是早期的古董瓷器留到了晚期。而从金村的地层情况来看，这两种不同类型的器物完全可能在同一时期内生产。

后　记

　　包括庆元上垟地区在内的龙泉金村窑址群，不仅是龙泉南区核心窑址群的重要组成部分，同时也以早期龙泉窑生产与烧造著称，是龙泉窑起源地与早期窑业中心。但本地区的考古工作不多，仅 1960 年 4 月 13 日 ~ 5 月 17 日，因龙泉县林业局计划在该地区建造森林轻便铁道，部分线路将穿过窑址，浙江省文物管理委员会对 16 号窑址进行了抢救性发掘，随后又进行了 2 天的调查，工作时间非常短，发掘面积有限。且此次发掘并没有清理到最早的地层，仅通过调查采集的标本把龙泉窑的出现年代笼统地推定为北宋早期、"有可能上溯到五代吴越末期"（张翔：《龙泉金村古瓷窑址调查发掘报告》，见浙江省轻工业厅编《龙泉青瓷研究》，文物出版社，1989 年）。这一推论对龙泉窑起源于五代说影响非常大。

　　从金村地区历年来调查采集的标本及窑具所揭示的装烧工艺等来看，早期的淡青釉标本与北宋中期前后的越窑有高度的一致性，时代亦应当相差不远。因此，从地层上确定龙泉窑的始烧时代一直是龙泉窑考古所要解决的重要课题之一。

　　自 2006 年开始，经国家文物局批准，浙江省文物考古研究所与龙泉青瓷博物馆等单位启动以课题为导向的龙泉窑综合研究，拟对龙泉地区窑址进行全面的调查与有重点的发掘，以解决包括龙泉窑起源在内的龙泉窑研究中的重大学术问题。

　　2013~2014 年实现了对金村地区窑址的全面调查与有重点的试掘，力图解决淡青釉产品的年代及龙泉窑起源与发展问题，取得了理想的成果。

　　由于许多窑址调查采集的标本少而小，给年代的判定带来很大的挑战，尤其是北宋晚期至南宋早期的青瓷产品，无论是器形还是纹饰均有一定的延续性，因此调查采集的标本中，北宋晚期至南宋早期划分为一个大的期别。

　　龙泉窑研究课题负责人为沈岳明（目前已由浙江省文物考古研究所调入复旦大学），金村地区窑址考古调查与勘探领队为郑建明（目前已由浙江省文物考古研究所调入复旦大学），参与人员有浙江省文物考古研究所谢西营、王春民、孙晓智、程爱兰，龙泉青瓷博物馆周光贵，复旦大学硕士研究生冯哲洲。本报告由郑建明主编，其中第一章由郑建明、周光贵执笔，第二章、第六章由郑建明执笔，第三章、第四章、第五章由谢西营执笔。野外线图由谢西营、王春民、孙晓智完成，器物线图由程爱兰完成，最后由程爱兰统一描绘。照片由郑建明、谢西营、孙晓智拍摄。

　　金村地区窑址的调查与勘探工作得以顺利开展，与浙江省文物考古研究所、龙泉市人民政府、龙泉青瓷博物馆等各级领导的关心与大力支持密不可分。在此对所有关心、支持龙泉窑工作的老师、朋友表示衷心的感谢。

郑建明

2019 年 8 月 12 日